ORIGINES

OU

ÉTYMOLOGIES GÉNÉRALES DES NOMS,

TANT ANCIENS QUE MODERNES,

AFFECTÉS AUX CONSTELLATIONS, PLANÈTES, EMPEREURS, ROIS, FAMILLES ROYALES, PAPES OU GRANDS-PRÊTRES ;
AUX DIVISIONS DU GLOBE TERRESTRE, EMPIRES, PROVINCES, VILLES, VILLAGES, HAMEAUX,
MONTAGNES, MERS, FLEUVES, RIVIÈRES, RUISSEAUX (L'AMÉRIQUE NOUVELLE EXCEPTÉE) ;
AUX DIVINITÉS ET CAUSES DE LEURS ATTRIBUTS, AUX NOMS DES MOIS ET DES JOURS DE LA SEMAINE ;

PRÉCÉDÉES DE LA TRADUCTION EXTRÊMEMENT SIMPLE

DES

HIÉROGLYPHES SACRÉS ÉGYPTIENS,

TRACÉS SUR LE ZODIAQUE DE DENDERAH ;

PASSAGE IMMÉDIAT DE CEUX-CI AUX ALPHABETS MODERNES ;
EXPLICATION DES NOMS DE CHAQUE LETTRE ET DES SIGNES FIGURATIFS QUI LES REPRÉSENTENT ;
ANALYSE ET EXPLICATION DES GROUPES MONSTRUEUX ET AUTRES, TRACÉS SUR LES SPHÈRES ANCIENNES, ETC.

PAR J.-ALEXANDRE PARAD, DE DOLE.

Amen dico vobis, quia nemo propheta acceptus
est in patriâ suâ. (*St. Luc*, *chap.* 4 , *vers.* 24).
Sic vos, non vobis. (*Virgile*).

DOLE,
DE L'IMPRIMERIE DE L.-A. PILLOT.

1845.
1846

à Monsieur Esmenjaud, sous-Préfet de l'arrond.^t de Dole, par l'auteur,

L'ESPÈCE de défaveur dont sont frappées ordinairement les œuvres de la province, et les préjugés reçus, vont sans doute faire taxer d'absurdité et de mensonge ce travail, qui, pour être compris et jugé, doit non seulement être lu avec attention, mais profondément étudié; et c'est alors seulement que l'on sera à même d'apprécier combien il a fallu de temps et de patience pour arriver à un résultat si simple en apparence, mais qui a usé inutilement jusqu'à présent tant de vies d'hommes chers à la science.

Car il faut que le lecteur sache qu'il est impossible d'arriver à la traduction exacte des noms des lieux, sans l'avoir préalablement comparée à celle de tous les autres noms consonnants ou homonymes situés à des distances quelquefois considérables, et qu'il est souvent de toute nécessité d'expliquer le sens donné par les noms des villes et des villages d'un pays tout entier, avant de connaître celui de quelques mots exceptionnels.

D'un autre côté, un gouvernement seul peut être assez riche pour mener à fin un ouvrage aussi colossal, dont je regrette de ne pouvoir livrer au public qu'une faible partie, qui suffira, je pense, à donner une idée juste de l'ensemble.

La grande cherté de l'impression des cartes géographiques partielles et des dessins hiéroglyphiques qui devaient forcément accompagner ce livre afin d'en faciliter davantage l'intelligence, m'a forcé à les supprimer, mais on peut y suppléer au moyen du grand ouvrage de Dupuis, et en se servant d'atlas et des cartes particulières des pays que j'ai parcourus en sens divers, afin de prouver que partout la légende est la même, et qu'il n'y a de changé que la qualité du style et le choix plus ou moins heureux des expressions, suivant le degré d'instruction des prêtres chargés, dans ces différentes localités, de ce travail admirable.

Je sais que ce livre doit être accueilli par un sentiment unanime d'incrédulité, que tôt ou tard l'évidence détruira, car une heure d'attention soutenue, consacrée à la lecture de cet ouvrage, suffira pour convaincre l'homme le plus obstiné que si je n'avais pas rencontré la vérité, il serait impossible à un traducteur, quel qu'il fût, de faire plier la langue latine, ou toute autre, de cette manière, selon son caprice, et de trouver continuellement, en France comme en Angleterre, en Russie comme en Chine, les trois mêmes divisions constituant une légende aussi courte et se renouvelant à chaque pas, toujours en suivant invariablement les règles générales indiquées dans l'introduction.

Le second volume, si je suis mis à même de le faire imprimer, complètera le cours de la Seine et de la Marne, ainsi que celui de la Saône et du Rhône, deux lacunes que j'ai été forcé, par motif d'économie pécuniaire, de laisser subsister dans ce premier volume. J'y ajouterai les étymologies d'un nombre considérable de mots de notre langue, étymologies qu'on ne pouvait trouver sans avoir la connaissance du mécanisme et des règles constituant les noms de la légende; j'y joindrai encore la traduction des noms des villes et villages des environs de Londres, Madrid, Rome, Vienne, Moscou et autres capitales, afin de venir en aide aux personnes qui voudront s'occuper de ce même travail, et de prouver encore que ces mots qui, au premier coup-d'œil, paraissent étrangers à la langue latine, sont pourtant soumis à la même règle et aux mêmes combinaisons que celles appliquées aux mots français. Chacun sait, et cette circonstance a frappé tous les géographes, que des noms de lieux ou des consonnances semblables se lisent sur les cartes de différents pays, et que jamais on n'a pu se rendre raisonnablement compte de cette singularité, qu'on n'expliquerait pas encore sans le secours de l'application universelle de la légende sacrée.

Mais pourquoi, me demandera-t-on, les prêtres anciens ont-ils ainsi fait l'application universelle de cette légende? Je n'en sais rien: voilà ce que j'ai trouvé; il appartient à d'autres de résoudre cette question.

INTRODUCTION.

Le plus ancien monument écrit que la France possède,
est, sans contredit, le zodiaque de Denderah. Il ne m'appartient pas de prononcer sur les différentes controverses
que cette antique page des prêtres égyptiens a soulevées;
seulement je puis affirmer qu'il était impossible de dévoi-
ler le vrai sens des groupes et des signes mystérieux qui
composent ce planisphère, sans avoir la connaissance de
l'unique légende religieuse, clé de l'universalité des hiéroglyphes *sacrés* adoptés sans altération par toutes les
religions.

Ainsi ces dessins plus ou moins grotesques que quelques
personnes croyaient avoir été jetés au hasard, sans ordre,
sans intelligence et suivant le caprice du sculpteur, s'ex-
pliquent naturellement, sans effort, et se lient au grand
système *mnémotechnique*, système aussi simple qu'admirable inventé par le corps sacerdotal dont l'origine se perd
dans la nuit des siècles; secte composée primitivement
d'hommes d'un génie extraordinaire, dont les concep-
tions hardies s'étendirent comme par miracle sur toute
l'étendue du globe, y poussèrent de profondes racines et
vont encore frapper d'étonnement les générations ac-
tuelles.

Le prêtre a traité l'univers, à peine sorti des mains du
Créateur, comme il traite l'homme qu'il prend à sa naissance, accompagne dans le cours de sa vie, et qu'il ne
quitte qu'au tombeau. Son génie immense se montre partout; le premier il devine la marche des astres, groupe
les constellations auxquelles il impose des dénominations
éternelles, règle le temps et les saisons au moyen des divisions qu'il rend immuables en les appuyant sur des cérémonies ingénieuses qui en retracent l'ordre et l'harmonie..... Sur la terre, l'empreinte de son cachet se révèle
avec non moins d'éclat: continents, empires, mers,
fleuves, cités, etc., rien ne lui échappe; interprète d'un
Dieu, comme lui il voulut en avoir la force et la puissance! d'une main il rassemble, forme et soutient les so-
ciétés naissantes gouvernées par des chefs qu'il nomme et
dépose à son gré, tandis que l'autre, afin de mettre un
frein au débordement des passions et consolider son pouvoir, il façonne des divinités protectrices ou vengeresses;
brillant et radieux l'astre du jour, fournissant la moitié
de sa course annuelle, répand ses rayons bienfaisants sur
le globe terrestre; l'olympe alors, source de tous biens,
recevra les dieux bienveillants, protecteurs de la vertu;
la nature, au contraire, privée de la force vivifiante du
soleil, revêt-elle ses habits de deuil? le génie du mal re-
prend son empire, et les dieux infernaux puniront les
crimes.

Ce dogme appuyé sur le principe d'une morale modifiée
selon les temps et les lieux, fut longtemps le partage ex-
clusif d'un certain nombre d'individus; mais bientôt le
prêtre, étouffé par le cadre étroit dans lequel il était enfermé, et sentant se développer en lui les germes d'une
mission toute divine, entreprit hardiment d'étendre les
bienfaits de sa création au commun de la race humaine;
ce fut alors qu'il sentit le besoin d'une langue particulière qui ne serait comprise que de lui et ses initiés. Cet
idiôme destiné à ne traiter que des choses sacrées, devait
être brillant, ses mots sonores et pompeux, ses tours de
phrases majestueux et coulants, son ensemble digne et
grand, enfin le dialecte fondamental, le *latin* (1), cette
langue des dieux, fut inventé. Dire ici combien de temps
cette découverte admirable resta la propriété exclusive du
sanctuaire, de quelle manière d'initiations en initiations
elle finit par faire le tour du monde, préciser l'époque ou
assigner la cause pour laquelle son secret fut trahi, puis
comment il se fit et pourquoi elle devint l'apanage exclu-
sif d'un petit peuple obscur rélégué dans un coin de l'Italie, serait téméraire à moi. Etranges destinées! les monuments, les empires, les rois ont passé, la langue du
prêtre seule, inscrite sur tous les ouvrages de l'homme et
de la nature, semble défier l'éternité.

Si le ministre de l'autel laisse sur son passage des traces
ineffaçables, plein de sollicitude pour son œuvre qu'il sait
immense, il ne veut pas en perdre le fruit; ce dogme admirable qu'il a créé, il consent à le léguer à l'humanité,
mais il s'en réserve le secret. L'homme alors est pour lui
comme un grand enfant qu'une machine merveilleuse
étonne d'autant plus, qu'il ne voit ni ne comprend pas
les ressorts qui la font mouvoir; aussi la défiance du prêtre augmentera en raison directe du progrès de son culte!
N'allez pas croire que de prime-abord il accordera une
confiance sans bornes aux membres nombreux qu'il est
obligé de s'agréger; les serments terribles par lesquels il
les lie, et les châtiments épouvantables qu'un traître
attirerait sur sa tête ne le rassurent pas; il craint toujours
les faux frères. Lorsque le cercle de ses conquêtes s'éten-
dant de plus en plus, poussé par la nécessité et le peu de
stabilité des traditions orales, son génie inépuisable in-
ventera des signes particuliers afin de venir en aide à sa
mémoire, et lorsqu'il gravera sur la pierre de ses temples
une inscription religieuse, lui et quelques rares initiés,
hommes d'une discrétion à toute épreuve, en compren-
dront le sens mystérieux. A lui le dogme véritable, au
peuple les symboles et les images.

La première idée qui dut se présenter à l'homme désireux de fixer sa pensée d'une manière invariable à l'aide
des signes, fut de prendre les objets dans la nature même,
et de dessiner la figure de ceux dont les sons phonétiques,
pris dans la langue parlée, correspondaient aux idées qu'il
voulait émettre. L'emploi des *rebus* fut nécessairement la
première écriture mise en usage chez tous les peuples et
dans toutes les langues; les hiéroglyphes égyptiens simples, à première vue, ne sont pas autre chose. Les hiéroglyphes destinés à retracer des choses saintes, devaient

(1) Le nom primitif de cette langue est inconnu; elle n'a reçu cette
dernière dénomination que depuis son emploi plus particulier dans le
Latium, petite contrée d'Italie.

nécessairement être énoncés au moyen de la langue *sacrée,* les autres étaient abandonnés aux usages de la langue profane ou du pays. Ce point admis, restait encore une difficulté insurmontable pour le vulgaire, car il y a une grande différence entre les *rebus français*, par exemple, et les *rebus latins;* les premiers sont *simples,* et donnent la vocalisation entière du mot que le dessin représente, tandis que ces derniers sont *doubles,* c'est-à-dire qu'ils sont d'abord employés comme rebus ordinaires, et qu'ensuite ils ne doivent jamais exprimer que la première ou les premières syllabes *radicales* du mot qu'ils sont destinés à faire connaître, le reste étant abandonné au sens de la phrase, à la sagacité et à l'habitude du lecteur, qui rarement pouvait errer, parce que ces combinaisons étaient soumises à un mécanisme particulier dont nous parlerons tout-à-l'heure. C'est à cette double précaution que fut due jusqu'à présent l'entière ignorance dans laquelle nous sommes de cette espèce d'écriture énigmatique.

Cette manière d'écrire était d'autant plus difficile, que l'auteur qui ne pouvait pas, comme nous, recourir aux lettres de l'alphabet afin d'aider au sens incomplet du rebus, devait choisir les dessins d'objets qui, exprimés en latin, donnassent des mots dont une ou plusieurs syllabes prises séparément et traduites selon les règles, pussent s'arranger sans efforts, suivant le sens de la phrase qu'il avait à émettre, et qu'une fois un signe hiérogliphyque et le mot qui le représente admis, ce signe devait se traduire et ce mot se scinder de la même manière toutes les fois qu'il se présentait dans le cours du travail.

La composition des groupes naturels ou moustrueux offrait une difficulté infiniment plus grande à surmonter; l'auteur devait posséder non seulement la science parfaite du dessin, mais être doué d'un esprit de composition agréable à l'œil, qualités qu'il était rare de rencontrer, car la description de la réunion des différentes parties du groupe, énoncée le plus simplement possible, devait former quelques phrases dont les mots, sans avoir aucun rapport avec la pensée qu'on voulait émettre, devenaient de vrais hiéroglyphes et remplissaient des fonctions purement mnémotechniques.

Cette dernière espèce d'écriture aurait exigé du lecteur une patience et une habitude beaucoup plus grande que la première, car un groupe peut être décrit de plusieurs manières différentes, et s'il n'eut pas trouvé précisément les mots employés par le compositeur à la description primitive, il lui eût été impossible de traduire exactement la pensée entière de ce dernier. Afin de remédier à cet inconvénient, le compositeur avait toujours soin de tracer à côté d'une figure amphibologique une phrase explicative énoncée en hiéroglyphes ordinaires, et sa phrase devait être arrangée de manière qu'un mot scindé devait finir par une lettre semblable à celle par laquelle le mot suivant recommençait; aussi ces espèces de compositions étaient-elles rares et ne devaient probablement être gravées qu'après avoir reçu la sanction du sacré collége.

Les dessins des douze signes du zodiaque tracés sur celui de Denderah et sur les sphères anciennes, sont d'une haute antiquité et n'ont jamais varié dans leur ensemble. D'une part, le sens qu'ils renferment est là comme type invariable et radical de la légende sacrée, tandis que de l'autre la ligne spirale qu'ils décrivent symbolise la marche ascendante et descendante du soleil dans le ciel aux diffé-

rentes époques de l'année; au contraire, la configuration affectée aux autres constellations tant australes que boréales, et les noms par lesquels on les désignait, ont subi des changements continuels; chaque auteur de sphère les formait selon son caprice ou son talent, mais toutefois en conservant dans son travail l'ordre et le sens immuable de la légende: de là cette multitude de signes, de groupes et de noms différents, fondement de toutes les histoires sacrées, construites sur les images apparentes placées par le prêtre comme phrases mnémoniques n'ayant aucun rapport avec le sens mystérieux qu'elles retraçaient.

Les anciens ont-ils voulu, au moyen des formes qu'ils faisaient prendre aux objets qu'ils dessinaient, arriver uniquement à l'expression de la pensée qu'ils avaient à émettre, ou bien joignaient-ils en même temps le précepte à l'écriture, puis les lettres employées à la formation de certains mots sacrés donnent-elles une valeur numérale destinée à retracer la révolution annuelle ou autre de tel corps céleste? Dans ce dernier cas, les Egyptiens ne seraient pas les inventeurs primitifs de l'astronomie, ils auraient reçu cette science d'autres peuples plus anciens dont le climat était en harmonie avec l'état du ciel marqué sur leurs sphères, car la vierge n'indique pas à cette époque le temps de la moisson en Egypte, ni le verseau le débordement du Nil. Quoiqu'il en soit, les prêtres égyptiens continuèrent de se servir de ces cartes astronomiques, sachant fort bien qu'elles étaient défectueuses, mais sur lesquelles ils se gardèrent, par respect pour la chose sacrée, de porter une main profane.

Cependant marchant dans la voie du progrès qu'il favorise, le prêtre comprit qu'il devait sortir de l'ornière qui le retenait captif; les idées de philantropie qui bouillonnent dans son cœur l'étouffent; ses hiéroglyphes, écriture informe, ne peuvent suffire à tracer la pensée brûlante qui le dévore; en vain veut-il les modifier, de nouveaux caractères simplifiés, l'*écriture démotique,* ne remplit pas encore le but qu'il veut atteindre. C'est alors qu'il fait appel à son génie toujours inépuisable; une voix secrète lui crie que du fruit de sa nouvelle création dépend l'amélioration de la race humaine. Plein de confiance et d'espoir, les veilles et la fatigue ne le rebutent pas; il pressent que son œuvre doit être marquée du doigt de Dieu, et il le cherche dans la nature.

La coïncidence étonnante entre les cinq sens sans lesquels un être vivant ne peut être parfait, et les cinq voyelles nécessaires à l'énonciation des sons des langues humaines, le frappe d'abord; la patience et la réflexion lui dévoilent ensuite la simplicité du mécanisme de la vocalisation, et lui apprend à fixer toutes les émissions de voix possibles à l'aide d'un petit nombre de caractères.

Ces caractères de pure convention, il les choisira parmi des signes figuratifs connus, et ils deviendront encore de cette manière types invariables de l'idée mère attachée à la légende; mais quels qu'ils soient, comment en déterminer la valeur et comment attacher à leur configuration le son de voix simple qu'ils doivent faire entendre? Qui dira aux peuples éloignés ou aux générations futures l'expression affectée invariablement à chacun d'eux, à défaut de tradition orale?..... Conséquent dans la marche qu'il a suivie jusqu'à présent, le prêtre ajoutera un nouvel anneau à son système admirable; la légende sacrée sera le patron ou modèle immuable destiné à conserver intacte et pure sa nouvelle création. Ainsi la lettre capitale, c'est-à-dire la première de chaque mot ou de chaque portion de phrase redisant le sens de la légende, deviendra, dans toutes les langues formées, le type invariable du son affecté à chaque lettre ou caractère.

Ainsi A, *alpha* (ou *alleva*, α grec, φ = ν.), est pris dans le mot latin *alleva-re;* le son donné par la première lettre de ce mot, le plus simple de tous, puisqu'il suffit d'ouvrir la bouche pour le faire entendre, sera placé en tête de la série, et l'émission de voix attachée au son A, dans la langue parlée, sera fixé par un signe figuratif réduit au simple trait, un pied de chèvre ou machine à soulever les fardeaux, *allevare*, dont on fit dans le langage figuré *allevamen*, soulagement. B, *béta* (*b* grec), est formé du mot latin, inusité maintenant au singulier, *béta*, de *belizans*, *mou, sans vigueur;* la première syllabe de ce mot donnant dans la langue parlée le son de *Bé*, imitant le bêlement de la brebis, ce signe sera retracé par le dessin profilé de la tête de cet animal (balans), etc. (1)

Ainsi les lettres alphabétiques n'ont pas été inventées successivement, selon le besoin, et placées sans aucun ordre, mais ont été coulées d'un seul jet; de sorte que depuis la formation des unes et des autres, c'est-à-dire depuis l'appropriation faite de chacune d'elles, par le clergé, au génie et aux exigences des langues des peuples civilisés, aucune augmentation ni retranchement n'a pu avoir lieu, la légende sacrée est toujours là pour fixer invariablement dans sa marche, l'arrangement, la valeur, le son et le nombre des caractères.

Le problème résolu, le prêtre, loin de se reposer, met la dernière main à son œuvre; il sépare les genres, les classes, compose les radicaux, en un mot il fixe les premières règles de la grammaire latine et la base de l'orthographe est posée. Mais bientôt épouvanté lui-même du succès inespéré de son entreprise, il craint pour ses mystères; il les entoure alors d'énigmes indéchiffrables à la multitude, et sans rien changer à son ancien système, les caractères nouveaux qu'il vient d'inventer remplaceront les figures bizarres qu'il traçait autrefois sur le marbre de ses monuments.

Cependant le genre humain que l'homme de Dieu a pris au berceau, a grandi et veut essayer de la force d'activité qui se développe en lui. Semblable à l'adolescent dont la mutinerie désole le maître, le peuple se lasse des antiques images de ses dieux, il ne voit dans les formes grotesques et ridicules d'animaux qui les représentent que des hochets inventés pour amuser sa jeunesse, et le dogme n'est pour lui qu'un tissu de contes absurdes faits pour l'endormir.

Incapable de lutter contre cette grande voix de la nature, le prêtre cède en apparence aux exigences des temps, arrache en souriant le masque d'épervier de la tête d'*Osiris,* jette sur les blanches épaules de la statue une clamide brillante, et la foule ébahie salue de ses acclamations le nom de *Jupiter* gravé sur la plaque de bronze superposée au piédestal de la divinité nouvelle.

Parfumé de poésie, dans le nouveau dogme qu'il commande, le maître laissera une large part aux passions sans cesse exigeantes de son élève; il le mettra donc aux prises avec des plaisirs qui doivent l'affaiblir et lui cacher pour longtemps le secret de sa force vitale. Façonnés exprès, des

(1) Voir article *Alphabet.*

dieux commodes couvriront de leur puissance des orgies infâmes et scandaleuses; la débauche et la prostitution verront fumer l'encens sur leurs autels; l'olympe même descendra sur la terre, et les divinités célestes goûteront dans les bras des simples mortels des plaisirs impurs.

Mais au temps marqué par le destin, l'homme endormi dans les bras du plaisir se réveille étonné; il s'élance de la couche de la volupté qui l'énerve, pose une main sur son front brûlant, et sent aux jets de flammes qui s'échappent de son cerveau qu'une faculté jusqu'alors inconnue se manifeste en lui; il se redresse de toute sa hauteur, et, pour la première fois, il ose regarder son tuteur à la face.

Ce n'est plus maintenant l'enfant qu'on apaise avec des hochets, ou l'adolescent qu'on a soin d'entourer de plaisirs sensuels qui l'enivrent; c'est l'homme fait, l'homme arrivé à la force de l'âge et de la raison qui va demander un compte rigoureux de sa tutelle. L'heure fatale a sonné, le dépôt sacré que Dieu lui a confié, il faut que le prêtre le livre!

Poussé par la nécessité qui le presse, celui-ci retouche à la hâte son œuvre primitive, et jette en passant un vêtement en lambeaux sur le torse de son unique statue, dont les formes antiques sont trahies par les larges déchirures du manteau qui la couvre..... Puis un homme s'avance dans l'arène; sa démarche est modeste, son regard humble, sa parole brève; digne de la mission sacrée dont il est chargé, il se pose en frère devant l'humanité souffrante et humiliée; il tend une main aux faibles, de l'autre il stigmatise le tyran; le dogme nouveau qui s'échappe à longs flots de sa bouche divine, semblable au torrent débordé, traverse les mers et va porter la vie, la paix et l'espérance, là où il n'y avait plus que mort, trouble, désespoir : *égalité, fraternité, liberté,* s'écrie cette voix puissante qui commande aux flots et calme les tempêtes, et soudain les nations tressaillent, se lèvent comme un seul homme et se rangent sous la bannière du libérateur du monde.

Hier esclave, aujourd'hui, par sa force et son génie, l'égal du maître impuissant à le retenir, l'homme marchant à pas de géants dans la nouvelle carrière qu'on vient de lui ouvrir, renverse du pied les vieilles images de ses dieux témoins vivants de sa faiblesse et de ses folies; le passé lui fait honte, il voudrait en anéantir le souvenir.

Cependant le prêtre laisse passer prudemment l'orage, et lui qui ne vieillit jamais, en attendant le calme de l'âge du peuple, s'enferme seul dans le sanctuaire du temple. Tel qu'un régisseur habile, désireux de mettre l'ordre dans ses affaires et de noter ses nouveaux débiteurs, il ouvre ses vieilles annales, registre immense sur lequel sont inscrits, folio par folio, les noms et les revenus de son domaine, l'univers entier! alors la cité populeuse, le village, le hameau, nouveaux produits dus aux sciences et à l'industrie de son élève, la montagne même qu'un feu souterrain a jeté sur la surface du sol, tout lui appartient, et chaque chose va prendre la place qu'il lui assigne dans son livre éternel. Mais c'est peu pour lui d'avoir rangé sous sa loi la matière inerte; soulevant tous les obstacles, secondé par les rois qu'il a su maintenir sous sa tutelle, il ose s'attaquer à la race humaine entière; alors toute puissance terrestre courbe la tête devant lui; d'un trait de plume il impose non seulement des dénominations nouvelles et immuables à chaque localité, mais encore à chaque famille (1) ; et lorsqu'un jour, procédant à un inventaire général, l'homme de Dieu publiera l'apurement de ses comptes, la race humaine refusera d'y croire ; son imagination sera effrayée en voyant le nombre d'empires, de rois, de cités fameuses, d'îles, de mers, de continents et de globes lumineux mêmes sur lesquels le temps aura soufflé, et pour seuls vestiges leurs noms inscrits, *pour mémoire*, sur les tablettes du prêtre.

Commencée hier, ici finit ma tâche scrupuleusement remplie. La puissance inconnue qui m'a fait lire dans le grand livre dont les feuillets innombrables sont dispersés partout, au ciel comme sur la terre, où depuis des milliers d'années ils glissent sous le pied du profane inhabile à les comprendre, seule a conduit ma main débile. Etrange destinée que celle d'un individu obscur et souffreteux, que le hasard rencontre sur le chemin, forcé à s'asseoir sur la borne et auquel il crie : Vois et écris !... N'attendant pas la louange, comme il repousse le blâme, l'infime copiste, instrument aveugle, courbe la tête et obéit.

Que d'autres maintenant plus habiles pénètrent dans le sanctuaire dont la porte est toute grande ouverte, et que, saisissant le flambeau rallumé par le destin, ils promènent des regards avides sur des secrets que la science croyait à jamais ensevelis dans la nuit des siècles.

(1) Cette nouvelle vélation ou révélation paraît avoir eu lieu lors de l'adoption générale du christianisme, et fut une concession faite aux nouveaux sectateurs.

AVANT-PROPOS.

LES noms des lieux qui par hasard ont quelque ressemblance de consonnance, et ce, dans tous les pays, avec des mots de la langue parlée, ont été ramenés à l'orthographe de chaque dialecte, sans qu'on se soit occupé, le moins du monde, du sens plus ou moins bizarre qu'ils présentaient à l'esprit. Ainsi, en France, on a écrit de cette manière, mont, ville, château, bourg, etc., tandis que leurs homonymes latins viennent, mont de MONere, ville de VILlicus, château de CATOmidiare, bourg de TURicus, etc. Cette singularité étonnait d'autant plus les archéologues, que la plûpart des villages qui portent la dénomination de *mont*, sont situés au milieu des plaines ou au pied des collines, et que, d'un autre côté, aucune mention historique ne vient justifier l'existence de cette grande quantité de villes, de châteaux et de bourgs dont le sol de la France aurait été autrefois couvert, et qui n'ont jamais figuré que dans la légende.

Il arrive souvent que les compositeurs ont eu recours à des jeux de mots afin de conserver des dénominations de villes adhérentes à quelques phénomènes physiques locaux ; Salins et Lons-le-*Saunier*, par exemple, endroits renommés par leurs sources d'eau salée, *Salinæ* et *Salinarius*, deux mots latins pris au sens figuré, sont employés dans le sens de *plaisanterie*, *plaisant*. Cette particularité qui se renouvelle dans toutes les provinces, ferait croire que chacune d'elle a été *baptisée* par ses propres prêtres, d'après l'ordre et les indications du sacré collège. Cette opinion paraît d'autant plus probable, que le thème de chaque contrée porte avec lui un cachet différent, et qu'il est facile de le reconnaître aux choix des expressions latines, à la coupe des mots, et surtout aux finales des noms.

Le prêtre ne s'est pas borné au travail déjà immense dont nous venons de parler, sa sollicitude s'est encore étendue sur les parties les plus minimes du terrain. L'arrondissement d'une ville ou d'un village fut encore divisé par cantons, et ceux-ci partagés en de nouvelles fractions.

Ainsi il n'est pas un endroit du globe habité qui ne soit lié à cette grande entreprise ; ces dernières dénominations, dénaturées en partie par les ingénieurs du cadastre, qui cherchèrent à les faire coïncider avec d'autres mots consonnants de la langue, ne se retrouvent dans leur pureté que dans le langage naïf des habitants des campagnes.

L'habitude nous a fait regarder comme français des noms n'appartenant à aucune langue vivante ; ainsi Jean, Pierre, Paul, Barthélemy, etc., pris séparément, n'ont pas plus de sens intrinsèque que lundi, mardi, mercredi, etc., puisque ces noms ne sont que des fractions de mots joints les uns aux autres, sans suite, et qu'ils n'ont de valeur que lorsque ces mots sont complétés et remis à leur place ; aussi toutes les étymologies qu'on a tenté jusqu'à ce jour d'extraire isolément, sont fausses ; il ne peut en être autrement, puisqu'un mot n'a de sens réel que lorsqu'il est déterminé par celui qui le précède et celui qui le suit.

La plûpart des noms de provinces, et même de cités étrangères, ne peuvent se traduire exactement que d'après leur prononciation française, preuve de l'antiquité de cette dernière langue, probablement entée immédiatement sur celle des latins. Quelques mots grecs se trouvent aussi par fois cités dans les légendes des temps anciens ; j'ai été obligé de les écrire ainsi, par rapport à la consonnance qui ne se trouvait pas avec exactitude dans leurs synonymes latins. Comme les Grecs s'étaient emparés des travaux et des connaissances des prêtres égyptiens, il n'est pas étonnant qu'ils aient intercallé quelques mots de leur dialecte à la place d'un radical latin, dont l'acception était tombée en désuétude ou s'était perdue avec le temps. J'aurai soin de noter ces substitutions au fur et à mesure qu'elles se présenteront.

Enfin il est bon de savoir que les noms des villes et villages qui ne nous ont pas été laissés par Jules César ou les anciens géographes latins, ont été latinisés après coup, et n'ont aucun rapport avec le sens primitif de la légende.

RÈGLES GÉNÉRALES ET INVARIABLES.

1° Lorsqu'un nom de lieu ou d'homme, etc., ne peut être traduit en entier par un seul mot latin, alors ce nom est sujet à une ou plusieurs intersections; cette intersection n'est valable qu'autant que la dernière *lettre* par laquelle finit la syllabe ou les syllabes scindées, est semblable à *celle* par laquelle la syllabe suivante doit recommencer : exemple, *Paris*, PARrhesiastam Risisset. Les noms dans lesquels se trouvent deux lettres ainsi redoublées auraient dû s'écrire de cette manière, mais les inventeurs ont jugé à propos d'en supprimer une, afin de ne pas éveiller l'attention du vulgaire, qui, sans cela, aurait sans doute cherché à se rendre compte de cette singularité.

Les mots suivants *seuls* sont exceptés, je ne sais pourquoi, de cette règle générale, et se placent en toute liberté :

Val, *port*, *fort*, *ville*, *villiers* ou *villlers*, *château*, *grand*, *mont*, *Jean*, *Pierre*, *cour* ou *court*,

Les finales en *ange* et *iat* ou *hiat*, les mots commençant ou finissant par une M, ainsi que ceux au moyen desquels on peut exprimer en latin l'idée cheval, âne, bœuf, mulet, ou toute autre bête de somme, ainsi que leurs synonymes.

2° La deuxième règle et invariable à suivre afin d'arriver à la traduction vraie des noms des villes et des villages, consiste à les prendre exactement selon leur position géographique, sans jamais intervertir leur ordre, soit que la légende formée par ces noms monte ou descende le cours d'une rivière dont on doit suivre les bords à gauche et à droite alternativement; aussi est-il essentiel que le traducteur soit muni de bonnes cartes, car un seul nom omis, mal placé ou mal écrit, suffit pour interrompre le sens de la légende qu'il est impossible alors de compléter.

Les noms d'hommes sont soumis à la même règle, et doivent toujours être écrits selon leur ordre chronologique. L'avantage que l'on retire de l'application de la légende est de faire connaître si les tables que les anciens nous ont laissées sont régulières dans leur filiation.

3° La légende suivant ainsi le cours d'une rivière doit toujours être complétée lorsqu'elle rencontre un affluent, qui doit lui-même, à partir de sa source, former une ou plusieurs légendes, et ainsi de suite, d'affluents en affluents jusqu'à la mer; seulement lorsqu'un de ces derniers n'est qu'un simple ruisseau sur le cours duquel il ne se trouve que deux ou trois villages, alors la légende continue sa marche en faisant concourir les noms de ces villages à son complément, et va se terminer à la rencontre d'un confluent plus considérable.

Les noms des affluents suivent aussi dans leur traduction les mêmes règles que ci-dessus, en commençant à la source de la rivière principale et en prenant successivement tous ces affluents jusqu'au confluent de cette dernière avec un autre fleuve, et ainsi de suite jusqu'à la mer. Par ce moyen chaque affluent principal complète sa légende, et quelquefois encore les noms des affluents principaux, pris ensemble, donnent le même résultat.

4° Lorsqu'un grand nombre de lieux sont situés sur le cours d'une rivière recevant peu d'affluents, la légende se termine également lorsqu'elle vient se heurter, pour ainsi dire, sur une ville ou un village dont la position géographique détermine un espèce de repos. Mais comme les cartes ne donnent pas ces sortes d'indications, le traducteur doit s'en rapporter au sens des mots et attendre cette connaissance de l'habitude qu'il doit acquérir.

5° Les lieux isolés des rivières et des ruisseaux doivent se grouper entre eux et former une légende à part.

6° Les hameaux, fermes et maisons isolées sont également indépendants des légendes formées par les noms des villages voisins plus considérables, et ne doivent jamais être confondus avec ces derniers; mais comme depuis la dénomination générale imposée en même temps à tous les endroits habités, le développement plus ou moins grand des premiers a été déterminé plus tard, par leur position géographique, leur voisinage des cités, ou par l'établissement de nouvelles voies de communication, il est assez difficile, dans certaines localités, de pouvoir les reconnaître au premier coup-d'œil, alors il faut consulter les anciennes cartes, où on les retrouve dans leur état presque primitif. Mais comme ces noms inconnus, si ce n'est dans le pays même, n'ajoutent rien de plus au sens de la légende, on peut les négliger avec d'autant plus de raison, que peu de cartes les reproduisent tous exactement.

7° Il ne faut s'arrêter à la traduction d'un nom qu'après s'être assuré, au moyen d'un dictionnaire géographique, que tous ses homonymes, en quelques pays qu'ils se trouvent, peuvent se traduire sans effort de la même manière.

8° Le traducteur doit se ressouvenir que quelquefois les règles strictes de la grammaire latines sont oubliées, et que l'emploi de certains mots et de tournures de phrases trouvent souvent ici une acception différente de celle employée communément par les bons auteurs latins; aussi sera-t-il obligé de recourir aux glossaires de la basse latinité, et de consulter les ouvrages traitant des antiquités romaines.

9° Chaque peuple a adopté une manière particulière de prononcer et d'écrire les noms de ses villes et villages, en suivant toujours le génie et les exigences de la langue parlée; cette difficulté pourrait embarrasser le traducteur qui ne doit s'occuper que de l'expression phonétique d'un nom, sans s'inquiéter souvent de la manière dont il est écrit; il est bon aussi d'étudier les transformations ou métamorphoses qu'ont subies les mots latins dans leurs prononciations, lors du passage de ces noms dans les langues modernes, la cause de l'inversion des lettres, et surtout de l'R finale.

10° Afin de ne pas entraver la marche de la légende, et de ne pas retomber dans des répétitions fastidieuses, les compositeurs ont retranché de leurs thèmes toutes les propositions, conjonctions, etc., servant à lier entre elles les différentes parties d'un discours; je les ai remplacées en lettres italiques partout où le sens de la légende les a rendues absolument nécessaires.

11° Les nominatifs des trois phrases principales sont presque toujours sous-entendus.

12° Les articles *le*, *la*, *les*, *de*, *du*, *des*, lorsqu'ils ne font pas partie intégrante des noms des villes et villages auxquels ils sont joints, ont été placés par les prêtres français afin de remplacer les finales latines déterminant le genre et le cas, et empêcher toute méprise; *les*, lorsque cet article est joint à un mot se rapportant aux femmes de chambre; *le*, *la*, joints à d'autres désignant *le* bœuf ou *la* princesse. Ainsi ces mots, tous français, servent de guides et ne se traduisent pas.

13° Le mot *saint*, *sainte*, précédant certains noms, ne se traduit pas non plus; cette dénomination indique seulement que ce mot *sanctifié* (ou rendu respectable par une loi), a été pris, ou à son synonyme, dans le calendrier sacré.

DE LA PRONONCIATION DES MOTS,

ET DU CHANGEMENT DE VALEUR QUE LES LETTRES DE L'ALPHABET SONT SUSCEPTIBLES D'ÉPROUVER DANS CERTAINS CAS.

1° *Cha*, *che*, *chi*, *cho*, *chaux*, *chu*, doivent toujours se prononcer comme en latin, *ka*, *ke*, *ki*, *ko*, *ku*.

2° La rencontre de deux CC, dans une intersection, fait changer la dernière de ces lettres en H.

3° *Al*, *el*, *il*, *ol*, *ul*, à la fin des mots, se prononcent souvent *ail*, *eil*, *ille*, *oïl*, *ouille* et *euille*, et *ailly*, *eilly*, *illy*, *oilly*, *ouilly*, lorsque ces mots sont suivis d'un *i*.

4° Le D et le G, au milieu des mots, se trouvent souvent élidés; ainsi on prononce *niger*, *piger*, comme *nier*, *pier*; *coda* comme *coa*, etc.

5° *Alliant*, *elliant*, *illiant*, *olliant*, *ulliant*, se prononcent comme *ayant*, *eyant*, *yant*, *oyen*, *ouyant*.

6° *An* final a souvent le son de *ain*, comme *man-us*, *main*.

7° *In*, *hin*, *en*, se prononcent souvent comme *an*, *han*, *an*, et s'écrivent de même.

8° *Gin*, *jen*, se prononcent *jan*, et s'écrivent souvent comme *jean*. Exemple : *gingiva*, *gencive*.

9° *An*, *en*, *in*, *on*, *un*, suivis d'une voyelle finale, se prononcent souvent comme *agne*, *eigne*, *igne*, *ogne*, *ugne*, en prenant le son de la voyelle qui termine ces syllabes.

10° Les mots finissant par les syllabes *loc*, *ocul*, *cod*, se sont prononcés comme *lieu*, *œil*, *queue*.

11° Les mots composés sont rarement employés.

NOTA. J'aurai soin d'indiquer en marge, à la suite des noms, les mutations qui ne se trouveraient pas dans cette nomenclature.

L'expérience m'a appris que A se prononce quelquefois comme *œ*, *é*, *ai* et *ey*, surtout à la fin des mots.

B se confond avec P, V et F.

C, = (1) K et S.

D, = T, et prend souvent le son de l'S.

E n'est jamais lettre muette, = *ez*, *ey*, *é*, *œ* et *æ*.

F, = *phe*, V et PH.

G, = C, K, *je*, *ze*, *se*.

H est une lettre presque nulle, employée par les différents peuples afin de rendre l'aspiration de quelques mots; elle est quelquefois mise à la place de l'F.

I, = J et G.

J, = *id. id.*

K, = C, G, Q.

L, = R chez les Egyptiens et les Chinois.

M, lettre privilégiée, se métamorphose à volonté, et prend la valeur de B, P, F et V.

N. La rencontre de deux NN se prononce *gne*. Cette lettre se prononce de la même manière lorsqu'elle est suivie d'un *g* ou d'un *c*.

O, prend alternativement le son de *au*, *ou*, *ó* et *u*.

P, = B, V, F.

Q, = K et C.

R, = L.

S, = *ce*, *ze*, *sch*, *ts*.

T, = D et S.

U et V, = *ou*, *o*, W, P, F et *ph*.

X, = *icce* ou S fort, remplace aussi le *cs*.

Y, lettre qui remplace l'U dans les mots tirés du grec.

Z, = S, *tz*, *dze*.

(1) Le signe = veut dire égal, ou a la même valeur *que*.

CHANGEMENT DES LETTRES DE L'ALPHABET, D'APRÈS LE DICTIONNAIRE DES ANTIQUITÉS ROMAINES.

A, = *é*, *œ*.

B. Les anciens se servaient souvent de cette lettre au lieu d'une autre; ainsi ils employaient souvent le B pour le C et le C pour le B : *banca*, gobelet, tasse, ils l'appelaient *canca*, *bufo* et *cufo*, pour signifier un crapaud. B se prenait encore pour D : *dellum* pour *bellum*. Dans les inscriptions cette lettre était employée pour F : *bruges* pour *phryges*. Il en est ainsi de l'M, *mascauda* pour *bascauda*; du P, *briantes* pour *priantes*; du V, *berna* pour *verna*, *bibius* pour *vibius*, *bixit* pour *vixit*; le B suppléait à toutes les lettres.

C. Les anciens confondaient souvent cette lettre avec le P, l'E, le G, le Q et l'L.

D, était employé souvent pour l'L : *dacrymas* pour *lacrymas*; pour le P, *denates* pour *penates*. D et R s'employaient aussi différemment, de même que D et T : *Alexanter* pour *Alexander*.

E, se mettait autrefois à la place de l'A : *escendere*, *espi-*

cere, pour *ascendere*, *aspicere*; il tenait aussi la place de l'I, *Menerva*, *leber*, *magester*, pour *Minerva*, *liber*, *magister*; celle de l'O, *vortex* pour *vertex*, *hemo* pour *homo*.

F, se prenait pour PH : *triumfus* pour *triumphus*; pour V, *grafare* pour *gravare*. On l'écrivait autrefois au commencement des mots au lieu de l'aspiration H : *fostia* pour *hostia*.

G, se prenait pour C: *galkaeci* pour *gallaici*; elle tenait la place de l'I, *ilycias* pour *glycias*, dans Suétone; *lecio* pour *legio*.

H. Cette lettre est souvent suppléée par l'F, comme *fœdum* pour *hœdum*, *fircum* pour *hircum*, *fostem* pour *hostem*.

I. On employait quelquefois l'I pour l'E, comme *aurilia* pour *aurelia*; pour le G, *toja* pour *toga*; on le doublait entre deux voyelles, *aijacem* pour *ajacem*; souvent on mettait le grand I pour deux *ii* réels *manubIs* pour *manubiis*, *apI* pour *apii*. Elle devenait consonne aussi, et avait le caractère du J.

K. les Latins employaient cette lettre pour le C: *Kæsonem* pour *Cæsonem*, *kaput* pour *caput*.

L. Les anciens employaient souvent la lettre L au lieu de l'R : *flaxinea* pour *fraxinea*; pour le T, *thetim* pour *thelim*.

M. Cette lettre a un son fort sourd, c'est pour cela qu'on l'appelait *litteram mugientem*, et qu'on ne la prononçait ni on ne l'écrivait à la fin d'un mot, surtout lorsque le mot suivant commençait par une voyelle. Ainsi Caton écrivait *die hanc* pour *diem hanc*.

N. Les Latins retranchaient souvent cette lettre quand elle n'était pas finale, et ils écrivaient *hortesius* pour *hortensius*; ils lui substituaient aussi souvent l'L, l'R, l'M et l'O.

O. Les anciens substituaient cette lettre à l'A, *torquitius* pour *tarquitius*; ils s'en servaient aussi pour la syllabe *au*, *plautia* pour *plotta*, *auriculas* pour *oriculas*. O et E s'employaient indifféremment; l'O se mettait encore pour l'I, pour l'U, *consol* pour *consul*, *honc* pour *hunc*.

P. Les anciens employaient souvent le P pour le B et pour le C.

Q. Cette lettre se change en C, *sequor*, *secutus*, *loquor*, *locutus*.

R. Les anciens employaient assez ordinairement cette lettre pour le D, l'L, l'N, le P, et quelquefois pour l'S.

S. Les anciens traitaient cette lettre diversement, les uns la rejetant totalement, d'autres l'employant avec affectation; ainsi ceux-ci l'inséraient sans nécessité entre les lettres M et N, et ils écrivaient *camœnœ*, *pœsni*, pour *camœnœ*, *pœni*; les premiers affectaient, au contraire, de s'en passer dans les mots où elle était le plus nécessaire, comme dans *dignus*, *omnibus*, qu'ils écrivaient *dignú*, *omnibú*; quelquefois les Latins la changeaient en T, à l'imitation des Grecs, *mertare* pour *mersare*; ils l'employaient aussi à la place du C et du G.

T. Les anciens employaient souvent cette lettre au lieu du C, du D, de l'L et de l'S.

U et V. Cette lettre se trouve souvent employée pour le B, plus souvent encore pour l'I, comme *optumus* pour *optimus*, et indistinctement pour l'Y, *sulla* pour *sylla*; elle se change aussi en O, *volt* pour *vult*.

X. Les anciens mettaient souvent à la place de cette lettre *es* ou *gs*, *apees* pour *apex*, *gregs* pour *grex*.

Z. Les Latins substituaient souvent à cette lettre le D, *cydicos* pour *cyzicos*, et quelquefois l'employaient pour la lettre S, *zmyrna* pour *smyrna*.

SIGNES DU ZODIAQUE.

Les premiers qui partagèrent le cours annuel du soleil en douze parties, et groupèrent les astres sous lesquels on croyait le voir passer et repasser, étaient sans doute libres d'affecter à ces réunions telle configuration, et, par conséquent, tels noms qu'ils auraient jugé convenables. Gardons-nous de croire que, sans réflexion aucune, ils enveloppèrent un certain nombre d'étoiles dans les contours d'un animal ou de tout autre objet, et qu'à tout hasard ils dessinèrent des figures sur leurs sphères célestes; loin de là, chez les prêtres, les premiers inventeurs de l'astronomie, tout était instructif et utile; la forme, la position ou le nom d'une configuration, renfermait une allégorie ingénieuse, et ce travail, fruit d'une grande expérience et d'une longue suite d'observations, apparaît dans toute sa splendeur dans la configuration des signes du zodiaque, unique base de toutes les légendes sacrées.

L'origine de ces constellations se perd dans la nuit des siècles, et les noms de quelques-unes d'entre elles, latinisés pourtant exprès, ne présentent pas à l'esprit le sens complet offert par leurs formes. Le mot *capricorne*, par exemple, n'indique pas pourquoi la croupe de cette chèvre est terminée par une queue de poisson; il en est de même du *sagittaire*, moitié homme, moitié cheval, etc. Comme aucun de ces dessins n'a été composé de telle ou telle manière sans motif positif, il s'ensuit nécessairement que si ces dénominations simples n'étaient pas venues jusqu'à nous, il eût été de toute nécessité, afin de traduire la plûpart de ces signes, d'employer une périphrase capable de rendre la pensée du compositeur, comme j'ai été obligé de le faire pour arriver à l'explication des groupes renfermés dans le zodiaque de Denderah, dont les noms sont inconnus.

Afin d'éviter toute erreur dans la traduction, les auteurs ont encore eu soin de faire servir les positions ou les actions dans lesquelles sont représentés les objets ou les groupes, à la preuve littérale du sens donné par les noms de ces objets et de ces mêmes groupes.

Il ne faut pas oublier que la légende sacrée n'était employée, avant l'invention de l'écriture alphabétique, que pour venir en aide à la mémoire et fixer invariablement, au moyen de cette espèce de mnémotechnie, les noms, l'ordre, la position d'objets nombreux et abstraits que nécessairement le prêtre n'aurait pu retenir ni transmettre intacts à ses initiés sans le secours de cette invention; aussi mû par un esprit de défiance qu'il est facile de deviner, le clergé, désireux de jeter un voile impénétrable sur son œuvre, se contenta d'exprimer une ou deux syllabes d'un mot, ce qui suffisait du reste à réveiller ses idées et lui rappeler la suite de ces mêmes mots, véritables énigmes dont lui seul avait la clé.

Lundi, mardi, mercredi, ou les noms des sept jours de la semaine, sont les seuls hiéroglyphes latins tombés dans le domaine du vulgaire dont nous avons la définition. Lundi est composé de deux syllabes, qui chacune est le commencement d'un mot latin scindé, LUNæ DIes, jour consacré à la lune; en prenant seulement les lettres capitales, on obtient le mot LUNDI, dont le complément est *æ* pour la première syllabe et *es* pour la seconde.

Mardi, MARtis DIes, jour consacré à Mars. La plûpart des personnes prononcent ces noms sans en comprendre le sens intrinsèque, mais en y attachant seulement l'idée dé-

signant le premier ou le second jour de la semaine. Les prêtres ont traité de cette manière tous les noms de villes, etc., etc.

Il ne faut donc pas s'étonner si de pareils mystères furent enveloppés d'un voile impénétrable; la simplicité de la légende devait elle-même leur servir de sauvegarde. L'homme constamment emporté par son penchant pour le merveilleux, s'est obstiné à chercher dans les symboles et les mots sacrés des secrets qui n'existaient pas et n'ont jamais existé; c'est sur le ciel, sur le soleil, la lune, les astres, la terre et les éléments qu'il devait jeter les yeux; il aurait vu que les symboles et les dénominations, qui seuls ont changé, n'étaient employés que comme repères ou points de rappel destinés à conserver intacte l'image des causes physiques et du mécanisme de l'organisation du monde.

Cette fameuse légende, base universelle des œuvres du sacerdoce, ne contient elle-même qu'un tableau ingénieux de la nature et de ses opérations, et les aventures factices des dieux chantées dans l'intérieur des temples vont s'expliquer sans effort par le système physique et astronomique.

RÉSUMÉ GÉNÉRAL DE LA LÉGENDE SACRÉE (COPIE LITTÉRALE).

Un jour Jupiter (1) aperçut du haut du ciel les femmes de chambre (2) de la reine (3), riantes et légères, jouant ensemble sur le rivage de la mer (4); il les vit ensuite, armées de leurs écharpes chatoyantes, se ruer, en criant de toutes leurs forces, sur une pauvre vieille villageoise, ivre et chargée de ramée (5). Mais comme celle-ci n'entendait pas raillerie et s'était mise en mesure de repousser ces attaques incessantes (6), nos espiègles, d'un commun accord, jettent sur la tête de cette malheureuse, blanchie par l'âge, un de leurs mouchoirs dans lequel elle reste emprisonnée (7). En vain la femme veut fuir; acharnées après elle, les jeunes filles se précipitent sur ses pas et la frappent sans pitié; mais bientôt asphyxiée par la pression de cette espèce de baillon placé sur sa bouche, l'infortunée tourne, perd la tête, et tombe à terre sans mouvement (8).

Saisies de frayeur, les suivantes se hâtent alors de délivrer la petite vieille de son bandeau, et la voyant rester étendue d'un air hébété, elles se décident à employer tous les moyens possibles afin de la guérir de cette sorte d'évanouissement.

Les voilà donc courant de tous côtés, comme une petite troupe de fourmis, butiner à travers les buissons, cherchant avec soin un peu de subsistance afin de calmer les gémissements de cette pauvre folle qu'elles avaient traitée d'une manière si barbare, et qui, maigre et pâle comme une ombre, la bouche béante, semblait près de mourir d'inanition (9).

Mettant à profit l'occasion qui se présente, pendant que les femmes de chambre, éparpillées sur la grève, se livrent tout entières aux soins à rendre à la malade, Jupiter s'approche de leur maîtresse restée seule; puis usant de stratagème, lui aussi se décide à jouer la même comédie afin d'amollir le cœur de la rebelle; et soudain contrefaisant la folie, sous la forme d'un vil goujeat, il va patauger, hâletant, semblable à un poisson, dans l'eau boueuse et infecte d'un évier (10).

(1) Le nom de Jupiter n'étant jamais énoncé dans la légende, je l'ai remplacé par celui de *pater*, père, dénomination que Platon lui donne dans sa Trinité. Il exprime ici l'idée *soleil*.

(2) Les femmes de chambre : symbole du ciel étoilé. Plusieurs légendes, et notamment celles des environs de Paris, donnent à ces suivantes la dénomination de *nonnes*, ou filles consacrées à un service divin.

(3) De la Reine : la lune, censée reine des étoiles.

(4) Jouant ensemble sur le rivage de la mer : allusion faite aux différentes révolutions des astres.

(5) Une pauvre vieille villageoise, ivre et chargée de ramée : emblème de la terre, dont la surface ridée est chargée de végétaux.

(6) De repousser les attaques incessantes : derniers efforts de la végétation contre les frimats. (Selon les anciens, l'influence des étoiles se faisait ressentir ici-bas par l'intermédiaire des éléments).)

(7) Jetant sur cette tête blanchie par l'âge un de leurs mouchoirs dans lequel elle reste emprisonnée : image de l'hiver, pendant le cours duquel les frimats et la neige bouchent les organes respiratoires de la terre.

(8) Mais bientôt asphyxiée par cette espèce de baillon placé sur sa bouche, l'infortunée tourne, perd la tête et tombe à terre sans mouvement. Cette allégorie se rapporte aux végétaux et à une partie des animaux qui cessent de se mouvoir pendant cette morte saison.

(9) L'empressement de ces jeunes filles à secourir la malade, indique le retour du printemps, pendant lequel la terre entr'ouverte par les douces influences du soleil, semble se réveiller de sa léthargie, recevant les émanations des différents éléments qui concourent à lui redonner sa fertilité ordinaire.

(10) Et va patauger hâletant dans l'eau boueuse et infecte d'un évier : emblème du soleil d'automme constamment enveloppé de brouillards; saison des pluies pendant lesquelles le soleil est sans force et presqu'incertain de la marche qu'il doit suivre.

Mais la jeune fille, loin de se laisser émouvoir par cet acte de stupidité, fond sur cet homme dont la saleté lui soulève le cœur, le frappe à coups redoublés, et le chasse ignomigneusement (1).

Jupiter, irrité d'avoir échoué dans cette tentative, prend alors la résolution de séduire cette mégère d'une autre manière, et à l'aide d'un nouveau déguisement. Le maître des dieux abandonnant le rang suprême, veut se couvrir d'une vile peau de bête de somme, maigre et blanchie par l'âge, et s'abaissant jusqu'au rang des animaux, comme eux courber la tête pour chercher sa pâture; il espère, par ce moyen, attirer la compassion de la jeune fille, qui, sans doute, émue par l'état piteux et délabré du pauvre animal n'en pouvant mais, se hâtera d'accourir vers lui et de lui prodiguer les mêmes soins que les femmes de chambre rendaient à une créature défectueuse, bien moins digne d'intérêt.

(1) Et le chasse ignomigneusement, etc. Cette allégorie est basée sur la longueur des nuits d'hiver, pendant lesquelles la lune occupe presque exclusivement le firmament; en vain le soleil cherche-t-il à reprendre son empire (à toucher le cœur de la rebelle), il est repoussé sans pitié, et ce n'est qu'au printemps, ou sous la constellation du taureau, qu'il parvient à son but.

Nota. Comme on le voit, cette légende est en partie calquée sur la fable de l'enlévement d'Europe par Jupiter changé en taureau.

ZODIAQUE DE DENDERAH.

Lorsque l'armée française occupait la Haute Égypte, le général Désaix parcourait avec M. Denon l'ancienne Tentyris, quand il aperçut le zodiaque circulaire de Denderah, que Paris possède actuellement, au plafond d'une petite chambre bâtie sur la plateforme de ce temple. MM. Jalois et Devilliers, savants également attachés à l'expédition, prirent un dessin parfait de ce monument; c'est d'après ce dernier que fut gravée la planche publiée par le Gouvernement impérial, lorsqu'il fit imprimer le grand ouvrage de la campagne d'Égypte. Sous la restauration, la bibliothèque de Dole s'enrichit encore de ce précieux travail; mais la main trop scrupuleuse du donateur en a fait disparaître la gravure de ce zodiaque, ainsi que le dessin de la *pierre de Rosette*. Cette lacune fâcheuse, qui jusqu'à présent n'a pu être comblée, m'a forcé à m'en rapporter à la petite planche accompagnant l'abrégé de l'origine des cultes par Dupuis. Comme je ne puis donner ici la représentation de cette antique page des Égyptiens, le lecteur devra recourir à l'édition de ce dernier ouvrage publié, en 1822, chez Chasseriau, à Paris; les planches des autres éditions renfermant trop d'erreurs dans les dessins des hiéroglyphes, ne peuvent être consultées.

Le zodiaque de Denderah se divise en deux parties principales, pour former 1º un plateau circulaire se projetant en saillie sur le fond; 2º un espace qui sépare le plateau des côtés du carré que représente l'ensemble du mouvement; l'espace dont il s'agit est rempli par douze grandes figures en forme de cariatides, c'est-à-dire soutenant de leurs mains le plateau circulaire, et dirigées vers le centre : ces figures sont l'emblème des douze mois de l'année. Sculptées aux angles, quatre de celles-ci, représentant des femmes, sont debout et expriment l'idée du premier mois de chaque saison; les huit autres, coiffées du masque d'épervier (*accipiter, accipitrare, être couché*), sont des figures d'hommes *agenouillés* désignant les huit autres mois de l'année. Toutes ces figures et celles comprises dans le carré représentant le zodiaque proprement dit, sont en relief et offrent une saillie de deux à trois lignes de profondeur; ce n'est qu'avec une profonde attention qu'on parvient à distinguer les signes du zodiaque disposés ainsi qu'il suit : le *lion*, la *vierge* portant un épi, la *balance*, le *scorpion*, le *sagittaire* et le *capricorne;* sur l'autre moitié du cercle sont sculptés le *verseau*, les *poissons*, le *bélier*, le *taureau*, les *gémeaux* se donnant la main, et le *cancer* : tous ces signes, le dernier excepté, sont tournés du même côté; leur réunion forme une ligne à peu près circulaire, qui présente ces mêmes signes dans une position excentrique ou en spirale. Il est à remarquer que le cancer, au lieu d'être placé devant le lion, se trouve presque au-dessus de la tête de cet animal, de manière à désigner, tant par sa figure rétrograde que par la position supérieure qu'il occupe près du centre, le point culminant, ainsi que la marche descendante du soleil lorsqu'il est parvenu à ce signe; donc la ressemblance de la courbe formée par les douze signes avec une spirale d'une seule révolution, symbolise la marche supérieure ou inférieure de l'astre du jour sur le zodiaque aux différentes époques de l'année.

La partie supérieure de la circonférence du plateau déterminée par la courbe du zodiaque, renferme vingt-trois figures emblématiques correspondant au même nombre de constellations septentrionales découvertes par les anciens, et dont la description, comparée à celle des noms modernes affectés à ces dernières, donne absolument le même sens de la légende; les douze signes inférieurs expriment également douze constellations extra-zodiacales.

Un premier médaillon renfermant toutes les constellations est disposé régulièrement dans une ligne circulaire concentrique; toutes les figures ont la même hauteur, et toutes les lignes tendent au centre du tableau. Ces figures, au nombre de trente-six, disposées régulièrement de trois en trois, correspondent aux trente-six décans ou division de chaque mois égyptien en trois parties ou décades, et leur description donne la répétition exacte du sens de la légende affecté aux trente-six constellations tant australes que boréales tracées sur ce planisphère; elles sont accompagnées de phrases hiéroglyphiques explicatives qui ont donné naissance au nom des dieux présidant ces décans, et les étoiles disposées symétriquement près de quelques-unes d'entre elles, ne servent que comme expression numérale, dont l'énonciation, ainsi que celle des autres phrases hiéroglyphiques, vient confirmer le sens de la lé-

4

gende et sert de doublure à celui donné par les figures; mais comme la scène se passe au ciel, on a gravé des étoiles à la place des points numéraux communément employés dans les légendes terrestres.

Le deuxième médaillon principal forme une zône divisée en huit bandes égales ornées de grands hiéroglyphes, qui ne sont autre chose que des *rebus* latins, et dont je donne ci-après l'explication. Des signes figuratifs se trouvent joints dans cette inscription aux signes phonétiques.

Dans l'espace qui est entre les deux médaillons on voit, renfermées dans un *cartouche*, deux phrases hiéroglyphiques opposées l'une à l'autre, et qui se trouvent sur le même diamètre avec le cancer et le capricorne; ces deux phrases sont deux divisions distinctes de la légende marquant le solstice d'été et celui d'hiver.

Deux autres groupes hiéroglyphiques figuratifs sont également situés aux deux extrémités d'un diamètre traversant le taureau et le scorpion; ces deux groupes, absolument identiques, ne diffèrent que par l'emblème qui les couronne renversé (une chaîne de montagnes surmontée d'un soleil levant, *orient;* et dans l'autre le renversement des dômes, *occident* (ou hémisphère austral et boréal).

Enfin, au-devant de chacune des cariatides debout, se trouvent quatre autres inscriptions hiéroglyphiques formées de trois, quatre ou cinq colonnes chacune, redisant également le sens de la légende. Ces signes, pris comme ils sont écrits et vocalisés, syllabes par syllabes, réunis par deux ou par trois, suivant le besoin, servaient aux prêtres égyptiens de calendrier dans lequel étaient inscrits, comme dans le nôtre, les noms des principales divinités inférieures présidant à chaque jour de l'année. Ces noms sont extrêmement difficiles à refaire, attendu l'habitude des Égytiens de laisser vague dans leurs écritures l'emploi des voyelles. Ces caractères devaient encore servir comme types invariables des lettres alphabétiques; la première lettre de la syllabe vocalisée retraça le son phonétique qu'elle donnait dans la langue parlée. Le prêtre entourait son écriture de tant d'énigmes, que la même lettre alphabétique pouvait s'exprimer au moyen d'une foule de signes différents les uns des autres, ce dont on peut se convaincre facilement en comparant entre elles les inscriptions renfermées dans les cartouches contenant les noms propres et les attributs des Ptolémées, rois d'Égypte. (*Voir l'Univers*, art. *Égypte ancienne*, planches 88 et 89).

Le point de départ pour arriver à l'explication des signes renfermés dans le zodiaque de Denderah, est marqué dans le signe du bélier, 1° par la position centrale de la jambe d'animal sur laquelle est accroupi un petit bélier, et qui, prolongée diamétralement, déterminerait une ligne droite partageant le plateau en deux parties égales, pour aboutir aux deux mains gauches des deux grandes figures debout qui soutiennent la sphère; cette ligne passerait par le bélier, où elle détermine, comme aujourd'hui, l'équinoxe du printemps, irait frapper la balance, signe opposé, et couperait la figure du troisième bélier dessiné sur la grande ligne circulaire concentrique formant le premier médaillon; 2° en tirant une ligne droite semblable, à partir des mains gauches des deux autres grandes statues debout qui suivent, on obtient un autre diamètre passant par les signes du cancer et du capricorne; 3° les quatre points cardinaux déterminés, le pied de la grande jambe d'animal centrale étant tourné du côté de la balance, indique clairement qu'il faut commencer la *marche* par le signe opposé, ou par le bélier, parce que les figures hiéroglyphiques doivent se lire à rebours, c'est-à-dire en commençant par le côté vers lequel regardent les têtes d'hommes, d'animaux, etc., qui font partie d'une inscription.

ALPHABET ÉGYPTIEN, D'APRÈS CHAMPOLLION LE JEUNE.

(*Voir la gravure des objets dans l'Univers, article* ÉCYPTE ANCIENNE, *page* 225, *et dans le Magasin universel*, 6ᵉ année, *page* 301).

Il ne faut pas oublier que la première lettre des noms de chaque objet exprimés en latin, est le type des sons phonétiques pris dans la langue parlée, affectés aux différents caractères de leur alphabet.

DESSINS DES OBJETS ou signes hiéroglyphiques.	SIGNES GRECS.	ÉNONCIATIONS LATINES.	TRADUCTION EN FRANÇAIS.
	A et æ,	Ales.	Oiseau en général.
		Accipiter.	Épervier.
		Ala.	Aile, plume.
		Axilla.	Bras, aisselle (*signe figuratif*).
		Alveum.	Pot, vaisselle creuse, panier.
		Apicatus (oculus).	OEil orné d'une crête (*signe composé*).
	B et p.	Busteus.	Bûcher, autel sur lequel on brûlait les morts.
		Pes, biterc.	Pied, aller (*signe figuratif*).
		Balans.	Bélier.
	Г, g et c.	Cuneus.	Coin.
		Crater.	Coupe.
		Cantharus.	Coupe à anse.
		Galea.	Casque.
	Δ, d et t.	Tholus.	Dôme.
		Talari.	Articles des doigts des mains, main (*signe figuratif*).
		Taurus.	Scarabée.
		Theca.	Bourse.

DESSINS DES OBJETS ou signes hiéroglyphiques.	SIGNES GRECS.	ÉNONCIATIONS LATINES.	TRADUCTION EN FRANÇAIS.
	E, æ, ai.	Ala.	Aile.
		Ales	Oiseau.
	Z, s et c.	Cercer.	Oie sauvage, oiseau amphibie (cheneros).
	Θ, t.	Tenaculum.	Lien, crochet.
	H, æ, ai.	Axilla.	Aisselle, bras.
		Ales.	Oiseau.
	I et æ.	Alæ.	Ailes.
		Axilla.	Bras.
		Ibis.	Ibis, oiseau.
		Aspectus.	Vue, signe figuratif représenté par un œil.
		(Signe inconnu).	
	K, c.	Cuneus.	Coin (trois coins différents placés à la suite l'un de l'autre).
		Crater.	Coupe.
		Cantharus.	Coupe à anse.
		Galea.	Casque.

DESSINS des objets ou signes hiéroglyphiques.	SIGNES GRECS.	ÉNONCIATIONS LATINES.	TRADUCTION EN FRANÇAIS.
		Calamitosus.	Dessin de deux bras élevés vers le ciel;
		Id.	Représentation d'un homme, les deux bras élevés vers le ciel dans une attitude suppliante (malheureux). } *Signes figuratifs.*
		Cod........	Figure d'un serpent dont le nom est inconnu. Champollion le nomme *uræus*, probablement parce que cet animal est toujours représenté se tenant sur sa queue (ουρα, *coda*, queue).
	A, l et r.	Leo.	Lion.
		Labrum ou Rictum.	Bouche ouverte.
		Lilium.	Fleur de lys.
		Reptilis.	Reptile, serpent.
	M.	Medium.	Moitié, figure d'un bâton brisé en deux parties, le nombre 2 chez les Égyptiens.
		Manica, ou MANubrium.	Espèce de manche à l'aide duquel on écrivait, style.
		Mœnia.	Enceinte.
		Maxillæ.	Mâchoires.
		Morphnos.	Oiseau de nuit, chouette (Μορφνη, ténèbres).
	N.	Unda.	Eau, de Ναω, couler. (L'U ne se fait pas sentir: prononcez *nnda*).
		Nanum.	Dessin de quatre espèces de *pots à eau.*
		Nobilitas.	Marque de noblesse; deux espèces de coiffures d'empereurs.
		Natatile.	Évier, de Ναω.
	Ξ, xi, cs.	Lettre composée de { Cantharus et Sceptra. { Cantharus et Sipho.	{ Une coupe et deux sceptres affrontés. { Une coupe et un siphon (*signe figuratif*).
	O, au et ou.	Olus.	Trois espèces de plantes (radical des plantes légumineuses).
		Uncus.	Crochet, grappin.
		Oculus.	OEil (*signe figuratif*).

DESSINS des objets ou signes hiéroglyphiques.	SIGNES GRECS.	ÉNONCIATIONS LATINES.	TRADUCTION EN FRANÇAIS.
	Π, p.	Palus.	Palissade.
		Id.	Palissade non ombrée.
		Petra.	Pierre (cube).
		Pons.	Pont à voûte plate.
	P, r et l.	Rictum ou Labrum.	Bouche ouverte.
		Leo.	Lion.
		Lilium.	Lys.
		Ros.	Goutte d'eau, larme.
		Reptilis.	Reptile, serpent.
	Σ, s.	Sipho.	Siphon.
		Sceptra.	Sceptres.
		Sibilum.	Sifflet (flûte de Pan).
		Scortea.	Carquois en cuir.
		Cercer.	Oie sauvage (cheneros).
		Sedens.	Homme assis (*signe figuratif*).
		Sitos.	Grain de blé (radical des fruits).
		Sedes.	Siége.
		Stella.	Etoile.
	T et d.	Tholus.	Dôme.
		Talari.	Articles des doigts des mains, main.
		Triangulus.	Triangle, niveau de maçon.
		Tractus.	Trait.
		Digitus.	Doigt.
		Tœnia.	Ver (radical des vers).
		Tenere, aller.	Signe figuratif représenté par deux jambes qui marchent.
		Tenaculum.	Lien, crochet.
		Taurus.	Scarabée.
	Υ, ou.	Uucus (Uncinatus).	Crochet, grappin.
	Φ, ph.	Lettre composée de deux signes. { Palus et Habitatiuncula.	{ Palissade. { Plan d'une maison.
	X, ch, sch.	Scheda.	Espèce de crible fait d'écorce d'arbres.
	Ψ, ps.	Lettres composées de deux signes. { Petra et Sipho. { Palus et Sceptra.	{ Pierre. { Siphon. { Palissade. { Sceptre.
	ω, ou.	Uncus.	Crochet, grappin.
	H.	Habitatio.	Plan d'une habitation, maison.

EXPLICATION DU 2ᵉ MÉDAILLON PRINCIPAL,

PARTAGÉ EN HUIT ZONES ÉGALES RENFERMANT LES CONSTELLATIONS DU ZODIAQUE DE DENDERAH.

(Les radicaux seuls des noms des objets concourent au sens de la légende, abstraction faite des genres, des temps et des cas).

DESSINS des objets ou signes hiéroglyphiques.	RADICAUX.	ÉNONCIATIONS LATINES.	TRADUCTION FRANÇAISE.	EXPLICATION.
				PREMIÈRE ZONE placée au-devant de la grande statue debout, dont la main gauche soutient directement la grande figure du bélier, représentant un des signes des décans.
				Cette colonne se lit à partir du haut en bas.
(1) Columb. insid. rict.	{ Colomba incidens. { rictum.	{ une colombe perchée sur { une bouche ouverte.	Quam COLUMBari INSIDiari monuerant RICTû,
(2) Tol.	Tholus.	Dôme.	dùm TOLerarent Camerariæ; (*tollo*)
Accipitr.	Accipter.	Epervier.	ACCIPITRantem
Bus.	Butio.	Buse.	BUTientem monuit pater,
Tol.	Tholus.	Dôme.	ut TOLeraret nata;
Sit.	Sitos.	Fruit.	SITiculosum (*sitis*)
(3) Tol. terg. advers.	{ Tholi tergó { adversi	{ Deux dômes opposés { par le dos.	nedùm TOLeraret nata, TERGOrantem quùm ADVERTisset.

(1) Groupe, formant une phrase mnémotechnique.
(2) Tolero, de *tollo*, enlever, par métaphore: comme de *allevare*, *allevamentum*, soulager.
(3) Groupe.

LITTÉRAL.

Dùm camerariæ tolerarent quam monuerant insidiari columbari rictû: Tandis que les suivantes secouraient celle qu'elles s'étaient avisées de tourmenter avec un carcan par manière de rire.

Pater monuit butientem accipitrantem, ut nata toleraret: Jupiter s'avise de prendre la forme d'un bœuf paresseux, afin que la jeune fille vienne porter secours à cet animal.

Quùm nata advertisset tergorantem, nedùm toleraret siticulosum: Puisque la jeune fille avait repoussé lui se vautrant dans la saleté, bien loin de porter secours à cet homme affamé.

DESSINS des objets ou signes hiéroglyphiques.	RADICAUX.	ÉNONCIATIONS LATINES.	TRADUCTION FRANÇAISE.	EXPLICATION.
				DEUXIÈME ZONE.
Tol.	Tholus.	Dôme.	Dùm TOLerarent
Opertori.	Opertorium.	Couvercle.	quam OPERTORIó
Cune.	Cuneus.	Coin (triangle).	CUNEaverant
(1) Ær.	Æreus.	Pièce de monnaie.	ÆRumnosam (*æra*)
Nan.	Nona.	Pots à eau.	NANam camerariæ;
(2) Petr.	Petræ.	Pierres.	PETORiti (inversion de l'*r*, *petr*).
(3) Sag-git.	Sagitta.	Flèche.	ut SAGinaret CITó nata,
Ær.	Æreus.	Pièce de monnaie.	ÆRumnam
Accipitr.	Accipiter.	Epervier.	ACCIPITRantis monuit pater;
Tol.	Tholus.	Dôme.	nedùm TOLeraret
Pont.	Pons.	Pont.	PONDus
Und.	Unda.	Onde.	UNDantis
(4) Nar-re-tex.	Narthecium.	vase à mettre les parfums.	NARitate nata, quùm RETEXuisset.

(1) Æreus, pièce de monnaie, emblème des différents pays.
(2) Petorritus, bœuf de charroi à l'usage des romains. (*Voyez* petorritum, *ant. rom.*)
(3) Sagitta, mot composé de *sag-ulum citare*, machine de guerre propre à être lancée.
(4) Narthecium, mot composé de *nardum retegere*, renfermer des parfums. Ce signe figuratif est déterminé par trois grains d'encens disposés symétriquement au-dessous du vase.

LITTÉRAL.

Dùm camerariæ tolerarent nanam ærumnosam quam cuneaverant opertorió: Tandis que les suivantes secouraient la petite vieille malade qu'elles avaient pressée au moyen d'une couverture jetée sur sa tête.

Pater monuit ærumnam petorriti accipitrantis ut nata saginaret citó: Jupiter invente la maladie d'un bœuf de charroi paresseux, afin que la jeune fille vienne aussitôt le nourrir.

Quùm nata retexuisset, nedùm toleraret pondus undantis naritate: Puisque la jeune fille avait frappé cruellement, bien loin de soulager la douleur de lui se baignant dans l'eau par ruse.

DESSINS des objets ou signes hiéroglyphiques.	RADICAUX.	ÉNONCIATIONS LATINES.	TRADUCTION FRANÇAISE.	EXPLICATION.

TROISIÈME ZONE.

DESSINS	RADICAUX.	ÉNONCIATIONS LATINES.	TRADUCTION FRANÇAISE.	EXPLICATION.
Accipitr.	Accipiter.	Epervier.	ACCIPITRantem
Und.	Unda.	Onde.	UNDantem
(1) Tri-ro-bor.	Tri-robora.	Trois massues.	TRI-nedùm ROBORAret na-ta,
Tri-enses.	Tri-enses.	Trois épées.	TRI-quàm INCESSare monuisset
Und.	Unda.	Onde.	UNDantem.
Sceptr.	Sceptra obversa.	Sceptres affrontés.	SCEPTRA, ut OBVERSAretur (regiè)
Sex-petr.	Sex petræ.	Six pierres.	SACceum PETORritum na-ta, (saccarium)
Stel.	Stella.	Etoile.	STELlati, (pour siderati)
Accipitr.	Accipiter.	Epervier.	ACCIPITRantis,
Sit.	Sitos.	Fruit.	SITiculosi
Petr.	Petra.	Pierre.	PETORriti monuit pater;
Sed.	Sedes.	Siége.	quam CÆDere monuerant
Tol.	Tholus.	Dôme.	dùm TOLerarent
Stel.	Stella.	Etoile.	STELlatam (sideratam) camerariæ.

(1) Le mot *tres*, ou *tri*, est employé ici comme superlatif (très-bien).

LITTÉRAL.

Quùm nata monuisset tri-incessare undantem, nedùm tri-roboraret undantem accipitrantem : Puisque la jeune fille avait incessamment frappé lui se tenant dans l'eau, bien loin de reconforter incessamment lui paresseux se baignant dans l'eau.

Pater monuit sceptra petorriti, accipitrantis, siticulosi, stellati, ut nata obversaretur petorritum sacceum : Jupiter invente le sujet tragique d'un bœuf de charroi, paresseux, affamé, frappé de dessèchement, afin que la jeune fille se montre favorable envers ce bœuf porteur de sacs (bête de somme).

Dùm camerariæ tolerarent stellatam quam monuerant cædere : Tandis que les suivantes secouraient la femme frappée de dessèchement qu'elles avaient tourmentée.

QUATRIÈME ZONE.

DESSINS	RADICAUX.	ÉNONCIATIONS LATINES.	TRADUCTION FRANÇAISE.	EXPLICATION.
(1) Reg.	Regiè (ales-regia).	Royalement.	REGIÈ
Robor.	Robur.	Massue (cassetète).	dùm ROBORarent
Stel.	Stella.	Etoile.	STELlatam
Accipitr.	Accipiter.	Epervier.	ACCIPITRantem
(2) Art.	Artus.	Membre.	quam ARTuare monuerant camerariæ;
Sol.	Sol.	Soleil.	SOLi
Mod.	Moderator.	Volant de machine.	MODerationem (modum)
Canther.	Cantharus.	Coupe à anse.	CANTHERii monuit pater,
Robor.	Robur.	Massue.	ut ROBORaret
Reg.	Regiè.	Royalement.	REGIÈ nata;
(3) Nubil.	Nobilis.	Marque de noblesse.	NUBILantem
Art.	Artus.	Membre.	quùm ARTuare monuisset nata,
Sol.	Sol.	Soleil.	SOLum
(4) Fulg.	Fulgere (lumen).	Briller (lumière).	nedùm FULCiret.

(1) Ce signe figuratif, représenté par un aigle aux ailes déployées perché sur deux sceptres affrontés, est l'emblème de la royauté (ales regia).

(2) *Artus*, chez les Égytiens, ce signe était le radical des membres du corps humain.

(3) *Nobilis*, marque de dignité, représentée par une coiffure de roi (cidaris), signe figuratif.

(4) Ce signe figuratif est représenté par le disque du soleil orné de trois de ses rayons formés d'une espèce de cornets triangulaires s'emboîtant les uns dans les autres. Cette figure est la même que celle représentée dans un des angles du planisphère de Denderah; elle est prise dans le sens de *luire* (lumen).

LITTÉRAL.

Dùm camerariæ roborarent regiè stellatam accipitrantem quam monuerant artuare : Tandis que les suivantes reconfortaient d'une manière soignée la femme frappée de dessèchement et couchée, qu'elles avaient mise en pièces.

Pater monuit moderationem cantherii soli ut nata roboraret regiè : Jupiter prend la forme d'un mauvais cheval abandonné, afin que la jeune fille vienne reconforter cet animal d'une manière soignée.

Quùm nata monuisset artuare nubilantem, nedùm fulciret solum : Puisque la jeune fille avait repoussé barbarement lui se roulant dans l'eau, bien loin de fortifier cet homme abandonné.

CINQUIÈME ZONE.

DESSINS	RADICAUX.	ÉNONCIATIONS LATINES.	TRADUCTION FRANÇAISE.	EXPLICATION.
Haben.	Habena.	Tresse, écharpe.	HABENà
Al.	Alæ.	Ailes.	dùm ALerent
Divin.	Divinus.	Une divinité	DIVINantem (pour vaticinantem)
Reg.	Regiè (ales regia).	Royalement.	REGIÈ,
Crus.	Crux uncinata.	Croix ansée.	quam CRUCiaverant camerariæ;
Und.	Unda.	Onde.	UNDantem
Stel.	Stella.	Etoile.	STELlatum (sideratum)

DESSINS des objets ou signes hiéroglyphiques.	RADICAUX.	ÉNONCIATIONS LATINES.	TRADUCTION FRANÇAISE.	EXPLICATION.

(suite de la CINQUIÈME ZONE.)

DESSINS	RADICAUX.	ÉNONCIATIONS LATINES.	TRADUCTION FRANÇAISE.	EXPLICATION.
Ocul.	Oculus.	OEil.	OCULeum
Sed.	Sedes.	Siége.	quùm CÆDere monuisset na-ta,
Robor.	Robur.	Massue.	nedùm ROBORaret;
Ocul.	Oculus.	OEil.	OCULeus,
Palat.	Palatus.	Palissade.	PALATum
Tract.	Tractus.	Trait.	TRACTorem
Al.	Ala.	Aile.	ut ALeret
	(1) Surculus super brachium.	Un rejeton sur un bras.	SURCULis ABUNDANTer nata,
Corni-cul.	Corniculans.	Forme de croissant.	CORNIGeri CULeum
Robor.	Robur.	Massue.	ROBORandi monuit pater.

(1) Un rejeton dessiné sur un bras, signe figuratif désignant l'abondance (apporter à plein bras, abondamment des jeunes plantes).

LITTÉRAL.

Dùm camerariæ alerent regiè divinantem quam cruciaverant habenà : Tandis que les suivantes nourrissaient somptueusement la femme en délire qu'elles avaient tourmentée avec une écharpe.

Quùm nata monuisset cædere oculeum stellatum undantem, nedùm roboraret : Puisque la jeune fille avait maltraité cruellement lui avisé, frappé de dessèchement, se roulant dans l'eau, bien loin de le reconforter.

Pater oculeus monuit culeum cornigeri roborandi, ut nata aleret abundanter surculis tractorem palatum : Jupiter avisé prend la peau d'un bœuf malade, afin que la jeune fille vienne combler de nourriture cet animal de traits abandonné.

SIXIÈME ZONE.

DESSINS	RADICAUX.	ÉNONCIATIONS LATINES.	TRADUCTION FRANÇAISE.	EXPLICATION.
Maceric.	Maceriæ.	Murailles de ville.	MACERIÈ
Pont.	Pons.	Pont.	PONDus
Stel.	Stella.	Etoile.	STELlati (siderati)
(1) Sipho.	Sipho.	Siphon.	SIPHONis
Palat.	Palatus.	Palissade.	PALATi
Robora.	Robora.	Massues.	dùm ROBORArent
Cune.	Cuneus.	Coin.	quem CUNEaverant camerariæ;
Stel.	Stella.	Etoile.	sicuti STELlatum
Tol.	Tholi.	Dômes.	TOLerabant
Sipho.	Sipho.	Siphon.	SIPHONem camerariæ,
Tol.	Tholus.	Dôme.	ut TOLeraret
Sit.	Sitos.	Fruit.	SITè
Art.	Artus.	Membre.	ARTum (arctum)
Petr.	Petræ.	Pierre.	PETORritum nata,
Ocul.	Oculus.	OEil.	OCULeus
Rict.	Rictum.	Bouche ouverte.	RICTù
Tract.	Tractus.	Trait.	TRACToris
(2) Furc.	Furcillatus.	Serpent cornu.	FURCILlati
(3) Des.	Decem.	Le nombre dix.	DESidiam monuit;
Cruc.	Crux uncinata.	Croix ansée.	CRUCiationem
Tract.	Tractus.	Trait.	TRACToris
Furc.	Furcillatus.	Serpent cornu.	FURCILlati
Tract.	Tractus.	Trait.	TRACTandi monuit pater;
Accipitr.	Accipiter.	Epervier.	ACCIPITRantem
Art.	Artus.	Membre.	quùm ARTuare monuisset
Und.	Unda.	Onde.	UNDantem
Pisc.	Piscis.	Poisson.	in PISCinà nata,
Und.	Unda.	Onde.	UNDantem
Ovat.	Ovata.	Ovales.	OVATOrem
Tract.	Tractus.	Trait.	nedùm TRACTaret benè.

(1) *Sipho*, signe figuratif signifiant *ivrognesse* (qui boit comme un siphon).

(2) Figure d'un serpent portant sur la tête deux sortes de petites cornes, que par ce motif les Grecs ont nommé *ceraste* (Χερας, corne). Le mot *furcillatus*, son synonyme latin, a la même signification (cornu).

(3) Ce signe représentait le nombre DIX chez les Égyptiens.

LITTÉRAL.

Dùm camerariæ roborarent pondus siphonis palati, stellati maceriè quem cuneaverant : Tandis que les suivantes apaisaient la douleur de cette femme adonnée au vin, abandonnée et frappée de dessèchement, qu'elles avaient serrée comme avec un coin.

Ut nata toleraret petorritum artum site, sicuti camerariæ tolerabant siphonem stellatum : Afin que la jeune fille vienne soigner le bœuf de charroi frappé de dessèchement, de la même manière que les femmes de chambre soignaient la vieille frappée de dessèchement.

Rictù pater oculeus monuit desidiam furcillati tractoris : Par plaisanterie Jupiter rusé prend la forme d'un bœuf de traits malade; cruciationem furcillati tractoris tractandi benè, imite, dis-je, la souffrance d'un bœuf de traits, pour forcer la jeune fille à venir le bien traiter.

Quùm nata monuisset artuare undantem accipitrando in piscinà, nedùm tractaret benè ovatorem undantem : Puisque la jeune fille avait frappé cruellement lui se baignant nonchalamment dans l'eau d'un évier, bien loin de traiter avec bonté cet homme qui se flattait d'un vain espoir.

DESSINS DES OBJETS ou signes hiéroglyphiques.	RADICAUX.	ÉNONCIATIONS LATINES.	TRADUCTION FRANÇAISE.	EXPLICATION.
		SEPTIÈME ZONE.		
	Accipitr.	Accipiter.	Epervier.	ACCIPITRantis,
	Palat.	Palatus.	Palissade.	PALati
	Pont.	Pons.	Pont.	PONDus
	Tol.	Tholus.	Dôme.	nedùm TOLeraret nata,
	Nubil.	Nobilis.	Marque de noblesse.	NUBILantem
	Nar-retex.	Nartecium.	vase à mettre les parfums.	NARitate quùm RETEXuisset.

(*Les deux signes suivants font partie de la huitième zóne*).

LITTÉRAL.

Quùm nata retexuisset nubilantem naritate, nedùm toleraret pondus accipitrantis, palati : Puisque la jeune fille avait frappé cruellement lui se roulant dans l'eau par finesse, bien loin de soulager la douleur de cet homme paresseux, abandonné.

DESSINS DES OBJETS ou signes hiéroglyphiques.	RADICAUX.	ÉNONCIATIONS LATINES.	TRADUCTION FRANÇAISE.	EXPLICATION.
		HUITIÈME ZONE.		
	Accipitr.	Accipiter.	Epervier.	ACCIPITRantis,
	Tol.	Tholus.	Dôme,	nedùm TOLeraret
	Palat.	Palatus.	Palissade.	PALati

DESSINS DES OBJETS ou signes hiéroglyphiques.	RADICAUX.	ÉNONCIATIONS LATINES.	TRADUCTION FRANÇAISE.	EXPLICATION.
	Pond.	Pons.	Pont.	PONDus nata,
	Nubil.	Nobilis.	Marque de noblesse.	NUBILantem
	Nar-retex.	Narthecium.	vase à mettre les parfums.	NARitate quùm RETEXuisset;
	Sed.	Sedes.	Siége.	quam CÆDere monuerant
	Tol.	Tholus.	Dôme.	dùm TOLerarent
	Sit.	Sitos.	Fruit.	SITiculosam
	Divin.	Divina.	Divine.	DIVINantem camerariæ (vaticinantem).

NOTA. Ces deux dernières zônes redisant la même phrase de la légende, symbolisent deux mois d'hiver, saison des pluies.

LITTÉRAL.

Quùm nata retexuisset nubilantem naritate, nedùm toleraret pondus accipitrantis, palati : Puisque la jeune fille avait frappé cruellement lui se roulant dans l'eau par finesse, bien loin de soulager la douleur de cet homme abandonné et nonchalant.

Dùm camerariæ tolerarent siticulosam divinantem quam monuerant cædere : Tandis que les suivantes secouraient la femme maigre en délire qu'elles avaient tourmentée.

EXPLICATION DES HIÉROGLYPHES

RENFERMÉS DANS LES DEUX CARTOUCHES INDIQUANT LE SOLSTICE D'ÉTÉ ET CELUI D'HIVER.

DESSINS DES OBJETS ou signes hiéroglyphiques.	RADICAUX.	ÉNONCIATIONS LATINES.	TRADUCTION FRANÇAISE.	EXPLICATION.
		SOLSTICE D'ÉTÉ,		
		déterminé par la phrase de la légende symbolisant l'été.		
	Tol.	Tholus.	Dôme.	dùm TOLerarent
	Ham.	Hamus.	Harpon.	quam HAMaverant ;
	Sol.	Sol.	Soleil.	SOLam
	Cunc.	Cuneus.	Coin.	cui CUNEô
	(1) advers. al.	Alæ adversæ.	Deux ailes opposées.	ADVERSari monuerant dùm ALerent
	Robor.	Robur.	Massue.	ad ROBORandam
	Stel.	Stella (flos).	Etoile.	STELlatam camerariæ.

(1) Ce signe composé est formé de deux plumes opposées l'une à l'autre ; une d'elles est retenue par une espèce de coin enfoncé à sa base.

LITTÉRAL.

Dùm camerariæ tolerarent quam hamaverant : Tandis que les suivantes secouraient celle qu'elles avaient dupée.

Dùm alerent solam stellatam roborandam, cui monuerant adversari cuneô : Tandis qu'elles nourrissaient, afin de la reconforter, la femme maigre et abandonnée, qu'elles avaient tourmentée en la serrant cômme avec un coin au moyen d'une écharpe.

DESSINS DES OBJETS ou signes hiéroglyphiques.	RADICAUX.	ÉNONCIATIONS LATINES.	TRADUCTION FRANÇAISE.	EXPLICATION.
		SOLSTICE D'HIVER,		
		déterminé par la phrase de la légende symbolisant la fin de l'hiver et le commencement du printemps chez les Égyptiens.		
	Rict.	Rictum.	Bouche ouverte.	RICTû,
	Sit.	Sitos.	Fruit.	SITiculosum
	(1) Surculos donare.	Surculus. Brachium.	Rejeton et bras (donner).	SURCULos DONatum
	Norma.	Norma.	Equerre.	NORMAliter
	(2) Bitere.	Pes (bitere).	Pied (aller).	ut BITeret nata,
	(3) Pict. bov.	Pictura bovis	Figure d'un bœuf	sub PICTuram BOVis
	vers.	versatilis.	peinte sur une girouette.	VERSare
	Sit.	Sitos.	Fruit.	SITiculosi
	Al.	Alæ.	Ailes.	ALendi monuit pater.

(1) Signes figuratifs, un rejeton et un bras, donner à plein bras, en abondance des plantes.
(2) Pes, pied, signe figuratif, pour aller.
(3) Figure d'un bœuf peinte sur une girouette, signe composé.

LITTÉRAL.

Rictû, pater monuit versare sub picturam bovis siticulosi alendi : Par plaisanterie Jupiter s'avise de se métamorphoser sous la forme d'un bœuf maigre qu'il faudra nourrir.

Ut nata biteret donatum normaliter surculos siticulosum : Afin que la jeune fille vienne donner, selon la règle (comme il faut), des rejetons abondants à cet animal maigre.

NOTA. L'ennui que le lecteur aurait éprouvé à me suivre dans la traduction des autres hiéroglyphes placés au-devant de chaque statue debout soutenant le zodiaque, sans avoir sous les yeux le dessin de ces signes que je suis dans l'impossibilité de faire graver, est la cause pour laquelle je me suis décidé à ne pas les publier ici ; au surplus, tous se traduisent de la même manière que j'ai indiquée plus haut, et leur définition ne donne autre chose que la répétition continuelle et fastidieuse de la légende, dont le sens est exprimé au moyen d'une multitude de signes différents, retraçant soit des objets d'arts, soit d'autres objets conventionnels ou emblématiques qu'il s'agit de déterminer : c'est là seulement qu'est la difficulté, que l'aptitude au travail et l'habitude ont bientôt soulevée.

APPLICATION DES SIGNES ALPHABÉTIQUES ÉGYPTIENS,

TRADUITS EN LATIN,

A L'EXPLICATION DES CARTOUCHES DÉJA CONNUS, RENFERMANT LES NOMS PROPRES DE PTOLÉMÉE ET CLÉOPATRE, SOUVERAINS D'ÉGYPTE.

(*Voir la gravure de ces cartouches dans l'Univers pittoresque* , art. ÉGYPTE ANCIENNE, *page* 436 , *planche* 88).

(La lettre capitale, ou la première de chaque mot, est l'expression d'un caractère alphabétique).

P	Petra.	Pierre.
T	Tholus.	Dôme.
O	Olus.	Plante.
L	Leo.	Lion.
M	Medietas.	Moitié(1)
A	Alæ.	Ailes.
S	Sipho.	Siphon.

PTOLMAS (Πτολεμης).

(1) Nombre 2 chez les Égyptiens.

Suite non encore expliquée du même cartouche, renfermant la formule abrégée, ordinairement consacrée aux rois d'Égypte, exprimée en grec.

{ T. Tænia. / Y. Uncus (ungustus). / T. Talari. / T. Tolus. TUTθος / N. Unda (νακω) signe figuratif. / Φ. Furcillatus (céraste). / A. Ala. / P. Rictum. / K. Cantharus (cs=Ξ). / Σ. Sceptra. PHAPIΞ. / N. Νακω (unda) signe figuratif).

{ T. Tholus. / P. Rictum. / Σ. Sceptra. / M. Malluvium. TPISMεγίςτος

Τυτθος Φαριξ (undæ) Τρίςμεγίςτος
Ptolémée, enfant (fils), trois fois grand (trismégiste) de l'eau du phare (du Nil). (du Dieu Nil).

Autres cartouches de Ptolémée.

{ T. Tænia. / Y. Uncus (clé, crochet). / T. Tholus. / T. Tractus. TYTθος. / Π. Palatus. / T. Tholus. / H. Habena. / M. Marra. ΠTHMἄ (digne d'amour).

{ T. Tænia. / Y. Uncus. / T. Tholus. / T. Tractus. TYTθος. / T. Tholus. / P. Ros. / Σ. Sedes. / M. Malluvium. TPIΣMεγίςτος

C	Cuneus.	Coin.
L	Leo.	Lion.
A	Ala.	Aile.
O	Olus.	Plante.
P	Petra.	Pierre.
A	Ales.	Oiseau.
T	Talari.	Main.
T	Tholus.	Dôme.
A	Accipiter.	Epervier.
R	Ros.	Larme.

TYTθος ΠTHMἀ; TYTθος TPIΣMεγίςτος.
Fils digne d'amour; fils trois fois grand.

CLAOPATTAR.

EXPLICATION DES DOUZE SIGNES DU ZODIAQUE,

TRANSMIS PAR LA TRADITION ORALE, PUIS AU MOYEN DES SIGNES HIÉROGLYPHIQUES, ET ENSUITE EXPRIMÉS PAR LES LETTRES ALPHABÉTIQUES.

ZODIAQUE CIRCULAIRE DE DENDERAH.

RADICAUX.	NOMS DES SIGNES.	TRADUCTION FRANÇAISE.	EXPLICATION.
Aries.	Aries.	Le bélier.	ut ARRIDEret nata, (arride = arie, élision du d).
Taur.	Taurus.	Le taureau.	TAURi
Gemini.	Gemini.	Les gémeaux	GEMINItudinem
Cancer.	Cancer.	Le cancer.	CANCERati monuit pater; (1) pour cancellati.
Le.	Leo.	Le lion.	dùm LErent (Leo, les, levi)
Virg.	Virgo.	La vierge.	VIRGatam
Libr.	Libra.	La balance.	quam LIBRaverant
Scorpio.	Scorpio.	Le scorpion.	SCORPIOne camerariæ; (2)
Sag-cittar.	Sagittarius	Le sagittaire.	quùm SAGITTARe monuisset
Capri-corn.	Capricornus.	Le capricorne.	CAPRIGenum, CORNua nedùm adderet (3)
Aquar.	Aquarius.	Le verseau.	AQUARio
Pisces.	Pisces.	Les poissons.	in PIScinâ CESsanti nata.

RADICAUX.	NOMS DES SIGNES.		ACTIONS ET POSITIONS DES FIGURES DONNANT LE MÊME SENS QUE CELUI DES NOMS PROPRES.
Sed.	Sedens.	Couché.	ut SEDaret nata,
Cur.	Currens.	Galoppant.	CURrûs
(1) Amici.	Amici.	Amis.	AMICImen
Supin.	Supinus.	Marchant à rebours.	SUPINi monuit pater;
(2) Supin. sed.	(Leo). Supina sedens,	Un personnage renversé sur le dos du lion, est assis tenant un mètre à la main.	SUPINam quam CÆDere monuerant
Sed. ten. Metr.	tenet metrum.		ad TENendam dùm METErent
Spic.	Virgo spicata.	Épi.	SPICas camerariæ.
Libra. Scorpio.	Ces deux signes n'offrant rien de particulier, sont remplacés par le groupe qui précède. (*Voir plus bas l'explication des groupes suivants*).		

(1) Voyez cancri pour cancelli, Dict. Noël, biffé, ruiné, effacé.
(2) Scorpio, bourse ou coiffe dans laquelle on serrait les cheveux.
(3) Caprigenum, qui a souvent la fièvre (malade).
Cornua addere, fortifier, ou coronare, de cornu, χορωνίς, corne, couronner, emplir jusqu'aux bords, gorger de nourriture.

(1) Les gémeaux sont représentés sous la forme de deux hommes se donnant la main (emblème de l'amitié).
(2) Le sens fourni par les noms propres des quatre signes suivants, est remplacé par le groupe gravé au-dessus du dos du lion.

LITTÉRAL.

Pater monuit geminitudinem tauri cancerati, ut nata arrideret: Jupiter prend la ressemblance d'un taureau ruiné, afin que la jeune fille se montre favorable envers lui.

Dùm camerariæ lerent virgatam quam libraverant scorpione: Tandis que les suivantes gorgeaient de nourriture la femme noircie de coups qu'elles avaient tourmentée avec une espèce de coiffe jetée sur sa tête.

Quùm nata monuisset sagittare caprigenum, nedùm adderet cornua aquario cessanti in piscinâ: Puisque la jeune fille avait frappé cruellement lui sous la forme d'un homme fiévreux, bien loin de redonner de la force à cette espèce de fontainier couché au milieu d'une marre d'eau.

LITTÉRAL.

Pater monuit amicimen currûs supini, ut nata sedaret: Jupiter prend la forme d'un bœuf de charroi ruiné, afin que la jeune fille vienne apaiser la douleur de cet animal.

Dùm camerariæ meterent spicas ad tenendam supinam quam monuerant cædere: Tandis que les suivantes étaient allées cueillir toutes sortes de fruits, afin de reconforter la femme ruinée qu'elles avaient tourmentée.

DESCRIPTION DES DESSINS ACCOMPAGNANT LE LION, ET FORMANT AVEC CE SIGNE UN SEUL GROUPE.

Sed. Ang. trah. caud. Carp. virg. stat.	{ Cedens *super* anguem (leo) trahit caudam *quam* carpit virgo *insuper* stata. Accipiter.	dùm SEDarent ANGOrem TRAHentis GAUDam, ACCIPITRantis, quam CARPere VIRgatæ STATuerant camerariæ;	Marchant sur un serpent, un lion traîne sa queue, sur laquelle, en la tenant aux deux mains, une jeune fille se tient debout. Un épervier.

LITTÉRAL.

Dùm camerariæ sedarent angorem virgatæ, accipitrantis, trahentis caudam quam statuerant carpere : Tandis que les suivantes apaisaient la douleur de la || femme noircie de coups, couchée à terre, qui leur avait servi de risée, après qu'elles eurent résolu de s'en emparer.

DESCRIPTION DES DESSINS COMPOSANT LE GROUPE DU SAGITTAIRE, DU CAPRICORNE ET DES POISSONS.

Bi-front. quadruped.	Bi-frons, quadrupedis pennati *cùm tergò*,	BI-FRONTem QUADRUPEDis monuit pater, ut PENATor foret nata;	Ce dessin d'un homme à deux visages ornés d'une marque de noblesse (d'une coiffure d'empereur) représente un sagittaire dont le tronc est enté sur le corps d'un quadrupède ailé fuyant sur un vaisseau.
Penat. terg. nubil. / Fug. nav.	(Sagittarius) nobilis fugit *in* navè.	TERGorantem in NUBILIS quùm FUGasset, nedùm NAVè	
Terg. pisc.	*Cùm* tergò piscis (capricornus).	TERGorantem in PIScinâ	Une chèvre dont la croupe se termine par une queue de poisson.
Caut. ten.	Caudâ tenti (pisces).	CAUTum TENeret nata.	Signe des poissons, dont les queues sont retenues entre elles par un lien.

LITTÉRAL.

Pater monuit bi-frontem quadrupedis ut nata penator foret : Jupiter prend la seconde figure d'un quadrupède, afin que la jeune fille vienne le nourrir. Quùm nata fugasset tergorantem in nubilis, nedùm teneret navè cautum tergorantem in piscinâ : Puisque la jeune fille avait repoussé lui se vautrant dans l'eau, bien loin de porter secours à cet homme avisé se vautrant dans une marre d'eau.

Nota. *Tous les autres dessins, tracés sur ce zodiaque, se traduisent de cette manière.*

ALPHABETS.

PASSAGE IMMÉDIAT DES HIÉROGLYPHES SIMPLIFIÉS,

(OU RÉDUITS AU SIMPLE TRAIT),

AUX LETTRES DE L'APHABET GREC.

RADICAUX.

Allev.	A.	Alpha (alleva).	dùm ALLEVArent
Bet.	B.	Bèta.	BETAceam (1)
Gam.	Γ.	Gamma.	GAMMAlæ virgines (γαμος) (2)
Delet.	Δ.	Delta (deletha).	quam DELETHAre monuerant ; (3)
Ep. *es.*	E.	Epsilon.	in HEBetem (PSILON) (4)
Sat.	Z.	Zèta.	dùm SATAgerent (sata-agere) (5)
Ata.	H.	Êta.	quam ATAminare monuerant (6)
Tet.	θ.	Thèta.	TETAnicam.
Iut.	I.	Iota.	ut JUTAret nata, (7)
Cap.	K.	Cappa.	CABBAlli (8)
Lambd.	Λ.	Lamda.	LAMDAcei (9)
Mut.	M.	Mu.	MUTationem monuit pater ;
Nut.	N.	Nu.	in NUTantem,
Scit.	Ξ.	Xi. (10)	SCITus,
Om.	O.	Omicron. (11)	ut OMen foret (MICRON) nata,
Pit.	Π.	Pi. (11 *bis*)	PILare monuit pater. (L changée en T).
Ro.	P.	Ro.	in ROre (ros)
Sig-cum.	Σ.	Sigma. (12)	SIGnificantem CUMAtili
Tud.	T.	Tau.	quùm TUDere monuisset nata,
Ub.	Υ.	Upsilon. (13)	nedùm UBeraret (PSILON);
Fit.	Φ.	Phi.	nedùm FIDa foret nata,
Chyd.	X.	Chy.	in CHIDeam
Psi.	Ψ.	Psi.	PSIchrolutam
Om.	Ω.	Omega. (14)	quùm OMinosa fuisset (MÉGA).

Nota. *Le lecteur, en suivant la traduction de ces légendes, doit faire attention au temps reculé où elles ont été écrites.*

(1) Betacens, adjectif de *béta*, aujourd'hui inusité au singulier, de *betizo*, être mou.

(2) Gamelæ virgines, filles nubiles, de γαμηςτίω, *nupturio*. Les anciens redoublaient souvent l'M et le B, etc.

(3) Delethare, vieux mot inusité aujourd'hui, de *de*, augm., et *lethum*, mort (deletu).

(4) Psilon, de ψςιλος, *petit*, mot entièrement grec, déterminant la valeur du petit ε de cette langue, qualification convenant également à cette phrase de la légende.

(5) Satagere, de *sata agere*, courir de tous côtés chercher les récoltes ; d'où être actif, empressé, soigneux, etc.

(6) Ataminare, ou adtaminare, de *ata*, mal, et *taminare*, agiter de tous côtés ; ata de Η'ταω, *vinco, supero*, Η'του, *damnum, clades*, etc.

(7) Jutare, vieux mot inusité, employé aujourd'hui seulement à son composé, *ad-jutare*.

(8) Cabballus, mauvaise bête de somme, employée à fouler les épis de blé sur le sol de la grange. (Κάβη-αλωιος, qui in areâ frumentum terit).

(9) Lamdaceus, adjectif de *labdace*, affamé (l'M changée en B).

(10) Xi = sci ou csi.

(11) Om-micron, *omen*, présage, de ομμα, œil, voir avant, lire dans l'avenir ; *micron*, mot entièrement grec déterminant la valeur du petit O, μιχρος, *petit*, qualification convenant également à cette phrase de la légende.

(11 bis) Pilare, pilentum, mulet de charroi. (*Ant. Rom.*)

(12) Signum, mot composé de SIGillum NOMinativum, *sceau*, figure particulière appartenant à chaque famille (signature); *sigma*, réunion des deux mots, *sig-cuma*, qu'on prononça *sigma*, en élidant l'υ. (Rad. sic-a, pointe, poinçon).

(13) Ub-silon, *ubero*, de *uber*, mamelle ; OBes, gras, d'où fertiliser, engraisser ; *psilon*, de ψςιλος, *petit*, mot entièrement grec, déterminant la valeur de l'υ.

(14) Omega, om-mega, *omen* et *mega* ; μεγά, mot entièrement grec, déterminant la valeur de l'ô long (réunion des deux O, dont le premier est privatif, *o-omen, ominosus*), μεγά, *valdè*.

LITTÉRAL.

Dùm cameliæ virgines allevarent betaceam quam monuerant delethare (delere) : Tandis que les jeunes filles donnaient des secours à la femme sans force qu'elles s'étaient avisées de tourmenter cruellement ; -- dùm satagerent in hebetem tetanicam psilonem quam attaminare monuerant : Tandis qu'elles couraient de tous côtés chercher de la nourriture pour cette *petite* femme hébétée, dont les membres étaient raidis d'après les tourments qu'elles lui avaient fait éprouver.

Pater monuit mutationem caballi lamdacei, ut nata jutaret : Jupiter prend la métamorphose d'une mauvaise bête de somme affamée, afin que la jeune fille vienne secourir cet animal ; -- Pater scitus monuit pilare, ut nata foret omen in *micron* : Jupiter rusé s'avise de se couvrir d'une peau de bête de somme, afin que la jeune fille se montre favorable envers cet animal de chétive apparence.

ALPHABET HÉBREUX, CALQUÉ SUR CELUI DES GRECS.

Afin de donner un air d'originalité à leur alphabet, les Hébreux ont cherché, à l'aide des consonnances et de quelques transpositions de lettres, à faire coïncider les noms assignés à chaque caractère, à d'autres noms exprimant dans leur langue des objets différents.

Aleph.	dùm ALLEVarent	
Beth.	BETisantem	
Gimel.	GAMELæ virgines	(à = æ)
Daleth.	quam DALEThare monuerant ;	(dà = dè)
Hé.	HEbeti	
Vau. (φ)	dùm FAVerent	
Sain.	SANnâ	
Cheith.	quam CÆDere monuerant	(cæd = chet)
Theth.	TETanicæ	
Jod.	ut JUTaret nata,	
Caph.	CAValli	(B = v)
Lamed.	LAMBITantis	(i = e)
Mem.	MIMum monuit pater;	(i = e)
Men.	MINutum	(i = e)
Samech.	ut SEBaret nata, MECHanicus	(B changé en M).
Hain.	UINni	
Pé.	PExitatem monuit pater :	
Tzade, (Z).	nedùm in SATagitantem	(S fort = ts)
Coph.	COPHina foret (de Χωρόω, allevo (1).	
Resch, (P).	in REICtû nata, (reicio pour rejicio).	
Shin, (Σ).	SCHEMatismum	
Thauh, (T).	quùm TUDere monuisset.	

(1) Cophinus, panier d'osier, mot formé de χοϕϕος, *levis, leger*, d'où χϕϕόω, *allevo, soulager*. Cophinus est pris ici dans le sens de soulagement. (Cette lettre est le zêta des Grecs, et le zed des Arabes et des Romains).

LITTÉRAL.

Dùm gamelæ virgines allevarent betizantem quam monuerant delethare : Tandis que les jeunes filles secouraient la vieille sans force qu'elles avaient tourmentée cruellement.

Dùm camerariæ faverent hebeti tetanicæ quam monuerant cædere sannâ : Tandis que les suivantes se montraient favorables envers la femme hébétée, aux membres raidis, qu'elles s'étaient avisées de tourmenter par plaisanterie.

Pater monuit mimum caballi lambitantis ut nata jutaret : Jupiter invente la forme d'un mauvais cheval de somme affamé, afin que la jeune fille vienne secourir cet animal.

Pater mechanicus monuit pexitatem hinni ut nata sebaret minutum : Jupiter ingénieux prend la couverture poileuse d'un âne, afin que la jeune fille vienne gorger de nourriture cet animal débile.

Quùm nata monuisset tudere schematismum, nedùm cophina foret in satagitantem in reictû (maris) : Puisque la jeune fille avait frappé lui faisant des signaux, bien loin de soulager cet homme s'agitant en désordre au milieu des saletés que la mer rejette sur ses bords.

Quùm nata monuisset tudere significantem in rore cumatili, nedùm uberaret : Puisque la jeune fille avait frappé lui agitant ses bras au milieu d'une eau croupie (d'une couleur vert de mer), bien loin de venir gorger de nourriture cet homme appelant vainement à son secours ; -- Quùm nata ominosa fuisset *megà* in psichrolutum, nedùm foret fida in chydeum : Puisque la jeune fille s'était montrée tout-à-fait défavorable envers lui se baignant dans l'eau froide, bien loin de se montrer secourable envers cet homme vulgaire.

ORIGINE DES FORMES DONNÉES AUX LETTRES DE L'ALPHABET GREC

AU MOYEN DES SIGNES FIGURATIFS, TIRÉS DES DESSINS HIÉROGLYPHIQUES RÉDUITS AU SIMPLE TRAIT.

A.	Alepha.	Alleva-re.	*Lever en haut*, figure d'un pied de chèvre, ou machine à soulever les fardeaux, dont on a fait dans la langue figurée *soulager ; allevamen*, soulagement.
B . β. ·Bêta.		Beta,	*Mou, stupide*, mot imitant les allures et le bêlement de la brebis, figuré par le dessin profilé de la tête de cet animal.
Γ.	Gamma,	Gammalæ.	Ou *gamelæ* virgines (γαμος), filles nubiles, mot reproduit au moyen de son homonyme *camel*-us, chameau, dans l'alphabet hébreu. Le mot *camelus* venant de *camara*, voûte (par le changement d'r en *l*), le Γ sera la représentation d'une voûte ou d'un abri. Le G romain symbolise également la forme contournée du dos de cet animal.
Δ.	Delta.	Delethare.	*Détruire, mettre à mort ;* figure d'un coin ou d'une dent, seuls instruments alors propres à diviser les masses, à détruire, serrer, presser, etc.

emblème de la bêtise.

Z.	Zêta.	SATAgere.	Aller de tous côtés d'un air empressé, figure en zigzag, imitant la marche d'une personne affairée.
H.	Hêta.	ATa.	*Ate*, ou *ata*, mal, de ατάω, ατήω, lædere, vincere ; image d'un joug composé de deux pièces de bois perpendiculaires, reliées par une autre horizontalement placée, sous lequel on faisait passer les vaincus.
Θ, θ.	Têta.	TETAnicam.	*Tetanus*, de τετανοω, tendre ; dessin d'un arc, ou de tout autre corps flexible, dont les parois sont écartées ou tendues au moyen d'un autre corps placé debout par le milieu, (ou figure d'un arc tendu au moyen d'une flèche).
I.	Iota.	Iuta-re.	*Jutare*, ou *juvare*, aider, soutenir ; image d'un bâton pour aider à marcher, ou d'un étai pour soutenir.
K, χ.	Cappa.	Cabba-lus.	Mauvais cheval, petite rosse ; forme d'un chevalet vu de face. (Chevalet, petit cheval).
Λ, λ.	Lamda.	Labdace.	Action de lécher, de sucer, au figuré *affamé, parasite ;* dessin figuré au trait d'une bouche d'animal ouverte, tournée vers la terre, figure d'un γ renversé.
M.	Mu.	Mutatio.	*Métamorphose*, idée la plus commune de cette mutation rendue au moyen de la figure d'un papillon volant, dessiné au simple trait. Les anciens ont voulu que cette lettre joignit l'exemple au précepte, car elle est elle-même sujette à un grand nombre de métamorphoses ou de mutations.
N.	Nu.	Nutare.	Chanceler, tracer des sillons, des zigzags en marchant. Cette lettre est le Z renversé, et a la même signification.
Ξ, ξ.	Xi, sci.	SCItus.	Adroit, rusé, fourbe ; dessin d'un corps protégé par devant et par derrière par deux autres corps plus grands ; emblème de la dissimulation, *dissimulatio*, dis-simul-latere, être caché en même temps de différents côtés. Le petit caractère ξ, représentant une figure sinueuse, pleine de détours, rend la même pensée (sinuosus, rusé).
O.	Omicron.	Omen.	Présage, voir dans l'avenir ; un œil représenté seulement par son orbite (ὄμμα, œil).
Π.	Pi.	Pilare.	Se couvrir de poil ; image d'une tente faite, dans le principe, de peaux de bêtes (se cacher sous une peau de bête poileuse).
P . ρ.	Ro.	Ros.	Eau, rosée ; dessin d'une goutte d'eau suspendue à l'extrémité d'une tige.
Σ.	Sigma.	Significare.	Faire des signaux, gesticuler, est l'M renversé ; comparaison faite entre les bras d'un homme qui fait des signaux, et les ailes d'un papillon volant.
T.	Tau.	Tudere.	Frapper, toucher ; figure d'un marteau à deux têtes, Terere, Tangere, Tundere, etc.
Υ.	Upsilon.	Uberare.	Engraisser, nourrir, de *uber*, mamelle. Cette lettre, par ses deux branches également contournées de chaque côté, indique la rondeur des deux mamelles.
Φ.	Phi.	Fidere.	Rendre fixe, d'où, au langage figuré, fidèle, constant ; image d'un clou dont la tige traverse la tête (fixer, clouer).
X.	Chi.	Chydeus.	Vil, vulgaire. Cette lettre est la même que le K, X, et a la même signification ; homme de rien, semblable à une rosse méprisable.
Ψ.	Psi.	Psichroluta.	Qui se baigne dans l'eau froide ; dessin profilé d'un bassin de fontaine, du milieu duquel sort un jet d'eau.
Ω, ω.	Omega.	Ominosa.	O privatif, et *Omen*, défavorable. Cette lettre est la réunion de deux Omicron, joints par un lien contourné.

ALPHABET ARABE, COPIÉ SUR CELUI DES HÉBREUX.

Bé.	BEtizantem
Té.	quam TErere monuerant
Djita.	dùm DITarent
Gym.	GAMelæ virgines ; (a = æ)
Ha.	dùm Allevarent
Ka.	CAPitiò
Dé.	quam DElere monuerant camerariæ ;
Ré.	REictù
Zed.	in SATagitantem
Sain.	quùm SANna fuisset nata,
Chine (Kine).	QUINantem (inquino)
Sad.	nedùm SATiaret ;
Dat.	nedùm DATrix foret
Tu.	in TAgentem nata,
Za.	quùm ZAmia fuisset.
Ain.	HINni
Gaïn.	GANnientis
Phé, fé.	PHEnomenon (phœnomenon)
Cab.	CABalli monuit pater,
iam.	JAM
Min.	MINuto
Noune.	NUNdinali
Waw.	ut FAVeret nata,
Hé.	quemadmodùm HEbeti
Hia.	HIATanti favebant camerariæ.

LITTÉRAL.

Dùm gamelæ virgines ditarent betizantem quam monuerant terere : Tandis que les jeunes filles comblaient de soins la femme sans forces qu'elles s'étaient avisées de frapper ; -- Dùm camerariæ alcreùt quam monuerant delere capitiò: Tandis que les suivantes nourrissaient celle qu'elles s'étaient avisées de tourmenter avec une espèce de capuchon.

Quùm nata fuisset sanna in satagitantem in rejectù (maris), nedùm satiaret quinantem : Puisque la jeune fille avait raillé lui s'agitant en désordre au milieu des saletés que la mer rejette sur ses bords, bien loin de gorger de nourriture cet homme infect ; -- Quùm nata zamia fuisset, nedùm datrix foret in tangentem : Puisque la jeune fille avait causé du dommage, bien loin de se montrer libérale envers cet homme se trempant dans l'eau.

Pater monuit phenomenon hinni gannientis: Jupiter prend la métamorphose

ALPHABET ROMAIN, RÉDUIT A SA PLUS SIMPLE EXPRESSION.

A.	Dùm Allevarent
Bé.	BEtizantem
Cé.	CElibes (cœlibes)
Dé.	quam DElere monuerant ;
É.	HEbetem
Effe.	dùm EFfarcirent
Gé.	GAmelæ (a = æ)
Hache.	quam ASCiare monuerant ; (ascia, hache)
I.	ut Juvaret nata.
Ji.	*Id.*
K.	CAballi
elle (L).	ELingentis
em (M).	EMbola monuit pater ;
en (N).	in ENecatum
O.	ut OMen foret nata.
Pé.	PExitatem
Cu (Q).	Cubitoris *bovis* monuit pater.
er (R).	ERivantem
es (S).	ÆStuosé
Té.	quùm TErere monuisset nata,
U.	nedùm Uberaret ;
Vé.	nedùm VEgeret
icce (X).	quùm IXisset (icisset)
igrec (Y).	in HYGRAGogiò (υγρος)
Zed.	SATagitantem nata.

LITTÉRAL.

Dùm cœlibes allevarent betizantem quam monuerant delere : Tandis que les jeunes filles nubiles soulageaient la femme sans forces qu'elles avaient tourmentée cruellement ; -- Dùm gamelæ virgines effarcirent hebetem quam monuerant asciare : Tandis que les jeunes filles nubiles gorgeaient de nourriture cette femme hébétée qui leur avait servi de jouet.

Pater monuit ambola caballi elingentis ut nata jutaret : Jupiter invente la farce d'une mauvaise bête de somme affamée, afin que la jeune fille vienne à son secours ; -- Pater monuit pexitatem bovis cubitoris ut nata omen foret : Jupiter prend le déguisement poileux d'un bœuf rétif, afin que la jeune fille lui soit favorable.

Quùm nata monuisset terere nedùm uberaret crivantem æstuosé : Puisque la jeune fille avait frappé lui s'agitant dans l'eau d'une manière désordonnée,

d'un âne malade; ut nata faveret jam minuto nundinali, quemadmodùm ca-merariæ favebant hebeti hiatanti : Afin que la jeune fille se montre favorable aussitôt envers le chétif animal propre à alimenter les marchés, de la même manière que les suivantes se montraient favorables envers cette femme hébé-tée qui se mourait d'inanition.

bien loin de le gorger de nourriture ; -- Quùm nata icisset nedùm vigeret sata-gitantem in hygragogiò : Puisque la jeune fille avait frappé, bien loin de le secourir, lui s'agitant en désordre dans une marre d'eau.

CARACTÈRES ALPHABÉTIQUES

EMPLOYÉS D'ABORD A FIXER INVARIABLEMENT LES NOMS DES GRANDS DIEUX ÉGYPTIENS

PRÉSIDANT AUX DOUZE DIVISIONS DE L'ANNÉE.

PLANISPHÈRE ÉGYPTIEN.

Aries.	Ammon.	Ut AMMUNiret nata, (admunio) (1)
Taurus.	Apis.	APISci
Gemini.	Hercul-Apollo.	ARGutus CULeum, APOLLOgatione,
Cancer.	Hermanubis.	ARMenti ANUBIS monuit pater;
Leo.	Mon-pht.	dùm MUNirent PHToen,
Virgo.	Isis.	ISICùs,
Libra.	Hompht.	HUMilis PHToen
Scorpio.	Typhon.	quam DIFUNDere monuerant;
Sagittarius.	Arruer.	quùm ARRUERe monuisset, (adruere)
Capricornus.	Anubis ou So-this.	ANUBIS (2) / SUDIS (chien de mer)
Aquarius.	Canop.	GANniendo NUBilantis
Pisces.	Ichthon.	in ICHThyotrophiò nedùm DONatrix foret nata.

(1) La traduction de *ammon* donnant le même sens que celle de *aries*, et la correspondance de ce mot avec ce dernier signe, fut la cause pour laquelle ce Dieu fut représenté avec une figure de bélier; les autres Dieux suivants ont trouvé dans cette même coïncidence de noms et de situations les attributs et les formes sous lesquels on avait coutume de les représenter.

(2) Sur l'un des planisphères égyptiens publiés par Dupuis, on voit le nom *anubis* correspondant au capricorne, et sur l'autre le nom *Sothis* ou *Sudis*, signifiant chien de mer. Cette divinité est effectivement reproduite par un corps d'homme à tête de chien.

LITTÉRAL.

Pater argutus monuit apollogatione apisci culeum armenti Anubis, ut nata ammuniret : Jupiter rusé s'avise de prendre par fiction la peau d'une bête de somme non soignée (abandonnée), afin que la jeune fille vienne le gorger de nourriture.

Dùm camerariæ munirent phtoen humilis quam monuerant diffundere isi-clis : Tandis que les suivantes reconfortaient l'exténuation de tout le corps de cette femme de basse condition qu'elles avaient mise en capilotade.

Quùm nata monuisset arruere, nedùm donatrix foret sudis (Anubis), nubi-lantis ganniendo in ichthyotrophiò : Puisque la jeune fille avait repoussé cet homme non soigné (abandonné), semblable à un chien de mer se trempant, en poussant des cris plaintifs, dans une marre d'eau, bien loin de se montrer favorable envers lui.

NOMS DES MOIS ÉGYPTIENS.

Thouth.	ut TUTaret nata,	
Paôuphys. (1)	BOVIS	(Baς, B = P).
Athor. (2)	ADORationem	
Choiac.	COACtandi monuit pater;	(cog-o)
Tybys.	dùm TIBIcinarent,	
Mechir.	MACHÆRâ,	
Phamenoth.	FAMem MINUTæ,	
Pharmouthyt.	PHARMacopolæ, quam MOTItare monuerant.	
Pachon.	nedùm PACaret in CUNiculò	(c-c = ch).
Pœny.	PÆNImosum nata,	
Épiphys	quùm ABIVISset	
Mesory. (3)	MASORA.	(a=æ, æ=i)

(1) *Paouphis; baouvis* pour *bovis.* (aôu = ou et o)

(2) Athor, adortio, position courbée, adorare, se prosterner.

(3) *Masory* ou *masorey*, *masora*, de μασωρ, inquisitor; de μαω, vehementer cupiens; aspirant, prétendant, etc.

LITTÉRAL.

Pater monuit adorationem bovis coactandi, ut nata tutaret : Jupiter s'avise de courber la tête sous la forme d'un bœuf sans vigueur, afin que la jeune fille vienne secourir cet animal.

Dùm pharmacopolæ tibicinarent famem minutæ quam monuerant motitare machærâ : Tandis que les suivantes secourables reconfortaient l'inanition de cette femme vulgaire qu'elles avaient mise en capilotade (tailler en pièces comme avec une épée).

Quùm nata abivisset masorâ, nedùm pacaret pœnimosum in cuniculò : Puisque la jeune fille avait repoussé lui amoureux (aspirant), bien loin d'apaiser la douleur de cet homme sale se tenant au milieu d'une marre d'eau.

DIVISION DES DOUZE MOIS ÉGYPTIENS,

CHACUN EN TROIS PARTIES, OU DÉCANS, DIVINISÉS A LEUR TOUR.

(Ces noms, qui nous ont été transmis par les Grecs et Firmicus, partagent l'année en quatre saisons, et la légende, alternativement composée de neuf noms, est répétée quatre fois).

LES 36 DÉCANS, SELON LES GRECS.   LES 36 DÉCANS, SELON FIRMICUS.

(Voir la gravure dans le grand ouvrage de Dupuis).

ARIES.

Chous.	CUSitores		Asicat.	ASSICATæ
Ero. (1)	dùm EROnes essent		Viroasou.	dùm VIRerent ROTATU (1)
Rhombom-are. (2)	in RHUMBUM quem AREfecerant.		Adarph.	quam AD-ARFecerant.

(1) *Æro* ou *hero*, de αἱρεῖν, enlever, panier de jonc, est pris ici au figuré, comme *alleva-mentum*, soulagement; comme *cophinus*, etc.
(2) Rhumbus ou throens, toupie.

(1) *Rotatû*, qu'on prononça *ronton* ou *roasou*, par l'élision du premier *t*, et en changeant le deuxième en *s*, comme de *rotare* on a fait en français *rouer*.

TAURUS.

Theous-soulc.	DEUS, SULCatoris		Theos-ogar.	DEUS OCCARii (pour occatorii)
Ouèrê.	VARAtionem monuit		Vèras-sua.	VARATionem SUASoriam monuit,
Phu-our. (1)	ut PHU in URum foret nata.		Tepis-sat-tossoua.	ut TEPIDè SATiaret DOSSUArium nata.

(1) *Phu*, valériane, plante; de φ8, auxilium, valerê.

GEMINI.

Southis.	SUDIS,		Sothis.	SUDIS,
Sith.	quùm CITasset nata,		Cith.	quùm CITasset natæ,
Chum-mis.	nedùm COMMISeraretur.		Thui-mis.	nedùm TUItor MISereretur.

LITTÉRAL.

Dùm cusitores crones essent in rhumbum quem arefecerant : Tandis que les querelleuses se montraient favorables envers cette femme qu'elles avaient tourmentée en la faisant pirouetter comme une toupie.

Dùm assicatæ virerent quam ad-arefecerant rotatû : Tandis que les méchantes redonnaient des forces à la femme qu'elles avaient tourmentée en la faisant pirouetter.

Deus monuit varationem sulcatoris, ut nata phu foret in urum : Jupiter prend la forme d'un bœuf de labour fourbu, afin que la jeune fille vienne secourir le bœuf abandonné.

Quùm nata citasset nedùm commiseraretur sudis : Puisque la jeune fille avait repoussé lui semblable à un chien de mer, bien loin de se montrer compatissante.

Deus monuit varationem suasoriam occarii, nt nata satiaret tepidè dossuarium : Jupiter prend la vraie forme d'un bœuf de labour, afin que la jeune fille vienne promptement rassasier cet animal fourbu.

Quùm tuitor nedùm misereretur sudis, citasset : Puisque la jeune fille qu'il regardait comme son sauveur, loin d'avoir pitié de lui semblable à un chien de mer, l'avait repoussé.

CANCER.

Charc-chuminis.	CARCeres, dùm COMMISerarentur
Hépè.	quam HEBEtaverant
Phoûpaî. (1)	PHOEBEIÆ.

(1) Phoûpaî, de φοῖβος, clair, soleil, feu, pris dans le même sens que *phœniceus*, qui est d'un rouge éclatant comme le feu. *Phœniceum corium*, au figuré, dos rougi de coups de fouet.

Aphrui-mis.	AFFRUItæ, dùm MISererentur (frui, frunisci)
Sith-tacer.	quam CITaverant ut TACERent,
Phuounisiai (1)	PHOENICEÆ.

(1) *Phœniceus*, qui est d'un rouge éclatant ; *phœniceum corium*, dos rougi de coups de fouet.

LEO.

Thomi.	THOMICis
Ouestocati. (1)	VESTem OCCATI monuit pater,
Aphous-a.	ut AFFUSa foret nata.

(1) *Occati* pour *occantis*, bœuf de labour.

Thomis.	THOMICis
Topitus.	TOPiam ITUS (1) monuit pater, (topia de τυπος)
Aphut.	ut AFFUTaret nata. (futatim = fusé)

(1) *Itus* est pris dans le sens de *currus*, coursier, (it-o, cur-ro).

VIRGO.

Succhoë (oi).	SUCCULentum (cul = coï)
Ptèc-cout.	quùm PTÈ CUDere monuisset,
Chontaré.	nedùm CONDARE moneret nata. (pour condonare)

Ceruc-cuth.	CARROConem quùm CUDere monuisset
Aderc-chinis.	in ADARCâ CINISculum
Arpiens.	nedùm ARPIENS foret nata. (arripiens)

LITTÉRAL.

Dùm carceres commiserarentur phœbeiæ quam hebetaverant : Tandis que les géolières se montraient compatissantes envers cette femme rougie de coups qu'elles avaient rendue hébétée.

Pater monuit vestem occati thomicis ut nata foret affusa : Jupiter s'avise de prendre la forme d'un bœuf de traits, afin que la jeune fille se montre compatissante envers cet animal rustique.

Quùm nata monuisset cudere ptè succulentum, nedùm moneret condare : Puisque la jeune fille avait frappé cruellement lui dégoutant d'eau, bien loin de lui donner de la nourriture.

Dùm affruitæ misererentur, ut tacerent, phœniceæ quam citaverant : Tandis que les attrapeuses se montraient compatissantes, afin de l'apaiser, envers la femme rougie de coups qu'elles avaient pourchassée.

Pater monuit topiam itùs thomicis ut nata affutaret : Jupiter prend la forme d'un coursier de traits, afin que la jeune fille vienne combler cet animal commun.

Quùm nata monuisset cudere carroconem cinisculum in adarcâ, nedùm arpiens foret : Puisque la jeune fille avait frappé lui semblable à un poisson, bien loin de venir retirer lui étendu comme un mort au milieu des ordures attachées aux roseaux du rivage.

LIBRA.

Sedoucnéné.	Quam SEDUXerant, CN NANÆ (cn pour cnæ-us)
Sès-mès.	dùm SATiarent MACiem,
Siémès.	SCIAMACHiâ.

Scint-tacer.	Quos SCINDere monuerant dùm TACERent,
Tepi-seuth.	TEPIDè SOTeriis
Cins-ciner.	CINCinnos CINERosos.

SCORPIO.

Rêbuou (rèuo)	RAVum BOVem monuit pater
Sesmès.	ut SATiaret MACiem
Commé.	COMMEati nata.

Ereg-buou.	ERECtè BOVem monuit pater,
Sagen.	ut SAGINaret
Chênen.	CANINum nata.

SAGITTARIUS.

Smact.	nedùm SMACTica foret (SMACT, de σμηχω)
Serau.	in CÆRUlum nata,
Isscrau.	quùm ICisset CÆRUlum nata.

Them-meso.	nedùm THEMis foret in MÆSOnem
Epima.	EPIBAtam nata, (m = b)
Houmoth.	HUMilem quùm MOTasset.

LITTÉRAL.

Dùm camerariæ satiarent maciem CN nanæ quam seduxerant sciamachiâ : Tandis que les suivantes reconfortaient la maigreur de cette malheureuse naine, qu'elles avaient dupée en simulant un combat militaire.

Pater monuit bovem ravum, ut nata satiaret maciem commeati : Jupiter prend la forme d'un bœuf roux, afin que la jeune fille reconforte la maigreur de cet animal parasite.

Quùm nata icisset cærulum, nedùm smegmatica foret in cærulum : Puisque la jeune fille avait frappé lui sous la forme d'un matelot, bien loin de nettoyer cet homme de mer.

Dùm camerariæ tacerent tepidè soteriis cincinnos cinerosos quos monuerant scindere : Tandis que les suivantes apaisaient avec feu, au moyen de présents, cette femme aux cheveux blancs qu'elles avaient tourmentée.

Pater monuit erectè bovem ut nata saginaret caninum : Jupiter prend avec confiance la forme d'un bœuf, afin que la jeune fille vienne engraisser cet animal parasite.

Quùm nata motasset humilem, nedùm themisforet in mœsonem epibatam : Puisque la jeune fille avait repoussé lui sous la forme d'un homme du néant, bien loin de se montrer juste envers ce matelot de comédie.

CAPRICORNUS.

Petiou.	Quam PETIVerant (V = ou)
Ascu.	dùm ASOtæ essent (asotia)
Ptè-biou. (1)	in PT-TABIDam. (id = iou)

(1) Ptè, particule augmentative.

Orassoer.	Cujus ORAS SUERant
Ast-dirou.	dùm ASTarent DIRUtam (rad. diruo)
Tepi-satras.	TEPIDè SATURATione.

AQUARIUS.

Abiou.	APIDis, (id = iou)
Chontaré.	ut CONDARE moneret nata,
Ptè-biou.	PT' TABITudinem monuit pater. (id = iou)

Arc-catab-pias.	ARGutus, in CATABolensem ut PIATio foret nata,
Topi-bouis.	TOPiam BOVIS
Atem-bouis.	ADEMit BOVIS pater.

PISCES.

Chontaré.	Nedùm CONDARE moneret nata,
Chontac-cré.	in CONTAGentem quùm CREasset
Seket.	SAGATionem. (a = æ)

Asicans.	Quùm ASSICANS fuisset
Scenacher (1)	in SCENAGERentem,
Assent-tacer.	ASSENTatorem nedùm TACERet nata.

(1) Scenagerere, comédien ; scenographus.

LITTÉRAL.

Dùm camerariæ asotæ essent in pt' tapidam quam petiverant : Tandis que les suivantes comblaient de secours la femme *très* malade qu'elles avaient assaillie.

Pater monuit pt' tabitudinem apidis ut nata moneret condare : Jupiter prend la forme d'un bœuf *très* malade, afin que la jeune fille vienne secourir cet animal débile.

Quùm nata creasset sagationem in contagentem, nedùm moneret condare : Puisque la jeune fille avait borné lui se trompant dans l'eau, bien loin de venir le secourir.

Dùm camerariæ astarent tepidè saturatione dirutam cujus suerant oras : Tandis que les suivantes assistaient chaudement, en la rassasiant, la femme malade dont elles avaient cousu les lèvres (clos la bouche).

Pater argutus ademit topiam bovis, ut nata piatio foret in catabolensem : Jupiter rusé prend la forme d'un bœuf, afin que la jeune fille vienne apaiser cette bête de somme.

Quùm nata assicans fuisset in scenagerentem, nedùm taceret assentatorem : Puisque la jeune fille avait fait sécher de douleur lui jouant la comédie, bien loin d'apaiser cet homme amoureux.

MOIS DES HÉBREUX.

Nisan.	NIXANS	(nisus)
Hiar.	HIARe,	
Siban.	ut CIBANS foret nata,	
Thamus.	sub TAMam MUSimonis pater monuit.	
Ab.	quam APere monuerant	
Elul.	ELULando,	(pour ululendo)
Thiseri.	in THYRSIgerem (1).	
Marchesvan.	MARCEScentem dùm SEVANtes essent ;	
Casleu.	CASans CELEUma	
Tebeth.	DEPETendo	
Scebat.	nedùm SEBaret, quam BATuere monuisset	
Adar.	ADARens nata.	

(1) *Thyrsiger*, qui porte un thyrse (inversion de l'*r*, thyseri), est la même femme que Petreia. (*Voyez ce mot*, Act. Apôtres).

LITTÉRAL.

Pater nixans, monuit hiare subtamam musimonis ut nata foret cibans : Jupiter, plein de confiance, prend la résolution de venir courtiser la rebelle sous la forme d'un âne fourbu, afin que la jeune fille vienne nourrir cet animal.

Dùm camerariæ sevantes essent in marcescentem thyrsigerem quam monuerant apere cludendo : Tandis que les suivantes gorgeaient de nourriture la femme malade et prise de vin, qu'elles avaient liée en poussant des hurlements.

Quùm nata monuisset batuere celeuma casans depetendo, nedùm sebaret adarens : Puisque la jeune fille avoit battu lui sous la forme d'un matelot trébuchant en appelant à son secours, bien loin de venir gorger de nourriture cet homme séchant de langueur.

MOIS DES ÉTHIOPIENS, copiés sur ceux des Hébreux.

Taxam.	TAXIM,	(taxans)
Tyr.	DIRum	
Jogatith.	JUGATorium ut DITaret nata,	
Macoubith.	MACorem CUBIToris (bovis) monuit pater ;	
Maiscia.	quam MACIAverant camerariæ,	
Gymbot.	SCIMPODiô	
Sain.	SANnionem	
Phameleth.	FAMELicam dùm LÆTarent.	
Naâs.	NASutum (ou NAUCulantem , ναῦς, navire).	
Mascaren.	nedùm MASCulesceret CARENtem ,	
Dimith.	quùm DIMITtere monuisset	
Hadar.	ADARentem nata.	

LITTÉRAL.

Pater taxim monuit macorem bovis cubitoris, ut nata ditaret jugatorium dirum : Jupiter, par manière d'essai, prend la forme d'un bœuf maigre, afin que la jeune fille vienne nourrir avec abondance ce chétif animal de joug.

Dùm camerariæ lætarent scimpodiô sannionem famelicam quam maciaverant : Tandis que les suivantes, afin de la guérir, donnaient des soins à cette bouffonne affamée, étendue sur un lit de repos, qu'elles avaient tourmentée.

Quùm nata monuisset dimittere nasutum carentem, nedùm masculesceret adarentem : Puisque la jeune fille avait repoussé lui malade par ruse, bien loin de redonner de la vigueur à cet homme séchant de langueur.

MOIS DES GRECS.

(Les finales grecques et latines ne se traduisent pas).

Gameli-ion.	CAMELI	
Anthesteri-ion.	ANTESTARI	
Elaphebol-ion.	ELABentis FABULationem monuit pater,	
Munych-ion.	ut MUNiret NIGrum nata ;	
Thargel-ion.	dùm DARent ad REGELendam	
Scirraphori-on.	SCIRAPHiô FURientem (1), (σχίρος)	
Hécatomb-æon.	AGAThodæmones, TUMBagerontem (2)	
Metagiten-ion.	METAXâ quam CITare TÆNiâ monuerant ;	
Bœdrom-ion.	BOATim DROMadem	
Mæmacter-ion.	in MAGMate, quùm MACTARe monuisset (le G suppr.)	
Pyanept-ion.	nedùm PIANda foret in NEPOTem (3)	
Posid-eon.	POSITum nata.	

(1) *Furiens*, la vieille bacchante, la même que Pétreia.

(2) *Tombu-gerons*, mot tiré du grec, de Τυμβογέρων, capularis, busteus, vieillard sur le bord de la tombe.

(3) *Nepotem*, qu'on prononçait napoutem et neptem, par l'élision de l'*v*.

LITTÉRAL.

Pater monuit antestari fabulationem cameli elabentis, ut nata muniret nigrum : Jupiter s'avise d'imiter la ressemblance d'un chameau (bête de somme) chancelant, afin que la jeune fille vienne secourir cet animal malade.

Dùm agathodæmones darent furientem tumbagerontem ad regelendam quam monuerant citare tæniâ metaxâ scirrophiô : Tandis que les suivantes compatissantes comblaient de soins, afin de la rafraîchir, la vieille bouffonne qu'elles s'étaient avisées de tourmenter avec une écharpe de soie, par manière de jouer.

Quùm nata monuisset mactare, nedùm pianda foret in nepotem dromadem positum boatim in magmate : Puisque la jeune fille avait frappé cruellement lui libertin, semblable à un poisson beuglant au milieu de la boue d'une marre d'eau, bien loin d'en avoir pitié.

MOIS DES MACÉDONIENS, copiés sur ceux des Grecs.

Beriti-us.	BARIti pater,	(barrientis)
Dystr-us.	DISTRUere	
Xantic-us.	SENTICosi	
Arthemis-ius.	ARTEM monuit, ut MISereretur nata.	
Dæes-ius.	quem DEASCIare monuerant camerariæ,	
Panem-us.	PANEM	
Lo-üs.	LUSor	
Corbin-eus.	dùm CORVINaret (pour corbitaret, rad. corvus).	
Hyperberetr-æus	HYPERBolicum in BARATHRô	
Di-us.	nedùm DIVitaret,	
Appell-æus.	APPELlatorem	
Andign-æus.	quùm INDIGNari monuisset nata.	

LITTÉRAL.

Pater monuit destruere artem barrientis senticosi ut nata misereretur : Jupiter s'avise d'inventer l'artifice d'un éléphant (bête de somme) rusé, afin que la jeune fille ait pitié de cet animal.

Dùm lusor quem camerariæ monuerant deasciare corvinaret panem : Tandis que la bouffonne que les suivantes avaient dupée se gorgeait de nourriture.

Quùm nata monuisset indignari, nedùm divitaret appellatorem hyberbolicum in barathrô : Puisque la jeune fille avait méprisé, bien loin de le secourir, lui s'agitant en désordre, en appelant à son secours au milieu d'un gouffre d'eau.

L'année des anciens Latins était partagée en dix parties, et les dénominations affectées à chaque mois prenaient, selon leur ordre, les noms des dix premiers chiffres de leur système numéral, extraits eux-mêmes de la légende sacrée.

(Le premier système de numération, basé sur la nature, fut de compter sur les doigts d'une main, en élevant successivement chacun d'eux, jusqu'à cinq ; puis de recommencer, à partir de ce chiffre, sur les doigts de l'autre main, jusqu'à dix. Cette opération partageait le système décimal actuel par le milieu, et le nombre cinq était l'expression figurée du superlatif).

Un-us.	ONustam (1)	(on = un)
Du-o.	dùm TUerentur (2)	
Ter.	quam TERere monuerant ; (3)	
Quater.	ut QUADRaret in natam, (4)	
Quin-que (quintus)	COINQtum (5)	
Sex.	SACceum monuit pater ; (6)	

(1) *Onus*, poids, unité fondamentale (OUN).

(2) *Du-o, tuor*, accompagner, faire cortège, d'où garder, conserver ; *duitas, tuitor*, as-sis, qui accompagne l'unité, le nombre deux, TUIT-AS.

(3) *Ter, ter-o*, broyer, ruiner, détruire, trois unités réunies formant un triangle ou coin, instrument de destruction ; Delta grec (delere).

(4) *Quater* ou *quadrum*, carré formé par quatre unités réunies ; au figuré *quadrare*, cadrer ; *quadrare in aliquem*, convenir à quelqu'un, lui faire plaisir.

(5) *Quinque, quintus*, qu'on écrivait autrefois *coinque, cointus*, de *coinquio, is, tum, ire*, émonder, élaguer, châtrer, signe figuratif désignant qu'il faut retrancher ou élaguer les doigts de la main, afin de figurer, au moyen de l'index et du pouce levés, le chiffre *cinq*, ressemblant à la forme fourchue d'un arbre émondé. (Chiffre superlatif).

(6) *Sex, sacceum*, pour *saccarium*, similitude établie entre un crocheteur ou fort de la halle, et une bête de somme portant son bât ou des sacs.

Chaque chiffre accompagnant le signe *cinq*, va reprendre sa même signification ; *six* ou *cinq* et un VI, *unus* (onus) ; *sacceus*, bête de charge, ONerandus.

MOIS DES ARABES, calqués sur ceux des Latins (*année vague*).

Mouaram.	MOERAM (mœrentem) (1)	
Saphar.	dùm SÆVARent (æ = a) (2)	
Rabia.	in quam RABIA fuerant ; (rabidæ) (3)	
Coumada.	ut COMATA foret nata, (comes) (4)	
Recieb.	RESEPti (resepio) (5)	
Chabau.	CABalli BANnum monuit pater ;	

(1) *Mœra*, nom donné aux Parques cruelles ; radical *mœro, mœrentes*, qui causent de la douleur, et par extension affligé.

(2) *Saphar* devrait se prononcer *sævar* ou *sevar*, de *sevaro*, engraisser, nourrir.

(3) *Rabia* devrait se prononcer *rabiæ* (rabidæ), par la suppression du *d*.

(4) *Coumada*, qu'on prononce *gioumada*, de *comatus*, radical *como*, peigner, soigner, nourrir, etc. L'adjectif est ici employé à la place du participe présent inusité.

(5) *Recieb*, de *re-sepio*, émonder les épines, *re-spino*, d'où le mot français récéper, élaguer, émonder, (transposition de l'*i* final.

Sept-em.	SEPTum	(7)
Oct-o.	quùm AUCTificare monuisset,	(8)
Nov-em.	nedùm NOVaret	(9)
Dec-em.	DESidentem nata.	(10)

(7) *Septem*, de *septus*, radical *sapes*, baie d'épines ; *sepio*, environner, clore, protéger, défendre ; même sens que *tuor* ou *duo*, cinq et deux, VII.

(8) *Octo*, de *auctificare*, massacrer, tuer, ruiner ; *cinq* et *trois*, VIII, même sens que *terere*, *ter*.

(9) *Novem*, de *novare*, renouveler, guérir, refaire ; *cinq* et *quatre*, VIIII, même sens que *quadrare*, *quater*.

(10) *Decem*, *deses*, être paresseux, le dernier ; dernier chiffre de la numération, double cinq, tous les doigts des mains épuisés.

LITTÉRAL.

Dùm camerariæ tuerentur onestam quam monuerant terere : Tandis que les femmes de chambres veillaient à la conservasion de la femme souffrante qu'elles avaient tourmentée.

Ut quadraret in natam pater monuit sacceum coinqtum : Afin de plaire à la jeune fille, Jupiter prend la forme d'une bête de somme sans vigueur (chatrée).

Quùm nata monuisset auctificare septum, nedùm novaret desidentem : Puisque la jeune fille avait frappé cruellement lui sous la forme d'un homme fourbe couché dans l'eau (submergé), bien loin de chercher à lui redonner de la vigueur.

Ramadhan.	REMADENtem	
Scheval.	CEPHALum	
Dulkaiadath.	nedùm DULcaret, quùm CAIATionem DATare monuisset nata. (6)	
Dulkaiadath 2ᵉ		*Id.*

NOTA. *La manière de prononcer des Arabes a apporté quelque changement dans les noms de leurs mois, et la simplicité des mots employés à la confection de ces deux légendes les reporterait presque à l'enfance de la langue latine.*

(6) *Datare*, fréquentatif de *dare*.

LITTÉRAL.

Dùm camerariæ sevarent mœram in quam rabia fuerant : Tandis que les suivantes gorgeaient de nourriture la femme affligée, contre laquelle elles s'étaient rudes avec furie.

Pater monuit bannum caballi resepti ut nata comata foret : Jupiter prend la forme d'une mauvaise rosse sans vigueur (châtrée) et abandonnée, afin que la jeune fille vienne lui donner des soins.

Quùm nata datare monuisset caiationem, nedùm dulcaret cephalum remadentem : Puisque la jeune fille, bien loin d'apaiser cet homme se trempant dans l'eau comme un poisson de mer (meunier, lui avait infligé une correction.

MOIS DES ROMAINS, DEPUIS NUMA POMPILIUS.

Le calendrier précédent fut réformé par Numa Pompilius, qui, à l'imitation des Grecs et des Égyptiens, partagea l'année en douze parties. Les noms des huit premiers mois, à partir de janvier, furent composés sur le thème de la légende, complétée au moyen des noms des quatre derniers mois pris dans le système numéral. Il est encore possible que la similitude du sens donné par les mots primitifs, inconnus aujourd'hui, désignant les mois de juillet et août, avec les noms des empereurs Jules-César et Auguste, ait engagé, par flatterie, les prêtres romains à opérer cette substitution qui ne portait aucune perturbation dans la suite de la légende, car toute autre tentative faite depuis lors par d'autres rois dont les noms ne coïncident pas avec le texte sacré, afin d'arriver au même but, furent inutiles ; les prêtres chrétiens même n'osèrent y apporter aucune innovation.

Januari-us.	GINni VARIcosi, (GIN-UARIus)	Janvier.	Gin = jau ; vari = UARI. Ce mois est appelé par les Russes *hinvar*, hinni varicosi (radical var-us).
Februari-us.	ut FAVERet VARIcoso nata,	Février.	Favere = fabere ; (v = b). Fevriar, par la transposition de l'r final (FEV-VARI).
Mars.	MARCorem (rad. marcè)	Mars.	Marcus, celui qui était né au mois de mars, prénom romain. (*Voyez* Mars, Dieu de la guerre).
April-is.	ARVALis monuit pater.	Avril.	En Russe *apréle*, vient de *arvalis*, qu'on prononça *avrælis*, par la transposition de l'r ; puis *aprælis* ou *aprilis*, en changeant le *v* en *p*. Cette dernière mutation n'a pas eu lieu dans le mot français *avril*.
Mai-us.	MAJorem	Mai.	Mois consacré aux vieillards.
Juni-us.	JUNIores	Juin.	Mois consacré à la jeunesse.
Juli-us.	quam JUGULaverant	Juillet.	Jugulare, qu'on prononça *julare*, par la suppression du *g*, comme *jugo* fut prononcé *julio* ou *juio*, crier comme le milan.
August-us.	dùm AUGUSTarent.	Août.	August-are, qu'on prononça *août*, également par la suppression du *g* (augmentatif d'*augere*).
Sept-ember.	SEPTum,	Septembre.	Sept-ember, *imber*, pluie, finales déterminant les mois d'hiver.
Oct-ober.	quùm AUCTificare monuisset	Octobre.	
Nov-ember.	nedùm NOVaret	Novembre.	
Dec-ember.	DESidem nata.	Décembre.	

LITTÉRAL.

Pater monuit marcorem ginni arvalis varicosi, ut nata faveret varicoso : Jupiter prend la forme d'un âne de labour sans forces, afin que la jeune fille se montre favorable envers cet animal fourbu.

Dùm juniores augustarent majorem quam jugulaverant : Tandis que les jeunes filles traitaient splendidement la vieille dont elles avaient serré la gorge.

Quùm nata auctificare septum nedùm novaret desidem : Puisque la jeune fille avait frappé cruellement lui sous la forme d'un homme fourbe couché dans l'eau, bien loin de chercher à lui redonner de la vigueur.

MOIS DES ARMÉNIENS.

Arat-s.	ARAToris	
Michieek-i. (1)	MYCETIA EQUI ususfuit pater,	
Ariek-i. (2)	ut ARRIDEret EQuo	
Ank-i.	ANXio nata.	(ANGenti)
Marier-i. (3)	quam MARITARe monuerant	(nodare, velare)
Marcat-s.	MARCulentam CATè camerariæ,	
Huetit-s.	VETITum	(V = ou)
Navosard-i.	NAVé VATiâ dùm SARTirent.	
Hoerr-i.	nedùm VERReret,	(V = ou)
Sahm-i.	quùm SEMovisset	
Dré-s.	THRASonem	
Kaguet-s.	CACOEThè nata.	

(1) *Mycetia*, tremblement accompagné de *mugissement*, qu'on prononça *miciæ*, par la suppression du C et du D.

(2) *Arie*, *arridea*, qu'on prononça *arie*, par la suppression du *d*.

(3) *Marier*, *maritare*, qu'on prononça *marier*, par suppression du *t*.

LITTÉRAL.

Pater ususfuit mycetiâ equi aratoris ut nata arrideret equo anxio : Jupiter prend la forme d'un cheval de labour atteint d'une maladie qui fait trembler en mugissant, afin que la jeune fille se montre favorable envers ce cheval malade.

Dùm camerariæ sartirent marculentam vetitam nave vatiâ, quam monuerant maritare catè : Tandis que les suivantes gorgeaient de nourriture la femme malade qui ne pouvait plus marcher, empêchée par la fourbure qu'elle avait éprouvée après qu'elles l'eurent attachée avec une écharpe.

Quùm nata semovisset nedùm verreret thrasonem cacoethè : Puisque la fille avait repoussé, bien loin de le nettoyer, lui sous la forme d'un homme téméraire aux habitudes sales,

MOIS DES PERSES.

Mordat. (1)	in MORDentem ut DATrix foret nata,	
Schaechiar.	SCAzontis EQUARiæ	(σκάζω, boiter)
Mihr.	MIRare	
Aban.	ABANnationem monuit pater ;	
Ader.	ADERantem	
Dit.	dùm DITarent	
Bahmam. (2)	BUMAMmam	
Adphendar.	quam ADVENTARe monnerant ;	
Phernardain.	nedùm VERNARet RETANtem,	
Ardebhast.	ARDore DEPASTum	
Chordad.	in CORDATum	
Thir.	quùm DIRa fuisset nata.	

(1) *Mord*, *mordens*, est pris ici dans le sens de *freniger*, cheval qui porte un mors de bride.

(2) *Bumamma*, gros raisin ; par métaphore grand amateur de vin, ivrogne.

LITTÉRAL.

Ut nata foret datrix in mordentem, pater monuit mirare abannationem eqnariæ scanzontis : Afin que la jeune fille se montre libérale envers cet animal qui souffre le mors (bête de somme), Jupiter s'avise de prendre la forme d'un haras clopin clopant et abandonné.

Dùm camerariæ ditarent bumammam aderrantem quam monuerant adventare : Tandis que les suivantes comblaient de nourriture cette femme adonnée au vin et errant au hasard, qu'elles s'étaient avisées de pourchasser.

Quùm nata dira fuisset in cordatum depastum ardore, nedùm vernaret retantem : Puisque la jeune fille s'était montrée cruelle envers lui brûlant d'amour, bien loin de redonner de la vigueur à cet homme qui, par ruse, se tenait au milieu des joncs du rivage.

NOMS DES CONSTELLATIONS BORÉALES ANCIENNES.

Equul-us.	EQUUL-i
Pegas-us.	PECCATionem monuit pater,
Cephæ-us.	ut SÆVA (a = æ)
Cassiop-es.	CATIO OPs foret. (Catio-ops, par élision casiop)
Andromed-a.	INDuere DROMADis
Cun-eus (triangu-lum).	CONatû (rad. cun-eus)
Musc-a.	MUSCarii,
Perse-us.	ut PARCEret
Aurig-a.	AURIGArio
Capell-a,	CABallo, PELlem monuit pater.
Drac-o.	TRAGICè
Urs-a major.	quam URSerant MAJORem
Urs-a minor.	quam URSerant MINORes
Com-a berenic-es.	dùm COMerent PERENNITate.
Boot-es.	BOATi, (adject. p. boantis, boo)
Coron-a.	ut CORONaret
Serpen-s.	SERPENtem nata,
Hercul-es.	ARGutus CULeum
Serpentar-ius.	SERPENTis TARdè monuit pater.
Lyr-a.	LIRantem
Aquil-a.	AQUILegium
Antinoüs.	INTINNiendo NAUSeatum (tinnio)
Sagitt-a.	quùm SAGITTAre monuisset,
Delphin-us.	in DELPHINum
Cign-us.	nedùm SIGNum foret nata. (omen)

LITTÉRAL.

Pater monuit peccationem equuli ut sæva ops foret catio : Jupiter prend la forme mensongère d'un mauvais cheval, afin que la jeune fille vienne secourir lui avisé.

Pater monuit conatû induere pellem dromadis muscarii, ut nata parceret aurigario caballo : Jupiter forme le dessin d'essayer la forme d'une bête de somme (dromadaire) fâcheuse, afin que la jeune fille vienne porter secours à cette mauvaise rosse, propre à traîner un chariot (bête de somme).

Dùm minores comerent perennitate majorem quam arserant trajicè : Tandis que les jeunes filles donnaient des soins assidus à la vieille qu'elles avaient pourchassée d'une manière si barbare.

Pater argutus monuit culeum boati serpentis tardè, ut nata coronaret serpentem : Jupiter avisé prend la forme d'un bœuf rampant avec peine, afin que la jeune fille vienne gorger de nourriture (remplir jusqu'aux bords) cet animal fourbu.

Quùm nata monuisset sagittare nauseatum lirantem aquilegium intinniendo, nedùm signum foret in delphinum : Puisque la jeune fille avait frappé cruellement cet homme sale pataugeant dans une marre d'eau en criaillant, bien loin de se montrer favorable envers lui, semblable à un poisson de mer (dauphin).

NOMS DES ÉTOILES DES CONSTELLATIONS BORÉALES.

ÉTOILES.	
	PEGASUS.
A Marchab.	MARCorem, CABallum
B Alpheras.	ut ALLEVaret FERACiter nata,
ε Heniphe.	HINNi NIVei monuit pater.
	CEPHEUS.
A Aderraimin.	ADERRAtionem MINandi, (a = æ)
	CASSIOPEA.
A Schedar.	ut SEDARet
	PERSEUS.
A Algenib.	ALGENtem nata, NIVei monuit pater.
	ANDROMEDA.
A Mirach.	MIRACulum
γ Almâach.	ALMi, in MACrum (almâc)
Aleman.	ut ALEMona foret nata, MANni monuit pater.
	URSA MINOR.
B Cocap.	in quam COGere CAPitiô monuerant
	URSA MAJOR.
A Dubhé.	TUBA (a = æ)
ε Alliath.	ALLIGATores, (alliat, par la suppression du g)
η Benetnach.	dùm PENATores essent TENACitate.
	BOOTES.
A Arcturus (us)	ABCTationem URi monuit pater,
ε Mesen.	ut MEDicaret SENem nata. (d = s)
	HERCULES.
A Ras-algeti.	ut RATiocinaretur ALEScere nata, SETIgeri
u Maâssim.	MACiati SIMilitudinem
	SERPENTARIUS.
Ras-alague.	RATiocinatur SALAConiâ pater.
	CIGNUS.
A Deneb-adige.	TENEBrantem quùm ADIGEre monuisset nata,
ε Arrideb.	nedùm ARRIDeret DEBilitanti
γ Albirau.	in ALVeô VIROSo.
	AQUILA.
ξ Atair.	ADERranti nata,
	PISCIS.
A Fumalauth.	nedùm FOMentaret, quùm MALefecisset LOTori.

LITTÉRAL.

Pater monuit marcorem hinni nivei ut nata allevaret feraciter caballum : Jupiter prend la forme d'un âne blanc, afin que la jeune fille vienne gorger de nourriture cette mauvaise rosse afin de la soulager.

Pater monuit aderrationem minandi ut nata sedaret algentem : Jupiter prend la forme d'une bête de somme abandonnée, afin que la jeune fille vienne apaiser cet animal malade.

Pater monuit miraculum manni almi ut nata allemona foret in macrum : Jupiter prend la ressemblance étonnante d'un mauvais cheval de labour, afin que la jeune fille vienne nourrir cet animal maigre.

Dùm alligatores penatores essent tenacitate in quam monuerant cogere capitio, tubâ : Tandis que les méchantes donnaient des soins incessants à la vieille que, pareilles à des boute-feux, elles s'étaient avisées de pourchasser avec une écharpe.

Pater monuit arctationem uri, ut nata medicaret senem : Jupiter prend la forme d'un petit bœuf, afin que la jeune fille vienne guérir cet animal blanc de vieillesse.

Pater ratiocinatur salaconiâ similitudinem setigeri, ut nata raciocinaretur alescere : Jupiter s'imagine de prendre par plaisanterie la forme poileuse d'une bête de somme, afin que la jeune fille s'imagine de venir le secourir.

Quùm nata monuisset adigere tenebrantem nedùm arrideret viroso debilitanti in alveô : Puisque la jeune fille avait repoussé lui se couvrant de brouillards, bien loin de se montrer favorable envers cet homme perdant ses forces au milieu d'une marre d'eau.

Quùm nata malefecisset lotori aderranti nedùm fomentaret : Puisque la jeune fille avait maltraité lui abandonné se roulant dans l'eau, bien loin de le secourir.

NOMS DES CONSTELLATIONS AUSTRALES.

Eridan-us.	ut ARRIDENs foret nata, (a = æ)
Lep-us.	LEPorem (Lepor)
Orion.	URI ONusti monuit pater.
Via-lact-ea.	dùm VIAticæ essent in quam LACTare
Columb-a.	COLUMBari
Canis major.	CANescentem MAJORem (CANITia)
Canis minor.	CANEScentem MINORes monuerant;
Argo navis	quùm ARGUere monuisset NAVigantem
Hydra.	in HYDRAgogiô
Crater.	Crateram
Corv-us.	nedùm CORVitaret nata; (corbito)

NOMS DES ÉTOILES DES CONSTELLATIONS AUSTRALES.

ÉTOILES.	
	ERIDANUS.
A Agenar.	ut AGINARetur (agin = ajan ou agen)
	ORION.
A Bellatrix.	BELLATRIX,
B Rigel.	REGILlam (rigel pour regil, inversion)
γ Betelgeuse.	PETALi GUGI monuit pater. (πεταλος, juvencus)
	CANIS MAJOR.
Sirius (ius)	in quam CIRI monuerant (cio)
	CANIS MINOR.
Procion.	dùm PROCIEUNtes essent camerariæ. (procieo p. procor)
	ARGO NAVIS.
Marceb.	quùm MARcescere monuisset nedùm SEBaret
Canop-us.	GANniendo NUBilantem nata;

Centaur-us.	CENTonem TAURi
Lup-us.	LUPientis monuit pater,
Coron-a.	ut CORONAret
{ Ara.	ARAtorem,
{ Thuribulum.	TRIBULUM nata. (1)

(1) *Tribulum*, animal de traîneau avec lequel on battait le blé, ou bête de labour qu'on a confondu avec *thuribulum*, son homophone ; la constellation de l'autel est la même que celle de l'encensoir.

———

Robur carol-i.	ad ROBORandum GARRULum	
Piscis volans.	in PISCinâ nedùm VOLENS foret,	
Crux.	quùm CRUCiare monuisset nata ;	
Musca.	MUSCarii	
Camelle-on.	CAMELi, ut LEret	(leo, es, etc.)
Apus.	APUSiam nata,	
Cuneus (triangulum).	CONatum	(rad. cune-us)
Pav-o.	PAVientis	(tribuli)
Ind-us.	INDuere monuit pater ;	
Hydrus.	in HYDRium	
Toucan.	quùm DUCANS	
Phenix.	PHÆNICiis fuisset nata,	
Grus.	nedùm GRUS foret	(allevamentum) (1)
Piscis naut-us.	PISCinâ in NATantem	(nauta)
Cetus.	CETum.	

(1) *Grus*, grue, machine à lever les fardeaux, par métaphore, soulagement.

LITTÉRAL.

Pater monuit leporem uri onusti, ut nata arridens foret : Jupiter prend la plaisanterie d'un bœuf malade, afin que la jeune fille se montre bienveillante envers cet animal.

Dùm minores viaticæ essent in canescentem majorem quam monuerant lactare columbari : Tandis que les jeunes filles allaient chercher de tous côtés de la subsistance pour la vieille qu'elles avaient dupée en la liant comme avec un carcan.

Quùm nata monuisset arguere crateram navigantem in hydragogió nedùm corvitaret : Puisque la jeune fille avait repoussé lui semblable à un seau de puits nageant dans une marre d'eau, bien loin de le gorger de nourriture.

Pater monuit centonem tauri ut nata coronaret aratorem (tribulum) : Jupiter prend la peau d'un taureau, afin que la jeune fille vienne remplir jusqu'aux bords cet animal de labour (de traîneau).

Quùm nata monuisset cruciare garrulum in piscinâ, nedùm volens foret ad roborandum : Puisque la jeune fille avait frappé cruellement lui criaillant dans une marre d'eau, bien loin de se montrer favorable envers lui, afin de le fortifier.

Pater monuit induere conatum cameli muscarii, ut nata leret apusiam pavientis : Jupiter s'avise d'essayer la tentative d'un chameau parasite, afin que la jeune fille vienne refaire les forces de cet animal de traîneau.

Quùm nata fuisset ducans phæniciis in hydrium, nedùm grus foret in cetum natantem in piscinâ : Puisque la jeune fille avait éconduit lui semblable a un fontainier, en lui rougissant le dos de coups de fouet, bien loin de porter du soulagement à cette espèce de poisson de mer (baleine) nageant dans un évier.

CRATER.

Alges.	ALGEScentem

CORVUS.

Algorab.	ALGORe RABulam

CETUS.

A Menbar.	quùm MINARe monuisset,	
b Deneb (χετος)	in TENEBrantem	(1)
χ Baten id.	nedùm PATINaria foret nata.	

(1) χετος, nom grec de la baleine.

LITTÉRAL.

Pater monuit regillam petali jugi ut bellatrix aginaretur : Jupiter se couvre de la peau d'un bœuf de labour, afin que la querelleuse soit amenée à faire quelque chose pour cet animal.

Dùm camerariæ procieuntes essent in quam ciri monuerant : Tandis que les suivantes se montraient favorables envers celle qu'elles s'étaient avisées de pourchasser.

Quùm nata monuisset marcessere nedùm sebaret nubilantem ganniendo : Puisque la jeune fille avait laissé sécher de douleur, bien loin de le nourrir, lui se trempant dans l'eau en criaillant.

Quùm nata monuisset minare rabulam algescentem algore, nedùm patinaria foret in tenebrantem : Puisque la jeune fille avait repoussé lui criailleur glacé par le froid, bien loin de fournir des vivres à cet homme se trempant dans l'eau.

NOMS DES ÉTOILES FORMANT LES SIGNES DU ZODIAQUE.

———

TAURUS.

Hiad-es.	HIATum,	
Ple-ia-des.	ut PLEret HIATantem	
A Alde-baran.	ALTE nata, PARANgariæ monuit pater ;	

GEMINI.

Castor.	CASum TAURi monuit pater,
Pollux.	ut POLLUCeret nata.

CANCER.

A Acubéné.	ACCUBitorem bovem monuit pater ut BENEfica foret
B Præsepe.	PRÆSEPÉ nata.

LEO.

A Deneb-pelesed.	TENEBellis quam PELLEXerant ad SEDandam

VIRGO.

A Spica.	dùm SPICilegerent
M Vindemiatrix.	VINDEMIATRICes.

LIBRA.

A Jubenes - gemali.	JUVENES-GAMÊLÆ	(gæmaili)
B Juben-algenubi.	id.	ALGENtem quam NUBIlare monuerant
γ Juben-ackrabi	id.	dùm ACCURrarent RABIosé,

SCORPIO.

λ Levat.	LEVATione.

CAPRICORNUS.

γ Teneb-algedi.	TENEBrantem nedùm ALESCeret, quùm CÆDIsset (pour *cæcidisset*)

AQUARIUS.

δ Scheat.	SCATtentem	(scæt)
K Situla.	SITULam.	

LITTÉRAL.

Pater monuit hiatum parangariæ ut nata pleret alté hiatantem : Jupiter prend la forme d'un cheval de poste affamé, afin que la jeune fille gorge de nourriture cet animal mourant de faim.

Pater monuit casum tauri ut nata polluceret : Jupiter prend la forme d'un taureau ruiné, afin que la jeune fille traite splendidement cet animal.

Pater monuit bovem accubitorem ut nata benefica foret præsepé : Jupiter prend la forme d'un bœuf paresseux, afin que la jeune fille se montre bienveillante jusqu'à le nourrir à plein ratelier.

Dùm vindemiatrices spici legerent ad sedandam quam pellexerant tenebellis : Tandis que les suivantes, pareilles à des glaneuses, cherchaient de la nourriture, afin d'apaiser la femme qu'elles avaient dupée en lui bouchant les yeux.

Dùm juvenes gamelæ accurarent rabiosé levatione algentem quam monuerant nubilare : Tandis que les jeunes filles nubiles guérissaient avec feu, afin de l'apaiser, la femme malade dont elles avaient bouché les yeux avec un voile.

Quùm nata cædisset (cæcidisset) situlam scatentem nedùm alesceret tenebrantem : Puisque la jeune fille avait frappé lui pareil à un seau de puits nageant sur l'eau, bien loin de donner de la subsistance à cet homme se trempant dans l'eau.

ORIGINE DES NOMS ET DES ATTRIBUTS DES DIVINITÉS PRINCIPALES DU PAGANISME.

DIVINITÉS CÉLESTES ET TERRESTRES.

Jan-us.	GINni (gin = jan)	première divinité des Latins, le même que janvier ; son temple avait douze portes (les douze mois de l'année) ; il était représenté avec quatre visages (les quatre saisons), tenant une clé dans sa main (ouvrant et fermant l'année), le passé et l'avenir.
Appoll-o.	APOLLOgationem monuit pater,	*Apollogatio*, fiction ; Dieu de la poésie, basée sur la fiction.
Vulcan-us.	in VULGANtem	*vulgare* ou *fulc-ire*, briller, mettre en lumière, emblème des feux du soleil répandus partout (vulgò) ; au figuré vulgaire, commun, etc. ; Dieu du feu, volcan.
Minerv-a.	ut MÆNERVAret nata.	*menerv-are*, instruire, conseiller, donner ses soins ; Menerve ou Minerve, déesse de la sagesse (sagax).
Cibel-e.	CIBALibûs,	*cibalis*, de *cib-are*, nourrir ; mère des dieux.
Cer-es.	in quam SERere	*serere*, semer, fermer, lier ; déesse des moissons et des semailles.
Jun-o.	JUNcis monuerant (le g élidé)	*junc-us*, jong, d'où *jung-ere*, lier avec du jonc ; épouse de Jupiter et patrone des femmes mariées ; *jungere*, joindre, unir par les liens du mariage (jung-o), d'où le mot français jonc, bague que l'époux met au doigt de son épouse dans la cérémonie des épousailles.
Vest-a.	dùm FESTatæ essent camerariæ.	*vesta* ou *festa*, de *festus*, fête, fêter, rendre heureux ; au figuré, se montrer plein d'indulgence, etc. ; *festus*, de *fastig-ans*, s'élever en pointe (fastes) ; d'où Vesta, déesse du feu qui s'élève en pointe.
Bellon-a.	BELONem	*belone*, aiguille, poisson de mer, de βελος, trait, flèche ; d'où *bel-lum*, déesse de la guerre.
Themis.	quùm DEMISisset nata,	*de-mittere*, soumettre, gouverner (θεμιςευω) ; déesse de la justice représentant la loi à laquelle on doit se soumettre.
Bac-us.	BACcas	*bac-cœ*, baies desquelles on extrait le vin ou les liqueurs ; Bac-chus, dieu du vin.
Laton-a.	LATé nedùm DONaret.	Lat-ton-a, ou Diane.
Mom-us.	MOMari.	*momar*, fou, Dieu de la folie.

LITTÉRAL.

Pater monuit apollogationem ginni ut nata minervaret in vulgantem : Jupiter prend la fiction d'un âne, afin que la jeune fille vienne donner des soins à cet animal vulgaire.

Dùm camerariæ festatæ essent cibalibùs in quam monuerant serere juncîs : Tandis que les suivantes se montraient pleines de bonté en nourrissant la femme qu'elles avaient enchaînée avec des cordes de joncs.

Quùm nata demisisset belonem, nedùm donaret laté baccas momari : Puisque la jeune fille avait repoussé lui semblable à un poisson de mer (aiguille), bien loin de donner amplement à manger à cet homme insensé.

DIVINITÉS DES BOIS, DES ENFERS ET DES EAUX, *etc.*

Palès.	PALEStrâ	παλη, lutte, amusement des bergers ; Palès, divinité des bergers.
Mus-æ.	MUSsando (pour musinando)	*musinor*, badiner, plaisanter, délassement de l'esprit ; déesses des sciences et des arts libéraux ; synonyme de poésie, *apollogatio*.
Æol-us.	in quam AGULeatæ fuerant	*âguleus* (acuo), subtil, léger, aigü, fait *œoul* par la suppression du *g* ; Dieu du vent (αιολος, subtil, léger).
Dian-a.	dùm DYANastæ forent	*dyana-sta*, de διανεμεω ou δυναμοω, roborare, gubernare, être riche, gouverner, gérer ; déesse de la chasse et de la pêche, deux divertissements appartenant aux puissants, aux riches.
Flore.	ad FLORendam camerariæ ;	*flos*, *floris*, déesse des fleurs ; au figuré, être florissant.
Plut-o.	PLUTeum	*pluteus*, machine couverte de peaux de bœufs dont on se couvrait pour aller à la sape des murailles ; radical *pluvia* ; lieux souterrains dans lesquels se rendent les eaux de pluie ; Pluton, Dieu des enfers ; (*inferi*, les lieux souterrains).
Proserpin-a.	PROSERPentis HINni monuit pater,	épouse de Pluton.
Parc-æ.	ut PARCEret	*Parcœ*, les Parques, déesses qui présidaient aux destins et à la mort ; parcus avare.
Charron.	CARRUM	Charron, batelier des enfers ; *carrum*, bête de transport, de charroi ; assimilation faite entre un bateau et une bête de somme.
Furi-æ.	FURIa ;	*Furiœ*, Furies, vengeresses des crimes (furere).
Pan.	PANGentem	*pango*, qu'on prononça *pan*, par la suppression du *g*, chanter ; Dieu des bergers représenté avec des pieds de bouc et une flûte à la main ; *caprigenus* est le même que le capricorne ; au figuré, *pastorales*, etc.
Satyr-us.	SATYRas	*satyra*, de *satus* et *diris*, engendré des imprécations, exécrations ; ouvrages qui censurent le vice, écrit piquant contre quelqu'un, satyre ; *satyres*, hommes représentés avec des pieds de bouc ; (*hircus* ou *hirtus*, velu, hérissé d'épines, pointu) ; allusion faite aux mots piquants de la satyre.
Neptun-us.	NEPOTem TONando	*nepos*, *nepotis*, débauché, et *tono*, qu'on prononça *nepoutune*, puis Neptune, par la suppression de l'*u*, Dieu des eaux ; en grec *nepos* signifie aussi poisson, habitant de l'eau.
Triton.	quùm TRITurare monuisset nedùm DONaret	Dieu marin, trompette de Neptune ; *trite*, la tierce dans l'échelle des tons.
Faune.	PHONascum. (φωνέω).	Faunes, demi-dieux (fari), les mêmes que les Satyres et Pan (*phonascus*, maître de chant).

NOTA. *Toutes ces divinités, originaires d'Égypte, ne furent connues que successivement par les Grecs qui les transmirent aux Romains, etc., et leur généalogie a dépendu du caprice des poètes ou des auteurs sacrés.*

LITTÉRAL.

Dùm camerariæ dyanastæ essent ad florendam in quam aculeatæ fuerant mussandô palestrâ : Tandis que les femmes de chambre reconfortaient splendidement celle qu'elles avaient pourchassée par plaisanterie, en simulant une espèce de lutte.

Pater monuit pluteum hinni proserpentis ut furia parceret carrum : Jupiter se met à l'abri (se cache) sous la peau d'un âne rampant, afin que la méchante se montre favorable envers cet animal de charroi.

Quùm nata monuisset triturare nepotem pangentem satyras tonando, nedùm donaret phonascum : Puisque la jeune fille avait frappé cruellement lui, tel qu'un débauché chantant à grand bruit toutes sortes d'exécrations, bien loin d'apaiser par ses dons ce criailleur.

NOMS DES JOURS DE LA SEMAINE OU DES SEPT PLANÈTES CONNUES DES ANCIENS,

AUXQUELLES IL FAUT AJOUTER LA TERRE ET LE CIEL DES FIXES, AFIN DE COMPLÉTER LA LÉGENDE.

Terre.	Terr-a.	quam TERere monuerant	*ter-o*, broyer, frapper ; la vieille frappée par les suivantes, emblème de la terre foulée par les pieds de ses habitants, glacée par les frimats, etc.
Étoiles.	Sidera.	SIDERAtam	*siderari*, être frappé de desèchessement, d'une mauvaise influence, être gelé, etc. Les anciens attribuaient aux astres la cause de ces dégats.
Dimanche. (1)	Sol.	dùm SOLarentur ;	*sol-or*, consoler, réjouir ; radical *sol*, soleil, le bienfaiteur de la nature.
Lun-di. (2)	Lun-a.	ut LUENs foret nata, (λυον)	*lu-o* (λυω), guérir, consoler, rafraîchir, baigner, etc. ; la lune, mère nourricière de la nature, qu'elle était censée rafraîchir par les rosées abondantes.

(1) *Dimanche*, ou *dimanse* (che = se), vient de DIMENSio, mesure, partage, et non de Dies dominica, ce mot marquant le point d'arrêt de la semaine (septimana, de *septimanus*, septem manere qui divise en sept parties), remplit la même fonction que celui de *mensis*, modi, dont dérive le mot français *mois*.

(2) *Lun-a*, de *luens*, qu'on prononça *louene*, puis *læne*, par la réunion de l'e à l'o, et enfin *loune* ou *lune*, afin de rapprocher cette prononciation de celle de son synonyme grec λυον ou *loun*. Le fréquentatif du verbe *luo* est *luto* ou *lauto*, d'où *lautus*, *lautè*, bien traiter, traiter splendidement. Tous les mots composés dans lesquels entre celui de *lune*, se terminent par un *t* à leur intersection, et se prononcent *launt*, *lond* ; *lond-inium*, *lond-res*, *lond-eum*, etc.

Mar-di.	Mars.	MARÇorem	*marc-eo*, flétrir, abattre, etc. ; Dieu de la guerre, qui flétrit, ruine, etc. ; fléau de la guerre.
Mercr-di.	Mercur-ius.	MERCalis CÜRrûs monuit pater ;	*merc-or*, acheter ; Dieu des marchands ; messager des Dieux, assimilation faite entre un cheval de char et un messager ; *currus*.
Jeu-di. (3)	Jupiter.	JUBilando PHYSTERem	*Jubil-o*, *jube-o*, faire des acclamations, exhorter, commander ; le Souverain des Dieux qui commande, qu'on invoque ; *physeter*, grand poisson de mer ; Jupiter, synonyme de pluie, eau.
Vendr-di.	Vén-us.	quùm VANare monuisset nata,	*van-o*, *vanescere*, tromper, se faner ; Vénus, déesse de la beauté fragile et trompeuse, sur laquelle on ne peut compter.
Samed-di. (4)	Saturn-us.	nedùm SATiaret TORNantem.	*sat-io*, rassasier, et *satio*, semaille ; *torn-o*, tourner en rond ; Saturne, Dieu du temps, qui tourne et dévore ses enfants, n'est jamais rassasié (*annus*). *Nota*. Cette manière de tourner en invoquant a été conservée par une partie des peuples de l'Orient.

(3) Jupiter, de JUB-PHYSTER, qu'on prononça *Jupiter* ; au génitif *Jovis* ou *Jouvis*, JUB-PHIS, en changeant le *b* en *f* ou *v*. Ce dernier mot, *Javis*, servait aussi de nominatif, ce qui n'aurait pu avoir lieu si l'étymologie du mot eût été Jovis-pater, *jubilantem physeterem*, lui pareil à un grand poisson de mer, etc., comme on le voit par les différentes légendes ; Bacchus, Jupiter, Neptune, etc., sont les mêmes Dieux dont l'origine est due à des conditions pareilles, prises dans le même membre de phrases de la légende sacrée.

(4) *Samed-di* ou *samedi*, nedùm SEBaret MADIdum, bien loin de nourrir lui se trempant dans l'eau ; *sam-medi*, en changeant le B en M, d'où les Juifs ont fait le mot *sabbat*, en changeant, au contraire, l'M en B. Ce mot est une des variantes de celui de Saturne. Ces changements de lettres ont lieu dans toutes les langues, afin d'éviter les duretés de la prononciation ; dans *sabmedi*, par exemple, le B prend le son de l'M qui suit, et dans *sabbati* c'est l'M qui a pris le son du B précédent ; mais il faut savoir que ces substitutions n'ont lieu que lorsqu'elles n'enfreignent pas les règles générales posées dans l'introduction de cet ouvrage.

Nota. Les noms des six jours de la semaine sont des hiéroglyphes romains composés : lun-di, de LUNæ DIes, jour consacré à la lune ; mar-di, MARtis DIes, jour consacré à Mars ; mercredi, MERCURii DIes, jour consacré à Mercure ; jeudi, JOUVis DIes, jour consacré à Jupiter ; vendredi, VENERis DIes, jour consacré à Vénus ; samedi, SATurni DIes, jour consacré à Saturne.

LITTÉRAL.

Dùm camerariæ solarentur sideratam quam monuerant terere : Tandis que les suivantes apaisaient la femme frappée de dessèchement qu'elles avaient tourmentée.

Pater monuit marcorem currus mercalis ut nata foret luens : Jupiter prend la forme d'un cheval de char malade, afin que la jeune fille vienne guérir cette bête de somme (de trafic, de vente).

Quùm nata monuisset vanare, nedùm satiaret physeterem tornantem jubilendo : Puisque la jeune fille avait trompé dans son attente, bien loin de le gorger de nourriture, lui semblable à un souffleur (grand poisson de mer), tournant dans l'eau en appelant à son secours.

ORIGINE DES NOMS DES ROIS ÉGYPTIENS.

Il est à remarquer que lorsqu'un homme arrivait au pouvoir suprême, les prêtres lui faisaient quitter son nom propre pour en prendre un autre tiré de la légende sacrée. Lorsque cette dernière était complétée, ils recommençaient de nouveau en variant les noms de manière à éviter la confusion ; ainsi ils pouvaient, sans mensonge, affirmer que tel prince était fils d'une divinité bonne ou mauvaise, selon la conduite de cet homme à leur égard pendant le cours de son règne, puisque les noms de ces divinités concouraient à la formation de cette même légende. Les tables chronologiques des anciens rois d'Égypte ne sont pas exactes dans leur filiation et ne peuvent être traduites ; une seule, que je donne, commençant au règne d'Amasis, et tirée d'Eusèbe, se trouve complétée ; toutes les autres ont été arrêtées dans leur marche, probablement par quelque révolution, ou ne nous ont pas été transmises fidèlement par les historiens. (*Voir le Dict. de Moreri, art.* ÉGYPTE).

Amas-is.	AMASiæ
Chebron.	dùm SEBarent PRONam
Amenoph-is.	AMENter NOVissimam
Mephrès. (1)	quam MA-PRESserant ; (ou FRESsam)
Neframutos-is.	NEFARius MUTationem DOSsuarii, (inversion de l'R)
Temos-is.	ut DEMeret OTium nata,
Amenoph-is 2me.	AMENter NOVissimi
Or-us.	URi monuit pater ;
Sincrès.	nedùm SINCERè RASitaret nata, (rado) (invers. de l'R)
Acor-is.	ACORe
Arma-is.	quùm ARMAre monuisset
Ramsès.	REMigem CESsantem.

(1) *ma*, particule augmentative ; ma-volo, ma-vis, etc. ; ma-dia, etc.

LITTÉRAL.

Dùm camerariæ sebarent pronam novissimam quam ma-presserant amenter : Tandis que les suivantes compatissantes gorgeaient de nourriture la vieille courbée par l'âge et de naissance obscure, qu'elles avaient follement tourmentée d'une manière cruelle.

Nefarius monuit amenter mutationem uri dossuarii novissimi, ut nata demeret otium : Jupiter avisé prend follement la métamorphose d'un bœuf de charge, afin que la jeune fille vienne calmer la langueur de cet animal vil.

Quùm nata nedùm sinceré rasitaret, monuisset armare acore remigem cessantem : Puisque la jeune fille, loin de venir franchement le nettoyer, avait repoussé avec aigreur lui, tel qu'un matelot étendu dans l'eau.

Dana-us.	ut DANAret nata, (pour donaret, danosa)
Egypt-us. (2)	EXHIPTionem (exhibitio, exapt-us)
Amenoph-is 3e.	AMENter NOVissimi
Seth-us.	SETigeri monuit pater ;
Ramses.	REMigi CESsanti
Amenoph-is 4e.	AMENter NOVissimo
Ammenepté.	quùm EMINAri, monuisset in NEPOTem
Thuor-is.	nedùm TUOR foret nata ; (tuitor, tuor)
Schmades.	SCHEMatiô in ADESam
Pessussenes.	PESSUS SENEScentiâ (pessùs = pessùm senectute)
Neparcheres.	dùm NEPARCæ essent quam CARAXare monuerant
Amenoph-is 5e.	AMENter NOVissimam camerariæ.

(2) *Exhibtio*, par contraction, pour *exhibitio*, qu'on écrivait *ecchiptio*, et qu'on prononça, en changeant le premier *c* en *g*, *egchipt* ou *egypt*.

LITTÉRAL.

Pater monuit amenter exibtionem setigeri novissimi ut nata danaret : Jupiter prend par plaisanterie la représentation d'une bête de somme vile, afin que la jeune fille se montre libérale envers cet animal.

Quùm nata eminari monuisset remigi novissimo cessanti amenter, nedùm tuor foret in nepotem : Puisque la jeune fille avait repoussé lui pareil à un vil matelot étendu follement dans l'eau, bien loin de se montrer propice envers cet homme débauché.

Dùm camerariæ neparcæ essent in novissimam adesam pessùs senescentiâ quam monuerant caraxare amenter schematiô : Tandis que les suivantes se montraient libérales envers la femme de naissance obscure, tout-à-fait cassée par la vieillesse, qu'elles s'étaient avisées de tourmenter follement en simulant une espèce de danse (de jeu).

ALEXANDRE-LE-GRAND s'empare de l'Égypte ; après sa mort, Ptolémée, fils de Lagus, monte sur le trône.

(Les prêtres composèrent la légende suivante au moyen des surnoms donnés aux successeurs de ce dernier, qui, tous, portèrent la même dénomination de Ptolémée).

Ptolem-ès Soter. (1)	POLEMicæ dùm SOTERes essent
« Philadelph-us.	PHILADELPHiâ,
« Everget-es.	in quam AVERSATæ erant (adversari) (a = æ)
« Philopat-or.	VILlicam LUPATô ;
« Epiphan-es.	EPIPHANiâ,
« Philomet-or.	sub VILLUM, ut MEDicaret
« Phiscum (2)	VISCUM nata, (viscatum)
« Latur-us.	LATescere URi monuit pater ;

« Alexander.	nedùm ALESCeret, quùm SCINDERe
« Olet-es.	OLETantem
Cleopatra (3)	CLUPeam PATRAsset
et Dionysi-us.	THIONYSium nata. (θυω, courir en furieux)

(1) Ptolemès pour Polem-ès (πολεμος, bellum). Les Grecs prononçaient souvent la syllabe *pol* comme *ptol* ; πτολις pour πολις, etc.

(2) *Viscum*, le substantif est ici mis à la place de l'adjectif ; *viscum*, glu, pris au figuré ; *viscata munera*, présents intéressés ; qui s'attache à quelqu'un, parasite, etc.

(3) Cléopatre ou Clépatre. Cléopatre et Dionysius sont deux noms qui peuvent compléter alternativement la légende.

LITTÉRAL.

Dùm polemicæ soteres essent philadelphià in villicam quam aversatæ erant lupatô : Tandis que les querelleuses, pleines de bonté d'âme, se montraient compatissantes envers la villageoise qu'elles avaient tourmentée en lui serrant la bouche comme avec un mors.

Epiphanià pater monuit latescere sub villum uri, ut nata medicaret viscum : Par surprise, Jupiter s'avise de se déguiser sous la peau d'un bœuf, afin que la jeune fille vienne guérir cet animal parasite (fâcheux, triste).

Quùm nata patrasset scindere nisù clupeam thyoneum olelentem, nedùm alesceret : Puisque la jeune fille avait frappé avec force lui pareil à un poisson de mer (alose) se roulant dans la saleté comme un furieux, bien loin de lui porter secours.

Nota. Après la mort de Cléopatre, les Romains s'emparèrent de l'Égypte, qu'ils réduisirent en gouvernement. (*Voir le Dict. de Moreri, art.* Égypte).

NOMS DES DOUZE EMPEREURS ROMAINS, SURNOMMÉS CÉSARS.

Jul-ius Cæsar.	quam JUGULaverant CASARiam,	(a = æ)
August-us.	AUGUSTè	(rad. augere)
Tyber-ius.	dùm TUBERarent,	(u = y)
Caligul-a.	CALYCULô camerariæ ;	
Claud-ius.	CLAUDicationem,	
Ner-o.	NARitate,	(a = æ)
Galb-a.	CALPidis monuit pater	(callipidis)
Oth-o.	ut UTi moneret nata benè de illô ;	
Vitell-ius.	VITELlianum	
Vespasian-us.	in VADô SPATIANtem	
Tit-us.	nedùm DITaret,	
Domitian-us.	quùm DOMITarc monuisset SCIENtem nata.	

LITTÉRAL.

Dùm camerariæ tuberarent augustè casariam quam jugulaverant câlygulô : Tandis que les suivantes gorgeaient de nourriture religieusement la paysanne qu'elles avaient étranglée en lui mettant la tête dans une enveloppe.

Pater monuit naritate claudicationem callipidis ut nata moneret uti benè de illô : Jupiter prend finement la forme d'un mauvais cheval boiteux, afin que la jeune fille vienne bien traiter cet animal.

Quùm nata monuisset domitare scientem, nedùm ditaret vitellianum spatiantem in vadô : Puisque la jeune fille avait repoussé lui avisé, bien loin de secourir ce sottisier se vautrant dans une marre d'eau.

SUITE DES EMPEREURS ROMAINS.

Nerv-a.	NERVô	(1)	
Trajan-us.	in quam DRAGANthæ fuerant	(2)	(g = j)
Adrian-us.	dùm ADRIDENtes essent camerariæ ;	(adriden = adrien)	
Antonin-us, pi-us.	INDuit, ut DONaret NINNium nata Piè,		
Marc-us, Aurel-ius.	MARCorem OREALis,	(3)	(oreæ)
Luc-ius, Ver-us.	LUSione VEREdi pater ;		
Commod-us.	nedùm COMMOda foret,		
Helv-ius, pertinax.	in ALVcô PERTINACem		
Did-ius, Jul-ius.	DIDentem, quùm JUGULasset nata.		

(1) *Nervus,* lien qu'on mettait au cou des criminels.

(2) *Draganthum* ou *tragacanthe,* arbrisseau épineux, de τράχος, rude, hérissé, épineux ; au figuré sévère, rigoureux, dur, méchant, tragique, etc. ; *draganta* pour *trajicæ.*

(3) *Orealis,* adjectif inusité de *oreæ,* frein, mors de bride.

LITTÉRAL.

Dùm camerariæ adridentes essent in quam traganthæ fuerant nervô : Tandis que les suivantes donnaient des soins à la femme envers laquelle elles s'étaient montrées cruelles, jusqu'à lui mettre un lien d'esclave au cou.

Pater induit lusione marcorem veredi orealis, ut nata donaret piè ninnium : Jupiter prend par plaisanterie la forme d'un cheval de frein (dompté) malade, afin que la jeune fille vienne secourir ce chétif animal avec franchise.

Quùm nata jugulasset, nedùm commoda foret, pertinacem didentem in alveô : Puisque la jeune fille avait frappé cruellement, bien loin de le secourir, lui avisé se vautrant dans une marre d'eau en déclamant.

SUITE DES EMPEREURS ROMAINS.

Sever-us.	in quam SÆVERæ fnerant	
Caracal-la.	dùm CARæ essent in RACam CALantem camerariæ ;	
Macrin-us.	MACri CRINes,	
Eleogabale, Anto-nin-us.	ut ELEVaret nata, CABALli monuit pater ;	(elev = eleou)
Alexander (Sever-us).	nedùm ALESCeret quùm SCINDERe monuisset	(severè)
Maximin-us.	MACrum in CYMà MANentem nata.	

LITTÉRAL.

Dùm camerariæ caræ essent in racam calantem in quam severæ fuerant : Tandis que les suivantes se montraient compatissantes envers la femme à la tête éventée, rassemblant à grands cris du monde autour d'elle, qu'elles avaient traitée cruellement.

Pater monuit crines caballi macri ut nata elevaret : Jupiter prend la peau d'un mauvais cheval maigre, afin que la jeune fille vienne soulager cet animal.

Quùm nata monuisset scindere, nedùm alesceret macrum manentem in cymà : Puisque la jeune fille avait frappé cruellement, bien loin de le secourir, lui affamé, étendu au milieu de l'eau.

SUITE DES EMPEREURS ROMAINS.

Pupien-us et Balbin-us.	quam PUPugerant dùm PIANtes essent in BALBINam	
Gordian-us.	GURDIANam ;	(gurdonicam)
Philipp-us.	ut PHILetæria foret nata, HIPpi	(ἵππος)
Dec-ius.	DESidiam monuit pater ;	(rad. desum)
Gallus et Volusia-n-us.	GALlando in VOLUTantem SCIENter,	
Valerian-us.	nedùm VALERet, quùm RIDENs fuisset nata.	(ridens = riens)

LITTÉRAL.

Dùm camerariæ piantes essent in balbinam gurdianam quam pupugerant : Tandis que les jeunes filles se montraient compatissantes envers la vieille débitant des grossièretés, qu'elles avaient pourchassée.

Pater monuit desidiam hippi, ut nata philetæria foret : Jupiter prend la forme d'un cheval paresseux, afin que la jeune fille vienne traiter amicalement cet animal.

Quùm nata ridens fuisset in volutantem scienter gallando nedùm valeret : Puisque la jeune fille s'était moqué de lui se vautrant par supercherie, avec fureur, dans la boue, bien loin de lui porter secours.

ROIS DES ASSYRIENS, 2261 ANS AVANT JÉSUS-CHRIST.

Bel-us.	cui BELLigeraverant	
Nin-us.	in NÆNiantem	(a = æ, æ = i)
Semiram-is.	SEMIRutam dùm REMISsæ essent ;	
Ninni-us.	NINNIum,	
Ari-us.	ut ARRIderet nata,	
Aral-ius.	AREALem monuit pater ;	

Xerc-es.	Ξερς-ος (1)	
Armamithras.	quùm ARMare monuisset, nedùm MITisforet in THRAsonem.	
Baloch-us.	BALantem LOGos.	

(1) *Xerces,* de Ξερς-ος, *desertus,* délaissé ; mot entièrement grec, qui n'a pas son synonyme consonnant en latin.

LITTÉRAL.

Dùm camerariæ remissæessent in næniantem semirutam cui belligeraverant : Tandis que les suivantes se montraient compatissantes envers la chanteuse à moitié morte, qu'elles avaient pourchassée.

Pater monuit ninnium arealem ut nata arrideret : Jupiter prend la forme d'un mauvais cheval dont on se sert pour battre à la grange, afin que la jeune fille se montre propice envers cet animal.

Quùm nata monuisset armare (Ξερςός) nedùm mitis foret in thrasonem balantem logos : Puisque la jeune fille avait repoussé lui abandonné, bien loin de se montrer favorable envers ce fanfaron qui débitait des absurdités.

GÉNÉALOGIE DE JÉSUS-CHRIST, SELON ST. MATHIEU, CHAPITRE 1er.

Les généalogies tirées de l'Histoire sacrée des Hébreux, composée à une autre époque, ne ressemblent en rien, par le choix des expressions et la combinaison des mots, à celles que nous venons d'expliquer, et paraissent sortir de la même main. St. Mathieu est le seul qui ait conservé dans son thème la division vraie de la légende, car chaque verset contient exactement un membre de phrase entier de cette dernière.

Abrhâm.	(1)	quam APPREMere monuerant	(ad.-premo)
Isâc.	(2)	dùm ISAGogæ essent	
Jacob.	(3)	CÆCUBam	(J = C et S)
Jud-as.	(4)	in SUDantem camerariæ;	(J = C et S)

Phares et Zar-a.	VARATionem, ut SARciret
Esurum (Esrum).	ESURUM nata,
Ara.	ARAtoris bovis monuit pater.

Aminadab.	nedùm ADMINicularet in NATABulô	(adm = amm)
Nâssun.	NASutum, quùm SUNare monuisset	
Salmon.	SALMONem nata.	

(1) *Appremere* ou *apprimere*, qu'on prononça *aprum*; em = am.

(2) *Isagoge*, introduction, est pris dans le même sens que *intrariæ*, *intimæ*, entrer dans, s'insinuer; être intime, témoigner de l'amitié à quelqu'un (rad. εἰς, dans, ἄγω, conduire.

(3) Jacob ou Cæcub; *Cæcubum*, Cécube, ville de la Campanie, célèbre par ses vins; d'où l'adjectif *cæcubus*, *a*, *um*; *Cæcuba generosa*, le vin généreux de Cécube; en général, bon vin.

(4) *Sudo*, même sens que *madeo*.

LITTÉRAL.

Dùm camerariæ isagogæ essent in sudantem cæcubam quam monuerant appremere : Tandis que les suivantes témoignaient de l'amitié à la femme (trempée par le bon vin) ivre, qu'elles avaient tourmentée.

Pater monuit varationem aratoris bovis ut nata sarciret esurum : Jupiter prend la forme d'un bœuf de charrue fourbu, afin que la jeune fille vienne gorger de nourriture cet animal affamé.

Quùm nata monuisset sanare nedùm amminicularet nasutum salmonem in natabulô : Puisque la jeune fille avait frappé, bien loin de secourir lui avisé, semblable à un poisson de mer (saumon), nageant dans une marre d'eau.

Booz.	BAUCidem
Obes.	dùm OBESarent
Jescé.	quam JECErant
David.	DAVam VIDentem camerariæ.

| Salomon ex uri-œ. | SALUM, ut MUNiret nata, URI monuit pater; |

Roboam.	nedùm ROBoraret BOAM nata,
Abi-as.	quùm ABIvisset
Ass-a.	ASSante.

LITTÉRAL.

Dùm camerariæ obesarent baucidem davam videntem quam monuerant jacere : Tandis que les suivantes engraissaient la vieille femme débitant de fausses prophéties, qu'elles s'étaient avisées de pourchasser.

Pater monuit salum uri ut nata muniret : Jupiter invente la plaisanterie d'un bœuf, afin que la jeune fille vienne fortifier cet animal abandonné.

Quùm nata abivisset assante, nedùm roboraret boam : Puisque la jeune fille s'était éloignée de ce criailleur, bien loin de reconforter lui semblable à un serpent de mer.

Josaphat.	quam SAUCiaverant dùm SAVes essent FATuantem	(savis = suavis)
Joram.	JURAMenta	
Oscias.	in OSCItantem camerariæ	

Joatham.	ut JUVaret nata, VATINium
Achaz.	AGAZonem
Ezechi-as.	ASSEQui monuit pater;

Manasses.	in MANATione CESsantem	
Ammon.	nedùm ADMUNiret	(adm = amm)
Sosi-as.	quùm SAUCIASset nata.	

LITTÉRAL.

Dùm camerariæ saves essent fatuantem juramenta in oscitantem quam sauciaverant : Tandis que les suivantes se montraient favorables envers la femme affamée, débitant à tort et à travers des plaidoyers, qu'elles avaient blessée.

Pater monuit assequi agazonem vatinium ut nata juvaret : Jupiter s'avise de prendre la forme d'une bête de charroi fourbue, afin que la jeune fille vienne la secourir.

Quùm nata sauciasset cessantem in manatione, nedùm ammuniret : Puisque la jeune fille avait blessé lui étendu au milieu de l'eau, bien loin de le secourir avec abondance.

Jecon-ias.	dùm SECUNdarent	
Salathiel.	SALè LAScivam SIALoquentem	
Sorobabel.	quam SURRUPerant BABÆCALam	(bæcal = bæl)

Abiud.	APIDis	(id = iud)
Eliassim.	ALLEGATionem SIMulare,	(allegat = alleas)
Azor.	ASSURà monuit pater	

Sadoc.	nedùm SATiaret DOCtum	(c = s)
Achim.	in AQUImanariô nata,	
Eliud.	quùm ELIDere monuisset.	(id = iud)

LITTÉRAL.

Dùm camerariæ secundarent babæcalam sialoquentem lascivam salè quam surruperant : Tandis que les suivantes secouraient la folle bègue et crachant en débitant des plaisanteries, qu'elles avaient tourmentée cruellement.

Pater monuit simulare allegationem apidis, assurà : Jupiter s'avise, pour excuse, de prendre la forme d'un bœuf (du bœuf Apis) afin de se faire nourrir.

Quùm nata monuisset elidere, nedùm satiaret doctum in aquimanariô : Puisque la jeune fille avait frappé cruellement lui dans un réservoir d'eau, bien loin de rassasier cet homme avisé.

Eleasar.	ALLIGATam dùm SARcirent	(alligatio = alliatio, suppr. du g)
Mathan.	MADENtem	
Jacob.	CÆCUBA camerariæ;	

Joachin (père de Ma-rie).	ut JUVaret VAGANtem nata,	
Ann-a (mère de Ma-rie).	HINni	(hin = han)
Gabriel (ange).	CABalli RIVALitatem monuit pater;	(rival = rial)

Joseph-us.	quùm SAUCiasset nedùm SEVaret	(J = s et c)
Mari-a.	in MARI	
Jes-us, Chrest-us. (1)	CESsantem CHRESTologum nata.	(J = C et s)

(1) *Voyez Chrestus*, *Dict. de Noël*.

LITTÉRAL.

Dùm camerariæ sarcirent alligatam madentem cæcubâ : Tandis que les suivantes réparaient les forces de la femme ivre qu'elles avaient liée.

Pater monuit rivalitatem hinni caballi, ut juvaret vagantem nata : Jupiter prend la forme d'un âne chétif, afin que la jeune fille vienne porter secours à cet animal abandonné.

etc.

»

»

»

GÉNÉALOGIE DE JÉSUS-CHRIST, SELON ST. LUC, CHAPITRE 3.

Cet évangéliste, moins scrupuleux que le précédent, a d'abord empiété sur les versets, et loin de suivre la marche régulière des phrases, les a entremêlées de telle manière, qu'il serait nécessaire, afin de régulariser son travail, de remettre en ordre la fin entière de son tableau.

Ad-am.	(1)	in quam ATœ fuerant	
Seth.		dùm SEDarent	
Henos.		INNOCentià	(in = en)
Cain-an.		GANNientem camerariæ;	(ganni = gaïn)

Malaleel.	(2)	MALum LALlisionis, ut ALEre	
Jared.		HIARET nata,	
Henoc.		INNOCantis monuit pater.	

Mathusale.		MADUSum SALÈ	
Lamech.		LIMantem quùm MACTare monnisset	(lim = lam)
Noé.	(3)	nedùm NAVAret ad eum nata.	(rad. navis)

(1) *Adam*. Ce nom, dont l'étymologie est *ad-a* ou *ata*, est mis ici à l'accusatif, parce que les auteurs de la légende sacrée des Hébreux ont eu besoin de cette consonnance dans leur travail; ils ont rendu cette expression ata (ἄτη, dommage), déesse du mal des anciens, qui signifie ici *méchante*, par les synonymes suivants: ADHAMare; ADEMere, tromper, tourmenter, enlever de force, tirer; quùm ademere monuerant dùm sedarent, ce qui rend effectivement le même sens.

(2) *Lallisto*, âne, dont le radical est *lalax*, braillard, qui brait; *malaleel*; la finale de ce nom provient de l'inversion de l'*l* finale. Cette lettre, qui se prend souvent pour l'*r* chez les anciens, suit la même règle que cette dernière; toutes les finales en *ëel* des noms hébreux sont ainsi formées.

(3) *Noé*, de *navare*, soigner, qu'on prononça NAUAre, puis *nouæ* ou *noé*.

Dùm camerariæ sedarent innocentiâ gannientem in quam atræ fuerant : Tandis que les suivantes apaisaient avec désintéressement la vieille débauchée, envers laquelle elles s'étaient montrées si cruelles.

Pater monuit malum lalliosionis innocentis ut nata hiaret alere : Jupiter prend par malice la forme d'un âne de labour, afin que la jeune fille désire vivement nourrir cet animal.

Quùm nata monuisset mactare madusum limantem salé, nedùm navaret ad eum : Puisque la jeune fille avait frappé cruellement lui sous la forme d'un homme ivre se souillant dans la boue, bien loin de lui prodiguer ses soins.

Sem (Semou). (1)	quam SEMOVerant	
Arphaxad.	ARFACtam dùm SATiarent	(c = s)
Caïnan.	GANNIENtem camerariæ.	
Sale.	SALÉ,	
Eber.	ut APERta foret nata,	(rad. aperio) (a = æ)

Phaleg. (2)	PHALaris LEGit	
Ragaü.	RACha GAUSapam ;	
Sarug.	in CARROConem	(s = c)
Nachor (nachorou).	NACa quùm CORuisset,	(cc = ch)
Tharé.	nedùm DARE moneret.	

(1) Sem ou Semou. Les anciens retranchaient souvent dans la prononciation la diphthongue sourde ou, o.

(2) Phalaris, tyran d'Agrigente, fut enfermé par ses sujets dans le même taureau d'airain que Périllus lui avait fabriqué.

LITTÉRAL.

Dùm camerariæ satiarent arfactam gannientem quam semoverant : Tandis que les suivantes gorgeaient de nourriture la vieille bacchante maigre (affamée) qu'elles avaient pourchassée.

Racha legit salé gausapam phalaris, ut nata aperta foret : Jupiter, par folie, choisit plaisamment l'habillement velu de Phalaris (d'un bœuf), afin que la jeune fille se montre sincère envers cet animal.

Quùm nacha corruisset in carroconem nedùm moneret dare : Puisque la méchante s'était précipitée sur lui semblable à un poisson de mer, bien loin de le combler de ses bienfaits.

Abraham.
Isaâc.
Jacob, etc. (*La suite comme dans St. Mathieu*).

NOMS DES DOUZE APOTRES, selon St. Luc, chapitre 6, et St. Mathieu, chapitre 10.

(Ce thème est de la même facture que les précédents).

Simon, Petr-us. (1)	in SIMONem PETRæiam ,
Andre-as.	INTRAriæ ,
Jacob-us, Zebede-us.	CÆCUBô SEPultam (2), quam PETEre monuerant,
Joan-nes.	dùm JUVANtes essent
Philip-pus. (3)	ut PHILetæria foret nata, HIPpi (ἵππος)
Bartholoum-æus.	PARTULUM (rad. partum)

(1) Simon, qui dicitur Petrus ; Simon, vieillard de comédie qu'on représentait camus.
Petr-us, Petreia, nom d'une femme qui précédait les autres dans les cérémonies publiques, et qui contrefaisait l'ivrognesse. (*Ant. rom*).
(2) *Sepultam*, de sepelio, rad. *sepio*.
(3) Philippus, mot tiré du grec, de φιλέω et ἵππος, ami du cheval.

Thom-as.	THOMicis
Matthæ-us, publican -us.	MATÆus PUBLICANus fuit ;
Jacob-us, Alphe-us.	CÆCUBum nedùm ALLEVaret nata ,
Simon, Chanan-æus, Zelotes.	sicuti in SIMONem CANENtem, in quam ZELOTES fuerant,
Thadæ-us, Jud-as Jacobi	TATÆ erant SUDantem CÆCUBum camerariæ,
Jud-as, iscariot-es, proditor.	SUDantem quùm ICere CARYOTam monuisset PRODITrix. (4)

(4) *Caryota*, dattes, surnom qu'un capitaine romain dut au trafic honteux qu'il faisait de ces sortes de dattes, et qu'on ne peut traduire ici que par le mot débauché, suborneur, etc.

LITTÉRAL.

Dùm intrariæ juvantes essent in simonem petreiam, sepultam cæcubô quam monuerant petere : Tandis que les suivantes, telles que de bonnes amies, secouraient la bacchante camuse gorgée du vin de Cécube, qu'elles avaient assaillie.

Pater mathæus publicandus fuit partulum hippi thomicis ut nata foret philetæria : Jupiter, par folie, s'avise de se donner en spectacle sous la forme d'un cheval de traits, afin que la jeune fille vienne lui témoigner de l'amitié.

Quùm nata proditrix monuisset icere caryotam sudantem cæcubam, nedùm allevaret eum sicuti camerariæ tatæ erant in simonem canentem sudantem cæcubam in quam fuerant zelotes : Puisque la jeune fille traîtresse avait frappé lui suborneur contrefaisant l'ivrogne (imbibé du vin de Cécube), bien loin de le soulager de la même manière que les femmes de chambres, pareilles à des mères nourricières, soulageaient la bacchante camuse qui s'en allait chantant, gorgée du vin de Cécube, envers laquelle elles s'étaient montrées méchantes (jalouses).

TABLEAU CHRONOLOGIQUE DES PAPES OU PONTIFS. (1)

(St. Pierre et St. Paul, placés en tête du tableau, ne font pas partie de cette légende. *Voir le Dict. de Moreri*, art. Rome).

Nous voici arrivés au temps de la révélation ou changement général des noms des pays, des cités et des familles du globe. Ce travail immense exigea, pour être mené à fin, un long espace de temps, qu'on peut circonscrire entre le règne du premier pape St. Lin, et celui des papes Grégoire et Sabinien, vers l'an 590 de notre ère. A partir de cette dernière époque, la légende qui jusque-là avait marché régulièrement, ne se complète plus qu'au moyen d'une foule de mêmes noms doublés et redoublés, et se traîne péniblement jusqu'à la nomination de Zacharie ; depuis elle ne se révèle que par quelques lambeaux de phrases décousus, et disparaît au règne de la papesse Jeanne, les noms de presque tous les autres papes n'offrant alors qu'une doublure ou copie sans suite de ceux de leurs prédécesseurs.

(1) Pontif, Pontifex, de PONDus DIVum ; autorité divine, et non pas faiseur de ponts.

St. Lin.		LINis
Anaclet.	(1)	quam ANA-CLATHrare monuerant,
Clément.		dùm CLEMENTes essent
Evarist.	(2)	in EF-ARISTam camerariæ ;
Alexandre.		nedùm ALESCeret, quùm SCINDERe monuisset
Sixt-e.		SISTentantem (rad. sisto)
Telesphore.	(3)	THALASsuegum SPHURam ;
Hygin.	(4)	ut HYGINa foret nata, (hygæa)
Pica (Pie).	(5)	PICAti
Anicet.		HINNI SETam monuit pater. (hin = an)

(1) Anaclet, ἀγκά, préposition qui marque le redoublement, et *clathure*, griller, fermer de treillis, etc. ; radical κλῆθρος, clôture.
(2) *Evarista*, de *ef* (εφ), privatif, et *arista*, blé, nourriture, affamé ; comme *ef-fæcatus*, de *ef* (εφ) *fæcatus*, privé de souillure, pur.
(3) *Telesphore* ; *sphore*, de Σφυρα, poisson de mer.
(4) Hygin, *Hygina* ou *Hygæa*, déesse de la santé (ὑγιής).
(5) *Pica*, de *picatus* (pix), enduit de poix. Ce mot est pris dans le même sens que *viscum*, qui s'attache à quelqu'un, fâcheux, parasite, etc. ; *pie*, par la suppression du c, PICAti.

LITTÉRAL.

Dùm camerariæ clementes essent in effaristam quam monuerant ana-clathrare linis : Tandis que les suivantes se montraient compatissantes envers la vieille affamée qu'elles avaient enveloppée comme avec un filet.

Quùm nata monuisset scindere nedùm alesceret thalassuegum sistentantem sphuram : Puisque la jeune fille avait frappé, bien loin de le secourir, lui tel qu'un matelot simulant avec ostentation le jeu d'un poisson de mer.

Pater monuit setam hinni picati ut nata hygina foret : Jupiter prend la peau d'un âne parasite, afin que la jeune fille vienne redonner de la santé à cet animal.

Soter.	dùm SOTERes essent camerariæ
Eleuther.	in quam ELUDERe monuerant ;
Victor.	FICTionem TAURi monuit pater,
Zephirin.	ut ZEPHIRINa foret nata ; (1)
Calista.	CALantem quùm LICITari monuisset
Urbain.	nedùm URBANa foret nata.

(1) *Zephirus*, ou *favonius*, rad. *favere*.

LITTÉRAL.

Dùm camerariæ soteres essent in quam monuerant eludere : Tandis que les suivantes se montraient compatissantes envers celle qu'elles avaient trompée.

Pater monuit fictionem tauri, ut nata zephirina foret : Jupiter prend la fiction d'un bœuf, afin que la jeune fille se montre favorable envers cet animal.

Quùm nata monuisset licitari, nedùm urbana foret in calantem : Puisque la jeune fille avait chassé ce demandeur importun, bien loin de se montrer affectueuse envers cet homme.

Pontien.	quam PUNXerant SCIENtem	
Enterre.	dùm INDERE monerent camerariæ ;	
Favien.	ut FAVENS foret nata,	(favitor)
Corneli-us.	CORNigeri NEGLIgentis	(negli = neli, supp. du *g*)
Luci-us.	LUSIonem monuit pater ;	
Etienne. (1)	nedùm ATTINEret	(a = æ)
Sixte 2e.	SISTtentantem	
Denis. (2)	DENatantem NISù	
Félix. (3)	quùm FELISset nata.	

(1) Etienne, traduction en français de *stephanus* ; Στεφανη, de Στεφω, couronner, au figuré, emplir jusqu'aux bords, gorger de nourriture. *Attineo* rend le même sens ; de *ad* et *tenere*, défendre, conserver, soutenir de toutes ses forces ; ce mot a suivi la même prononciation que son synonyme français, qu'elle *tienne*.

(2) Denis, autre traduction en français du mot *dyonisius*, de θυω, d'où *thyoneus* et *nisù*, courir en furieux, nager comme un furieux.

(3) Félix, contraction du plusque-parfait subjonctif, de *fallo*, *fefelli* ; *felisset* pour *fefelisset*.

LITTÉRAL.

Dùm camerariæ monerent indere scientem quam punxerant : Tandis que les suivantes comblaient de secours la prophétesse qu'elles s'étaient avisées de tourmenter.

Pater monuit lusionem cornigeri negligentis ut nata favens foret : Jupiter invente la plaisanterie d'un bœuf ruiné, afin que la jeune fille se montre favorable envers cet animal.

Quùm nata fefelisset denatantem nisù, nedùm attineret sistentantem : Puisque la jeune fille avait trompé dans son attente lui nageant comme un furieux, bien loin de venir secourir ce fanfaron.

Euthichien.	dùm UTerentur DICace SCIENter	
Caï-us.	quam CAIre monerant ;	
Marcelin.	MARcidi CELAMen,	(lam = lem.)
Marcel.	MARcidum CELetem	
Eusèbe.	HEUS ! ut SEBaret	
Melchiade. (1)	MEL-CHILIADes,	
Sylvestre.	CILLi VESTIRe monuit pater ;	(inversion de l'*r*)
Marcus.	in MARCulentum	
Julien. (2)	JULIDEM	
Liber.	nedùm LIBERalis foret	
Félix 2e.	quùm FELISset	
Damas. (3)	DAMAScenum nata.	

(1) *Melchiliades*, mille fois plus doux que le miel, terme de tendresse semblable à *melculum*; *chiliad*, qu'on prononce *chiad*, en mouillant l'*i*.

(2) *Julidem*, sorte de poisson, qu'on prononce *jullen*, par l'élision du *d*.

(3) *Damascenum*, de *Damas*, ville renommée par la licence de ses habitants.

LITTÉRAL.

Dùm camerariæ uterentur de dicace scienter quam monerant caiare : Tandis que les suivantes traitaient généreusement la femme débitant des prophéties, qu'elles avaient tourmentée.

Pater monuit vestire celamen cilli marcidi, ut melchiliades nata sebaret, heus ! celetem marcidum : Jupiter se couvre du déguisement d'un âne languissant, afin que la jeune fille vienne, hélas ! gorger de nourriture ce mauvais animal malade, qu'elle traitera avec la plus grande douceur.

Quùm nata fefelisset Damascenum, nedùm liberalis foret in julidem marculentum : Puisque la jeune fille avait trompé lui licencieux, bien loin de se montrer libérale envers cet homme malade se tenant dans l'eau comme un poisson.

Sirice.	quam CIRe RISoris monerant
Anastaze.	ad ANASTASem
Innocent.	dùm INNOCENTes essent ;
Zozime.	SAUCii SIMilitudinem,
Boniface.	ut BONIFACEret nata,
Célestin.	CELetis ASTENià monuit pater ;
Sixte 3e.	SISTentantem
Léon. (1)	in LACUNà
Hilaire.	nedùm HILARaret
Simplici-us.	SIMPLICIter nata,
Félix 3e.	quùm FELISset
Gelase.	GELASsimum.

(1) Léon, de *lacun-a*, qu'on prononce *læun*, par la suppression du *c*. (Rad. *lego*; aqui-*legium*).

LITTÉRAL.

Dùm camerariæ innocentes essent ad anastasem risoris quam cire monerant : Tandis que les suivantes se montraient désintéressées, afin de faire revivre la bouffonne qu'elles avaient pourchassée.

Pater monuit similitudinem celetis saucii astenià ut nata bonifaceret : Jupiter prend la ressemblance d'un cheval de selle malade de consomption, afin que la jeune fille se montre bonne envers cet animal.

Quùm nata felisset gelasimum, nedùm hilararet simpliciter sistentantem in lacunà : Puisque la jeune fille avait trompé lui sous la forme d'un bouffon, bien loin de porter franchement de la consolation à ce fanfaron gesticulant au milieu d'une marre d'eau.

Anastaze 2e.	ad ANASTASem	
Symmac.	dùm CIBarent quam MACtare monerant ;	
Hormisdas.	ORMISi in STATutum	(ορμίς, port) (t = s)
Jean (Joannes).	nedùm JUVANs foret,	
Félix 4e.	quùm FELISset nata ;	
Boniface 2e.	ut BONIFACEret,	
Jean-Mercure.	ut JUVANs foret in MERcalem CURrum	
Agapet.	A-CAPETô nata,	
Sylvère.	CILLi VARationem monuit pater.	

LITTÉRAL.

Dùm camerariæ cibarent ad anastasem quam monerant mactare : Tandis que les suivantes nourrissaient, afin de la faire revivre, celle qu'elles avaient tourmentée cruellement.

Quùm nata felisset, nedùm juvans foret in statutum in ormisi : Puisque la jeune fille avait trompé, bien loin de secourir, lui arrêté au milieu d'un port (amas d'eau).

Pater monuit varationem cilli, ut nata bonifaceret, ut nata juvans foret à-capetô in currum mercalem : Jupiter prend la forme d'un âne fourbu, afin que la jeune fille se montrant bonne, vienne secourir avec de la nourriture cet animal de foire (propre à être vendu).

ÉPOQUE DU DÉCLIN DE LA LÉGENDE.

Vigile.	VIGILantes,
Pelage.	PELLACià,
Jean-Catellin.	dùm JUVANtes essent in quam CATELià LINere monerant.
Benoît-Bonose.	BENEDICTionibùs, BONUSculis camerariæ ;
Pelage 2e.	PELLACià
Gregorius (Grégoire).	GREGis CORIum monuit pater,
Sabinien.	ut SEBaret HINNIENtem,
Boniface 3e.	ut BONIFACEret,
Boniface 4e.	ut BONIFACEret,
Deô-dat-us (Dieu donné).	ut DEVOTATa foret,
Boniface 5e.	ut BONIFACEret,
Honorius.	ut HONORIficaret nata ;
Severin.	quùm SEVERa fuisset in RINgentem
Jean 4e.	nedùm JUVANs foret
Théodore.	DEVOTORium nata.

LITTÉRAL.

Dùm camerariæ vigilantes juvantes essent benedictionibùs, bonusculis, in quam monerant linere catellà, pellacià : Tandis que les suivantes, avec constance, accablaient de dons et de petits présents celle qu'elles avaient liée avec une écharpe par supercherie.

Pellacià, pater monuit corium gregis, ut nata sebaret, bonifaceret, devotata foret, honorificaret; hinnientem : Par supercherie, Jupiter prend la forme d'une bête de somme, afin que la jeune fille engraisse, avec bonté, dévouement et religieusement, cet âne.

Quùm nata severa fuisset in ringentem, nedùm juvans foret in devotorium : Puisque la jeune fille avait frappé lui crevant de dépit, bien loin de secourir cet homme sale, protestant de son dévouement envers elle.

Martin.	in MARcidam quam RETINuerant
Eugène.	dùm EUGENiæ essent camerariæ ;
Vitallien.	in VITELLIANum
Deô-dat-us (Dieu donné 2e).	nedùm DEVOTATa fuisset
Domne.	quùm DOMNare monuisset ;
Agathon.	AGATHa TONantem
Léon 2e.	in LACUNà
Benoît 2e.	BENEDICTionibùs
Jean 5e.	nedùm JUVANs foret,
Conon. (1)	in CAUNUM
Serje.	quùm SERIa fuisset ;
Jean 6e.	ut JUVANs foret,
Jean 7e.	ut JUVANs foret,
Sissinni-us.	SCISsum HINNientem monuit pater.
Constantin.	ut CONSTANTer TENeret nata,
Grégori-us 2e.	GREGis CORIum
Gregori-us 3e.	Id.
Zacharie.	SACCARIi pater monuit.

(1) *Caunum*, *Caune*, ville renommée par la licence de ses habitants.

LITTÉRAL.

Dùm camerariæ eugeniæ essent in marcidam quam retinuerant : Tandis que les suivantes se montraient affables envers la femme malade qu'elles avaient liée.

Quùm nata monuisset domnare, nedùm devota foret in vitellianum : Puisque la jeune fille avait repoussé, bien loin de secourir se sottiser.

Quùm nata agatha nedùm juvans foret benedictionibus in tonantem in lacunà, quùm seria fuisset in caunum : Puisque la jeune fille, bien loin de combler secourablement de bienfaits lui criaillant dans une marre d'eau, s'était montrée sévère à l'égard de cet homme licencieux.

Pater monuit hinnientem scissum, ut nata juvans foret : Jupiter se couvre de la peau d'un âne, afin que la jeune fille vienne secourir cet animal ; -- Pater monuit corium gregis saccarii, ut nata teneret constanter : Jupiter prend la peau d'une bête de somme, afin que la jeune fille vienne soigner avec constance ce porteur de sacs.

(*Depuis le règne de Zacharie, en 741, la légende commencée n'a pu se compléter, et elle s'éteint au règne de la papesse Jeanne, en 854*).

LES QUATRE ÉVANGÉLISTES (1) ET LES EMBLÈMES QUI LES ACCOMPAGNENT.

Marc-us,	Leo.	printems.	quam MARCuerant dùm LErent camerariæ;
Matthæ-us,	Vir.	été.	MATÆUS, ut VIReret nata,
Luc-a,	Bos.	automne.	LUCtum BOVIS monuit; (rad. lugeo)
Joannes-Baptista.		hiver.	nedùm JUVANs foret, BAPTisante quùm DISTAre
Aquila.			monuisset in AQUILegiô nata.

LITTÉRAL.

Dùm camerariæ lerent quam marcuerant : Tandis que les suivantes gorgeaient de nourriture la femme qu'elles avaient tourmentée.

Pater mathæus monuit luctum bovis ut nata vireret : Jupiter par plaisanterie prend la forme d'un bœuf languissant, afin que la jeune fille vienne redonner des forces à cet animal.

Quùm nata distare monuisset baptisante in aquilegiô, nedùm juvans foret Puisque la jeune fille s'était éloignée de lui se trempant dans l'eau d'un évier, bien loin de le secourir.

(1) Evangelist-æ, de *evan-angellis statuti*; placés aux coins des vents principaux (les quatre points cardinaux). *Evans*, de Ευανς, bon vent.

UNE LÉGENDE DU CALENDRIER CHRÉTIEN, SELON LE BREF DES PRÊTRES.

Au 1er février jusqu'au 10 du même mois.

Ignace.	quam INJACere monuerant (INJACere)
Blaise.	in BLÆSiam
André.	INTRAriæ
Jeanne (Joan-na).	dùm JUVANtes essent camerariæ;
Agathe.	ut AGATHa foret nata,
Dorothée.	TOREUTA (a = æ)
Romualde.	RUMinantis VALDè usus fuit pater;
Jean.	nedùm JUVANs foret,
Apolline.	quùm APOLogasset LINtrarium (rad. linum)
Scholastique.	SCHOLASTICum nata.

LITTÉRAL.

Dùm camerariæ intrariæ juvantes essent in blæsam quam monuerant injacere : Tandis que les suivantes, comme des amies intimes, portaient secours à la vieille bègue qu'elles avaient tourmentée.

Pater ususfuit valdè toreutâ ruminantis, ut nata agatha foret : Jupiter prend la tournure exacte d'un bœuf, afin que la jeune fille se montre bonne envers cet animal.

Nedùm juvans foret, quùm nata apologasset linterium scholasticum : Puisque la jeune fille, bien loin de lui porter secours, s'était raillée de lui sous la forme d'un matelot bavard.

Les chrétiens, à l'exemple des payens, ont trouvé dans la similitude phonétique des noms de quelques saints du calendrier avec ceux désignant tel ou tel métier, corps d'état, etc., la vénération particulière attachée à chacun d'eux; je ne puis donner ici pour preuve la traduction entière de toutes les légendes qui constituent cette hiérarchie, je me bornerai donc à en indiquer la source naturelle.

St. Eloy, patron des forgerons; ELUEre, briller; le même que Vulcain, *fulgere*; reluire (feu).

Ste. Barbe, patronne des femmes mariées; BARBam plenam habere, être dans la force de l'âge.

Ste. Catherine, patronne des jeunes filles; de *quadro*, *quadrans*, qu'on prononça *quatrain*, *quatrine*, qui commence à se former; (*quadrans corpus*, corps bien proportionné; *catlastra*).

St. Hubert, patron des chasseurs; de *oberrure*, rôder, aller de tous côtés, errer.

Ste. Cécile, patronne des musiciens; du prétérit de *cano*, chanter; CECini et SILlos, vers.

St. Crépin, patron des cordonniers; de *crepida*, chaussure grossière.

St. Vernier, patron des vignerons; *vernare*, changer de couleur, allusion faite à la variation du raisin.

St. Tom-Bom, patron des tailleurs, *tomicis bombicyna*; habits de soie ou de toile. On prononce et on écrit à tort ce mot : St. Hommebon.

St. Roch préside à la gale; *rugosus*, raboteux, rugueux.

St. Michel, patron des boulangers; du mot *miche*, pain.

Les 4 Couronnés, patron des ouvriers en bâtiments; de *quatere* (quater), secouer, ébranler, frapper, etc.; allusion faite aux mouvements violents, nécessaires à ces sortes d'états.

Ste. Anne, patronne des menuisiers; *hinnire*, hennir; comparaison faite entre le bruit que fait un rabot et le hennissement d'un mulet.

SS. Jean Gulphe et Marcou président aux écrouelles; le premier, de *colaphus*, soufflet sur la joue, allusion à la marque rouge laissée sur les joues par cette maladie; et le second, à cause de la similitude phonétique de *marcou* avec marque au cou, etc.

TABLEAU DYNASTIQUE DES INCAS OU ROIS PÉRUVIENS.

(AMÉRIQUE MÉRIDIONALE).

(*Voir le Dict. de Moreri*, art. Pérou).

Les prêtres péruviens possédaient à peu près les mêmes connaissances théogoniques et architecturales connues des anciens Égyptiens; leur tableau dynastique ci-contre, présentant, par sa facture et le choix des expressions latines, le même type de composition qui a présidé à ceux des premiers rois qui régnèrent sur l'Asie, ferait croire à une relation établie, dans les temps reculés, entre les peuples des deux continents.

Manco-Capac.	MANGOnem CAPACem (rad. mango)
Siuchi-Rocha.	quam CINXi monuerant ROGatricem
Loc-Jubanqui.	LOQuacitate dùm JUVarent PINGUIter camerariæ;
Mayta-Capac.	quam MACTAre monuerant CAPACem,
Capac-Jubanqui.	CAPACem dùm JUVarent PINGUIter
Incas-Rocha.	INCASsam ROGatricem camerariæ;
Javac-Ouaccach.	IAVit VACcæ, VACcæ CAChecticæ,
Viracoca. (1)	ut VIRAGo OCCAtorem
Pacha-Cutec.	PACAret, sub CUTem TEGere pater;
Incas-Jubanqui.	INCASsam quemadmodùm JUVarent PINGUIter
Ounay-Capac.	quam VANAre monuerant CAPACem camerariæ,
Youbac-Jubanqui.	SUBACtorem nedùm JUVaret PINGUIter nata,
Atavalpa. (2)	quùm ATABula fuisset in PALPAtorem
Ouascar (frère d'Atavalpa).	VADantem SCARum.

Nota. Les rois de ce pays portaient le nom d'Incas-Capac; *in-cassidis capax*, faits pour commander aux armées.

(1) L'Inca Viracoca était blanc.

(2) Atabalpa, de *atabus*, mot composé de ατη, dommage, et βάλλω, lancer, faire du mal.

LITTÉRAL.

Dùm camerariæ juvarent pinguiter mangonem capacem, rogatricem loquacitate quam cinxi monuerant : Tandis que les suivantes secourables engrais-

TABLEAU CHRONOLOGIQUE DES 22 FAMILLES IMPÉRIALES DES CHINOIS.

(*Voir le Dict. de Moreri*, art. Chine).

Cette légende, commencée depuis les temps les plus éloignés 2207 ans avant J.-Ch.), a été continuée sans interruption jusqu'à nos jours; les prêtres de ce pays croyaient tellement à la durée éternelle de leur monarchie, qu'aujourd'hui même la légende n'est pas terminée, et que huit familles impériales doivent encore s'éteindre avant d'arriver au complément.

Hia.	HIAtantem
Xang.	quam CINGere monuerant
Scheva.	dùm SEVArent
Scina ou Scin.	SCENAlem
Hana.	ANAtem camerariæ;
Heu-Han.	HEU! ad ANum
Scin.	SCENalem
Sum.	SUMmè
Cit.	quam CITaverant
Leam.	dùm LEVAMentum essent camerariæ.
Chine.	GINni
Suy.	SUCCIDUI (succidui = suy, élision de c et d)
Tam.	TAMam monuit pater,
Heu-Leam.	HEU! LEVAMentum
Heu-Tam.	HEU! ad TAMam,
Heu-Scin.	HEU! SCENalem
Heu-Ham.	*id.* ANUM
Heu-Scev.	*id.* SEVArent
Sum.	SUMmè camerariæ,
Hyven.	ut HYPHEN foret nata.
Mim.	MIMum
Sim.	in CYMâ . . . .

Cam-Hi, de la famille nommée Cim, régnait encore en 1704.

LITTÉRAL.

Dùm camerariæ sevarent anatem scenalem hiatantem quam monuerant cin-

saient la gloutonne, étourdissant les passants de ses cris importuns, qu'elles avaient enveloppée avec une écharpe ; -- Dùm camerariæ juvarent pinguiter incassam capacem, rogatricem quam monuerant mactare : Tandis que les suivantes secourables engraissaient cette gloutonne affamée et criailleuse, qu'elles avaient tourmentée cruellement.

Pater iavit tegere sub cuttem vaccæ cachecticæ, ut virago pacaret occatorem : Jupiter forme le désir de se cacher sous la ressemblance d'une génisse d'une constitution maladive, afin que la jeune méchante vienne apaiser cet animal de labour.

Quùm nata atabula fuisset in palpatorem vadentem sicut scarum, nedùm juvaret pinguiter subactorem, quemadmodùm camerariæ juvarent pinguiter incassam capacem quam monuerant vanare : Puisque la jeune fille s'était montrée méchante envers cet homme nageant dans un bas-fond comme un poisson de mer, dans le dessein de lui faire plaisir, bien loin de chercher à le secourir en lui donnant grassement à manger de la même manière que les suivantes secourables engraissaient la vieille gloutonne affamée, qu'elles avaient aussi tourmentée.

gere : Tandis que les suivantes gorgeaient de nourriture la vieille femme bouffonne et affamée, qu'elles avaient enveloppée.

Dùm camerariæ levamentum essent summè, heu ! ad anum scenalem quam citaverant : Tandis que les suivantes soulageaient d'une manière soignée la vieille bouffonne, hélas ! qu'elles avaient pourchassée.

Pater monuit tamam ginni succidii : Jupiter prend la forme d'un âne fourbu ; heu ! ut nata levamentum foret ad tamam, hyphen camerariæ sevarent summé anum scenalem, afin que la jeune fille vienne, hélas ! soulager cet animal fourbu de la même façon que les suivantes soulageaient d'une manière soignée la vieille bouffonne.

(On ne peut traduire les deux noms suivants, qui font partie d'une phrase qui n'est pas encore complétée).

TABLEAUX CHRONOLOGIQUES DES ROIS DE FRANCE,

QUI LES REPRÉSENTENT DANS L'ORDRE OU ILS ONT RÉGNÉ. (*Moreri*, art. FRANCE).

Ces tableaux, écrits d'un style moins pur que celui des Papes, commencent à Pharamond et finissent au règne de Sigebert, en 575; à partir de cette époque, les noms des autres rois sont les doublures des précédents, ou ils ont été pris, sans suivre aucun ordre, dans le calendrier chrétien.

Pharamond.	FARragine dùm REMUNirent
Clodion.	quam CLODere THYONæam
Mérovée.	MEROBIbam monuerant camerariæ; (i = æ)
Childeric.	CILlonem quùm TERere RIGantem monuisset,
Clovis.	nedùm CLUeret VITiantem
Thiery.	THYARum RITù nata; (a = æ)
Clodomir.	CLODUM MIRare
Childebert.	CILlum monuit pater, ut DEPERDitum
Clotaire.	CLODum TACERet nata. (tacere = taire)

LITTÉRAL.

Dùm camerariæ remunirent farrigine merobibam thyonæam quam monuerant claudere : Tandis que les suivantes fortifiaient avec toute sorte de nourriture la vieille bacchante prise de vin, qu'elle avaient étouffée avec une écharpe.

Quùm nata monuisset terere cillonem rigantem, nedùm clueret vitiantem thyarùm ritù : Puisque la jeune fille avait frappé ce libertin se baignant dans l'eau, bien loin de nettoyer cet homme sophistiquant à la manière des bacchantes.

Pater monuit mirare cillum claudum, ut nata taceret claudum deperditum : Jupiter prend la forme d'un âne boiteux, afin que la jeune fille vienne donner des soins à cet animal boiteux abandonné.

2e TABLEAU.

Théodebert.	dùm DEVOTarent in DEPERDitam
Théobalde.	quam DEOBire BALTeô monuerant; (de obire)
Charibert.	nedùm CARa foret in RIPARium (a = æ)
Contram.	quùm CONTREMens fuisset nata;
Chilpéric.	CILli PERICulum monuit pater,
Sigebert.	ut SICcum SEBARet nata. (a = æ)

LITTÉRAL.

Dùm camerariæ devotarent in deperditam quam monuerant deobire balteô : Tandis que les suivantes donnaient des soins continuels à la femme ruinée, qu'elles avaient enveloppée avec une écharpe.

Nedùm nata cara foret in riparium quùm contremens fuisset : Puisque la jeune fille, bien loin de témoigner de l'amitié à cet homme se tenant dans l'eau, l'avait au contraire battu.

Pater monuit periculum cilli ut nata sebaret siccum : Jupiter prend la forme d'un âne, afin que la jeune fille vienne engraisser cet animal exténué de maigreur.

TABLEAUX CHRONOLOGIQUES DES ROIS DE L'ANCIENNE ANGLETERRE (BRITANNIA),

ALORS DIVISÉE EN SEPT PROVINCES. (*Moreri*, art. ANGLETERRE).

Ces tableaux, de la plus grande exactitude, offrent une ressemblance frappante, quant à la coupe, au choix des mots et aux finales des noms, avec ceux des rois de France; ce fait prouve avec évidence l'affiliation sacerdotale dans tous les pays, et fait voir que cette religion universelle ne variait que par des cérémonies plus ou moins barbares, selon le caractère, le génie, ou le degré d'instruction des peuples.

ROIS DE KENT.

Engist.	de INSISTente
Esc.	ESCA
Othe.	dùm UTerentur
Ærmeric.	quam ARMARe RIGidé (a = æ)
Ethelbert.	AT! ALBARià (a = æ) (pour albâ)
Ethbald.	AT! BALTeô monuerant camerariæ;
Ærcombert.	ARGutum COMPARaté (a = æ)
Eoubert.	nedùm UBERaret
Lothaire.	LOTARium nata, (a = æ) (lotor)
Eth ric.	AT! RIGantem
Wirtraid.	VIRTute quùm TRACTare (élision du c)
Eth bert.	AT! PERDitum monuisset;
Eth ilbert.	AT! ALBARium (i = æ) (pour album)
Aleric.	ut ALERet RIGentem nata,
Eth ilbert 2°.	AT! ALBARii (i = æ)
Cutraid.	CUTem TRACTorii,
Baltraid.	PALati TRACTorii,
Eth ælculp.	AT! ALCis CULPabiliter monuit pater. (a = æ)

NOTA. *Il faut remarquer que les noms de ce tableau se ressentent de la prononciation dure des peuples du nord.*

LITTÉRAL.

Dùm camerariæ uterentur de albarià insistente escâ quam, at! monuerant rigidé armare balteô : Tandis que les suivantes traitaient soigneusement cette femme blanchie par l'âge, suffoquée par la boisson, qu'hélas! elles avaient cruellement tourmentée avec une écharpe.

Quùm nata monuisset, at! tractare virtute rigantem perditum, nedùm uberaret comparaté argutum lotarium : Puisque la jeune fille avait, hélas! maltraité fortement lui sous la forme d'un homme abandonné se roulant dans l'eau,

2e TABLEAU. ROIS D'ESTANGLE.

Ouffa.	OFFA,
Titillus (us).	TITILlantes
Ridoal.	RITUALem
Carpbald.	quam CARPere BALTeô monuerant,
Sæbert.	dùm SEBARent; (a = æ)
Ægric.	AGRIColaris
Anne.	HINni
Eth elbert.	AT! ALBARii, (pour albi)
Eth elevared.	AT! ut ALLEVARET
Ædulphe (Adolphe)	ADVOLVentem nata,
Eth voult.	AT! VULTum monuit pater;
Peournas.	PAGURum ad RENAScendum (pagur = pæur, suppr. du g)
Eth clered.	AT! nedùm ALERet nata;
Eth olvert.	AT! ULVARium (rad. ulva)
Eth mond.	AT! nedùm MUNDaret,
Cuthorme.	Quùm CUDere DORMientem
Eric.	ERIGuantem monuisset nata. (rad. rigo)

LITTÉRAL.

Dùm titillantes sebarent offâ ritualem quam monuerant carpere balteô : Tandis que les suivantes cajoleuses nourrissaient grassement la bacchante (qui accompagne les cérémonies, *voyez* petreia), qu'elles avaient liée avec une écharpe.

Pater monuit, at! vultum hinni agricolaris albarii, ut nata allevaret advolventem : Jupiter prend, hélas! la forme d'un âne de labour blanc de vieillesse, afin que la jeune fille vienne soulager cet animal ruiné rampant vers elle.

Quùm nata monuisset cudere eriguantem dormientem : Puisque la jeune

bien loin de venir de la même manière gorger de nourriture ce rusé baigneur.

Pater monuit culpabiliter cutem, at! alcis tractorii albarii, palati, ut nata aleret, at! albarium rigentem : Jupiter prend, hélas! méchamment la forme d'un âne de charroi blanc de vieillesse et abandonné, afin que la jeune fille vienne nourrir cet animal épuisé.

fille avait frappé lui sous la forme d'un fontainier somnolent; -- at! nedùm aleret pagurum ad renascendum, at! nedùm mundaret ulvarium : hélas! bien loin de nourrir, afin de le raviver, cette espèce de poisson de mer (crabe), hélas! bien loin de nettoyer cet habitant des marais.

SUITE CHRONOLOGIQUE DES ROIS D'ÉCOSSE,

DEPUIS FERGUS, QUI VIVAIT VERS L'AN 330 AVANT L'ÈRE CHRÉTIENNE.

Une partie des historiens modernes pense que l'existence de ces premiers princes de l'Ecosse est fabuleuse ; quoiqu'il en soit de cette opinion, il est pourtant certain que ce tableau dynastique qui nous a été laissé par différents auteurs est exact dans sa filiation, et donnerait à penser que si les noms de rois sont apocryphes, leur suite chronologique a été fabriquée par les prêtres du pays possédant parfaitement la connaissance de la légende.

Ferg-us.	FERCults,
Fertaire.	quam VERTERE monuerant
Mane.	MÆNadem ,
Dornadille.	TORNATILem
Reinder.	dùm REDINTEGRarent (suppr. du *d* et du *g*)
Ræthus.	REDUCes ;
Théré.	TEREs totus ,
Josine.	SOCii HINni
Finam.	FINEM monuit pater ,

Evene.	ut EVENiret
Gilles.	CILlum
Eder.	EDERe nata.
Mætallam.	in MATELLAM
Caractag-us.	CARACTere TAGentem
Corbrede.	nedùm CORBitaret PRÆDonem,
Dardan-us.	DARDANaria,
Lucrac-us.	quùm LUGere GRACulum
Magoul.	MACULantem monuisset nata.

LITTÉRAL.

Dùm reduces redintegrarent ferculis, tornatilem, mænanem quam monuerant vertere : Tandis que les suivantes, afin de se réconcilier avec elle, restauraient, en lui donnant à manger, la bacchante revenue du tournoiement qu'elle avait éprouvée, après qu'elles l'eurent fait pirouetter.

Teres totus pater monuit finem hinni saucii, ut nata eveniret edere cillum : Jupiter, sans détour, prend la forme d'un âne malade, afin que la jeune fille vienne nourrir cet animal.

Quùm nata monuisset lugere graculum maculantem, nedùm dardanaria corbitaret prædonem tagentem caractere in matellam : Puisque la jeune fille avait contristé lui tel qu'un poisson se souillant dans la vase, l'avare, bien loin de gorger de nourriture cette espèce de pirate se trempant dans la saleté avec intention.

SUCCESSION CHRONOLOGIQUE DES ROIS DE SUÈDE,

DEPUIS LE RÈGNE D'ÉRIC, QU'ON PRÉTEND AVOIR VÉCU DEUX CENTS ANS APRÈS LE DÉLUGE, L'AN DU MONDE 2045.

(La même remarque faite sur les premiers rois d'Écosse, peut s'appliquer à cet article. *Voir Moreri*, art. SUÈDE).

Eric.	ERIGidà
Ud-o.	dùm UTerentur
Carol-us.	GARRULà
Citv-o.	quam CITAVerant
Judic-es.	JUDICiarias
Odin.	ODas TINniente camerariæ ;
Humble.	HUMILem , (humilis , humble)
Sittuse.	SCITUS ,
Suitager.	SUCCIDui AGRestis , (succid = suid)
Admond.	ut ADMUNiret
Uff-o.	OFFA nata ,
Honding.	INTINCtionem monuit pater ; (rad. in undà tingere)

Regner.	quùm REGNARe monuisset
Odibrod.	ODas THEBanas in PRODentem nata,
Attil. (1)	sicut ATTILus
Outher.	nedùm UTERetur
Hodaric.	ODARiô RIGante
Salingsebang.	quemadmodùm SALem LINGuacem SEBabant PANGentem camerariæ.

(1) Attilus, poisson du Pô , devenant extrêmement gras par le peu de mouvement qu'il se donne; synonyme de *manens* , paresseux , oisif, lent.

LITTÉRAL.

Dùm camerariæ uterentur garrulà erigidà tinniente odas judiciarias quam citaverant : Tandis que les suivantes soignaient la babillarde furieuse, débitant des chansons satyriques , qu'elles avaient pourchassée.

Pater scitus monuit intinctionem humilem agrestis succidui, ut nata admuniret offà : Jupiter avisé prend (la teinture) le déguisement vil d'une bête de labour ruinée, afin que la jeune fille vienne nourrir grassement cet animal.

Quùm nata monuisset regnare in prodentem odas thebanas, nedùm uteretur de odariô rigante sicut attilus, quemadmodùm camerariæ sebabant linguacem pangentem salem : Puisque la jeune fille avait voulu dompter lui débitant des chansons bachiques, bien loin de soigner ce chanteur se roulant dans l'eau comme un poisson , de la même manière que les suivantes nourrissaient la babillarde chantant à tort et à travers des facéties.

SUITE CHRONOLOGIQUE DES PATRIARCHES D'ANTIOCHE.

(La facture de cette légende est la même que celle des Papes).

St. Pierre (Petrus).	in PETReiam camerariæ
Evode. (1)	dùm EF-VOTarent
Ignace.	in quam INJACEre monuerant ; (INIACErc)
Heron.	HERONem
Corneille (Corne-lius).	CORNigeri NEGLIgentis monuit pater ,
Théophile. (2)	ut in DE-OBitum PHILetæria foret nata ;
Maximin.	MACrum in CYMà MANentem
Serabion.	in SERAPiadem quùm BIONina fuisset
Æsclepiade.	ASCLEPiodontonè nedùm PIATrix foret nata.

(1) *Ef-voto* a le même sens que *de-voto* : εφ , *ef*, particule augmentative.
(2) *De-obitus*, *de* , *obitus* , ruine , et *dè* , particule augmentative.

2e TABLEAU.

Philète.	dùm PHILETeriæ essent
Sepen-us.	quam SEPere PENulà monuerant
Babylos.	in PAPULOsam ; (rad. papilla)
Fabi-us.	nedùm FAVItor foret
Demetrien.	in DEMADentem DERIDENtem nata,
Paul.	POLluentem
Domnus.	quùm DOMNare monuisset ;
Timiné.	TIMidi MINAti (1) (a = æ)
Cyrille.	SCURRILitatem monuit pater , (u = i)
Tyrannus.	ut TYRANna
Vitalis.	VITALIS foret.

(2) *Minatus* , bête de somme; rad. *mino* , d'où *minator*, conducteur de bêtes de sommes.

LITTÉRAL.

Dùm camerariæ ef-votarent in petreiam in quam monuerant injacere : Tandis que les suivantes donnaient tous leurs soins à la bacchante sur laquelle elles s'étaient ruées.

Pater monuit heronem cornigeri negligentis, ut nata philetæria foret in deobitum : Jupiter prend la casaque d'un bœuf paresseux, afin que la jeune fille vienne témoigner de l'amitié à cet animal entièrement ruiné.

Quùm nata Bionina fuisset in serapiadem macrum manentem in cymà, ne

Dùm camerariæ phileteriæ essent in papulosam quam monuerant sepere penulà : Tandis que les suivantes traitaient amicalement la vieille au teint bourgeonné (ivrognesse), qu'elles avaient enveloppée avec une cape.

Quùm nata monuisset domnare polluentem, nedùm favitor foret in demadentem deridentem : Puisque la jeune fille avait frappé cruellement lui sous la forme d'un débauché, bien loin de secourir ce railleur se roulant dans l'eau.

dùm piatrix foret asclepiodontonè : Puisque la jeune fille s'était montrée sévère (comme Bion) envers cet homme maigre, tel qu'un poisson étendu au milieu de l'eau, bien loin de venir l'apaiser par des remèdes efficaces.

Pater monuit scurrilitatem minati timidi ut tyranna vitalis foret : Jupiter prend par plaisanterie la forme d'une bête de somme sans vigueur, afin que la méchante vienne redonner de la vie à cet animal.

SUCCESSION CHRONOLOGIQUE DES ROIS D'ESPAGNE.

(Nous commençons par les Rois Visigoths, qui ont régné en Espagne depuis l'an 412).

Atoulphe.	quam ADVOLVerant	(adoulv)
Sigeric.	in SIGillariam SERICâ	
Vallaï.	VALLArè	(a = æ)
Théodoric.	dùm DEVOTORiæ RIGentem essent ;	
Thorismond.	TAURi RISû ut MUNIret	
Theodoric 2e.	DEVOTORia RIGentem nata ,	
Ævarize.	AVARITiam monuit pater ;	

Aleric.	nedùm ALERet RIGantem ,	
Gessalic.	CESsantem in SALACiâ	(a = æ , æ = i)
Théodoric 3e.	DEVOTORia RIGendo ,	
Amori.	AMORIbundum	
Theudis.	quùm TUDISset.	(tutudisset)

LITTÉRAL.

Dùm camerariæ devotoriæ essent in sigillariam rigentem quam advolverant vallarè sericâ : Tandis que les suivantes se montraient dévouées envers la bacchante malade, qu'elles avaient enveloppée avec une écharpe de soie.

Risû, pater monuit avaritiam tauri rigentis, ut devotoria muniret rigentem : Jupiter prend par plaisanterie la vile forme d'un bœuf malade, afin que la jeune fille vienne soigner cet animal avec dévouement.

Quùm nata tutudisset amoribundum cessantem in salaciâ , nedùm devotoria aleret rigendo rigantem : Puisque la jeune fille avait frappé lui amoureux arrêté au milieu de l'eau , bien loin de venir avec dévouement nourrir cet homme malade se roulant dans l'eau.

ROIS DES SUÈVES,

A COMMENCER PAR ÆRMERIC, QUI RÉGNAIT EN ESPAGNE EN 409.

Ærmeric.	quam ARMARe RIGentem	
Rechilla.	REGILLA monuerant	
Rechaire.	dùm RESEDAREnt ;	(resedare = resære, suppr. du d)
Maltras.	MALThacum THRASonem	
Brumarius (us)	BROMARium	(bromosum)
Remismond.	quam REMISsisset nedùm MUNDaret nata ;	

Théodemir.	ut DEVOTAret nata , MIRare	
Miron.	MIRUM	
Eburic.	HÈBetis BURici	
Andega (a).	INTEGumentum monuit pater.	(rad. tego)

LITTÉRAL.

Dùm camerariæ monerent resedare rigentem quam monuerant armare regillà : Tandis que les suivantes apaisaient la femme malade, qu'elles avaient pourchassée avec une écharpe.

Quùm nata remisisset bromarium, nedùm mundaret thrasonem mathacum : Puisque la jeune fille avait repoussé lui sous la forme d'un homme infect, bien loin de nettoyer ce fanfaron efféminé.

Pater monuit mirare integumentum mirum hebetis burici , ut nata devotaret : Jupiter s'avise d'imiter la forme merveilleuse d'un mauvais âne, afin que la jeune fille vienne donner des soins à cet animal ruiné.

SUCCESSION CHRONOLOGIQUE DES GOUVERNEURS ET JUGES DES JUIFS,

DEPUIS MOYSE, 1491 ANS AVANT JÉSUS-CHRIST. (*Moreri* , art. JUDÉE).

Mouses (Moyse). (1)	MUCEScentem	
Josué. (2)	quùm SAUCiasset , nedùm SUDAret (suda = suæ) (J = s)	
Othoniel. (3)	ODas TONantem NYCTELias	
Aoud.	UDandô	
Barag et Débora.	in PARAGogiis ut DEPURAret nata.	

Gédéon.	quam CÆDere monuerant THEONina
Abimelech.	ABYdena , MELica LEGicrepam
Tola.	TOLlentrm
Iar.	dùm HIARent
Jephté.	SEBare PTÈ camerariæ ;
Abésan.	ABESANistæ ,
Elom.	ELOMBatæ
Abdom.	ABDOMen ,
Héli.	ut ELISam
Samuel. (4)	SEBaret nata , MULæ monuit pater.

(1) *Mouses*, qu'on prononça *moys* ou *moyse* ; *mucescens*, moisissure, mousse blanche qui s'attache à un corps humide ; en français *moisi*.

(2) *Josué*, *sans-suda*, qu'on prononça *sua* ou *suæ*, par l'élision du *d* ; *sudare*, suer, emblème du soleil arrivé au plus haut point de sa course diurne, d'où le mot français *sud* ou *midi*, moment où le soleil répand sa plus forte chaleur sur la terre.

(3) *Othoniel*, *nyctelias odas*, des chansons bachiques. *Nyctelias* se prononça *niel*, par la suppression du *c* et du *d*.

(4) Samuel , *seb-mulæ*, qu'on prononça *semuel* ou *samuel*, en faisant prendre au *b* le son d l'*m* qui suit, et au moyen de l'inversion de la syllabe *la* pour *al*.

LITTÉRAL.

Quùm nata sauciasset mucescentem nedùm sudaret, ut depuraret autumnalem udantem in paragogiis : Puisque la jeune fille avait frappé cruellement lui sous la forme d'un homme ranci, bien loin de travailler avec effort à nettoyer ce fontainier se baignant dans l'eau d'un étang.

Dùm camerariæ hiarent sebare ptè legicrepam tollentem abydena melica theonina quam monuerant cædere : Tandis que les suivantes se dépêchaient de gorger de nourriture, d'une manière soignée, la femme débitant à grands cris des mauvaises pièces de poésies satyriques, qu'elles avaient maltraitée cruellement.

Pater monuit abdomen mulæ elombatæ, abasanitæ, ut nata sebaret clisam : Jupiter prend la grosse panse (la forme énorme) d'une mule éreintée, essoufflée, afin que la jeune fille vienne gorger de nourriture cet animal ruiné.

CONCLUSION DE LA PREMIÈRE PARTIE.

Les légendes précédentes, formées au moyen de radicaux latins (1), ont été adoptées, comme on l'a vu, par tous les peuples civilisés; mais les prêtres, tout en mettant à profit les noms de ces légendes, ont cherché à détourner l'esprit investigateur de la multitude, en faisant coïncider, tant bien que mal, les mots composant ces derniers avec ceux de la langue de leurs pays, qui pouvait, par conformité de son, présenter un sens quelconque; ainsi les Grecs se sont servis des douze noms de leurs mois en les faisant rapporter à d'autres objets qu'ils sanctifiaient ensuite par des cérémonies. Le premier, *gamelion*, dont la vraie application est *camelus*, chameau, fut consacré sous le nom de *gamelia* aux fêtes des noces en l'honneur de Junon (*jungo*), par similitude de *son* avec son homonyme grec *gamelios*, dont le radical est γαμος, mariage. — *Antesterion* (*antestari*), donna naissance à une fête en l'honneur de Bacchus; *antesteria*, ainsi nommée, disaient-ils, de ce que la terre est alors dépouillée de ses fleurs, αυτος, fleur, et Στερησις, privation. — *Elaphebolion*, fête en l'honneur de Diane, déesse de la chasse; *hélaphebolia*, qu'ils formaient également de deux mots homo-phoniques grecs, ελαφος, cerf, et Βαλλω, pousser. — *Munichion*, *munichia*, autre fête en l'honneur de la même déesse, dont on ignore l'origine, aucun mot grec ne pouvant se prêter à la même conformité de son. — *Targelion*, fête du soleil, parce que dans ce mot il se trouve une espèce de consonnance qui désigne cet astre, ηλιος, soleil. — *Scirrophorion*, fête en l'honneur de Minerve, où l'on portait en procession, disaient-ils, un dais, Σκιρον, dais; ainsi de suite de tous les autres mots dont le sens, plus ou moins tiré, reçut une application plus ou moins heureuse.

Les autres peuples se sont servis des mêmes moyens, soit pour déterminer, comme je l'ai dit, les noms et les attributs de leurs divinités, soit pour composer leurs histoires sacrées, uniquement basées sur la suite non interrompue des tableaux chronologiques des patriarches et des rois de l'antiquité, dont *l'existence est plus que douteuse*.

En effet, en parcourant les tables chronologiques des rois et des empereurs dont la vie nous fut rapportée par des historiens dignes de foi, on voit que presque toujours le sens donné *vulgairement* aux noms qu'ils prirent, lors de leur avènement au trône, se trouve en contradiction flagrante avec la conduite qu'ils ont tenue pendant la durée de leur règne. Ainsi aucun fait dans l'histoire de Ptolémée, surnommé *Soter* (Sauveur), ne justifie l'application de cette épithète; son fils, *Philadelphe* (amitié fraternelle), débute par se défaire de ses deux frères qu'il fit mourir, sous prétexte qu'ils avaient conspiré contre lui; Ptolémée *Philopator* (aimant son père), est accusé d'avoir empoisonné son père, sa mère, son frère, sa sœur et sa femme; un autre Ptolémée, *Evergète* 2e (bienfaisant), était tellement devenu odieux aux Égyptiens à cause de ses cruautés, qu'ils lui donnèrent le nom de *Cacourgètes* (malfaisant); au contraire, l'histoire ancienne des Hébreux, par exemple, n'offre aucune de ces antiphrases, et chaque individu conserve, pendant le cours de sa vie, le type assigné par son nom, de manière à faire croire qu'il ne lui aurait été donné tel qu'après sa mort. Je ne viens point ici combattre des croyances établies, ni chercher à faire des prosélytes, ce dont je me soucie fort peu; je me bornerai comme toujours à copier servilement les textes et à mettre avec impartialité sous les yeux du lecteur des narrations ponctuellement écrites dans le livre par excellence des Juifs.

Afin de ne pas être ennuyeux, je ne ferai qu'expliquer et analyser la première légende formée par les noms des patriarches établissant la généalogie de Jésus-Christ, selon St. Mathieu :

Ad-am, Eve.	in quam ATæ fuerant (*ou* in quam ADHAMare, ADIMere monuerant)
Seth.	dùm SEDarent
Henos.	INNOCentiâ
Caïn-an, Abel.	GANNIentem camerariæ;
Malaleel.	MALum LALlisionis, ut ALEre
Jared.	HARET nata,
Henoc.	INNOCantis monuit pater.
Mathusale.	MADUSum SALÉ
Lamech.	LIMantem quùm MACTare monuisset
Noé.	nedùm NAVaret ad eum nata.

(1) On entend par radical le mot primitif qui donne naissance à des dérivés; la plûpart des noms latins sont ainsi formés. Il est nécessaire d'avoir une grande habitude du mécanisme de cette langue afin de pouvoir les reconnaître sûrement.

LITTÉRAL.

Dùm camerariæ sedarent innocentiâ gannientem in quam atæ fuerant : Tandis que les suivantes apaisaient avec désintéressement la vieille débauchée, envers laquelle elles s'étaient montrées si cruelles.

Pater monuit malum lallisionis innocantis ut nata hiaret alere : Jupiter prend par malice la forme d'un âne de labour, afin que la jeune fille désire vivement nourrir cet animal.

Quùm nata monuisset mactare madusum limantem salé, nedùm navaret ad eum : Puisque la jeune fille avait frappé cruellement lui sous la forme d'un homme ivre se souillant dans la boue, bien loin de lui prodiguer ses soins.

SENS DONNÉ A LA MÊME LÉGENDE,

au moyen des doubles significations des mêmes mots latins et en brodant sur le tout.

« ADAM, le premier homme, c'est-à-dire *placé en tête* du tableau « chronologique, fut formé du *limon* de la terre (SETH, *sedamen* « ou *sedimen*, sédiment, *limon* (rad. *sedeo*), par le Créateur qui le « fit *mâle* et *femelle*. » Cette bizarrerie n'a rien qui doive étonner, quand on saura que les anciens furent longtemps incertains sur le sexe de leurs divinités; c'est pourquoi Arnobe se moque des payens qui ignoraient jusqu'au sexe de leurs dieux, comme on le remarque dans une vieille formule conservée par Macrobe : *Si Deus, si Dea est*, etc. (1). En effet, comme les noms de ces divinités étaient formés, selon le besoin, avec des mots détachés de la légende, les prêtres, dans le principe, laissaient leur genre incertain; ce ne fut que longtemps après que les poètes vinrent établir des filiations différentes entre elles, selon les pays, et fixèrent ainsi une généalogie divine; aussi la même singularité se fait-elle remarquer un peu plus loin dans la bible : Caïn, Abel et Seth, sont les trois uniques enfants *mâles*, fruits de l'union d'Adam et d'Ève.

« Mais Dieu ne voulant pas laisser l'homme seul, se dit : Don- « nons-lui une épouse. En conséquence il lui envoya un sommeil « léthargique, pendant lequel il lui *enleva* une *côte* dont il fit la « *femme* qu'il nomma *Ève*, parce que, dit-il, elle doit être *la mère* « de tous les hommes. » (2)

ADAM, ADEMit, il *enleva*; ÆVa, de *avus*, vieille *femme*; la même désignée sous le nom de vieille bacchante maigre comme un squelette, ainsi que l'indique le mot *arphaxad* (arfacta), du même membre de phrase de la légende suivante (desséché par la maigreur, qui permet de compter les *côtes* une à une). L'infirmité a été mise ici par métonymie à la place de la personne.

« Tous deux vivaient dans la plus grande *innocence* (henos, « INNOCentiâ), et sans s'apercevoir de leur *nudité*; mais l'esprit » *malin* (le démon, CAINan, GANeo, de *gannio*, débauché, *mauvais sujet*, sous la forme d'un *serpent* le plus rusé de tous les ani- « maux (3), vint conseiller à la femme de toucher à l'*arbre* de la « science du *bien* et du *mal*. Séduite par les discours perfides du « serpent, non-seulement elle mangea de ce fruit d'un aspect « agréable à la vue, mais encore elle en fit *manger* à son mari. »

Cet arbre devait nécessairement être un pommier, car l'explication de cette dernière phrase nous est donnée par le mot *mal-lal-ëel*, MALum, mot latin qui signifie *pomme* et *mal*; LALlare (rad. *lalax*), *endormir* quelqu'un, lui faire prendre le change, le *séduire par*

(1) *Voyez art.* Sextus Rufus, *Dict. des Ant. rom.*

(2) On se rappelle que la vieille bacchante était l'emblème de la terre, mère commune de tous les hommes.

(3) L'allégorie de ce *serpent rusé*, dont la femme doit écraser un jour la tête, se rapporte à la *ruse* de Jupiter se métamorphosant en taureau *rampant* (SERPENS) (1) et délabré, afin d'exciter la compassion de la jeune fille qui lui donnera à manger des fleurs, et se décidera à monter sur la croupe de cet animal dont la docilité l'étonne; alors elle frappera *à coups redoublés*, afin de le faire changer de direction, sur *la tête* du taureau devenu furieux, qui l'emporte du côté de la mer où il se précipitera avec elle. (Enlèvement d'Europe).

(1) *Voir art.* constellations, au mot *serpent* et *serpentaire*.

des caresses ; AL.ere, *nourrir, manger;* elle *engagea* son mari à *manger* la *pomme*.

La faute commise, ils s'aperçurent aussitôt de leur *nudité* mutuelle (IARED, de *hiare*, désir de la concupiscence).

« Confus, ils racontèrent ce qui s'était passé à Dieu qui les avait « appelés près de lui; alors irrité, le Créateur dit à Adam que dé- « sormais il gagnerait *son pain à la sueur de son front*, et qu'il de- « vra *labourer* le sein de la terre rebelle, afin de pourvoir à sa sub- « sistance. » (HENOC, innocare, *labourer*, herser, briser les mottes de terres).

« Adam et Ève eurent d'abord deux enfants, *Abel* et *Caïn*. Le « premier était *pasteur* (APELles, qui chasse un troupeau devant « soi, même sens que *minator*); Caïn (GANeo, débauché, *mau-* « *vais sujet*), fut *laboureur* (henoc, innocans, *labourant*). Après « avoir tué son frère, maudit par le Seigneur, cet homme *colère*, « (IRAD, iratus, irrité), devint errant et *vagabond* (MA-VIAL; « *ma*, particule augmentative, et *vialis*, chemin, toujours en « chemin.).

Henoc, Irad et Maviel furent trois enfants *mâles* de Caïn; c'est de Maviel, selon la bible, que fut engendré Mathusalé.

Seth fut un troisième fils que Dieu envoya à Adam et Ève pour les *consoler* de la perte d'Abel (SET, sedare, *consoler*).

Nous voici arrivés à la troisième partie de la légende décrivant l'acte de Jupiter se roulant dans l'eau. Sur cette allégorie fut calquée l'histoire du déluge universel, renfermée en entier dans les trois noms Mathus-sale, Lam-mect, Novæ ou Noé.

MADUSus, *mouillé*; SALum, *mer*; LIMare, *se souiller, se couvrir d'iniquités*; MACTare, *faire mourir*; NAVAre, *prendre soin* (radical *navis*, vaisseau); ou : Dieu fit déborder *les eaux de la mer*, afin d'*inonder* la terre et faire *mourir* les hommes *couverts d'iniquités*, *de souillures*; il prit seulement *soin* de Noé (ici l'acteur principal), qu'il sauva de ce désastre en le plaçant dans une *arche ou vaisseau*.

Lorsque Noé fut sorti de l'arche, il emmena avec lui ses trois uniques enfants *mâles*, *Sem, Cham* et *Japhet*, se livra à *la culture des terres*, planta la *vigne*, fit du vin, en but et *s'enivra*. *Cham*, son fils, l'ayant trouvé couché dans sa tente d'une *manière indécente*, *s'en moqua*, tandis que Sem et Japhet s'éloignèrent respectueusement; à son réveil, Noé *maudit* Cham et *bénit* Sem et Japhet.

Sem, Cham et Japhet sont des noms formant une phrase de la troisième partie d'une légende qui n'est pas rapportée ici, et dont on s'est servi afin de compléter l'histoire de Noé.

TRADUCTION DE LA LÉGENDE.

Sem (Semou)	quùm SEMOVisset
Cham.	CHAMæglycimeridam,
Japhet.	nedùm SAVis foret in FETentem nata. (J = S)

LITTÉRAL.

Quùm nata semovisset fetentem, nedùm savis foret in chamæglycimeridam : Puisque la jeune fille avait repoussé lui sous la forme d'un homme infect, bien loin de se montrer prévenante envers ce poisson de nouvelle espèce.

AUTRE SENS DONNÉ A CES MOTS AU MOYEN DES DOUBLES SIGNIFICATIONS.

Cham (rad. Χαμαί), par terre; d'où *chameunia*, se coucher par terre. Le mot *chamæglycimerid-am*, signifiant poisson, décomposé, nous donne l'explication de l'action de Cham.

Chamai, par terre; *glyscere*, engraisser, nourrir; *merum*, vin; *ridere*, se moquer; ou : Il se *moqua* de son père *étendu* par *terre nourri de vin* (ivre). Sem s'éloigna respectueusement (SEMOVere, s'éloigner); Japhet, SAVis fuit FETens, ou FETificus, qui sert à la production; lui, Noé, qui avait été *ivre* ou *nu*, fut agréable, *bénit eux*.

On peut traduire et expliquer de la même manière, en suivant pas à pas les légendes qui les concernent, et au moyen du double sens des mots latins, toutes les fables des anciens, les douze travaux d'Hercule, les voyages et les aventures de Bacchus, de Cadmus, etc., en les dépouillant de tout le merveilleux dont l'allégorie et la poésie, dans les siècles éloignés, firent usage pour donner l'ame et la vie à leurs fictions. Alors on doit être convaincu que les noms de Vulcain, Apollon, Mercure, etc., et plus tard, avec les mêmes caractères, quoique moins fortement tranchés, les saints du calendrier chrétien, présidaient aux diverses corporations comme types fictifs de perfection particulière relatifs à la fonction qu'ils remplissaient.

Les noms propres des autres hommes vulgaires ont été tirés également de la même légende et copiés sur des combinaisons de mots qu'il serait difficile de traduire exactement, la filiation des familles perdue aujourd'hui ne pouvant se retrouver que dans les archives du sanctuaire; cependant, en procédant par analogie, un œil exercé s'aperçoit que ces dénominations sortent d'une source commune, et que les finales ajoutées aux noms latins et le changement apporté dans la prononciation de cette langue par les différents peuples constituent seules la différence qui paraît exister entre elles. Ainsi, en France, par exemple, cette grande quantité d'homonymes ou noms semblables de familles, la plûpart du temps étrangères les unes aux autres, n'a rien qui doive étonner, puisque cette dénomination a suivi la même marche et le même ordre qui ont présidé à celle des villes et des villages de ce pays, dont les homonymes, nombreux également, n'ont entre eux aucune analogie, du moins sensible aujourd'hui, ni par la position géographique, ni par le caractère et les mœurs des habitants; les nuances qui, dans les temps reculés, existaient peut-être entre eux, ayant disparu maintenant, il serait téméraire même de remonter à des causes basées seulement sùr des suppositions quelquefois injurieuses et malséantes.

La différence notable existant entre la composition et le choix des expressions latines des légendes des temps reculés et ceux des temps modernes, aura sans doute frappé le lecteur; dans les premiers, la rusticité des mots, la bizarrerie des images, des métaphores orientales et le peu de souci que les auteurs prenaient de l'arrangement de leurs phrases et des règles de la langue aujourd'hui rigoureusement suivies, témoignent de la haute antiquité de ce travail remontant presque à l'enfance de cet idiôme; au contraire, les auteurs des dernières légendes, d'un style mieux choisi et plus coulant, loin d'égaler la hauteur d'érudition des historiens contemporains, ont pris néanmoins à tâche de conserver ce cachet de simplicité et d'homogénéité commun aux œuvres des Evangélistes; seulement le thème a pris des tournures de phrases et des acceptions différentes, suivant les exigences et le génie de la langue parlée des pays qui les ont vu naître, et le plus ou le moins d'instruction des prêtres qui les composèrent. J'en ai donné la traduction la plus littérale possible, sans viser à l'élégance des tournures que la langue française était susceptible de donner à ces versions, afin de leur conserver leur caractère d'originalité.

LES GRECS, comme les Romains, n'eurent rien qui leur appartint en propre ; ils reçurent leur religion et leurs lois d'autres peuples plus anciens, et leur théologie, toute informe qu'elle était, se constitua peu-à-peu à l'aide d'idées étrangères. Le principe indissoluble de la religion et de l'état se trouve dans ces deux républiques à peu près comme chez les peuples d'Orient, avec cette différence que la religion, au lieu de donner naissance à la loi, se traînait à sa remorque, et que le pouvoir des Souverains Pontifs, pris d'abord dans les rangs des patriciens, tomba plus tard dans les mains des Empereurs ; de cette manière le culte et l'état se confondaient ensemble ; et comme le sacerdoce était une magistrature, les Romains se contentaient ostensiblement de s'arroger le droit sur la religion, ce qui ne les empêchait pas secrètement d'être inspirés et imprégnés, pour ainsi dire, des idées des augures ou d'autres hommes en sous-ordre, chargés exclusivement de ce caractère sacré.

Mais quand Théodose, le successeur de Gratien, abolit la charge de pontif, c'en était déjà fait du paganisme, et c'en était fait aussi de l'empire ; un autre pontificat allait bientôt surgir, et des augures d'une nouvelle espèce ne tarderont pas à se grouper autour de ce chef de la religion nouvelle, afin d'établir leur puissance réciproque sur le peuple romain, devenu presque le monde entier.

Fatigués du joug qui pesait sur leurs têtes, ces nouveaux sectateurs proclamèrent l'émancipation de l'homme et bouleversèrent la société en l'affranchissant des lois établies. Le peuple entraîné dans cette pente rapide, embrassa avec ardeur une cause qui lui semblait la sienne ; appuyé sur ce levier, le christianisme proclama, pour la première fois dans le monde, la séparation de la religion et de l'état. Sapé dans sa base, l'empire se détruisit et les institutions reçues disparurent avec lui ; Constantin lui-même, afin de réaliser ses projets d'ambition, sut se faire une arme de cette secte naissante, dont il devint plus tard l'instrument aveugle.

Ce fut à cette époque que le prêtre, diplomate habile, sentit la nécessité de réunir les débris de l'empire qui s'en allait croulant en s'affaissant sous son propre poids, et de rétablir entre eux une certaine harmonie, en divisant les nouvelles nations le plus régulièrement possible et de la manière la plus favorable à la condition de leur existence mutuelle ; il forma donc un plan pour l'harmonie générale du monde connu, en réunissant autour d'un centre commun, et suivant leur génie, les populations qui avaient le plus d'affinité à venir s'y grouper naturellement, et que la politique des Romains ou d'autres conquérants avaient forcément désunis.

La coordination de ces différents éléments constituait une œuvre immense ; il fallait toute la hardiesse et toute l'influence morale du clergé pour oser marquer ainsi du doigt, sur le globe, les divisions du monde, pour oser dire à telle nation : Voilà ta frontière ; à telle autre : Tu ne seras que province, et voici les noms que désormais, vous, vos villes, vos villages, porterez irrévocablement.

Qui donc, sauf le prêtre, aurait osé entreprendre ainsi le remaniement général de l'espèce humaine, de fixer les points de sa condensation et de sa distribution sur la terre dans des proportions si justes, que toute agglomération transitoire en dehors de ce travail admirable est destinée tôt ou tard à se dissoudre et à reprendre son état normal, soit qu'elle soit due au hasard des armes, soit aux caprices des gouvernants ?

Quelques petites principautés existent encore et morcellent le territoire des grands états ; lorsque l'heure sera venue, elles devront se rejoindre et plier devant le principe prépondérant établi par le prêtre. En vain depuis les temps reculés, les descendants des chefs barbares ont-ils essayé d'élever des murailles entre les différents peuples pour se les partager ? ceux-ci, après s'être aperçus et reconnus, n'ont pas tardé à rompre le lien qui les étreignait.

C'est donc en suivant les conformations géographiques, en suivant les rapports qu'il a plu à la nature d'établir entre les différents lieux de la terre par les rivières et les fleuves, ou en les circonscrivant par les chaînes de montagnes que, suivant la main du Créateur, le prêtre a déterminé les limites des régions destinées à servir d'emplacement invariable aux nations, dont les dénominations, toujours tirées de quelques mots de sa légende sacrée, furent *allégoriquement* appliquées à chacune d'elle, suivant les aptitudes et les inclinations des peuples qui les composaient à cette époque reculée. Ces nuances différentes qui distinguaient alors entre eux les états, les provinces ou les cités, n'existent presque plus aujourd'hui qu'à titre de renseignements, et il serait ridicule d'en faire l'application immédiate.

D'un autre côté, ne nous étonnons donc pas si la date précise de cette immense révélation nous est inconnue, ni du silence absolu gardé par les historiens sortis, en ces temps de la décadence des lettres, des rangs du haut clergé, toujours intéressé à taire un secret qu'il perdit bientôt lui-même, car l'œuvre était à peine achevée que déjà l'orage grondait dans le lointain ; ce bruit terrible monte, s'étend et vient troubler la quiétude du prêtre ; celui-ci se lève étonné, ses yeux de lynx ont découvert dans le lointain l'étendard de la révolte ; en vain de sa voix formidable il veut dominer la tempête ; sourde, cette fois, une partie du troupeau méconnaît le pasteur ; audacieux, le vieux pontif ne craint pas de se jeter dans la mêlée et d'attaquer corps à corps les transfuges ; alors s'engage une lutte terrible, acharnée, puis un long sillon de sang marque la place des combattants. Trompé par la fortune, le prêtre cède en laissant aux mains du faux prophète un pan de sa robe, et quelques pages arrachées au livre admirable, fruit de ses veilles et de son expérience.

L'autel alors s'élève contre l'autel, et l'arbre antique, qui jadis étendait ses rameaux puissants sur la terre qu'il couvrait de son ombre, frappé dans sa base, s'incline et tombe avec fracas en entraînant dans sa chûte les nations et les rois.

ÉTYMOLOGIE DES NOMS AFFECTÉS AUX DIVISIONS ANCIENNES ET NOUVELLES DU GLOBE TERRESTRE.

DIVISION PRINCIPALE DE LA TERRE.

ANCIENNE. **NOUVELLE.**

La première partie de la légende se rapportant à la bacchante tourmentée par les femmes de chambre, manque en entier ; cependant l'idée émise par les historiens modernes que les Atlantides pouvaient désigner autrefois les deux Amériques, se trouve conforme à la vérité, car la traduction de ce mot donne une portion de cette phrase qui devait être complétée à l'aide du nom d'une autre terre (peut-être la nouvelle Hollande), qui n'est pas venu jusqu'à nous. Nous ignorons donc complètement en combien de sections principales les anciens avaient partagé le globe, puisqu'ils avaient rangé au nombre des continents l'Angleterre et l'Irlande, îles qui sont loin de répondre, par leur étendue actuelle, à la grandeur des trois autres.

Atlant ides. (1)   in quam ATHLetæ fuerant LENTam camerariæ.....
«   (*Lacune*).   »
Europ-a. (2)   URi OPerarii   (rad. OPus)
Asi-a. (3)   ACIe usus fuit pater,
Afric-a. (4)   ut AFRICaret nata ;
Brætan-ia. (5)   nedùm PRÆDaretur TANGentem nata ,
Hybern-ia. (6)   quùm HYBERNare monuisset.

Americ (que) (1)   quam AMARICare monuerant camerariæ.....
«   »
Europ-e. (2)   URi OPerarii
Asi-e (3)   ACIe usus fuit pater
Afric (que). (4)   ut AFFRICaret nata ;
{ Angleter-re. (5)   ANCLantem nedùm LÆTARet
{ Ecos-se.   AQUOSum nata,
Irland-e. (6)   quùm IRata fuisset RELENTescenti.

(1) *Atlant-ides*, nom formé du génitif d'*Atlas, atlantis*, dont le radical est αθλεοι, combattre, d'où le mot *athlet-a*, combattant, athlète ; au figuré, se donner de la peine, endurer, supporter, souffrir, etc. Atlas, selon l'antiquité, était le nom d'un roi de Mauritanie, savant astronome que les poètes, par cette raison, ont feint de porter le ciel sur ses épaules. Les Atlantes, chez les Romains, étaient des figures humaines auxquelles les architectes faisaient supporter quelque chose ; on désignait aussi par cette dénomination des hommes d'une stature colossale, des géants. Cette métaphore aurait-elle été appliquée aux peuples de l'Amérique méridionale, connus aujourd'hui sous le nom de Patagons, qui passaient pour des géants, et qui, par rapport à la situation géographique de leur pays, joueraient le même rôle que les Atlantes, étant censés porter le reste du continent dont ils forment la base ; ou aurait-on voulu dire qu'au delà de cette terre il n'y avait plus que le ciel qui semblait se reposer sur elle, on expliquerait ainsi la fable d'Atlas ? (Atlas, in quam ATHLetæ fuerant LASsatam. Cette variante donne le même sens que *atlant-ides* ; cette expression symbolisant un homme vigoureux, taillé comme un athlète, écrasé sous le poids de quelque chose, a fourni l'idée de la fiction dont nous venons de parler).

(2) *Europe* ou *Urope*, u prenant alternativement le son de *ou, eu* et *o* ; URi OPerarii, d'un bœuf de travail, de labour. De la réunion de ces deux mots les poètes ont fait un nom propre de femme, qu'ils ont feint avoir été enlevée par Jupiter changé en *bœuf* ou en *taureau*.

Plus tard, lorsqu'on voulut attacher un emblème à l'Europe personnifiée, on a confondu la première expression avec un de ses synonymes UROPygii, sous-entendu *equus*, cheval de *poste*, de *selle*, parce que le mot *uropygium* fut pris dans le même sens que *cluniger*, animal sur le dos duquel le cavalier appuie la partie postérieure du corps ; c'est de là, et par la même raison, que fut tirée l'expression française cheval de *poste*, POSTicus (equus), de *selle*, sellaris (rad. *sedes*). Les prêtres ont voulu ainsi faire allusion aux travaux d'agriculture et aux inclinations belliqueuses des peuples de cette partie du monde :

Frugum altrix vini que ferax, fecunda virorum.   *V.*

(3) *Asi-a*, de ACI-es, qu'on prononça ASIes ; aigü, pointu ; au figuré, subtil, ingénieux, spirituel ; allusion faite à la pénétration d'esprit des habitants de l'Asie, berceau des connaissances humaines.

Quondam clarissima tellus, humanæ cunabula gentis.

(4) *Afric-a*, de *affric-o*, réchauffer en frottant fortement, expression qu'on a étendue à son homonyme *affrigo*, composé de *af* (αφ), particule augmentative, et *frigo* (φρυγω), brûler, dessécher, symbolisant la chaleur brûlante du soleil de ces climats.

Quæ torrida semper
Solibus humano nescit mansuescere cultu.

(5) *Brætan-nia* ou *Britannia* (æ se prononçant souvent comme *i*) ; de *præd-or* (radical *præd-a*, pâture, proie). Cette expression a été employée afin d'assimiler l'appétit dévorant d'un homme affamé à la gloutonnerie d'une bête sauve qui enlève les troupeaux pour assouvir sa faim, et TANGere, qu'on prononça *tagne* (voir les règles à l'introduction de cet ouvrage), signifiant se mouiller, se tremper dans l'eau. Ce mot adjectivé fait *Bretond* : PRÆDari UNDandantem.

(6) *Hibern-ia*, de *hibern-are* (radical *hibernum* ou *hivernum*, mot composé de *a* privatif, et *vernans*, printemps, verdure, germe, etc., d'où le mot français *hiver*, *a* privatif, *ver*, verdure (a se prononçant quelquefois comme *ai* ou *æ*, et *æ* comme *i*) ; au figuré, *hyberno* a la même signification que *sævio*, sévir, être rigoureux, etc.

Allusions faites aux inclinations maritimes et aux habitudes de piraterie des habitants de ces pays froids, presque constamment couverts de brouillards.

Hospitibus feri, minimâ nocte contenti.   *Sus.*

LITTÉRAL.

Dùm camerariæ (*lacune*.....) lentam in quam athletæ fuerant : Tandis que les suivantes (soignaient) la femme aux pas lents, contre laquelle elles avaient combattu.

Pater usus fuit acie uri operarii, ut nata affricaret : Jupiter emploie la ruse d'un bœuf de labour (prend par ruse la forme d'un bœuf de labour), afin que la jeune fille vienne réchauffer cet animal en le frottant fortement.

Quùm nata monuisset hibernare, nedùm prædaretur tangentem : Puisque la jeune fille avait mal traité, bien loin de gorger de nourriture, lui se trempant dans l'eau.

(1) *Americ*, de *amaric-are*, provoquer la colère, tourmenter (rad. *amar-us*). Par une coïncidence étonnante, le nom de cet homme qui eut la gloire de donner son nom à ce quatrième continent, découvert par Christophe Colomb, rend l'idée donnée par le mot *atlantide*, et appartient au même membre de phrase de cette partie de la légende ; cette raison fut peut-être la cause pour laquelle ce nom resta appliqué à ce pays, préférablement à celui de *Colomb* (COLYMBus ou COLUMBos ; Κολυμβαν, signifiant *bain*), et appartenant conséquemment à la troisième partie de la légende ; supposition qui porterait à croire que le haut clergé à cette époque conservait encore le souvenir du grand travail de ses prédécesseurs.

(2) *Europe*, ancienne dénomination conservée.

(3) *Asie*, ancienne dénomination conservée.

(4) *Afrique*, ancienne dénomination conservée.

(5) *Angleterre*, qu'on a écrit à tort de cette manière, réveillant l'idée de l'angle d'une terre ; de ANCLo, (radical *ancla*, seau de puits), se tremper dans l'eau comme un seau de puits, et *latare*, réjouir, régaler, etc. Cette nouvelle vélation rend mot pour mot la même pensée émise par le mot *Bretagne* ou *Britannia*.

Autrefois ce pays était nommé *Albion*, lorsqu'il comprenait l'Angleterre et l'Écosse ; *scotia*, de *scotia*, nacelle, se trempant dans l'eau comme une nacelle, nedùm ALBa foret in BIONem, sicut SCOTia, etc., bien loin de se montrer compatissante envers cet homme satyrique, voguant sur l'eau comme une nacelle, etc.

La nouvelle vélation du mot *Scotia*, Ecosse, rend également le même sens ; AQUOSum, qu'on prononça Ecosse, en donnant à l'a le son de *aï* ou *æ*, et en suivant la traduction de ce mot selon le génie de la langue française, *aqueux*, aquos, æqos ou Ecosse.

(6) *Irlande*, de lRasci, dont le radical est IR-a, et RELENTescere, qu'on prononça *Relande* et *Lande*, en suivant la diction des peuples du nord. Ce mot donne également le même sens que *hibern-ia*.

LITTÉRAL.

Dùm camerariæ (*lacune*.....) quam monuerant amaricare : Tandis que les femmes de chambre (soignaient) celle qu'elles avaient tourmentée.

Pater usus fuit acie uri operarii, ut nata affricaret : Jupiter emploie la ruse d'un bœuf de labour (prend par ruse la forme d'un bœuf de labour), afin que la jeune fille vienne réchauffer cet animal en le frottant fortement.

Quùm nata irata fuisset reletescenti, nedùm lætaret aquosum anclantem : Puisque la jeune fille avait maltraité lui marchant également à pas lents, bien loin de gorger de nourriture (cet homme aqueux), ce fontainier se trempant dans l'eau comme un seau de puits.

DIVISION DE L'EUROPE ANCIENNE EN 12 ROYAUMES PRINCIPAUX.

Cimbr-ia.	(1)	CYMBRucam
German-ia.	(2)	dùm GERManæ essent in MANiaticam
Gal-ia.	(3)	quam GALeare monuerant camerariæ;
Hispan-ia.	(4)	ASPectum HINni
Ital-ia	(5)	IDALis monuit pater,
Illyric-um.	(6)	ut HILARaret RIGentem
Græc-ia.	(7)	GRACilitate nata;
Dac-ia.	(8)	nedùm TACeret,
Germano.	(9)	quemadmodùm GERManæ essent in MANiaticam camerariæ,
Sarmat-ia.		SERMocinando MADentem nata,
Scyth-ia.	(10)	quam CITasset
Sarmat-ia.	(11)	SERMones MADendo
Scandinav-ia.	(12)	SCANDENtem NAVitam. (en = in)

(1) *Cimbr-ia*, Cimbres, mot composé de *cymba* (Χυμβ-ος', plat, assiette creuse, et Βρυχω, *strideo*, rendre un bruit aigre et perçant. Ce mot rend le même sens que *cymbalistria*, femme qui joue des cymbales (χυμβος et βαλίζω, frapper des assiettes de métal creuse.). Les femmes que l'on appelait *petrœia*, et qui précédaient les autres dans les cérémonies religieuses en contrefaisant les ivrognesses, prédisaient l'avenir en débitant à tort et à travers des espèces de sentences grossièrement vérifiées, couraient çà et là comme des furieuses, en accompagnant leurs cris du son des cymbales ou d'autres instruments stridents, etc. (*Voyez* bacchante). — Du mot grec Βρυχω ou Βρυττω vient le mot français *bruit* (Βρυχη, *fremitus*, *rugitus*, qu'on prononça *bruœi* ou *bruœ*, par l'élision du χ, et en changeant *œ* en *i*, *brul*, bruire). Les Cimbres passaient pour les inventeurs des tambours, qui, dans le principe, étaient des espèces de cymbales recouvertes de peau.

(2) *German-ia*, de *germanus*, fraternel, allusion à la franchise avec laquelle les habitants de ce pays recevaient chez eux les étrangers, qu'ils regardaient comme leurs *frères*, et de *maniaticus*, dont le radical est *manes*, ombres, âmes des morts, fantômes, autre allusion à la profonde ignorance et aux idées superstitieuses de ce peuple qui réglait toutes ses affaires au moyen du sort, etc. (Tacit., *de mor. germ.*)

(3) *Gallia* ou *Gal-ia* (le redoublement de quelques lettres finales était ajouté par euphonie à la lettre déterminant le genre); de *galeare*, radical *galea*, casque, coiffure, partie principale de l'armure d'un guerrier symbolisant les inclinations belliqueuses du Gaulois, *Gallus*; d'où *gallus*, coq, portant sur sa tête une *crête* imitant le cimier d'un casque; animal renommé par sa vigilance et son ardeur au combat.

L'ancien mot *Gaule*, dont l'étymologie est bien *galea*, coiffure, a conservé cette acception dans le langage populaire de quelques provinces de l'est de la France sous le nom de *caule*, coiffure. (c = g)

(4) *Hispan-ia*, mot composé de ASPectum, dont les radicaux sont HÆSus et SPes, être tenu en suspend par l'attente; d'où le verbe *specio* ou *aspicio*, faire *attention*, voir; *aspectus*, aspect, ce qui frappe la vue; au figuré, forme extérieure, etc. On prononça et l'on écrivit le mot *hisp*, suivant l'orthographe du radical (en changeant *œ* en *i*); et plus tard *asp*, que les modernes ont prononcé *œsp* ou *esp*, en donnant à l'*a* le son de *ai* ou *œ* (Esp-agne), et de HINni, mulet, qu'on prononça *ogne* (hinn = igne, egne ou agne).

Allusion faite à la fécondité et à la bonté des bêtes de somme et des montures de ce pays.

> Hispania..... dives equis, frugum facilis, pretiosa metallis. Cl.

(5) *Italia*, de IDALis ou IDEALis, adjectif de *Ide-a*, qu'on prononça autrefois IDA, dont le radical est ἰδω, voir, formé lui-même du neutre de *is*, *ea*, ID; *ce*, pronom *démonstratif*, qui sert à indiquer ou désigner quelque chose; de *id-a*, qu'on prononça *idœ* ou *idai*, vient le mot français *idée*, résultat de plusieurs perceptions qu'on unit dans sa pensée; et dans une acception plus étendue, *idealis homo* signifie un homme ingénieux, qui a des idées; aussi les Italiens étaient-ils désignés alternativement par ces mots, *idœus sanguis*, et l'Italie par ceux-ci, IDALis *terra*, terre du génie, des idées, parce que les Italiens passaient pour les peuples les plus ingénieux et les plus adroits de l'Europe.

> Quibus ITALa jam tùm floruerit terra alma viris.

(6) *Illyric-um*, de HILARare (ἱλαρος), qu'on prononça *hilair* (a = œ), puis *hilir* (œ = i), réjouir, rendre d'un aspect agréable à la vue, engraisser; et RIGens, dont le radical est RIGor, froid, raideur, etc.; allusion faite à la fertilité peu commune de ce pays, dont la chaleur atmosphérique est tempérée par le voisinage de la mer.

(7) *Græc-ia*, de GRACilis (rad. *graceo*), grêle, mince, léger; au figuré, *fin*, *subtil*, etc., qu'on prononça *gracil-is* (a = œ); allusion faite à la légèreté et au peu de foi que l'on pouvait ajouter à la parole des Grecs, qui, dans l'antiquité, passaient pour fourbes, adroits et trompeurs; d'où le proverbe *grœca fides*, promesse faite avec le dessein de ne pas la tenir.

Les autres noms par lesquels le même peuple était encore désigné, donnent un sens pareil; *pelasgi* (PELLAX, trompeur); *arg-utus* (ARGutus, rusé); *Danai* (ΔΗΝος, finesse, ruse).

> Timeo Danaos et dona ferentes,
> Grajugenumque domos, suspectaque linquimus arva.

(8) *Dac-ia*, de TACEre, apaiser, calmer, rendre muet. (*Voyez Hongrie*).

(9) *Germano-Sarmat-ia*, de *germanus*, fraternel, et SERMocinor, discourir; c'est de ce dernier mot que l'on fit SARMADacus, charlatan, imposteur, bouffon. Ce peuple se ressentait du caractère hospitalier des Germains, ses voisins, mais affectait une telle jactance dans ses paroles et dans sa mise une telle originalité, que les anciens les comparaient aux charlatans et diseurs de bonne fortune.

> Et qui te laxis imitatur Sarmata loro.

(10) *Sarmat-ia*, de SERMo, qu'on prononça SARM-o, discours, et MADeo, se tremper dans l'eau. Ce pays était encore connu sous le nom de *Sauromat-ia*, SCURRUM MADentem; *scurrum*, qu'on prononça *sourrum*, par le retranchement du C. Ce mot donne le même sens que le précédent.

(11) *Scyth-ia*, de CITare, chasser devant soi; allusion faite à la vie errante de ces peuples, qui se servaient de chariots au lieu de maisons, se nourrissaient de miel et du lait de leurs troupeaux, qu'ils menaient paître tantôt dans une contrée, tantôt dans une autre (*citare* ou *minare*, chasser un troupeau devant soi).

> Quorum plaustra vagas vitè trahunt domos.

(12) *Scandinav-ia*, de *scandere*, monter; au figuré, scander, versifier, et NAVita, pilote; allusion au sol montueux de ce pays, renommé par son commerce maritime.

LITTÉRAL.

Dùm camerariæ germanæ essent in cymbrucam maniaticam quam monuerant galeare: Tandis que les suivantes traitaient avec une amitié fraternelle la joueuse de cymbales possédée d'une fureur divine (prophétesse), qu'elles avaient coiffée avec une écharpe en guise de casque.

Pater idalis monuit aspectum hinni, ut nata hilararet rigentem gracilitate: Jupiter ingénieux prend la forme d'un mulet, afin que la jeune fille engraisse, afin de le rendre d'un aspect agréable à la vue, cet animal exténué de maigreur.

DIVISION NOUVELLE, OU RÉVÉLATION DES MÊMES NOMS.

Danemarc.	(1)	TANgentem NEMa MARCore
Alemagne.	(2)	dùm ALerent MANiaticam
France.	(3)	quam FRANGEre monuerant camerariæ;
Espagne.	(4)	ASPectum HINni
Ital-ie.	(5)	IDALis monuit pater
Turq-ie.	(6)	ut TURGeret
Grèce.	(7)	GRACilem nata;
Hongr-ie.	(8)	nedùm UNGUERe moneret
Pologne.	(9)	BOLONæum nata,
Tartarie.	(10)	quùm TARTARea fuisset
Russie.	(11)	RUSticantem
Suède et Norvège.	(12)	SUADas in NAUFRAGum nata.

(1) *Danemarc*, de TANgere NEMa MARCore, toucher le fil avec nonchalance; le mot *nema*, fil; est mis ici à la place de *chorda*, corde d'instrument de musique. Cette expression rend le même sens que *cymbrica*, car ces sortes de bacchantes accompagnaient aussi leurs chants comiques d'une espèce d'instrument à cordes, appelé *nablium* ou *psaltérion*.

(2) *Alemagne*, de ALere MANIaticam, qu'on prononça *Al-magn* (*voyez les règles générales*). Ce nom est la répétition du sens fourni par *Germania*; adjectivé il fait *alleman* ou *allemand*, ALere ~~MANDonum~~. MANTen.

(3) *France*, de FRANGEre, qu'on prononça *France*, en changeant le *g* en *c*; ce nom adjectivé est *franc*, FRANGere ou *Français*, en donnant à l'*e* final, comme dans la prononciation latine, le son de *œ* ou *al*, FRANGÆ ou FRANCAI.

(4) *Espagne*, *Hispania*, ancienne dénomination conservée. Ce nom adjectivé fait *Espagnol*, ASPectum HINNULi (petit mulet), *Æspagnoul* ou *Espagnol*. (ion = ign ou agn)

(5) *Ital-ie*, *Ital-ia*, ancienne dénomination conservée. Ce nom adjectivé fait *Italien*, en conservant la terminaison latine ITALICENSes. (suppression du *c*)

(6) *Turquie*, de TURGere, gonfler, remplir; au figuré; gorger de nourriture, en mettre jusqu'à la gorge. Ce mot a le même sens que *hilarare*. Ce mot adjectivé est *Turc*, TURGor. (g = c)

(7) *Grèce*, ancienne dénomination conservée; de GRACilis, qu'on prononça *Grèce*, en donnant à l'A le son de *œ*. Ce mot adjectivé est *Grec*, GRÆCilis, en prononçant le *c* final isolé de la finale, comme K. (rad. *grac-eo*)

(8) *Hongrie*, de UNGUERe, qu'on prononça UNGRE, par l'inversion de l'R final, d'où vient le mot français *hongrer*, chatrer; opération qu'on pratique afin de *calmer* la fougue des animaux et de les *engraisser*. Ce mot rend le même sens que *tacere* (Dacia), apaiser; au figuré, *rendre muet*, calmer.

Il est possible que dans les temps reculés les habitants de ce pays aient été réputés par le commerce qu'ils faisaient des animaux qui avaient subi la castration.

(9) *Pologne*, de BOLONÆus (βολος, pêcheur), dont le radical est *bolus*, coup de filet, et au figuré, *appas*, *amorce*, amorcer, trompeur. On prononça *Pologne*, en changeant le *b* en *p*, et en donnant, suivant la règle générale, à la syllabe *næ* le son de *gne*. Ce nom adjectivé est polonais, BOLONAlus (bolonæus), et rend le même sens que SARMADacus, imposteur, charlatan; Sarmate (*sermocinando madentem*, se trempant dans l'eau en sermonant), qualification du pêcheur qui, par état, est obligé de se mettre dans l'eau.

(10) *Tartarie*, de TARTARcus (rad. Ταρασσω), infernal, terrible, cruel; même sens que *citare*, Scyth-ia.

(11) *Rus-ie*, de RUSticor (rad. RUS, grossier, rustique, etc.); *rusticari*, écrire ou débiter quelque chose d'une manière grossière; même sens que Sarmat-ia, *serm-ocinari*, *sarmadacus*.

(12) *Suède*, de SUADa (radical *suadeo*), déesse de l'éloquence, manière de bien dire; même sens que *scandere*, scander, faire des vers.

Norvège, de *naufrag-us*, qu'on prononça *Norvaige*, par la transposition de l'R, NAURFAG-us. Cette transposition est commune dans le langage des peuples du nord. Ce pays est appelé par ses habitants *Norège* ou *Norge*, NAVem REGEre, conduire un vaisseau, pilote; même sens que *navita*, dernière partie du mot *Scandin-nav-ia*.

LITTÉRAL.

Dùm camerariæ alerent maniaticam tangentem nema marcore quam monuerant frangere: Tandis que les suivantes nourrissaient cette femme possédée d'une fureur divine (prophétesse), qui pinçait avec nonchalance les cordes de son instrument de musique, qu'elles avaient tourmentée cruellement.

Pater idalis monuit aspectum hinni ut nata turgeret gracilem: Jupiter prend ingénieusement la forme d'un mulet, afin que la jeune fille vienne (gonfler) gorger de nourriture cet animal exténué de maigreur.

Quùm nata tartarea fuisset in naufragum rusticantem suadas, nedùm ungueret bolonæum: Puisque la jeune fille s'était montrée cruelle envers lui sous la forme d'un pilote débitant des sentences d'une manière grossière, bien loin (d'engraisser) de calmer la faim de ce pêcheur (charlatan) naufragé.

Quùm nata citasset navitam scandentem sermones madendò, nedùm taceret madentem sermocinando, quemadmodùm camerariæ germanæ essent in mania-ticam : Puisque la jeune fille avait repoussé lui sous la forme d'un pilote débitant à tort et à travers des espèces de sentences versifiées en se trempant dans l'eau, bien loin de l'apaiser avec la même amitié fraternelle que les femmes de chambre avaient montrée envers la femme qui était comme lui possédée de la même fureur.

SUBDIVISION DE L'AFRIQUE EN DOUZE PROVINCES PRINCIPALES.

(Voyez Atlas de Vaugondy).

ANCIENNE.

Agysimba.	(1)	in AGITantem CYMBas (t = s)
Barbar-ia.	(2)	in quam BARBARæ fuerant
Æthiop-ia.	(3)	ÆSTIVè dùm OPes essent camerariæ;
Azan-ia.	(4)	ASINi
Trogloditic-a.	(5)	TROGLODITICi
Egypt-us.	(6)	EXIBTionem monuit pater
Liby-a.	(7)	ut LIBidinosa
Affric-a.	(8)	AFFRICaret nata;
Carmant-es.	(9)	CARMENTarium
Mauritan-ia.	(10)	MORum quùm RIDere TANgentem monuisset,
Getul-ia.	(11)	nedùm SEDULa foret nata
Nigrit-ia.	(12)	quemadmodùm in NIGRITiam
Æthiopes, Hesperii.	(13)	ÆSTIVè OPES essent ASPERæ camerariæ.

(1) *Agysimbe*, de AGITare CYMBas ou *cimbala*, agiter des cymbales. Il est probable que ces peuples se servaient, comme les Cymbres, de cette sorte d'instrument.

(2) *Barbar-ia*, de BARBARus, cruel, barbare; allusion aux mœurs féroces de ces peuples in-hospitaliers.

(3) *Æthiop-ia*, de ÆSTIVè (dont le radical est αἴθω, brûler), qu'on prononça ÆTIOU ou ÆTIO, chaudement, et de OPs, secourable; allusion faite à la chaleur brûlante et à la fécondité de cette partie de l'Afrique.

(4) *Azan-ia*, de ASINus, âne, qu'on prononça *azan* (in = en ou an); allusion à l'abondance des pâturages de ce pays, dans lequel on nourrit une quantité considérable de bêtes de somme.

(5) *Troglodyti-ca* (τρωγλοδύτοι). On appelle ainsi les hommes qui habitent dans des cavités souterraines; au figuré, *ténébreux*, obscur, faux, etc. Il est probable que, dans ces temps reculés, les habitants de ce pays habitaient dans des cavernes.

(6) *Ægypt-us*, de EX-HIBITio, représentation (rad. *ex-habitus, ab-itus*), qu'on prononça par contraction *exibt-io* (exibt), puis, par euphonie, *Egypt* (x = gs); allusion faite à la pompe des cé-rémonies du culte, au grand apparat et au luxe déployé par les rois de ce pays.

(7) *Li-bya*, de LIBIdo, caprice; allusion à la stérilité partielle du sol de ce pays, coupé par des déserts inhabitables.

(8) *Afric-a*, province qui donna son nom au continent. (*Voyez* Afrique).

(9) *Carmentes* ou *Garmantes*, peuples de l'intérieur de l'Afrique, aujourd'hui le *Beladulgerid*; de CARMENTum, vers. L'histoire ne nous a laissé aucun renseignement sur les mœurs de ces peu-ples, qui, dans ces temps reculés, passaient probablement pour des sorciers ou des diseurs de bonne fortune.

(10) *Mauritan-ia*, de MORum RIDere TANgentem, pays des Maures ou Mores; MORus, fou, bizarre, fantasque, dont le radical est *moror*, signifiant également tarder, retenir, arrêter, etc.; RIDere, rire, se moquer; et TANgere, baigner, tremper dans l'eau; allusion au commerce de *pi-raterie* exercé de tout temps par les peuples *sans foi ni loi* de cette contrée, dont les bords sont *baignés* par deux mers.

On dit en français une peinture *moresque* (MORosa RESCula, une chose de caprice, de fantaisie).

(11) *Getul-ia*, de SEDULus, soigneux, attentif, diligent, qu'on prononça *Getul* (S = J ou G). Ces peuples étaient les seuls qui, du temps des Romains, se livraient en grand à la culture des terres.

(12) *Nigrit-ia* (radical n'ger, noir, sombre; au figuré, *malheureux*, etc.); allusion à la cou-leur noire ou basanée des peuples de cette contrée.

(13) *Ethiopes-Hesperii*; Hesperii, de *asper*, âpre, raboteux; au figuré, mordant, satyrique, etc.; allusion aux aspérités dont est hérissé le sol de ce pays, qui est une fraction de la grande Ethiopie des anciens.

LITTÉRAL.

Dùm camerariæ opes essent æstivè in agitantem cymbas in quam fuerant bar-baræ : Tandis que les suivantes se montraient chaudement secourables envers la joueuse de cymbales, qu'elles avaient traitée d'une manière barbare.

Pater monuit exhibitionem asini troglodytici ut libidinosa affricaret : Jupi-ter invente la représentation d'un âne (obscur) misérable, afin que la jeune capricieuse vienne réchauffer cet animal en le frottant fortement.

Quùm nata monuisset ridere morum carmentarium tangentem : Puisque la jeune fille s'était moquée de lui contrefaisant la folie et débitant des vers en se trempant dans l'eau; — nedùm sedula foret quemadmodùm camerariæ opes essent æstivè in nigritiam asperæ, bien loin de se montrer attentive envers lui, de la même manière que les suivantes se montraient chaudement secou-rables envers le mal-aise de cette femme qui débitait des arguties.

NOUVELLE.

Monoemougi	(1)	in MONacham NOEMata MUGIentem
Zanguebar	(2)	quam CINGere monœrant COPARiam
Ethiop-ie	(3)	ÆSTIVè dùm OPes essent camerariæ;
Ajan	(4)	ASINi
Abyssin-ie	(5)	ABASanisti SENIò
Nub-ie		NUBilosam
Egypt-e	(6)	EXIBTionem pater monuit,
Barc-a	(7)	ut PARCA
Esseb	(8)	ESCis SEBaret nata.
Beladulgerid	(9)	BALantem in LADunâ DULCè in CERITum
Barbar-ie	(10)	quùm BARBARa fuisset,
Sahar-a	(11)	quemadmodùm SAGæ CARæ essent
Nigrit-ie	(12)	in NIGRITiam camerariæ
Guinée.	(13)	QUI-NÈ (quin)
Crefre-rie.		CAVERet nata.

(1) *Monoemougi* ou *Monomotapa*, grand pays d'Afrique, autrefois l'*Agysimbe*; MONacham NOEMata MUGIentem, cette religieuse débitant à grands cris des sentences versifiées, est la même que celle qui agitait des cymbales. Cette phrase est le complément de l'action de la bacchante.

(2) *Zanguebar*, de CINGere COPARiam; *cing*, qu'on prononça *sang* (ing = ang) et COPARia, adjectif inusité de *copa*, cabaret; femme qui hante les cabarets, qu'on prononça *coubar*, en don-nant à l'o le son de *ou*.

(3) *Ethiopie*, ancienne dénomination conservée.

(4) *Ajan* ou *Azan*, ancienne dénomination conservée.

(5) *Abyssin-ie*, pays que les Latins appelaient *Abasen-ia*, de ABASanistus, qui n'est pas en haleine, et SENiò, par la vieillesse, ou à cause de la maladie.

Nub-ie, de NUBIlosus, sombre, obscur, même sens que *Troglodyte*.

(6) *Egypte*, ancienne dénomination conservée.

(7) *Barca* ou *Parca*, de PARCus, chiche, avare; allusion à la stérilité des terres de ce pays, la Lybie des anciens.

(8) *Esseb*, de EScis SEBare, engraisser avec de la nourriture; même sens que *affricare*, ré-chauffer en frottant.

L'*Essed* ou *Ezzab*, et le *Barca* étaient deux grandes provinces formant le royaume actuel de Tripoli (*Lybia* et *Africa*).

(9) *Beladulgerid* ou *Biledulgerid*, autrefois les Carmantes.

(10) *Barbarie* (autrefois la *Mauritanie*), comprenant les royaumes de Maroc, Fez, Alger et Tunis.

(11) *Sahara*, de SAGus, magicien, sorcier, et CARA, cher, ami, qu'on prononça *Sahara*, par la suppression du G et du C; SA-ARA, même sens que *sedula*, gétul.

(12) *Nigritie*, ancienne dénomination conservée.

(13) *Guinée*, de QUIN, dont le radical est QUI-NÈ, *pourquoi ne*, d'où vient que.

Caffre, de CAVERe, prendre garde, veiller au salut de, etc., qu'on prononça *Cafre*, en don-nant au V le son du φ ou F, et en transposant l'R final, CAFRE. Ces deux provinces font partie de l'ancienne Ethiopie.

LITTÉRAL.

Dùm camerariæ opes essent æstivè in monacham copariam mugientem noc-mata quam monuerant cingere : Tandis que les suivantes se montraient chau-dement secourables envers la religieuse (petræia) ivrognesse, débitant à grands cris des mots à double sens, qu'elles avaient liée avec une écharpe.

Pater monuit exhibitionem nubilosam asini abasanisti seniò, ut parca se-baret escis : Jupiter invente la representation factice d'un âne exténué par la maladie, afin que la jeune fille avare vienne donner à manger à cet animal afin de l'engraisser.

Quùm nata barbara fuisset in cerritum balantem dulcè in ladunâ : Puisque la jeune fille s'était montrée barbare envers lui sous la forme d'un fou débi-tant d'une manière agréable des absurdités au milieu de l'eau; — qui nè cave-ret quemadmodùm camerariæ caræ essent in nigritiam sagæ? pourquoi donc n'avait-elle pas veillé à son salut de la même manière que les suivantes se montraient bonnes à l'égard du mal-aise de la prophétesse?

DIVISION DE L'ASIE.

ANCIENNE.

Asi-a minor.	(1)	ACIe MINORes
Armen-ia.	(2)	ARMatam dùm MOENirent
Syr-ia.	(3)	quam CIRe monuerant ;
Arab-ia.	(4)	ARABilis,
Pers-ia.	(5)	ut PARCeret nata,
Ind-ia.	(6)	INDumentum
Zin-a.	(7)	GINni monuit pater ;
Ser-es.	(8)	nedùm SARCiret (a = æ)
Sarmat-ia.	(9)	SERMocinantem MADendo nata
Scyth-ia.	(10)	quùm CITasset.

NOUVELLE.

Asie-mineure.		ACIe MINORes
Armén-ie.		ARMatam dùm MOENirent
Syr-ie.		quam CIRe monuerant ;
Arab-ie.		ARABilis,
Perse.		ut PARCeret nata,
Indoustam.	(1)	INDUSiare STAMen
Chine.	(2)	GINni monuit pater ;
Sibér-ie.	(3)	nedùm CIBARet
Russie.		RUSticantem
Tartar-ie.		quùm TARTARea fuisset
Eleuths.	(4)	in ELEUTHerium (ou ELOTum nata).

NOTA. La face de cette partie du monde a tellement changé depuis les temps reculés où ces dénominations furent imposées à ces différentes contrées, et les notions laissées par les historiens sur les mœurs de ces peuples sont si confuses, qu'il serait trop téméraire de vouloir tirer toutes les inductions qui ont présidé à ce travail.

(1) *Asi-a minor*, province qui donna son nom à toute cette partie du monde.

(2) *Armen-ia*, ARMatam ACIE dùm MOENirent, tandis qu'elles fortifiaient cette femme armée d'arguties, de subtilités ; allusion à la pénétration d'esprit des peuples de ces contrées.

(3) *Syr-ia*, de cire, exciter, chasser, combattre ; allusion aux inclinations belliqueuses des Syriens ou Assyriens, qui assujettirent la Haute-Asie, et jouèrent un rôle important dans l'histoire de l'antiquité.

(4) *Arab-ia*, de ARABilis, signifiant ici *propre au labourage*, radical *Ar-o* ; expression qu'on a étendue à son homonyme grec αἱρέω, *prendre, s'emparer, voler*, etc. Allusion aux inclinations de rapine et à la vie nomade de ces peuples, dont toute la richesse consistait en troupeaux ou en *bêtes de sommes*.

(5) *Pers-ia*, de PARCEre, qu'on prononça *Perse*, en donnant à l'*a* le son de *æ*, *épargner, ménager, protéger*, etc. Allusion à l'humeur tranquille des habitants de cette contrée, d'où le proverbe latin : *Persarum vivere rege beatior*, le superlatif du bonheur.

(6) *Ind-ia*, de INDumentum, habillement. Allusion à la vie indolente et luxurieuse de ces peuples, car c'est de l'Inde que le luxe s'introduisit à Rome, où il fit tant de ravage.

(7) *Zin-a* ou *Jina*, de GINNus, mulet. Ce pays était probablement renommé autrefois par la bonté de sa cavalerie ou de ses bêtes de somme.

(8) *Seres*, les *Sers* (*serica regio*, le pays de la soie) ; de SARCire, *coudre, raccommoder*, au figuré, *refaire les pertes, rétablir, restaurer*, etc. Dans le principe on ne se servait du fil de soie que pour coudre ou raccommoder ; le mot français *soie* a la même étymologie ; SUEre, *ino*, etc., coudre, qu'on prononça *soué*, en donnant à l'*u* le son de *ou*. Cette contrée a été divisée en plusieurs autres et n'a pas aujourd'hui de nom qui lui soit propre.

(9) *Sarmat-ia asiatica*, ancienne dénomination conservée.

(10) *Scyth-ia maxima*, ancienne dénomination conservée.

LITTÉRAL.

Dùm minores mœnirent armatam acie quam monuerant cire : Tandis que les jeunes suivantes réconfortaient cette femme armée d'arguties, qu'elles s'étaient avisées de pourchasser.

Pater monuit indumentum ginni arabilis ut nata parceret : Jupiter prend la forme d'un mulet de labour, afin que la jeune fille vienne soigner cet animal.

Quùm nata citasset sermocinantem madendo, nedùm sarciret : Puisque la jeune fille avait repoussé lui sous la forme d'un sermoneur se trempant dans l'eau, bien loin de le restaurer.

(1) *L'Inde*, aujourd'hui l'*Indoustan*, de INDUSiare, revêtir, et STAMen, habillement ; on appelle aussi ce pays le *Mogol* ou *Mosgol*, MOSCULus, la petite forme ; même sens que *indumentum*.

(2) *Chine*, de GINNus, mulet, qu'on prononce *chinn-us*. (S = J.)

(3) *Sibérie*, grande contrée de la Russie d'Asie, de CIBARe, nourrir ; allusion au vent frais qui vient de cette partie du nord et fait fructifier nos campagnes en tempérant les ardeurs du soleil d'été. Le mot *boreas*, vent du nord ou du septentrion, a la même origine ; βορα, aliment.

(4) *Barbarie* et *royaume des Eleuths* ou *Elots*. Ces deux états occupent à peu près la même place que la grande Scythie.

LITTÉRAL.

Dùm minores mœnirent armatam acie quam monuerant cire : Tandis que les jeunes suivantes réconfortaient la femme armée d'arguties, qu'elles s'étaient avisées de pourchasser.

Pater monuit indusiare stamen ginni arabilis ut nata parceret : Jupiter s'avise de se revêtir du déguisement d'un mulet de labour, afin que la jeune fille vienne donner ses soins à cet animal.

Quùm nata tartarea fuisset in elotum rusticantem, nedùm cibaret : Puisque la jeune fille s'était montrée cruelle envers ce baigneur débitant des paroles d'une manière grossière, bien loin de le nourrir.

DIVISION DES GRANDES MERS DU GLOBE.

ANCIENNE.

Occean-us atlant-icus	(1)	dùm AUCEENtes essent in quam ATHLetæ fuerant LENTam
Cod-anus (sinus).	(2)	CODiô camerariæ ;
Intrar-ium (mare)	(3)	nedùm INTRARia foret,
Euxin-us (pontus).	(4)	quùm OCCINare monuisset PONTô
Casp-ium (mare).	(5)	in CÆSPitantem nata ;
Erythræ-um (mare).	(6)	ARATRI
Ind-icus ocean-us.	(7)	INDumentum monuit pater, ut AUCEENS foret nata.

NOUVELLE.

Océan atlant-ique.	(1)	dùm AUCEENtes essent in quam ATHLetæ fuerant LENTam
Balt-ique (mer).	(2)	BALTeô camerariæ ;
Méditérannée (mer intérieure).	(3)	nedùm INTRARia foret,
Noire (mer).	(4)	quùm NIGRa fuisset
Azoph (mer).		in ASOPHum
Casp-ienne (mer).	(5)	CÆSPitantem nata ;
Rouge (mer).	(6)	RUGientis
Indes (mer des).	(7)	INDumentum pater monuit
Pacifique (mer).	(8)	ut PACIFICaret nata.

(1) *Océan*, grande mer qui environne la terre ; de AUCEENS, participe présent de *auceo*, vieux mot qui n'est plus usité actuellement qu'à son participe passé *auceus* ou *aucetus*, dont le radical est *augeo*, augmenter, accroître ; au figuré, secourir, favoriser, etc. (auxiliaire). Cette expression avait pour but de symboliser la grande mer qui *s'accroît*, *s'augmente* du tribut de tous les fleuves pour *porter* ensuite *l'abondance* et *la fertilité* sur la terre au moyen des pluies sorties de son sein. Le surnom d'*Atlantique* appliqué à cette division indique que cette portion d'eau doit s'étendre depuis la côte orientale de l'ancien monde jusqu'à la côte occidentale du nouveau ou Amérique, désignée autrefois sous le nom d'Atlantides.

(2) *Codanus sinus*, ou *Codenus sinus*, aujourd'hui mer Baltique, de *codium*, fourrure, écharpe faite de peau ; allusion à la configuration de cette mer intérieure simulant une espèce de bande ou d'écharpe.

(3) *Intrarium mare*, mer intérieure ou méditerranée, de INTRARins, intérieur ; au figuré, intime, ami, etc. Allusion à la tranquillité ordinaire des eaux de cette mer, et à la sérénité de l'air, entretenue par les vents presque constants du nord.

(4) *Euxinus pontus*, de OCCINare, qu'on prononça *Euxin-us*, et que l'on confondit avec son homophone grec εὔξενος (o = ou et eu), faire entendre un chant de mauvais augure ; au figuré être défavorable ; et de *pontus*, mer, mot employé dans le même sens que son synonyme grec ποντος, mer ; comme si l'on disait la mer Euxin, et non pas le *Pont* Euxin ; allusion aux tempêtes qui bouleversent continuellement cette mer, souvent obscurcie par les brouillards qu'y chassent les vents du nord.

(5) *Casp-ium mare*, de CÆSPitare, qu'on prononça *casp-ium* (a = æ), radicaux CÆSPes et RITere, tomber sur le gazon, trébucher. Mer qui tire son nom des Caspiens, peuples voisins dont le pays est hérissé de montagnes escarpées qui présentent continuellement des passages étroits et difficiles.

(6) *Marc Erythr-æum*, mer ainsi appelée d'une ville d'Asie nommée *Erétry*, réputée par l'abondance de ses troupeaux, ARATRI ; c'est de là que les poètes ont feint qu'Hercule emmena les bœufs de cette contrée en Italie. L'étymologie de ce nom est effectivement ARATRI, génitif d'*arater*, bœuf de labour ; depuis la nouvelle vélation on a confondu ce nom avec son homophone grec ερυθρος, rubrum, *rouge*, mot qui présentait à l'esprit de ceux qui ignoraient le vrai sens de mer ROUGE l'idée de la couleur rouge. Cette similitude de son a fait altérer le mot latin *Erythra*, qu'on aurait dû prononcer comme en français *Erethra* ou *Erétry*, ARATRI. Allusion au danger que l'on court en naviguant sur cette mer qu'on est obligé de *sillonner* en tous sens (*arare*), afin d'éviter les pointes de rochers et les bancs de sable que l'on y rencontre.

(7) *Ind-icus oceanus*, l'Océan indien, c'est-à-dire mer qui baigne les côtes de l'Inde.

(1) *Océan atlant-ique*, ancienne dénomination conservée.

(2) *Baltique* (mer), de BALTeum, écharpe ; même sens que *codium*, fourrure.

(3) *Méditerranée*, ou qui est au milieu des terres ; même sens que mer intérieure.

(4) *Mer noire*, de NIGER, noir, obscur, orageux ; au figuré, cruel, méchant, de *mauvais augure* ; même sens que *occinare*.

(5) *Mer caspienne*, ancienne dénomination conservée.

(6) *Mer rouge*, de RUGIO, dont le synonyme est *rudo*, braire ; *rugientis*, d'un animal qui brait, d'un âne, qu'on prononça rouge en donnant à l'U le son de *ou*. Cette étymologie n'a aucun rapport avec la couleur *rouge*.

(7) *Mer des Indes*, ancienne dénomination conservée.

(8) *Mer pacifique*, qui se trouve au couchant de l'Amérique. Cette qualification de *pacifique* a remplacé le mot ancien Océan, joint à celui de *Indus*. (*Oceanus indicus*).

LITTÉRAL.

Dùm camerariæ auccentes essent in lentam in quam athletæ fuerant balteô : Tandis que les suivantes se montraient favorables envers la femme aux pas lents, qu'elles avaient combattue avec une écharpe.

Quùm nata nigra fuisset in asophum cæspitantem, nedùm intraria foret : Puisque la jeune fille s'était montrée méchante envers lui sous la forme d'un insensé trébuchant, bien loin de le traiter avec intimité.

Pater monuit indumentum rugientis, ut nata pacificaret : Jupiter prend le déguisement d'un âne remplissant l'air de ses mugissements plaintifs, afin que la jeune fille vienne apaiser cet animal.

LITTÉRAL.

Dùm camerariæ auceentes essent in lentam in quam athletæ fuerant codiò : Tandis que les suivantes se montraient secourables envers la femme aux pas lents, qu'elles avaient combattue avec une écharpe fourrée.

Quùm nata monuisset occinare in cœspitantem in pontò, nedùm intraria foret : Puisque la jeune fille avait été défavorable envers lui trébuchant dans l'eau, bien loin de le traiter avec intimité.

Pater monuit indumentum aratri (rugientis) ut nata auceens foret : Jupiter prend le déguisement d'un âne de charrue, afin que la jeune fille se montre secourable envers cet animal.

SUBDIVISION DE LA GRANDE BRETAGNE,

COMPRENANT L'ÉCOSSE, L'ANGLETERRE ET L'IRLANDE.

(Voyez Atlas de Vaugondy).

Il est maintenant impossible de suivre la pensée des auteurs de ces légendes et de faire ressortir les allusions qui donnèrent naissance à ces dénominations diverses, le temps ayant effacé les nuances qui pouvaient alors exister entre les différents peuples ; il est à remarquer aussi que les prêtres ont fait concourir au complément des légendes nouvelles les noms des comtés ou provinces empruntés aux villes principales.

DÉNOMINATIONS ANCIENNES DES PEUPLES D'ÉCOSSE.

Meret-æ.	MERETricem
Cornab-ii.	dùm CORONABant (rad. corn-u)
Carn-i.	CARNifices
Log-i.	LOGos
Cant-æ.	CANTantem
Carnovac-æ.	quam CARNificare NOVACulà
Ceron-es.	CERRONes monuerant ;
Epid-ii.	EPIDicticum
Caden-i.	CADENtem
Caledon-i.	CALIDè nedùm DONaret nata,
Vagomag-i.	VAGUM MAGum
Taxal-i.	quùm TAXare monuisset in SALò
Vanidicont-es.	VANIDICas CONDentem ;
Pict-i.	PICTuram
Vectrion-es.	VECTorii TRIONis
Damn-ii.	DAMNosi monuit pater,
Meat-æ.	ut MEATum
Novant-æ.	ad NOVANDum
Seligov-æ.	SELIGeret COVinarii nata.

LITTÉRAL.

Dùm cerrones carnifices coronabant meretricem cantantem logos quam monuerant carnificare novaculà : Tandis que les suivantes meurtrières par étourderie gorgeaient de nourriture cette femme debauchée chantant des plaisanteries, qu'elles avaient déchirée comme avec un couteau.

Quùm nata monuisset taxare magum vagum condentem vanidicas in salò, nedùm donaret calidè epidicticum cadentem : Puisque la jeune fille avait fait injure à lui sous la forme d'un sorcier vagabond débitant des sornettes au milieu de l'eau, bien loin de combler chaudement de ses bienfaits ce railleur chancelant.

Pater monuit picturam vectorii trionis damnosi, ut nata seligeret ad novandum meatum covinarii : Jupiter prend la forme d'un bœuf de charrue malade, afin que la jeune fille aille cueillir quelque chose, afin de réconforter l'allure de cet animal de charroi.

DÉNOMINATIONS NOUVELLES DES PROVINCES D'ÉCOSSE.

Ederisdacheul.	EDERIS, STACULis
Strath-navern.	STRATam NAVè dùm VERNarent
Catness.	quam CATENaverant NASa (a = æ)
Southerlande.	SUDARiò RELENTescentem
Ross.	RUSticantem camerariæ ;
Inverness.	quùm IN-VERNare monuisset NASa,
Murray.	MURRà (murrhinâ)
Banff.	BAMBatum, (rad. baphia)
Buchan.	BUCcâ CANTantem nata,
Aberdeen.	nedùm APERTa foret DÈIN
Marinis.	MARINIS
Angus.	ANGUStiis
Gauric.	in CAURIentem.
Perth.	PERDiti
Athol.	ETHOLogiam
Badenoch.	BATINi OCCantis
Lochaber.	LOGis CAPERe monuit pater,
Broadalbain.	BRUti ut AD-ALBENs foret (alba)
Perth.	in PERDitionem nata ;
Cantyr.	CANTantem quùm DIRuisset
Knapdal-argil.	GNœum NEPOTALem, ARCHILochium
Cauval.	ad CAVendum nedùm VALeret nata.

LITTÉRAL.

Dùm camerariæ vernarent navè relentescentem stratam ederis, staculis, rusticantem nasa quam catenaverant sudariò : Tandis que les suivantes faisaient soigneusement reprendre vigueur à la femme aux pas lents, entourée de lierre et de feuilles de vignes, et chantant des plaisanteries d'un style grossier, qu'elles avaient liée avec un mouchoir.

Quùm nata in-vernasset bambatum murrhâ, cantantem nasa buccâ, nedùm aperta foret dein in caurientem in angustiis marinis : Puisque la jeune fille (n'avait pas redonné de la vigueur) avait laissé languir lui imbibé d'un vin aromatique, chantant des plaisanteries à plein gosier, bien loin de se montrer ensuite bonne à l'égard de cet homme qui hurlait comme une bête féroce dans un pas difficile au milieu de l'eau.

Pater monuit capere logis ethologiam occantis batini perditi ut nata adal- bens foret in perditionem bruti : Jupiter prend par plaisanterie la forme d'un bœuf de paysan ruiné, afin que la jeune fille se montre compatissante envers la ruine de cet animal épuisé.

Quùm nata diruisset cantantem cnœum nepotalem, nedùm valeret archilochium ad cavendum : Puisque la jeune fille avait maltraité cruellement lui sous la forme laide d'un chanteur débauché, bien loin de veiller avec soin à la conservation de ce railleur.

Dumbritton.	quam DOMuerant dùm PRÆDarentur DONis
Sterling.	STERLilia LINGuosam,
Monteith.	MONentem THETica,
Strat-herne.	STRATam HERNià, (ερνος, rameau)
Fife.	ad VIVificandam camerariæ,
Lothiane.	in LOTANtem (rad. lotio)
Bervic.	quùm PERVICax fuisset nata,
Tivot (Dale).	nedùm DIVitaret VOTa
Liddis (Dale).	LYDia DICentem ;
Esk (Dale).	ESCis
Roxburg.	RUStici BURici
Peebles.	ad PABULandam (a = æ, suppr. de l'U)
Clydes (Dale).	CLADem (a = æ, æ = i)
Reinfrew.	ut RE-INFERVeret nata,
Cun-ingham.	GAUNacem NINGuidam CHAMi
Kille.	CILli monuit pater ;
Caric.	CARICum
Wicton.	VICTibûs nedùm DONaret
Circoudbrigt.	CIRCUITû DEPRÆDICTantem, (suppr. du D)
Dumfries.	quùm DOMuisset FRIGEScentem (suppr. du G)
Annan- (Dale).	ANNANdo nata.

NOTA. La manière de prononcer et d'écrire des Anglais a apporté quelques changements dans l'orthographe des mots latins dont sont formés les noms de leurs comtés (ou schires), et de leurs villes ; je laisse désormais au lecteur le soin facile de les rétablir à l'aide de la traduction qui se trouve en regard, car l'espace dans lequel je suis circonscrit ne me permet pas de faire des remarques explicatives trop nombreuses, ni de donner tous les radicaux des mots composant les légendes.

LITTÉRAL.

Dùm camerariæ prædarentur donis ad vivificandam linguosam monentem sterilia thetica, stratam herniâ, quam domuerant : Tandis que les suivantes secourables gorgeaient de nourriture, afin de la raviver, la femme bavarde débitant à tort et à travers des sentences inutiles, entourée de feuillage, qu'elles avaient combattue.

Quùm nata pervicax fuisset in lotantem, nedùm divitaret dicentem vota lydia : Puisque la jeune fille s'était montrée opiniâtre envers lui sous la forme d'un baigneur, bien loin de traiter splendidement ce chanteur de formules funèbres.

Pater monuit gaunacem ninguidam celli chami geri ut nata re-inferveret ad pabulandam escis cladem burici rustici : Jupiter prend l'habit velu, d'une blancheur égale à celle de la neige, d'un âne soumis au frein, afin que la jeune fille vienne avec une nouvelle ferveur repaître avec de la nourriture ce bœuf de charrue ruiné; -- Quùm nata domuisset frigescentem annando, nedùm donaret victibûs caricum de-prædictantem circuitû : Puisque la jeune fille avait combattu lui tombant de langueur en nageant, bien loin de refaire avec de la nourriture cet homme vil débitant des prophéties ambigües.

PEUPLES ANCIENS DE LA GRANDE BRETAGNE.

Cette subdivision comprend : BRITANNIA SECUNDA, MAXIMA CÆSARIENSIS, FLAVIA CÆSARIENSIS.

Silur-es.		SILos LORÔ
Demet-æ.		DEMETientem
Ordivic-es.	(1)	dùm ORTIVæ essent VITiosos
Gangan-i.	(2)	quam CINGere monuerant in GANeonem camerariæ ;
Otaden-i.	(3)	UDATum nedùm TENeret
Brigant-es.	(4)	PRÆCANTantem ($æ = i$)
Paris-ii.		PARiter, quùm RISisset nata ;
Cornav-ii.	(5)	ut CORONaret NAVIter
Curitan-i.	(6)	CURITANtem
Dobon-i.		TOPer BONa,
Catieuclan-i	(7)	CADUCitate CLINati
Sceni-magni.		SCENA MANNI usus fuit pater.

(1) *Ordivices*, de *ortiv-us* (orior), dont le radical est ὀρτός, juste, équitable, etc.

(2) *Gangani*, de (CING-o), qu'on prononça *cang* (in = au).

(3) *Otaden-i* ou *Oudadeni*, de UDATus (rad. *udo*), vieux verbe synonyme de *unpo*, employé ici à son participe passé, actuellement inusité.

(4) *Brigant-es*, de PRÆCANTari, prédire l'avenir, prophète, d'où le mot *præcantator*, celui ou celle auxquels les gens superstitieux avaient recours pour prévenir l'effet d'un maléfice prétendu ; plus tard, on donna à ce mot l'extension de *sorcier* (SORTem SCIRE, savoir l'avenir), de *trompeur, imposteur* et *brigand*; celui qui trompe, dupe, etc.

(5) *Cornavi-i*, de coron-o (rad. *corau*), remplir jusqu'aux bords.

(6) *Curitani*, de *curito*, fréquentatif de *curro* (rad. *currus*), cheval de charroi.

(7) *Catieuclan-i*, de *caduc-itas* (rad. *caduc-us, cado*), qu'on prononça *cadiuc*, par la transposition de l'*i*.

LITTÉRAL.

Dùm camerariæ ortivæ essent in ganeonem dementientem silos vitiosos quam monuerant cingere lorô : Tandis que les suivantes se montraient équitables envers la femme débauchée (la bacchante) débitant à tort et à travers des mauvais vers satyriques, qu'elles avaient liée avec une écharpe.

Quùm nata risisset udatum præcantantem pariter nedùm teneret : Puisque la jeune fille s'était moquée de lui mouillé, débitant également des prophéties, bien loin d'en prendre soin.

Pater ususfuit scenâ manni clinati caducitate ut bona toper coronaret naviter curitantem : Jupiter se sert de la représentation comique d'un mauvais cheval tombant de caducité, afin que la jeune fille compatissante vienne de suite gorger de nourriture, avec le plus grand soin, cet animal de course.

ANCIENNE PRINCIPAUTÉ DE GALLES ET DE NORTUMBERLAND.

Glamorgan.		CLAMORe RECANentem
Carmarthen.		CARMina MARcidam quam RETINuerant
Pembrok.		PAMPinô BRUCam
Cardigan.		CARDiacis dùm DICANtes essent
Brecknoc.		ad PRÆGNandam NOCuæ camerariæ ;
Radnor		RADentem TENORe
Mongomery.		quam MONuerant COMARI ($a = æ$)
Flint.		FLANDô,
Merioneth.	(1)	MIRIONem NETes
Caernarvan.	(2)	CARINantes NERVINas
Denbigh.		dùm TEMPerarent PIGentes camerariæ.
Montmouth.		MONuit MUTationem
Herefort.	(3)	ARUANtis, ut FORTificaret (ARV)
Strop.	(4)	SCRUPedam
Chester.		SESTERtiô nata.
Lancaster.		LINGuacem in CASTERiâ
West-Morland.	(5)	quùm VASTare monuisset MORum RELENTescentem,
Cumberland.	(6)	nedùm in CUMâ PERLENTum
Nortumberland.	(7)	NAUTRium TUMeret PERLENTum
Durham.		ad DURAMentum
York (Riding).	(8)	JURGatrix (RIDendo TINGentem.)

(1) *Caernarvan*, de CARINari, qu'on prononça CAIRN, par la transposition de l'R.

(2) *Merioneth*, de MIRION, petite figure contrefaite, qu'on prononça *merion* en anglais et *marion* en français, et NETe corde, d'où le mot français *marionnettes*, petites figures contrefaites qu'on fait mouvoir avec des ficelles.

(3) *Herefort*, de ARUantis (*aruo*, labourer), animal de labour.

(4) *Shrop*, de SCRUPeda, boiteux, qu'on prononça *shrop*, en donnant au C le son de S.

(5) *West-Morland*, de VASTare, ravager, mettre à mort, etc.; d'où fut tiré le mot français *ouest* ou *occident*, occidere, tomber, tuer, etc.; VASTatus sol, soleil ruiné, qui n'a plus de force, qui se meurt. Ces deux mots ont la même signification.

(6) *Cumberland*, de CYMa, dont le radical est χυμα, flot, eau. Ce mot a suivi la prononciation de son radical *cuma*.

(7) *Nort-lumberland*, de NAUTRius, *nautria*, homme ou femme qui fait le métier de pilote, qu'on a prononcé NORTins par la transposition de l'R, d'où le mot français *nord* (désignant la partie du ciel opposée au midi) ou *septentrion*, septem triones, les *sept bœufs* de *labour*, ou les sept étoiles composant le chariot.

Du mot *nautria* les Latins ont fait leur déesse *Nortia*, ou la *Fortune*, qu'on représentait debout, appuyée sur le timon d'un navire, et à laquelle les anciens sacrifiaient avant de s'embarquer, afin qu'elle leur fût favorable. Allusion *aux étoiles polaires* qui, dans ces temps reculés, servaient de guides aux navigateurs, et les *favorisaient* dans leurs voyages. Ce fut cette raison qui fit placer au ciel la figure allégorique du *navire Argo*, dont une des étoiles (Canope), la plus rapprochée du pôle austral, fut pour eux une seconde étoile polaire, et le *vaisseau* un autre *chariot*, par opposition à celui du pôle boréal.

(8) *Yorck*, de JURGatrix, qui s'est prononcé *iourk* ou *iorg*, en donnant au *j* le son de *i*.

LITTÉRAL.

Dùm camerariæ pigentes temperarent mirionem radentem tenore netes nervinas carinantes, flandô, quam monuerant comari : Tandis que les suivantes repentantes calmaient la femme contrefaite raclant sur le même ton les grosses cordes satyriques de son instrument, en parlant avec emphase, qu'elles avaient liée avec une écharpe en guise de coiffe.

Dùm camerariæ nocuæ dicantes essent ad prægnandam marcidam quam retinuerant, brucham pampinô, recanentem clamore carmina : Tandis que les suivantes coupables se dévouaient afin de gorger de nourriture la femme flétrie qu'elles avaient liée, cette femme abrutie par le vin et déclamant à grands cris des vers satyriques.

Pater monuit mutationem aruantis ut fortificaret scrupedam sestertiô : Jupiter prend la métamorphose d'un animal de charrue, afin que la jeune fille vienne réconforter cet animal ruiné par le travail du labourage (rendu boiteux par la charrue).

Quùm nata jurgatrix monuisset vastare morum linguacem relentescentem in casteriâ, nedùm tumeret ad duramentum nautrium perlentum tingentem ridendo in cumâ : Puisque la jeune fille querelleuse avait maltraité lui sous la forme d'un insensé parlant à tort et à travers étendu dans un port, bien loin de gorger de nourriture, afin de le raviver, ce pilote nonchalant se trempant dans l'eau en débitant des railleries.

ANCIEN ROYAUME DE MERCIE ET D'EST-ANGLES.

Lindsey.		LENTEScentem dùm SEDarent
Kesteven.		QUÆSTuariam DIVINatricem
Lincoln.		LINGuacem COLONicas
Nottingham.		NOTas TANGentem CHAMÔ
Darby.		quam TURBIdare monuerant ; (rad. Τυρβος)
Stafford.		STABulantem ut FORTificaret
Worcester.		URum SESTERtiô,
Glocester.		CLUCIdatum SESTERtiô nata,
Warwick.		VERVagentis FICtionem
Leicester.	(1)	LASsati SESTERtiô, ($a = æ$)
Rutland.		RUTELIà LENTi pater monuit ;
Northampton.		in NAUTRium quùm TEMTor fuisset TONando
Huntington.		in UNDa TINCtum, DONis,
Bedford.		sicuti BETisantem FORTificarent
Cambridge.	(2)	quam CAMÔ PRÆTEGcre monuerant camerariæ,
Norfolk.	(3)	NAUVRagum nedùm FULCiret
Suffolk.		nedùm SUFFULCiret nata.

(1) *Wor-cester*, sestertium, instrument de labourage en général.

(2) *Cambridge*, bridge PRÆTEGere, qu'on prononça *pritege* ou *bridge*. ($æ = i$)

(3) *Norfolk*, de NAUFRagum, qu'on prononça NORV, par la transposition de l'R, et FOLK, de FULCIO, qu'on prononça *foulc* ou *folc*, en donnant au C le son du K.

LITTÉRAL.

Dùm camerariæ sedarent linguacem quæstuariam, divinatricem, lentescen-tem, tangentem notas colonicas, quam monuerant turbidare chamò : Tandis que les suivantes apaisaient cette femme débauchée, aux pas lents, débitant à tort et à travers des propheties qu'elle accompagnait de chants rustiques, et qu'elles avaient tourmentée avec une écharpe en guise de muselière.

Pater monuit fictionem vergagentis lassati sestertiò, lenti rutellà, ut nata fortificaret urum stabulantem sestertiò, elucidatum sestertiò : Jupiter prend la forme d'un animal de labour, fatigué par la charrue, fatigué par la herse, afin que la jeune fille vienne réconforter ce bœuf obligé de garder l'écurie, fatigué par la charrue, ruiné par le travail de la charrue.

Quùm nata temptor fuisset iu nautrium tinctum in undà tonando, nedùm fulciret, nedùm suffulciret donis naufragum sicuti camerariæ fortificarent be-tizantem quam monuerant prætegere chamò : Puisque la jeune fille s'était mo-quée de lui sous la forme d'un pilote trempé dans l'eau en ébranlant l'air de ses cris, bien loin de conforter, de réconforter par ses présents ce naufragé, de la même manière que les femmes de chambre réconfortaient la femme débau-chée qu'elles avaient tout-à-l'heure liée avec une écharpe en guise de muse-lière.

BRITANNIA PRIMA. — ANCIENNES PROVINCES D'ESSEX, KENT, SUSSEX ET WEST SEX.

(VOYEZ ATLAS DE VAUGONDY).

Trionbant-es.	(1)	TRIONis PANDiculantis
Cant-ii.		CANTherii
Regn-i.		REGNum monuit pater,
Segontiat-i.		ut SECUNDaret THIASitate nata.
Bibroc-i.		BIBacitate BRUCam
Ancalit-es.		in INCALantem LITè
Atrebat-es.		dùm ADREPentes essent quam BATuere monuerant ;
Belg-æ.	(2)	PELAGò
Durotrig-es.		quùm DURa fuisset in ROTantem, TRIConem
Damnon-ii.		nedùm TUMeret nata sicuti NONNam tumebant came-rariæ.

(1) *Trionbantes* ou *Trinobantes.*

(2) *Belgæ*, Belge, de PELAGus, qu'on prononça *Pelga* ou *Belge*, par la transposition de l'*a* ou *æ*. Ce nom adjectivé fait Belgique, *pelagicus*, marin.

LITTÉRAL.

Pater monuit regnum cantherii trionis pandiculantis ut nata secundaret thiasitate : Jupiter prend la forme d'un âne de charrue ruiné, afin que la jeune fille vienne secourir cet animal avec intimité.

Dùm camerariæ adrepentes essent in brucam bibacitate, incalantem lite quam monuerant batuere : Tandis que les suivantes étaient les très-humbles servantes de cette femme appesantie par la boisson, rassemblant autour d'elle la multitude par ses chants désordonnés, qu'elles avaient maltraitée.

Quùm nata dura fuisset in rotantem in pelagò, nedùm tumeret triconem sicuti camerariæ tumebant nonnam : Puisque la jeune fille s'était montrée cruelle envers lui tournant en rond dans la mer, bien loin de gorger de nour-riture ce sophistiqueur, de la même manière que les femmes de chambre gor-geaient la bacchante.

Essex.	(1)	ASsi, SACcei, (saccarii)
Kent (Canter).	(2)	CANTerii
Sussex.		SAUCiationem (SACcei)
Surrey.		SCURRA monuit pater, (a = æ)
Midlesex.		ut MITigatum DELETione SACceum
Hertford.		ARTe FORTificaret nata ;
Buckingham.		BUCCulentam quam CINGere CHAMò monuerant
Oxford.		OXymora dùm FORTificarent (rad. ὀξύς)
Perk.		PRECantem (inversion de l'r)
Hamp.		AMBagiosa camerariæ ; (rad. amb-io)
Wilt.		VILITanter
Dorset.		quùm TORSisset in CETariis
Somerset.		SUMMERsantem, in CETariis
Devon.		DAVum PHONascum
Cornwal.		ad CORONandum nedùm VALeret nata.

(1) *Es-sex*, de SACC-us pour *saccarius*, porteur de sacs, de bât. (sax = sex)

(2) *Kent*, abréviation de *Kenterburi*, CANTerii BURIci, âne, rosse.

LITTÉRAL.

Pater monuit scurrà sauciationem cantherii saccei, assi, ut nata fortificaret arte sacceum mitigatum deletione : Jupiter simule par plaisanterie la maladie d'un âne de charge exténué, afin que la jeune fille vienne réconforter avec soin cet animal de charge ruiné par le travail.

Dùm camerariæ fortificarent bucculentam præcantem oxymora ambagiosa, quam monuerant cingere chamò : Tandis que les suivantes réconfortaient cette bacchante débitant à haute voix des vers satyriques pleins d'ambiguités, qu'elles avaient liée avec une écharpe en guise de muselière.

Quùm nata torsisset vilitanter summersantem in cetariis, nedùm valeret ad coronandum davum phonascum in cetariis : Puisque la jeune fille avait traité ignominieusement lui se trempant dans l'eau d'un évier, loin de rien faire, afin de gorger de nourriture cet homme fourbe débitant des chansons au mi-lieu de cet évier.

PEUPLES ANCIENS D'IRLANDE, — COMTÉS D'IRLANDE COMPRIS DANS LES PROVINCES D'ULSTER ET CONNAUGT.

Comprenant : BRITANNIA MINOR, SEU IVERNIA.

Venien-i.		ut VENIENs,
Robocti-i.		ROBoraret OCCATorem nata,
Darn-ii.	(1)	DARNiis,
Volunt-ii.		VOLUNTate,
Ertinn-i.		ARTibûs HINni usus fuit pater ;
Nagnat-æ.		de NAChà GNATæ
Auter-i.		dùm UTERentur benè
Gangan-i.		quam CINGere GANeone monuerant camerariæ ;
Cauc-ii.		nedùm CAUSa foret
Blan-ii.		in PLANum
Manap-ii.		MANABilì
Corriond-i.		in CORRIVatione UNDantem nata,
Brigant-es.		in PRÆCANTantem
Vot-iæ.		VOTa
Velabr-i.		VELABRensia
Ivern-i.		quùm HYBERNasset.

(1) *Darnii*, de *Dardanius*, par contraction *Darnius.*

LITTÉRAL.

Pater volontate usus fuit dardantis artibûs hinni, ut veniens nata roboraret occatorem : Jupiter par caprice emploie l'artifice magique d'un âne, afin que la jeune fille vienne conforter cet animal de charrue.

Dùm gnatæ (camerariæ) uterentur benè de nachà ganeone quam monuerant cingere : Tandis que les jeunes suivantes traitaient splendidement cette bac-chante de basse condition, qu'elles avaient liée avec une écharpe.

Quùm nata hybernasset in præcantantem vota velabrensia, nedùm cauta foret in planum undantem in corrivatione manabilì : Puisque la jeune fille s'était montrée cruelle envers lui sous la forme d'un bouffon débitant à tort et à travers des imprécations dignes des halles (style de halles), bien loin de se montrer propice envers ce trompeur qui se baignait dans l'eau courante d'un évier.

Donagal.		dùm DONarent NACham GALcâ
Tyrone.		TIRONes,
Londondery.	(1)	LAUDes TONantem DERIdiculas
Antrim.		quam INTERIMere monuerant ;
Dowen.	(2)	nedùm DUONa foret
Ardmagh.		ARDore in MAGum
Firmana.		FIRMatum in MANAtione
Monagan.		quemadmodùm in MONACham GANeonem
Cavan.		CAVENtes essent camerariæ,
Leitrim.		quùm LÆDere TRIMma monuisset nata ;
Siligoe.	(3)	CILLI COHI
Mayo.		cum MALLeò, (malleo = maio)
Roscommon.		RUSCUM ut MUNiret nata,
Galvay.		CALVEre monuit pater.

(1) *London*, de *Laudes* (rad. λαω, λαον), qu'on prononça *Laound* ou *Lund* ; londinium, LAUDes TINnientem, ou LAUDes TONantem.

(2) *Dowen*, de DUONa, vieux mot, pour *bona.*

(3) *Siligoe* ou *Sligoe*, par élision.

LITTÉRAL.

Dùm tyrones donarent nacham tonantem laudes deridiculas quam monue-rant interimere galeâ : Tandis que les jeunes filles comblaient de bienfaits la femme de basse condition débitant à grands cris des oraisons ridicules, qu'elles s'étaient avisées de maltraiter cruellement en lui couvrant la tète d'une espèce de casque.

Quùm nata monuisset lædere trimma nedùm duona foret ardore in magum firmatum in manatione, quemadmodùm camerariæ caventes essent in mona-cham ganeonem : Puisque la jeune fille avait traité cruellement lui tel qu'un maître fourbe, bien loin de se montrer chaudement compatissante envers ce prophète établi au milieu de l'eau, de la même manière que les femmes de chambre se montraient soigneuses envers la bacchante plongée dans la débau-che.

Pater monuit calvere cum malleò cilli cohi, ut nata muniret ruscum : Ju-piter veut la tromper avec la fourbure d'un âne de charrue (veut la tromper en prenant la forme d'un âne de charrue fourbu), afin que la jeune fille vienne réconforter lui épineux (rusé).

COMTÉS D'IRLANDE COMPRIS DANS LES PROVINCES DE MUNSTER ET LEINSTER.

Clare.	CLARicitantem
Limeric.	quam LIMARe RICâ monuerant
Kerry.	CERRitam
Corke.	CORGô
Waterford.	dùm VADERent ad FORTificandam camerariæ ;
Tipperarit.	TYPum PERARIDi
Kil Keni.	CILLi monuit pater SENIô (c = k)
Kings (County). (1)	SANCitum, (COMTÉ)
Kildare.	CILlum ut DARE moneret nata ;
Casterlagh.	in CASTERiâ RELAXatum
Vexford.	quùm VEXasset nedùm FORTificaret
Wiclow.	FÆCosi GLUViam nata, (æ = i)
Dublin.	sicuti DUPLANtem
Louth.	LUDos,
Eats Meath. (2)	ad EXTandum MEATum
West (Meath)	quem VASTaverant (MEATum),
Longfort.	LONGé FORTificarent camerariæ.

(1) *Kings Counti*, que les Anglais ont traduit par *Comté du Roi*. Cette erreur, qui prend sa source dans la ressemblance phonétique des mots, se fait remarquer chez tous les peuples, et particulièrement en France, où on a écrit *Choisy le Roi*, *Bourg la Reine*, etc. Le mot *kings*, roi (reg-ere), vient probablement du mot latin SANCire, ordonner, commander, etc., qu'on prononce *kings*, en donnant à l'S et au C le son dur du K, comme on a dit *kit-kent* au lieu de *cil-seni* ; le mot *Comté* est également latin et signifie d'une manière soignée. On a confondu ce mot avec son homonyme *Comté* (province), comme en France, dans *Franche-Comté*.

(2) *East Meath*; *east* ou *est*, de *exst-o*, s'élever, etc., d'où le mot français *est*, côté où le soleil se lève; *orient*, oriens, se levant.

LITTÉRAL.

Dùm camerariæ vaderent ad fortificandam corgô cerritam claricitantem quam monuerant limare ricâ : Tandís que les suivantes allaient et venaient afin de réconforter promptement la bacchante déclamant à haute voix, et qu'elles avaient tourmentée cruellement avec une écharpe.

Pater monuit typum cilli peraridi, ut nata moneret dare comté cillum sancitum seniô : Jupiter prend la forme d'un âne exténué de maigreur, afin que la jeune fille vienne combler de soins cet âne rendu respectable par la vieillesse.

Quùm nata vexasset relaxatum in casteriâ nedùm fortificaret fœcosi gluviam, quemadmodùm camerariæ longé fortificarent duplantem ludos, meatum ad exstandum quem vastaverant : Puisque la jeune fille avait vexé lui étendu au milieu d'un port, bien loin de rassasier la gloutonnerie de cet homme sâle, afin de le réconforter de la même manière que les femmes de chambre réconfortaient d'une manière soignée la bacchante composant des scènes comiques, afin de raffermir la marche de cette femme qu'elles avaient maltraitée.

NOTA. Les auteurs n'ont pu suivre une construction de phrase régulière dans la composition de ces légendes formées en partie par les noms des capitales des comtés qui concourent eux-mêmes, suivant leur position géographique, au complément des légendes particulières à chaque localité, et qu'il a fallu prendre à la suite, sans jamais intervertir l'ordre dans lequel ils sont placés.

SUBDIVISION NOUVELLE DU DANNEMARCK.

Alborg (diocèse de).	nedùm ALBa foret in PORGentem nata,	
Viborg *id.*	VIBicibùs (PORGentem)	
Arhus.	quùm ARROSisset	(u = o)
Ripen.	RIPENsem	
Sleswick (duché de). (1)	SALASSUEGum ;	(a = æ, æ = i)
Dithmarsen.	dùm DITarent MARCENtem	
Holstein. (2)	ULICe STEGNam	
Wageren.	VACERosam RENalî	
Stormaren.	quam STOReare monuerant MARINô camerariæ ;	
Mecklembourg. (3)	MEGALINeamentum BURici monuit pater,	
Brandebourg.	PRANDiis BURicum	
Lunebourg. (4)	ut LUENS foret (λυον ((BURicum (	
Lauwembourg.	in LÆVEM (BURicum) nata.	

(1) *Sleswick*, de SALASSUEGum, mot composé de *salax*, mer, et *suegum*, habitué; matelot, CLASSICus. Cette expression est synonyme de *thalassuegum*, et a la même signification, avec cette différence que dans le premier cas le radical SALACia (mer) est latin, et que dans le second, θαλασσα (mer), il est grec. *Salassueg-um* s'est prononcé *slesvic*, par l'élision du premier *a*, auquel on donna le son de æ ou *e*, et en changeant l'E en *i*.

(2) *Holstein*, de ULICe, qu'on prononça *uls*, en élidant l'*i*, et *stegnam*, de *stegnus*, vieux mot signifiant resserré, étouffé.

(3) *Mecklembourg*, de *megalineamentum*, synonyme de *megalographia*, peinture consacrée aux grands sujets.

(4) *Lunebourg*, lune, de LUENs (λυον, *loune*), mot qui a la même signification que celui de *lune*, bonne, favorable, etc. (*Voyez art.* lune ou lundi).

LITTÉRAL.

Quùm nata arrosisset vibicibùs salassuegum ripensem, nedùm alba foret in porgentem : Puisque la jeune fille avait sillonné de coups la peau de lui sous la forme d'un pilote, bien loin de se montrer propice envers cet homme étendu nonchalamment sur les bords de la mer.

Dùm camerariæ ditarent marcentem vacerosam, stegnam renalî quam monuerant storeare ulice marinô : Tandis que les suivantes comblaient de nourriture la bacchante malade, qu'elles avaient serrée avec une écharpe faite avec des joncs marins nattés.

Pater monuit megalineamentum burici ut nata foret luens prandiis ergà levem buricum : Jupiter prend la forme d'un mauvais cheval, afin que la jeune fille secourable nourrisse cet animal exténué de maigreur.

SUBDIVISION DE L'ALLEMAGNE.

Poméran-ie. (1)	PUMice ut MERENs foret	
Saxe.	in SACCeum nata,	(saccarium)
Silés-ie.	CILli LÆSi	
Bohème.	BOAM monuit pater ;	
Morav-ie.	de MORâ RAViente	
Autriche. (rik)	dùm UTERentur RICâ	
Tyrol.	quam DIRuerant RULlâ camerariæ ;	
Bavière.	in BAVium VIARium	
Suabe.	nedùm SUAVis foret nata,	
Francon-ie.	quùm FRANGere CUNIentem,	
Westphal-ie.	VASTé PHALerando	
Belgique.	PELAGICum	
Hollande.	in OLENTicis monuisset.	

(1) *Poméranie*, de PUMice (*rad. spum-a*), et MERENs : Afin que la jeune fille vienne frotter la fourrure de cet animal, jusqu'à le rendre poli comme avec de la pierre ponce.

LITTÉRAL.

Pater monuit boam cilli læsi ut nata merens foret in sacceum pumice : Jupiter prend la fourrure d'un âne malade (Jupiter prend la forme d'un âne malade de la fourbure), afin que la jeune fille vienne soigner cet animal de bât jusqu'à le polir comme avec de la pierre ponce.

Dùm camerariæ uterentur de morâ raviente quam diruerant ricâ rullâ : Tandis que les suivantes traitaient soigneusement cette bacchante débitant d'une voix enrouée toutes sortes de folies, qu'elles avaient tourmentée cruellement avec une écharpe faite d'une étoffe claire.

Quùm nata monuisset frangere pelagicum cunientem in olenticis phalerando vasté, nedùm suavis foret in bavium viarium : Puisque la jeune fille avait maltraité lui sous la forme d'un pilote se salissant dans un égoût en déclamant avec emphase, bien loin de se montrer propice envers ce mauvais poète de grand chemin.

SUBDIVISION ANCIENNE ET MODERNE DE LA FRANCE.

PREMIÈRE PARTIE DE LA LÉGENDE.

Mænap-ii		in MÆNadem NAPam
Morin-i.		MURINam
Ambian-i.		AMBIENtem
Atrebat-es.		dùm ADREPentes essent quam BATuere monuerant
Nerv-ii.		NERVô
Betas-ii.		BETizantem ad TACendam camerariæ ;
Veræ Mandu-i.		dùm VERÆ essent in MANten ad TUendam
Bello Vaci.		BELLô VACIvam,
Sylva Nectes.	(1)	SILVANas NECTentem
Suesion-es.		SUASIONe,
Meld-i.		MELOTâ (suppr. de l'o)
Carnut-es.		quam CARNIficare monuerant NUTantem camerariæ.
Tricass-es.		quam TRICare CASSide monuerant
Catalon-i.		CATALOGION (logon, suppr. du G)
Rem-i.		RIMantem
Treyer-i.	(2)	dùm TER-REVERerentur
Médiomatric-i.		MEDIOximam MATRICam camerariæ.
Vangion-es.	(3)	quam VINCire monuerant in CILLONem
Nemet-es.		NEMATibûs
Triboce-i.		TRIBulosos BUCCinantem
Leuc-i.		LUSus
Sequan-i.		dùm SEQUENtes essent camerariæ.

(1) *Sylva Noctes*, sylvanus, adjectif de *sylva*; *sylves*, pièces de poésies champêtres.

(2) *Treveri*, de *ter* et *revereri*, trois fois respecter; *tre* pour *ter*, inversion de l'*r*, d'où le mot français *trève*, respecter la parole donnée, afin de faire cesser les hostilités entre deux états qui sont en guerre.

(3) *Vangiones*, de VINCire, lier, et CILLONem, qu'on prononça *cion*, en mouillant les L.

LITTÉRAL.

Dùm camerariæ adrepentes essent mænadem betizantem ad tacendam, ambiantem napam murinam, quam monuerant batuere nervô : Tandis que les suivantes étaient les très-humbles servantes de la bacchante, afin de calmer cette femme sans force, adonnée au mauvais vin tiré du navet, qu'elles avaient tourmentée avec un lien.

Dùm camerariæ veræ essent in manten nutantem ad tuendam, vacivam bellô, nectentem sylvanas suasione, quam monuerant carnificare melotâ : Tandis que les suivantes se montraient équitables, afin de la guérir, envers la prophétesse chancelante, exténuée par la fatigue qu'elle avait endurée en débitant des pièces de poésie rustique mal cousues, qu'elles avaient tourmentée cruellement avec une écharpe fourrée.

Dùm camerariæ ter-revererentur medioximam matricam rimantem catalogion quam monuerant tricare casside : Tandis que les suivantes traitaient avec le plus grand soin cette femme de la basse classe bégayant à peine des recueils de poésie, qu'elles avaient tourmentée en lui couvrant la tête d'une écharpe en guise de casque.

Dùm camerariæ sequentes essent in cillonem buccinantem nematibûs lusus tribulosos quam monuerant vincire : Tandis que les suivantes servaient fidèlement la bacchante accompagnant sur les cordes de son instrument des chansons plaisantes, plus que graveleuses, qu'elle débitait à plein gosier, et qu'elles avaient liée avec une écharpe.

DEUXIÈME PARTIE DE LA LÉGENDE.

Ædu-i.		ADUTi monuit pater (suppr. du T)
Langon-es.		LANGuidi GAUNacô
Scenon-es.		SCENali NUNdinalis
Orelian-i.		URi, ut RELIGENs (suppr. du G)
Biturig-es		BITeret URum RIGescentem
Bo-i		BOâ
Arvern-i.		AR-VERNandum nata. (ar pour ad)
Secutian-i.		in CÆCUTIENtem
Allobrog-es.		ut ALLUBescens foret RUGientem
Helv-ii.		ALVô nata, (helveô)
Tricastin-i.		TRICASTus HINni
Sægalon-i.		SAGum CALONis monuit pater.
Vocont-ii.		FUCum CONDere
Cadurig-es.		CADucitate URi RIGescentis monuit pater,
Mimæn-i.		in MIMnm MOENiendum
Vulgient-es.		ut FULCIENs foret nata.
Sal-ii.		SALè
Desuviat-es.		DE-SUFfitum VIATorem
Volc-æ.		ut FULCiret
Cabal-i.		CABALlum nata ;
Ruten-i.		RUDENtis
Eluther-i.		ELUDERe monuit
Tectosag-es.		TECTus DOSsuarii SAGEStri pater.

LITTÉRAL.

Pater monuit aduti gaunacô scenali uri nundinalis languidi, ut nata religens biteret ad urum rigescentem boâ ad-vernandum : Jupiter se sert de l'appareil velu d'un bœuf de foire languissant, afin que la jeune fille pieuse aille vers ce bœuf dont les membres sont enraidis par la fourbure, afin de lui redonner de la vigueur.

PREMIÈRE PARTIE DE LA LÉGENDE.

Flandre.	(1)	FLUENTER
Picard-ie.	(2)	PICARIDem
Île-de-France.	(3)	ILis quam DEFRANGEre monuerant
Champagne.		CAMPANicâ
Lorraine.	(4)	LORâ RINgentem,
Alsace.		ALSIOSam dùm SATiarent
Franche-Comté.	(5)	FRINGultientem COMTE camerariæ.

(1) *Flandre*, de FLUENTER, qu'on prononça *flentra*, par l'élision de l'*u* et la transposition de l'*r* finale (rad. φλαν, *fluentia*, loquacité). Ce nom adjectivé fait Flammand, FLAMINe, avec emphase ; rad. *flo*.

(2) *Picard-ie*, de PICARIDes ou PIERIDes, filles de Piérus, qui osèrent disputer aux Muses le prix du chant, et furent changées en *pies*.

L'étymologie du mot *piéride* étant PICARum IDeam, figure de pie, parce qu'on prononça *picar* comme *piar*, par la suppression du *c*, le mot *picarides* est écrit ici selon sa vraie orthographe. Ce mot adjectivé fait *picard* par la suppression de l'*i* final.

(3) *Île-de-France*. Le mot *île* n'est pas pris ici dans le sens du mot latin *insula*, mais signifie filet (*ila*) ; de France est un seul mot composé, DEFRINGEre ou DE-FRANGEre, détruire, renverser, etc. ; il a le même sens et la même étymologie que FRANGEre, qualifiant le royaume de France. (*Voyez* France).

(4) *Champagne* et *Lorraine*, CAMPANicâ LORâ RINgentem, être animé par la piquette de la Campanie. Cette expression est une répétition de celle citée dans la légende des Apôtres, *madentem cæcubâ*, ivre du vin de Cécube, ville de la Campanie. (*Adj.* lorrain.)

Lotharing-ia, Lorraine ; LOTARia, lessive, allusion à la piquette fabriquée avec des raisins lessivés.

(5) *Franche-Comté*. Ces deux mots sont entièrement latins ; FRINGULtio, caqueter, parler à tort et à travers sans déguisement (rad. *frenum gulæ cio*, écarter le frein de la bouche) ; d'où le mot français FRANC, *franche*, qui dit sa façon de penser.

Comté, adverbe, signifiant d'une manière soignée.

Cette singularité de consonnance a fait le désespoir des historiens, qui n'ont pu assigner l'époque, ni déterminer la cause pour laquelle cette province prit le nom de *Franche-Comté* ou *Comté franche*.

LITTÉRAL.

Dùm camerariæ satiarent comté picaridem alsiosam, ringentem lorâ campanicâ, fringultientem fluenter quam monuerant defrangere ilis : Tandis que les suivantes rassasiaient d'une manière soignée la chanteuse (piéride), qui risquait de se refroidir échauffée qu'elle était tant par le feu de la piquette de la Campanie que par l'action qu'elle avait mise à déblatérer à tort et à travers, et qu'elles avaient tourmentée cruellement en l'entortillant comme dans un filet.

DEUXIÈME PARTIE DE LA LÉGENDE.

Bourgogne.	(1)	BURici GAUNacum
Nevers.	(2)	NEFARiè (a = æ)
Orléans.	(3)	URi, ut RELIGENs
Bery.		PERITè
Bourbonnais.		BURicum BONASum
Auvergne.		AD-VERNaret (ad = au)
Lyon.	(4)	LIGONizantem nata, (suppr. du G)
Dauphiné.	(5)	DAVus FINÉ
Provence.	(6)	PROBANS
Languedoc.		LANGuescentis CADUCitate monuit pater.

(1) *Bourgogne*, gauna = gaugne ou gogne ; Burgund-ia, BURici CONDitionem, la forme d'une mauvaise rosse.

(2) *Nevers*, capitale du *Nivernais* ; gaunacum NIVeum VERNilitate, etc. ; *nefariè*, même sens que *vernilitate*.

(3) *Orléans*, capitale de l'*Orléan-ais* (*ais*, terminaison française adjectivée).

(4) *Lyon*, de LIGONizans, animal de charrue ; suppression du G.

(5) *Dauphiné*, de DAVus FINÉ, expression qu'à tort on a confondue avec son homophone *dauphin*, *delphinus*.

(6) *Provence*, de PROBANS, qu'on prononça *Provance*, en changeant le B en V, comme dans *probare*, *prouver* ; on a également à tort confondu ce mot avec son homophone *provincia*, province.

LITTÉRAL.

Pater davus finé probans monuit nefariè gaunacum uri burici languescentis caducitate, ut nata religens advernaret peritè bonasum buricum ligonizantem : Jupiter, en maître fourbe, voulant, afin d'arriver à son but, faire un autre essai, prend malicieusement la forme velue d'un mauvais bœuf exténué par la caducité, afin que la jeune fille pieuse vienne redonner avec soin de la vigueur à ce mauvais bœuf de charrue.

Pater tricastus monuit sagum hinni calonis, ut nata allubescens foret in rugientem cæcutientem alvô : Jupiter, en maître fourbe, prend la forme velue d'un mulet de valet d'armée, afin que la jeune fille se montre propice envers cet animal plaintif, aveuglé par le ventre (étourdi par l'inanition).

Pater monuit condere fucum uri rigescentis caducitate, ut nata fulciens foret in mimum mœniendum : Jupiter s'avise d'inventer la ruse (prend par ruse la forme) d'un bœuf enraidi par la caducité, afin que la jeune fille vienne soutenir les forces de cet animal de comédie, en adoucissant sa peine.

Salê pater monuit eludere tectus sagestrî dossuarii rudentis, ut nata fulciret de-suffitum viatorem caballum : Par plaisanterie Jupiter veut tromper la jeune fille en se couvrant de la peau d'un âne de charge, afin que celle-ci vienne réconforter cette mauvaise rosse exténuée par la fatigue de la marche.

TROISIÈME PARTIE DE LA LÉGENDE.

Aquitan-ia.	in AQUÆDuctû TANGentem
Petrocor-ii.	PETens, TRUCulenter CORium
Cadurc-i.	CADivi quùm TORSisset
Lemovic-es.	LEMmata MOVentis VITiosa,
Centon-es.	CENTones
Picton-es.	PICtos TONanti
Tur-o.	TORis
Andegav-i.	quam INTEGere monuerant quemadmodùm CAVerent
Nemnetes.	NEMesiacæ NETibûs camerariæ,
Cænoman-i.	in CŒNô MANentem
Redon-es.	REDUNDanter
Armorica.	nedùm ARMaret MORum RIGendo nata.

LITTÉRAL.

Quùm nata petens tangentem in aquæductû torsisset truculenter corium cadivi moventis lemma vitiosa, nedùm armaret redundanter morum manentem rigendo in cœnô, quemadmodùm camerariæ caverent nemesiacæ tonanti centones pictos netibûs, quam monuerant integere toris : Puisque la jeune fille se ruant sur lui, se trempant dans un aqueduc, avait déchiré cruellement la peau de cet homme caduc débitant à grands cris des pièces de vers licencieuses, bien loin de réconforter abondamment cet insensé arrêté en grelottant au milieu d'un bourbier, avec autant de soins que les suivantes en mettaient à réconforter la diseuse de bonne fortune débitant à gorge déployée des pièces de vers mal cousues, en s'accompagnant sur les grosses cordes de son instrument, et qu'elles avaient étouffée en la serrant avec un lien.

TROISIÈME PARTIE DE LA LÉGENDE.

Gascogne.	(1)	VASCum quùm CUNeare monuisset,
Guyenne.	(2)	QUIA-NÈ
Limoge.	(3)	LIMando MUGientem
Angoulême.	(4)	ANGULosa LEMmata,
Marche (la).	(5)	quemadmodùm MARCescentem
Poitiers.	(6)	POETRIam
Tours.	(7)	TORis
Angers.	(8)	quam ANGERe monuerant (prædabantur camerariæ),
Mans (le).	(9)	in MANamine
Bretagne.	(10)	PRÆDaretur TANGentem
Normandie.	(11)	NAUTRium MANTen nata.

(1) *Gascogne*, VASCON-ia ; VASCos ou CASCus homo, homme ruiné, affamé, et CUNeare, que, d'après la règle, on prononça *Cogn*, d'où le mot français *cogner*, frapper.

(2) *Guyenne*, de *quia-nè*, pourquoi ne pas ? Cette conjonction, dont l'emploi est extrêmement rare, remplace celle de *nedùm*, presque toujours sous-entendu.

(3) *Limoge*, capitale du *Limousin* ; LIMando MUSINantem, ou *muginantem*, même sens que *mugientem*.

(4) *Angoulême*, capitale de l'*Angoumois* ; ANGULosos MODos, des vers obscurs ; *modi*, qu'on prononça *mois*, par la suppression du D, comme dans *mois*, *modi*, mesure du temps, en latin *menses*. Cette expression rend le même sens que *lemma*, pièce de vers.

(5) *Marche* (la), qu'on doit prononcer *mark*, rad. MARCor.

(6) *Poitiers*, de POETRIa, qu'on prononça *Poitier* par l'inversion de l'R finale POETIAR ; capitale du POITou ; la syllabe sourde *ou* a été ajoutée à la fin du mot comme finale, ainsi que dans ANJou.

(7) *Tours*, de TORi, corde (rad. *torqueo*), capitale de la *Touraine* ; TORiô RENali, avec une écharpe tortillée ; ce dernier mot complète le sens de *tori*.

(8) *Angers*, de ANGERe, capitale de l'*Anjou* ; ANGo, auquel on ajoute la finale *ou*.

(9) *Le-Man*, capitale du *Maine* ; MANamen (rad. *man-o*), qu'on prononce alternativement *man* et *maine*.

(10) *Bretagne*, de PRÆDari, chercher la proie, la pâture, et TANGere, se mouiller, se tremper dans l'eau, qu'on prononça *tagne*. (Voyez *Britannia*).

(11) *Normandie*, qu'on écrivait autrefois *Nort-mandie*, de NAUTRius, NAUTRia, homme ou femme qui fait le métier de pilote, qu'on prononça *nort*, par la transposition de l'R finale ; NORTius, d'où les Romains firent leur déesse *Nortia*. (Voyez art. *Angleterre*, à *Nort-tumberland*).

LITTÉRAL.

Quùm nata monuisset cuneare vascum nautrium tangentem in manamine, quia-nè prædaretur manten mugientem limando lemmata angulosa, quemadmodùm camerariæ prædabantur pœtriam marcentem quam monuerant angere toris : Puisque la jeune fille avait frappé lui sous la forme d'un pilote tombant d'inanition en se trempant dans l'eau de la mer, bien loin d'être allé chercher de la nourriture à cet espèce de prophète débitant à tue-tête des pièces de vers obscurs en se vautrant dans la boue, avec le même soin que les suivantes mettaient à nourrir la bacchante débile, qui débitait aussi des vers, et qu'elles avaient tourmentée cruellement en la liant avec une corde.

SUBDIVISION DE L'ESPAGNE.

ANCIENNE.

Gallaic-i Lucent-es.	GALeâ quam LÆSerant, LUCENTem
Gallaic-i Braccar-ii.	»　　　　BRACcis CARisetis,
Lusitan-i.	LUSITANtem,
Celt-i.	SALTantem
Vætton-es.	VATem dùm DONarent camerariæ ;
Vacce-i.	FAXEre
Astur-es.	ASTutus URi
Cantabr-i.	CANTABRum pater monuit,
Arevac-i.	AREFientem VACIVitate
Palandon-es.	PALANTem ut DONaret nata,
Turmodic-i.	TURMatim MODos DICente
Morbos-ii.	de MORBOSâ
Autricon-es.	dùm UTERentur TRICONes
Charist-i.	CHARISTicone
Vardiol-i.	quam VARiaverant RETIOLô camerariæ ;
Vascon-es.	VASCum quùm CUNeare monuisset
Ilercet-es.	HILARandi nedùm RESEDaret
Laxetan-i.	LAXATione TANgentis
Cerritan-i.	CERRITi (TANgentis)
Castellan-i.	CASTELLANi
Oscetan-i.	OSCEDinem (TANgentis)
Lalletan-i.	LALLAToris (TANgentis)
Causetan-i.	CAUSATè (TANgentis) nata.
Ilercavon-es.	HILARandæ quemadmodùm RE-CAVerent PHONascæ
Celt-i Ber-i.	SALTanti PERITè camerariæ,
Carptan-i.	CARPTorem TANgentem
Oretan-i.	ORATim (TANgentem)
Contestan-i.	CONTESTando (TANgentem)
Pastitan-i.	PASTû nedùm DITaret (TANgentem) nata,
Turdul-i.	TURDULum
Pœn-i.	quùm POENire monuisset.

LITTÉRAL.

Dùm camerariæ donarent vatem saltantem, lusitantem, lucentem braccis carisetis, quam læserant galeâ : Tandis que les suivantes comblaient de soins la prophétesse, dansant, débitant des facéties, à peine vêtue de mauvais haillons en lambeaux, et qu'elles avaient tourmentée cruellement avec une écharpe mise sur sa tête en guise de casque.

MODERNE.

Galice.	(1)	GALeâ quam LÆSerant	(æ = i)
Beir-a.	(2)	ut BEARent	
Portugal.	(3)	PORTICô GALlantem,	
Algarve.		ALGentem CARPHologiâ	
Estrémadure.		ad EXTREMum dùm MATURarent camerariæ ;	
Léon.	(4)	LECTIONem	
ASturie.		ASTutus URi monuit pater,	
Bisca-ie	(5)	ad PASCAlem	
Navarre.		ut NAVARet nata ;	
Aragon.	(6)	quùm AR-AGONista fuisset	(ar pour ad)
Catalogne.	(7)	CATALOGION,	
Valence.		nedùm VALENS foret	
Castille.	(8)	in CASTELlanum	
Murc-ie.		MURCIdum	
Grenade.		in CRENâ NATandô	
Andalous-ie.	(9)	INTALiantem LUSû nata.	

(1) *Galice*, de GALea, casque, et LÆSerant, qu'on prononça LIS. (æ = i)

(2) *Beir-a*, de *bear-e*, qu'on prononça *bæir-e*. (a = æ)

(3) *Portugal*, de PORTICus, portique, lieu où les anciens se rassemblaient pour jouer, se promener, etc. ; dont le radical est *portus*, asile, réfuge, lieu où l'on est à l'abri. Ce mot a été écrit selon son orthographe étymologique PORTUC-us, et GALlo, courir en furieux comme une bacchante, ou un prêtre de Cybèle.

(4) *Léon*, de LECTIONem, que les Romains ont écrit et prononcé LECION ou LEGION par la suppression du T ; les modernes ont prononcé ce dernier mot LÆon par la suppression du G. (rad. *lego*)

(5) *Bisca-ye*, de PASCAlis, animal qu'on fait paître, qu'on prononça *biscai*, en changeant le P en B, et en donnant à l'A le son de æ ou i. Ce mot adjectivé fait *Basque*, selon sa vraie étymologie.

(6) *Aragon*, composé de AR pour AD, contre, et AGONista, combattant. Ce mot a le même sens que l'expression française *antagoniste*, de αντί et αγωνίζομαι, combattre.

(7) *Catalogne*, de CATA-LOGION, recueil de poésies, qu'on prononça *Catalogne*, par la transposition de l'N, *Catalognio*. Ce mot adjectivé fait *Catalan*, CATA-LENea, par allusion aux fêtes de Bacchus, dans lesquelles il y avait des combats de poésie.

(8) *Castille*, de CASTELLANus ou *castellarius*, fontainier, homme préposé à la garde des réservoirs et des châteaux-d'eau, qu'on prononça *castille*, en changeant l'e en i, suivant l'étymologie du mot *casa*, maison, et *stillâ* pour l'eau. Ce mot adjectivé fait Castillan, *Castellanus*.

(9) *Andalousie*, de INTALio ; façonner en coupant, en taillant les mots, comme on le fait en poésie ; d'où le mot *cæsura*, coupure, rythme, et LUSus, jeu.

LITTÉRAL.

Dùm camerariæ maturarent ad extremum ut bearent algentem carphologiâ,

Pater astutus monuit faxere cantabrum uri, ut nata donaret palantem, arefientem vacivitate : Jupiter rusé s'avise de s'affubler de la peau d'un bœuf, afin que la jeune fille vienne combler de soins cet animal abandonné, exténué de maigreur ; — dùm camerariæ tricones uterentur charisticone de morbosâ dicente modos turmatim quam variaverant retiolô : Tandis que les jeunes querelleuses comblaient de dons la bacchante malade, débitant des vers avec volubilité, et qu'elles avaient meurtrie en la prenant comme dans un filet.

Quùm nata monuisset cuneare vascum, nedùm resedaret oscedinem castellani cerriti, lallatoris tangentis laxatione causatè hilarandi : Puisque la jeune fille avait frappé lui mourant d'inanition, bien loin d'apaiser la faim insatiable de ce fontainier insensé, criant à tort et à travers, en se trempant dans l'eau tout exprès et de la manière la plus nonchalante, afin de lui faire plaisir.

Quùm nata monuisset pœnire turdulum, nedùm ditaret pastû captorem tangentem contestando oratim, quemadmodùm camerariæ re-caverent phonascæ saltanti peritè hilarandæ : Puisque la jeune fille avait frappé cruellement lui semblable à un poisson, bien loin de gorger de nourriture ce censeur se trempant dans l'eau du rivage en sophistiquant, de la même manière que les femmes de chambre veillaient à la conservation de cette chanteuse dansant avec habileté, afin de lui faire plaisir.

gallantem porticô quam læserant galeâ : Tandis que les suivantes se hâtaient, afin de réconforter jusqu'à la fin la bacchante exténuée par ses actes de ménésie, imitant la fureur des prêtres de Cybèle en parcourant les portiques, et qu'elles avaient tourmentée cruellement avec une écharpe mise sur sa tête en guise de casque.

Pater astutus monuit lectionem uri ut nata navaret ad pascalem : Jupiter rusé choisit la forme d'un bœuf, afin que la jeune fille vienne donner des soins à cet animal rustique.

Quùm nata agonista fuisset *ad* castellanum murcidum lusû intaliantem catalogion natandô in crenà, nedùm valens foret : Puisque la jeune fille avait frappé cruellement lui sous la forme d'un fontainier nonchalant débitant par plaisanterie des pièces de vers tout en nageant dans une fontaine, bien loin de se montrer prévenante envers cet homme.

SUBDIVISION DE L'ITALIE.

ANCIENNE.

Peucest-ii.	PEUSem CESTû
Calabr-i.	quam CALABRicare monuerant
Salentin-i.	SALem LENTam TINnientem,
Brut-ii.	BRUTescentem
Lucan-ia.	LUCANicam
Apul-i Don-ii.	APULiatô ad DONandam
Irpin-i.	dùm IRREPENtes essent
Campan-ia.	CAMPANicô camerariæ ;
Samnit-es.	in SCAMMONITè
Latium.	LASCIVUM
Frentan-i.	FRENDore TANgendo
Maruscin-i.	MARis RUSticantem in SINû
Pellign-i.	quùm PELlere monuisset nedùm LINiret
Vestin-i.	quam VASTaverant TINnientem
Mars-i.	MARcescentem
Æqu-i.	ÆQUè ac camerariæ, (linirent)
Picen-um	in PISCINâ
Umbr-ia.	UMBRificantem nata. (pour imbrificantem, rad. ομβρία, pluie)
Etrur-ia.	ATRi URi
Tusc-ia.	(DOSsuarii)
SCEnon-es.	SCENam NUNdinalis monuit pater
Lingon-es.	in LANGuescentem
Boi-i.	EOA
Animan-i.	ut ANIMANs foret nata ;
Ligur-ii.	LIGURitorem
Intimel-i.	INTIMa nedùm MELIolaret
Vagien-i.	VAGIENtem
Torrin-i.	TORRENter
Salassi-i.	in SALACiâ
Leponct-ii.	LEPorem PUNCTuræ
Libric-i.	LUBRICæ
Insubr-es.	INSUPER,
Scenoman-i.	in COEnô MANentem
Venet-ia.	VANITie
Carn-i.	quùm CARNificasset
Hystr-ia.	HISTRionem nata.

LITTÉRAL.

Dùm camerariæ irrepentes essent ad donandam lucanicam brutescentem apuliatô campanicô, pensem lentam tinnientem salem quam monuerant calabricare cestû : Tandis que les suivantes faisaient tous leurs efforts afin de combler de nourriture cette femme dissolue, abrutie par la boisson d'un vin de la Campanie dans lequel on avait fait infuser du pouliot, marchant pesamment en débitant à tort et à travers des monologues facétieux, et qu'elles avaient comme emmaillotée avec une écharpe.

Quùm nata monuisset pellere lascivum in scammonitè, frendore rusticantem tangendo in sinù maris : Puisque la jeune fille avait repoussé lui égayé par la boisson d'un vin dans lequel on avait fait infuser de la scammonée, et débitant, en grelottant, des grossièretés pendant qu'il se trempait dans une baie ; — nedùm liniret umbrificantem in piscinâ, æquè ac camerariæ liniret tinnientem marcescentem quam vastaverant : bien loin de nourrir grassement ce pilote se trempant dans l'eau d'un évier, de la même manière que les suivantes nourrissaient grassement la bacchante babillarde, qu'elles avaient rendue malade en la tourmentant cruellement.

Pater monuit scenam uri nundinalis atri, ut nata animans foret in languescentem boâ : Jupiter s'avise de simuler la représentation comique d'un bœuf de foire malade, afin que la jeune fille vienne redonner de la vigueur à cet animal attaqué de la fourbure ; — quùm nata carnificasset histrionem manentem vanitiè in cœnô, nedùm intimè melioraret liguritorem vagientem torrenter in salaciâ leporem puncturæ insuper lubricæ : puisque la jeune fille avait traité cruellement lui sous la forme d'un histrion restant par fanfaronnade au milieu d'un bourbier, bien loin de venir avec intimité adoucir le chagrin de cet homme débitant, en criant à tue-tête au milieu de l'eau, des chansons satyriques plus que licencieuses.

MODERNE.

Bar-i.	BARRiente
Otrante.	ut UTERENTur
Basilicate (la).	BASILICè de CATillâ
Calabre (la).	quam CALABRicare monuerant
Capitanate (la).	CAPITINâ NATæ
Principautés (les).	PRINCIPes
Labour (terre de).	dùm LABORarent ;
Molise.	MOLLICellum
Abruze (citérieure).	quùm ABROSisset
Latin (le pays). (1)	LATè TINnientem
Abruse (ultérieure).	
Ancône (la Marche de).	in ANCONe nata,
Spolète.	SPOLiatum ad LÆTandum
Sabin (le pays).	quemadmodùm SEBANtes erant
Ronciglion-e.	quam RUNCinare monuerant in CILLONem
Pierre (patrimoine de St.).	PETRÆiam camerariæ,
Castr-o.	in CASTERiâ
Orviet-o.	ORBatione VIETum
Perouse.	PERUSum
Castellan-o.	in CASTELLANum
Urbain (le duché de).	nedùm URBANa foret
St. Marino.	MARINâ.
Romagne (la).	RUMinantis MANni,
Florence.	ut FLORENs foret
Toscane (la).	In DOSsuarium SCANdentem nata,
Sienne.	SCÆNam
Pise.	PICEati
Lucques.	LUCtuosam pater monuit ;
Bologne.	in BOLONœum
Mantoue.	MANTen ad TUendùm
Modène (Moutina).	MODos TINniendo
Ferrare.	FERRARios, (pour ferreas)
Venise.	VANITiè
Milan. (2)	MELINam
Parme.	PERMeantem
Gènes.	GENerosa fore
Montferrat.	nedùm MONERet FARRATis
Piémont (le). (3)	quùm PETere MONuisset
Savoie (la). (4)	SABAzium FOEdum nata.

(1) *Latè tinniens*, rendre un son *clair* et *sonore*. Cette expression, appliquée à la langue *latine*, témoigne de la beauté et de l'harmonie de cet idiôme par excellence.

(2) *Milan*, de MELINâ, flot, onde (rad. μαλλος, toison), flocon de laine, cheveux bouclé, imitant les ondulations de l'eau; d'où μαλον ou μηλον, brebis. On prononce ce mot *Mîlan*, en suivant l'orthographe du radical *mœlos* ou *milos*. (œ = î)

(3) *Piémont*, de PETere, assaillir, attaquer, qu'on prononça *pied* ou *pie*, comme *ped-es*, *pieds*, et MONere, verbe que les anciens ont employé fréquemment dans le cours de ces légendes, afin de suppléer aux verbes qui n'ont pas de parfait, et éviter les tournures de phrases qui auraient nui à la clarté et à la rapidité de la marche de leurs compositions. Ce verbe est toujours pris dans le sens de *concevoir, prendre une résolution, s'imaginer*, etc.

(4) *Savoie*, de SABazius (rad. σαβαζω, s'agiter en bacchante), et FOEdus, sale, qu'on prononça *foie* ou *voie* (ν = φ), par la suppression du D. Ce mot adjectif fait *Savoyard*, finale conforme au radical FOEDARe, qu'on prononça FOEARe par la suppression du D.

LITTÉRAL.

Dùm natæ principes laborarent ut uterentur basilicè de catillâ barriente quam monuerant calabricare capitinâ : Tandis que les jeunes princesses travaillaient de toutes leurs forces à soigner d'une manière splendide cette bacchante dissolue hurlant des chants semblables à ceux que poussent les soldats allant au combat (barritus), et qu'elles avaient comme emmaillotée avec une écharpe en guise de muselière.

Quùm nata abrosisset mollicellum tinnientem latè in ancone : Puisque la jeune fille avait traité cruellement lui sous la forme d'un homme galant débitant des vers avec emphase, étendu au milieu d'un golfe ; — nedùm urbana foret in castellanum vietum, perusum orbatione in casteriâ marinâ ad lætandum spoliatum, quemadmodùm camerariæ sebantes essent in cillonem quam monuerant runcinare : bien loin de se montrer compatissante envers ce fontainier languissant, exténué par la misère, au milieu d'un port de mer, afin de secourir ce pauvre malheureux de la même manière que les suivantes nourrissaient la chanteuse, qu'elles avaient prise pour dupe.

Pater monuit scænam luctuosam manni ruminantis piccati, ut nata florens foret in dossuarium scandentem : Jupiter s'avise de simuler la triste représentation d'un mauvais bœuf parasite, afin que la jeune fille vienne redonner de la vigueur à cet animal de charge boiteux (fourbu).

Quùm nata monuisset petere sabazium fœdum nedùm moneret generosa fore farratis in manten bolonæum ad tuendum, permeantem melinam vanitié tinniendo modos ferrarios : Puisque la jeune fille avait frappé cruellement cet homme sale s'agitant comme une bacchante, bien loin d'apporter généreusement de la nourriture, afin de conforter ce pêcheur débitant avec emphase des prophéties écrites en vers rustiques, tout en marchant avec fanfaronnade au milieu de l'eau.

DIVISION DE LA SUISSE.

La Suisse est le seul pays de l'Europe dont le nom se trouve isolé de ceux des autres états voisins, sans concourir à la formation générale de la légende décrite par ces derniers. Cette république, qui tire sa dénomination du petit canton de Schevitz, a sa légende à part, formée par les noms de ses villes principales et de ceux affectés à l'ancienne circonscription de ses cantons.

Valteline (la) (Rhetia)		VALDé dùm DELINirent	Berne.		PERNiciem (rad. PER-NEx)
Appenzel.		APPENSatione, SALem	Fribourg.		FRIati BURici monuit pater ;
Turgov-ie.	(1)	TURGore CAVILlatricem	Valais (le).		ut VALESceret
St. Gal.		quam GALeare monuerant	Genève.		nedùm GENerosè NAVaret (a = æ)
Zurich.		SORRICulam (o = u)	Vaud.		VOTa
Schevitz.	(2)	SÆVITiâ	Neuchâtel.		ad NUGantem CASTELlanum
Glaris.		CLARICitantem camerariæ ;	Bâle.		BALantem
Uri.		URi,	Soleure.	(5)	in SALORE (o = eu)
Unter-Vald.	(3)	ut UTERetur VALDé	Schaffouse.		quùm SCÆVa fuisset FUSè nata. (rad. σχαιός)
Lucerne.	(4)	de LUCERNâ			
Zug.		SUCcô nata, (rad. sug-o)			

(1) *Turgow-ie* ou *Turgawille*, qu'on prononça *vie*, en mouillant les *ll*.

(2) *Schevitz*, de SÆVITia, qu'on prononça en allemand *Schevitz* et en français *Suisse*.

(3) *Unter-val*, de UTeretur (ut-or), que les Allemands prononcèrent comme *und-eretur*, en donnant à la voyelle U le son fortement accentué de *ou*, *ount-eretur*.

(4) *Lucerne*, de LUCERNa, pris dans le sens de LAMPA, son synonyme, avec la même acception ; au figuré, *terme de tandresse*, petit ami, petit cœur, etc.

(5) *Soleure*, de SALOR, eau de mer, d'où le mot français *salure*, qu'on prononçait autrefois *saulure*, comme de SALINa, *saline*, on a fait le mot SAULNErie ou *Saunerie* (salin-erie).

LITTÉRAL.

Dùm camerariæ delinirent valdé appensatione cavillatricem sorriculam claricitantem turgore salem quam monuerant galeare sævitiâ : Tandis que les suivantes apaisaient d'une manière soignée, afin de réparer le mal qu'elles avaient fait, la bacchante déguenillée (de basse classe), débitant avec emphase des bouffonneries satyriques, et que méchamment elles avaient coiffé avec une écharpe en guise de casque.

Pater monuit perniciem uri friati, ut nata uteretur valdé de *lucernâ* succô : Jupiter prend la forme d'un bœuf entierement ruiné, afin que la jeune fille vienne réconforter d'une manière soignée *cet ami* en lui donnant à manger.

Quùm nata scæva fuisset fusè, nedùm navaret generosè, ut valesceret, ad castellanum nugatorem balantem in salore vota : Puisque la jeune fille avait traité bien méchamment, bien loin de faire généreusement tous ses efforts afin de le réconforter, lui sous la forme d'un fontainier railleur, débitant à tue-tête des hymnes au milieu de l'eau.

SUBDIVISION DE L'ILLYRIE.

ANCIENNE.

Rhet-ia.		RETi
Vendelic-ia.		VENDitatorem quam DELIGaverant
Noric-um.		dùm NUTRICarent (suppr. du T)
Pannon-ia.		PANnosam NONnam camerariæ ;
Sav-ia.		SUAVi loquentem
Illyric-um.		HILARandum RIGentem
Dalmat-ia.		THALMium MADendo (thalamium)
Prævalitan-a.		PRÆVALIDè TANgentem
Mœs-ia.		MOEStum
Dac-ia.		nedùm TACeret
Scyth-ia.		quùm CITasset nata ;
Hæm-i (Montus).		ÆMulare, (rad. αἷμα)
Europ-a.		URi OPerarii,
Rodop-e.		ROTarum TOPer
Thrac-ia.		TRAHACIS
Macedon-ia.		MACiem ut SEDaret DONis nata,
Thessal-ia.		TEXturam SALé (rad. tex-o)
Epir-us.		EPIRhedii
Acchai-a.		AC-CAIAtione
Pelopones-us.	(1)	PALlidi, BONASi monuit pater. (rad. πελος)

(1) *Péloponèse*, de PALLIdus, dont le radical est πελος, blême, livide, noir. Ce mot s'est écrit et prononcé selon l'orthographe de son radical *pelos*.

LITTÉRAL.

Dùm camerariæ nutricarent nonnam pannosam venditatorem quam deligaverant reti : Tandis que les suivantes nourrissaient la bacchante déguenillée parlant avec emphase, et qu'elles avaient liée avec un filet.

Quùm nata citasset mœstum tangentem prævalidè, nedùm taceret ad hilarandum thalamium suavi loquentem, rigentem madendo : Puisque la jeune fille avait repoussé lui affligé se trempant dans l'eau d'une manière vigoureuse, bien loin de venir apaiser, en le réconfortant, ce matelot beau parleur, grelottant de s'être mouillé.

Salé pater monuit æmulare texturam bonasi pallidi (rad. πελος, noir, livide) ac-caiatione epirhedii, ut nata sedaret toper donis maciem uri operarii, rotarum trahacis : Jupiter par plaisanterie s'avise de prendre la forme poileuse d'un bœuf criblé de blessures occasionnées par le tirage du chariot, afin que la jeune fille vienne aussitôt réconforter avec de la nourriture la maigreur de ce bœuf de labour (traîneur de roues), destiné au tirage des chariots.

MODERNE.

(TURQUIE D'EUROPE ET PARTIE DE L'AUTRICHE MODERNE).

Carent-ie.		CARENTem
Carniole.	(1)	quam CARNificare monuerant NÆVULam
Styr-ie.	(2)	SATYRas
Croat-ie.	(3)	CROCitantem
Esclavon-ie.	(4)	dùm essent CLAVatæ in PHONascam camerariæ ;
Dalmat-ie.	(5)	THALAMio MADendo
Bosn-ie.	(6)	BUCCINanti
Serv-ie.		nedùm SERViret,
Valach-ie.		FALLACem (F = V)
Moldav-ie.		quùm MULTAVisset
Tartar-ic.		TARTARea ;
Bulgar-ie.		VULGARi (B = V)
Roman-ie.		RUMinantis MANni
Macédoine.	(7)	MACiem ut SEDaret DONis
Alban-ie.		ALBENtis
Livad-ie.	(8)	LIVEDine nata,
Morée.		MORÊ usus fuit pater.

(1) *Carniole*, de CARNificare et NÆVULa, pleine de défectuosités, qu'on prononça *nioul* ou *niol*. (æ = i)

(2) *Styrie*, de SATYRa, qu'on prononça *styr*, par l'élision de l'a ou æ.

(3) *Croatie*, de CROCio, *croasser*, selon la prononciation française, et au figuré, *crier d'une voix rauque*.

(4) *Esclavonie*, de ESse CLAVatus, être troué, percé avec un clou. Cette expression est un synonyme de *servus*, d'où l'on a fait le mot français *esclave*, être au service de quelqu'un, parce que la marque de l'esclavage chez les Romains était d'avoir les oreilles percées, ce que Juvénal appelle *aurium fenestras*. (Voyez *Ant. rom.*, *art.* servi).

(5) *Dalmatie*, de THALAMius, rameur, matelot, qu'on prononça *thalmius*, par la suppression du dernier *a*.

(6) *Bosnie*, de BUCCINo, sonner de la trompette ; au figuré *proner*, déclamer avec emphase, qu'on prononça *Boussenie* ou *Bossenie*. (in = en)

(7) *Macédoine*, de MACiem SEDare DONis. On prononça quelquefois cette finale en *oni*, comme *vine*, Antoine, moine, etc.

(8) *Livadie*, de LIVEDo, couleur livide, meurtrissure. Cette expression rend le même sens que PALLidus (rad. πελος, meurtri, livide), première syllabe composant le nom du *Péloponèse*.

LITTÉRAL.

Dùm camerariæ essent clavatæ in phonascam nævulam, carentem, crocitantem satyras quam monuerant carnificare : Tandis que les suivantes étaient attachées au service (étaient les esclaves, les servantes) de cette pauvre chanteuse contrefaite déclamant d'une voix rauque des pièces de vers satyriques, et qu'elles avaient tourmentée cruellement.

Quùm tartarea nata multavisset fallacem, nedùm serviret thalomio buccinanti madendo : Puisque la jeune fille cruelle avait châtié lui qui cherchait à la tromper, bien loin d'être la servante de ce matelot déclamant avec emphase au milieu de l'eau.

Pater usus fuit more vulgari ruminantis manni, ut nata sedaret donis maciem albentis lividine : Jupiter prend la forme vulgaire d'un mauvais bœuf, afin que la jeune fille vienne réconforter avec de la nourriture la maigreur de cet animal d'une blancheur livide (dont la peau est meurtrie de coups).

	SUBDIVISION DE LA POLOGNE ET DE LA HONGRIE.	

Eston-ie.	ÆSTuosè TONantem
Livon-ie.	LIVidam PHONascam
Lætten.	quam LÆDere TENaculô monuerant
Courlande.	dùm CURarent RELENtescentem camerariæ ;
Samogith-ie.	SIMiliter MUGITibûs
Prusse.	PROCientem (o = u)
Lithuan-ie.	quùm LITigasset nedùm TUENS foret
Pologne.	in BOLONæum nata ;
Volhinn-ie.	VOLuntate , HINni
Podol-ie.	PEDe DOLentis , (rad. ποδος)
Russ-ie-Rouge.	RUSticum RUGientem
Hongr-ie.	ut UNGUERet nata ,
Transilvan-ie.	TRANSILVit in VANitatem pater.

LITTÉRAL.

Dùm camerariæ curarent phonascam lividam relentescentem , tonantem æstuosè quam monuerant lædere tenaculô : Tandis que les suivantes soignaient la chanteuse aux pas lents, meurtrie de coups, débitant des vers avec emphase, et qu'elles avaient tourmentée cruellement en la liant avec une écharpe.

Quùm nata litigasset nedùm tuens foret in bolonæum procientem similiter mugitibûs : Puisque la jeune fille avait querellé , bien loin de le secourir, lui sous la forme d'un pêcheur implorant son assistance en chantant à tue-tête comme la bacchante.

Voluntate, pater transilvit in vanitatem hinni pede dolentis, ut nata ungueret rusticum rugientem : Par fantaisie, Jupiter se métamorphose sous la forme mensongère d'un âne boiteux , afin que la jeune fille vienne engraisser cet âne de charrue.

Nota. Je ne puis mettre en regard les noms des peuples qui habitaient autrefois ces contrées du nord presque inconnues aux anciens géographes , dont les cartes sont parsemées d'erreurs qui ne permettraient pas d'en donner la traduction exacte , sans intervertir très souvent l'ordre dans lequel ils les ont placé.

	SUBDIVISION DE LA RUSSIE D'EUROPE.		

Pulstoser	(Skoi).	PULTanti ut DOCERet	(rad. puls-o)
Mesen.	(1)	MESEN	
Jarinsk.	(2)	SARtagine RANCandi	(rad. sarrio) (J = S)
Kevrol.		dùm CAVERent RULIô	(a = æ)
Archangel.		ARGuanti quam CANCELlare monuerant	
Bolo-Sero.		BOLô - SERæ	
Olonec	(Skoi) (3)	AULONe NECatæ camerariæ ;	
Ingr-ie.		ANCARii	(invers. de l'r)
Novogorod.		NOVare sub FUCum CORRODendis pater monuit ,	
Moscov-ie.		MUSimonem COVinarium	(rad. covum, charrue)
Bielogorod.	(4)	ut PIACULaret CORRODentem nata ;	
Voroting	(Skoi).	in VORagine ROTando TINGentem	
Alatyr	(Skoi).	HALATA quùm DIRuere monuisset ,	
Galiez	(Skoi).	CALATione	(a = æ)
Vologda.		VOLaticâ LOGODædalo	
Ustiuk.	(5)	HOSTICo	
Wiatka.		VIATICanti	
Solskam	(Skoi).	nedùm SOLATium foret in SCAMmate nata. (ςχαμμα)	

(1) *Mesen*, de *mesis* , la corde du milieu de la lyre , dédiée au soleil ou à Bacchus.

(2) *Jarinsk* , de SARtago et RANCandi ou RANCitandi, fréquentatif de *ranço*, expression remplaçant celle de *sartagine loquendi* , fatras de paroles (débitées à tue-tête ou d'une voix rauque).

(3) *Olon-nec*, de AULON , mont de la Calabre renommé par ses vins. On a dit en latin *aulon*, l'*Aulon* pour le vin d'Aulon, comme on a dit en français le Bourgogne pour le vin de Bourgogne.

(4) *Bielogorod*, de PIACULo , qu'on a prononcé PIALUC , en mettant le C à la place de l'L. Cette transposition est commune chez les peuples du nord.

(5) *Ustiug* , de HOSTICO , qu'on prononça *hostiuc* ou *oustiuc* , également par la transposition du C.

LITTÉRAL.

Dùm camerariæ caverent arguanti seræ, necatæ aulone, ut doceret pulsanti mesen sartagine rancandi , quam monuerant cancellare bolô rullô : Tandis que les suivantes veillaient au salut de la bouffonne aux pas lents, usée par la boisson du vin d'Aulon , et dans un but d'instruction débitant avec emphase, d'une voix rauque , un fatras de paroles qu'elle accompagnait sur les grosses cordes de son instrument de musique, et qu'elles avaient coiffée avec une étoffe claire en guise de filet.

Pater monuit novare sub fucum ancarii corrodentis , ut nata piacularet musimonem covinarium corrodentem : Jupiter s'avise de se métamorphoser sous le faux déguisement d'un âne affamé, afin que la jeune fille vienne apaiser cet obétif animal de charrue extenué par la maigreur.

Quùm nata monuisset diruere tingentem in voragine halatâ , nedùm solatium foret logodædalo hostico , calatione volaticâ viaticanti in scammâ : Puisque la jeune fille avait traité cruellement lui se trempant dans l'eau infecte d'un gouffre , bien loin de porter du secours à cet étrange sophistiqueur qui , tout en pataugeant dans ce creux d'eau , débitait des paroles incohérentes.

SUBDIVISION DE LA SUÈDE.

Savolax.	(1)	nedùm SAViter VOLens foret LAXantem	Augerman-ie.		in ANGentem dùm GERMANæ essent
Carel-ie.		in GARRULum	Medelpad-ie.		MEDELis LUPATô
Nylande.		in NILô LENTum	Elsing-ie.		ALSiosam quam CINGere monuerant
Finlande.	(2)	FAMè LENTum nata ,	Delecarl-ie.		DELECtandi GARRULitate camerariæ ;
Tavast-us.		in DAVum VASTum	Gestric-ie.		SERTERTiô , (s = g)
Caian-ie.		quùm CAIANs fuisset ;	Upelande.		OBELIô LENTum
Lapon-ie	(3)	de LAPide BUNii	Suderman-ie.		ut SUDARet MANnum ,
Botn-ie.		POTINâ	Nerit-ie.		NARITate
Impt-ie.		EMPTam	Westman-ie.		VASTati MANni
			Vermelande.		VERMICULatione LENTi (verminatione)
			Goth-ie.		CUTem pater monuit ,
			Bleking-ie.		ad PLACandum ANGentem nata.

(1) *Savolax* , de SAViter pour *suaviter*.

(2) *Finlande*, de FAMes, *faim*, qu'à tort on écrit *fin*.

(3) *Laponie, Botn-ie, Emptie* , LAPIDè EMPTam, acheté à l'encan, vil , vulgaire ; POTINa, qu'en prononça POTN (rad. *potus*), et BUNium, vin tiré du navet. Ce mot est un synonyme de *napa*, femme adonnée à la boisson du vin tiré du navet.

LITTÉRAL.

Quùm nata caians fuisset in davum vastum , nedùm volens foret suaviter in garrulum lentum fame , laxantem in nilô : Puisque la jeune fille avait frappé cruellement lui sous la forme d'un insensé grossier , bien loin de venir avec douceur combler de bienveillance ce babillard mourant de faim , et étendu sans forces au milieu d'un canal.

Dùm camerariæ germanæ essent medelis in emptam de lapide , angentem potinâ bunii , alsiosam garrulitate delectandi quam monuerant cingere lupatô : Tandis que les suivantes guérissaient avec une amitié fraternelle cette femme vulgaire appesantie par la boisson d'un vin tirée du navet , et qui risquait de se refroidir échauffée qu'elle était d'avoir , en folâtrant, débité des plaisanteries, et qu'elles avaient bâillonnée avec une écharpe en guise de mors de bride.

Pater monuit naritate cutem manni vastati , lenti vermiculatione , ut nata sudaret ad placandum mannum angentem sestertiô , lentum obellô : Jupiter prend par plaisanterie la forme d'un mauvais bidet ruiné , exténué par les tranchées , afin que la jeune fille fasse tous ses efforts afin d'apaiser la douleur de ce mauvais bidet cassé par le travail de la charrue , et mis au rebut.

ILES PRINCIPALES DE LA MÉDITERRANÉE.

Balearid-es	(1)	BALantem LYÆARum RITe
Majoric-a.		MAJORem RICà
Minoric-a.		MIRORes (RICà)
Evice (Ivica).		quam EVICErant
Cabrer-a.		in CAPERAtam (inversion de l'R)
Formentar-a.		dùm FRUMENTARiæ essent ;
Elbe.		nedùm ALBa foret (a = æ)
Corse.	(2)	in CHOROStaten nata ,
Sardaigne.	(3)	SARTagine TINniendi
Limos-a.		LIMantem in MUCidum
Eoles (les iles). (4)		quùm ACULeata fuisset ;
Sicile.		SICci CILli ,
Malte.		MALThacum
Candie.		ut CANDIda foret
Rhodes.		in RUDentem nata ,
Chypre (Cipre).		SIPARium monuit pater. (inversion de l'R)

(1) *Baléares*, de BALantem LYÆARum RITe, débitant des absurdités à la manière des bacchantes.

(2) *Corse*, de CHOROStaten, chantre, qu'on prononça *Corse*, par la suppression de l'o final.

(3) *Sardaigne*, de SARTagine TINniendi, expression synonyme de *sartagine loquendi*, débiter avec emphase un fatras de paroles.

(4) *Eole*, les *iles d'Eoles*, autrefois Lipari, de ACULeatus, qui blesse, qu'on prononça *cole*, par la suppression du C.

LITTÉRAL.

Dùm camerariæ minores frumentariæ essent in majorem caperatam balantem rite lyæarum quam evicerant ricâ : Tandis que les jeunes suivantes portaient des vivres à la vieille refrognée débitant des absurdités à la manière des bacchantes, et qu'elles avaient tourmentée cruellement avec une écharpe.

Quùm nata aculeata fuisset in mucidum limantem sartagine tinniendi, nedùm alba foret in chorostaten : Puisque la jeune fille avait traité cruellement lui sous la forme d'un homme grossier se salissant dans la boue en débitant avec emphase un fatras de paroles incohérentes, bien loin de se montrer favorable envers ce chanteur.

Pater monuit siparium cilli sicci, ut nata candida foret in rudentem malthacum : Jupiter s'avise de simuler la représentation comique d'un âne exténué de maigreur, afin que la jeune fille se montre favorable envers cet âne sans vigueur.

ILES PRINCIPALES DE L'OCÉAN OCCIDENTAL.

Islande (Iselande). (1)		quam ICerant dùm CELlariæ essent in LENTam
Farre (îles).		dùm FARetur
Schet-lande.		SCHEDia (LENTam) camerariæ ;
Orcades (les).		URum CADucum pater monuit ,
Hébrides (les).		HEBetem ut PRÆDaretur nata ;
Man.		in MANamine
Anglesey.		ANCLantem nedùm LAXAre moneret nata ,
Sorlingues (les).		SCURram quùm RELINQuere monuisset.

(1) *Islande* ou *Iscelande*, qu'on prononça *Iselande*.

LITTÉRAL.

Dùm camerariæ cellariæ essent in lentam quam icerant dùm faretur schedia : Tandis que les suivantes étaient les pourvoyeuses de cette femme aux pas lents, qu'elles avaient frappée lorsqu'elle débitait des prophéties incohérentes.

Pater monuit urum caducum ut nata prædaretur hebetem : Jupiter s'avise de prendre la forme d'un bœuf caduc, afin que la jeune fille vienne donner à manger à cet animal sans forces.

Quùm nata monuisset relinquere scurram anclantem in manamine, nedùm moneret laxare : Puisque la jeune fille avait délaissé lui débitant des bouffonneries en se trempant dans l'eau de la mer, bien loin de l'apaiser.

FRANCE.

J'ai commencé cette série de légendes formées par les noms des villes, villages et hameaux des environs de Paris, en les prenant selon leur ordre géographique, alternativement à gauche et à droite de la rive, à partir du confluent de l'Oise avec la Seine, depuis Conflans, en remontant le cours de ce dernier fleuve, y compris tous ses affluents, jusqu'à Paris. De là je remonte également le cours de la Marne jusqu'à *Anet*, où la Beuvrane vient se mêler à la Marne. Comme ces légendes sont extrêmement courtes et indépendantes les unes des autres, on peut sans inconvénient parcourir ainsi différentes contrées; j'aurai soin d'indiquer en tête de chaque chapitre la ligne que j'aurai suivie au hasard, afin de prouver que partout, à part le style, la légende est la même. Je regrette d'avoir été forcé, par mesure d'économie, de donner une distribution aussi confuse à ce travail, qui devrait être imprimé sur un format assez grand pour offrir au premier coup d'œil la même netteté et le même arrangement que celui qui est suivi sur les cartes géographiques; car il est hors de doute que le but des prêtres, en entreprenant ce travail dans ces temps reculés où la difficulté de reproduire des cartes était grande, fut de fixer dans la mémoire des hommes, à l'aide de cette mnémotechnie, des mots qui pussent les mettre à l'abri de toute erreur. En effet, le voyageur qui aurait en la clé de cette courte légende, ne pouvait s'écarter de la route qu'il avait à suivre, ni laisser en arrière ou en avant le but qu'il devait atteindre.

Supposez pour un instant, par exemple, l'oraison dominicale (*le Pater*) appliqué à la légende, et les mots de cette simple prière, sue de tout le monde, mis à la place des noms des villes et des villages des environs de Paris : *Pater* serait Conflans; *noster*, la Garenne; *qui*, Herblay; *es*, la Frette; *in*, Sartrouville; *cœlis*, Maison, ainsi de suite jusqu'à la fin. Le voyageur qui partirait de *Conflans* ou *Pater*, pour se rendre à *Sartrouville* ou *in*, ne pourrait s'arrêter ni à *es* ou la Frette, ni à *cœlis* ou Maison, car en repassant dans sa mémoire la légende qui le guide, il faudra nécessairement qu'il arrive à *in* ou Sartrouville. Cette application faite en petit, se rapporte également aux grandes divisions de la terre, de la mer et des cieux.

LIEUX ISOLÉS DES RIVIÈRES ET DES RUISSEAUX, HAMEAUX ET FERMES.

LIEUX SITUÉS SUR LES FLEUVES OU RIVIÈRES PRINCIPALES, ET LEURS CONFLUENTS.

NOTA. Le retrait fait sur la droite de la ligne principale indique les affluents de droite, et celui fait sur la gauche les affluents de gauche.

Environs de Paris depuis Conflans, Ste. Honorine, en remontant le cours de la Seine.
(SUIVANT L'ATLAS DE VAUGONDY).

Courlins (les).	dùm CURarent LINís
Pierre Lay.	PETRœiam quam LÆSerant camerariæ,
Cormeil.	CORium, ut MELIoraret nata, (meli = meil)
Montigny.	MONuit HINNI pater;
Houille.	ULulantem nata (ul = ouil)
Montesson.	nedùm MONeret TACere quùm SUNare monuisset.

LITTÉRAL.

Dùm camerariæ curarent petræiam quam læserant linís : Tandis que les suivantes soignaient la bacchante, qu'elles avaient tourmentée cruellement avec une écharpe.

Pater monuit corium hinni ut nata melioraret : Jupiter se couvre de la peau d'un âne, afin que la jeune fille vienne améliorer le sort de cet animal.

Quùm nata monuisset sunare ululantem nedùm taceret : Puisque la jeune fille avait frappé cruellement lui déclamant à grands cris, bien loin d'apaiser la douleur de cet homme.

Hameaux et Fermes.

St. Sébastien. (1)	SEBASiam contrà quam STANTes fuerant (an = aïn)
Bac (la) Vaudoire.	BACchantem VOTis dùm TUERentur camerariæ;
Vaux (Val). (2)	ut VALens foret nata,
Laborde.	LABem BURDi monuit pater;
Ste. Radegonde.	RATiarium DECONTandô
Grand-Champ.	nedùm GRANDis foret in CANTantem nata,
(La) Brosse.	PROCientis
(La) Lombarder-ie	LUMBos BARDi quùm TERere monuisset.

(1) *Sébastien*, de SEBAZius (rad. σαβαζω, s'agiter en bacchante), *bacchante*, et STANs, qu'on a prononcé *stien*, en suivant le changement qu'a subi le verbe français *se tenir*; *sto*, je me tiens, *stas*, tu te tiens, etc.

(2) *Vaux*, de VALere, être bon à l'égard de quelqu'un. Ce mot a été à tort confondu avec *val* ou *vau*, vallée.

LITTÉRAL.

Dùm camerariæ tuerentur sebaziam bacchantem votis contra quam stantes fuerant : Tandis que les suivantes veillaient au salut de la bacchante possédée d'une fureur poétique, et sur laquelle elle s'étaient ruées.

Pater monuit labem burdi ut nata valens foret : Jupiter s'avise de prendre la forme d'un âne ruiné, afin que la jeune fille se montre bonne à l'égard de cet animal.

Quùm nata monuisset terere lumbos bardi procientis, nedùm grandis foret in ratiarium cantantem decontandô : Puisque la jeune fille avait frappé les épaules de lui sous la forme d'un solliciteur stupide, bien loin de se montrer magnanime envers ce pilote bégayant des chants grossiers.

Conflans.	in quam CONFLANtes fuerant	
Ste. Honorine.	HONORANdæ	(an = aïn)
Carène. (1)	CARINANtè	
Herblay.	HARPâ BLATientis	(a = æ)
(La) Frette.	dùm FRETus essent camerariæ;	
Sartrouville.	SARTè quùm TRUSisset VILem	
Maison.	MÆSONem nata,	
(Le) Ménil.	MANentem in NILô	(a = æ)
Carrière. (2)	GARRIRE	(dùm garriret)
St. Germain (en)	nedùm GERMana foret in MANiaticum (LÆSum)	
Laye.	(a = æ)	
(Le) Pec.	ad PACandum;	(a = æ)
St. Léger.	LEGERe	
Chambourcy.	CANTerii BURICI	
Aigremont.	AGRariâ MONuit	
Fourqueue.	FURCillati CODium	
Mareil.	MARRA pater,	(a = æ, aï)
L'Étang.	ut LÆTANs foret	
Marly.	MARrâ in RELISum nata.	

(1) *Carène*, de CARINo, railler, qu'on prononça *Carène*, comme *carina*, carène de vaisseau.

(2) *Carrière*, de GARRIRE, plaisanter, qu'on prononça *Garrière* ou *Carrière*, par l'inversion de l'R final, GARRIER.

LITTÉRAL.

Dùm camerariæ fretus essent honorandæ blatientis harpâ carinante in quam conflantes fuerant : Tandis que les suivantes étaient les appuis de cette femme vénérable débitant à tort et à travers des chansons satyriques, qu'elle accompagnait sur son instrument de musique, et que toutes ensemble elles avaient pourchassée.

Quùm nata trusisset sartè mæsonem vilem nedùm germana foret in maniaticum læsum ad pacandum manentem garrire in nilô : Puisque la jeune fille avait repoussé indignement lui sous la forme d'un vil matelot de comédie, bien loin d'apaiser avec une amitié fraternelle ce fou malade restant, en débitant des plaisanteries, au milieu d'un canal.

Pater monuit legere codium cantherii burici furcillati marrâ agrariâ, ut nata lætans foret in relisum marrâ : Jupiter choisit la forme d'un mauvais âne rendu fourchu (fourbu) par le travail de la houe champêtre (la charrue), afin que la jeune fille vienne secourir cet animal exténué par le travail de la charrue.

Pessancour.	quam PESSIMare monuerant dùm CURarent
Taverni.	TABERNAriam
Beauchamp. (1)	BUCCINantem ; (rad. βυχανη)
St. Leu.	nedùm LEVaret
St. Prix.	PRÆCientem
Franconville.	quùm FRANGere monuisset in CUMâ VILem
Le-Plessis-Bouchard.	PLACITa nata ; BUCculi CARrucarii
Ermont.	ERrorem MONuit pater
Sanois.	ut SANaret NOXiosum nata. (nox = nois)

(1) *Beauchamp*, de BUCCINare, sonner de la trompette ; au figuré, faire du tapage, crier d'une voix perçante, etc. Ces mots ont été ramenés à l'orthographe des mots français consonnants ; ou aurait dû écrire *Bouchant*, suivant le radical.

LITTÉRAL.

Dùm camereriæ curarent tabernariam buccinantem quam monuerant pessimare : Tandis que les suivantes donnaient des soins à ce pilier de cabaret étourdissant les passants de ses chants discordants, et qu'elles avaient traité cruellement.

Quùm nata monuisset frangere vilem præcientem placita in cumâ (cymâ, rad. χυμα), nedùm levaret : Puisque la jeune fille avait frappé cruellement cet homme vil déclamant des plaidoyers au milieu de l'eau, bien loin de soulager sa douleur.

Pater monuit errorem bucculi carrucarii, ut nata sanaret noxiosum : Jupiter prend la forme mensongère d'un mauvais bœuf de charroi, afin que la jeune fille vienne soigner cet animal infirme.

Bouffemont. (1)	in BOVinantem dùm MONerent
Moiselle.	MOEStam CELlariæ esse
Attainville.	quam ATTINuerant VILlicam camerariæ ;
Espinay.	ASPectum HINNÆ
Vilaine.	VILENtis
Villiers (le) Sec.	VILLARI SICcatæ
Marcil.	MARRA monuit pater,
Jagny.	ut SANi-fer foret (J = S)
Marly.	MARRâ RELISæ nata ;
Puiseux. (2)	BUXOSam
Chatenay.	quam CATENAre monuerant,
Fontenay.	FONTANEum
Ménil-Aubry.	MANEntem in NILÔ nedùm UBERARI moneret,
Plessis-Gassot.	PLACITa CASSO
Exanville.	ACCANtanti VILi (acc = ax)
Ecouen.	ÆQUANs nata
Villiers (le) Bel.	pariter ac uberarent VILLARem camerariæ, quùm BELLigerasset.

(1) *Bouffemont*, de BOVinor, synonyme de *muginor*, tergiverser, plaisanter, badiner, etc.

(2) *Puiseux*, qu'on aurait dû prononcer *Buiseux*, de BUXOSa, radical *buxum*, buis, employé pour désigner toute sorte d'instruments à vent, et par extension l'adjectif *buxosus* signifie joueur d'instruments, musicien. (La finale *os* se traduit en français par *eux* ou *euse*).

LITTÉRAL.

Dùm camerariæ monerent cellariæ esse in mœstam bovinantem quam attinuerant : Tandis que suivantes pourvoyaient à la subsistance de cette bouffonne affligée, qu'elles avaient tourmentée cruellement.

Louvecienne.	LUPATÔ SCÆNicè	(t = s)
(La) Selle.	SALem	
Bougival.	BUCcinantem CIVilem dùm VALentes essent	
Croissy (la) Ga-renne. (1)	quam CRUCIaverant in CARINantem	
Reuil.	RULIÔ camerariæ ;	(rol ou roul = reuil)
Nanterre.	NANTem quùm TEREre monuisset nata	
Chatou.	CATum nedùm TUTaret	
Carrière (St. Denis).	GARRIRE (DENatantem NISU);	
Beson.	PESSUNdatæ	
(Le) Marais.	MARRâ,	(a = æ)
Argenteuil.	ARGENTcum ut TOLeraret nata (tol = teuil, rad. *tollo*)	
Espinay. (2)	ASPectum HINNÆ monuit pater.	

(1) *Croissy*, de CRUCIare, qu'on prononça *croiscy*, comme *crux*, *croix*.

(2) *Espinay* (voyez le mot *Espagne*).

LITTÉRAL.

Dùm camerariæ valentes essent in carinantem buccinantem salem civilem scœnice quam cruciaverant lupatô rullô : Tandis que les suivantes faisaient tous leurs efforts pour nourrir la bouffonne déclamant grossièrement des railleries populaires d'un ton théâtral, et qu'elles avaient tourmentée cruellement avec une écharpe placée dans la bouche en guise de mors de bride.

Quùm nata monuisset terere nantem nedùm tutaret catum denatantem nisû garrire : Puisque la jeune fille avait frappé cruellement lui nageant, bien loin de venir secourir cet homme avisé nageant comme un furieux en débitant des plaisanteries.

Pater monuit aspectum argenteum hinnæ pessundatæ marrâ ut nata toleraret eam : Jupiter prend la forme d'une mule d'une blancheur égale à celle de l'argent, exténuée par le travail de la charrue, afin que la jeune fille vienne porter secours à cet animal (blanchi par la vieillesse).

.... Rivière.

Montlignon.	dùm MONerent LINire NONnam	
Andilly.	INDILIgenter	
Margency.	quam MARCere monuerant SANCIentem camerariæ ;	
Eaubonne.	in OPerarium BONasum	
St. Gratien.	ut GRATITANs foret nata	(suppr. du T)
Soisy.	QUÆSItionem	
Deuil.	DOLÔ	
Montmagny.	MONuit MANNI pater ;	
Grolay.	CRUDELÉ	(suppr. du D)
Montmorancy.	quùm monuisset MORum RANCIde	
Anghein.	IN-GANnientem	
Piscope.	in PISCInâ SCOPare nata,	
Daumont.	quam DOMare MONuerant	
St. Price.	in PRÆCientem	
Pierrefitte.	PETRÆIam sicuti FIDæ erant camerariæ,	
Villetaneuse.	in VILem nedùm DANOSa foret	
Stains.	STANtem	(a = æ)
La Briche.	in LABRIS.	

LITTÉRAL.

Dùm camerariæ monerent linire nonnam sancientem indiligenter quam monuerant marcere : Tandis que les suivantes adoucissaient la douleur de la bacchante débitant des vers sacrés (des hymnes) d'une manière incohérente, et qu'elles avaient tourmentée cruellement.

Pater monuit dolô quæsitionem manni, ut nata gratitans foret in bonasum operarium : Jupiter s'avise de choisir par ruse la forme d'un mauvais bœuf, afin que la jeune fille se montre favorable envers cet animal de labour.

Quùm nata monuisset scopare crudelé morum ingannientem rancidé in piscinâ, nedùm danosa foret in vilem stantem in labris, sicuti camerariæ fidæ erant in petræiam præcientem quam monuerant domare : Puisque la jeune fille avait châtié cruellement lui sous la forme d'un insensé débitant à tort et à travers des choses grossières dans un évier, bien loin de se montrer libérale envers cet homme vil se tenant ainsi sur les bords de cette pièce d'eau, de la même manière que les suivantes se montraient attentives envers la bacchante qui déclamait également, et qu'elles avaient combattue.

Le Crou, rivière.

Sarcelle.	dùm SARCirent CELeriter.	
Louvre.	LUBRICè	
Gausainville.	CAUSANtem VILlarem	
Vauderlan.	VOTa quam DERuerant RELENtescentem	
Roicy.	RHOÏTI camerariæ ;	(t = s)
Bouqueval.	BUCculi CABALli	
Tillay.	DILExit	(e = æ)
Gaunesse.	GAUNACen pater,	(a = æ)
Arnouville.	HERNIâ ad NOVaudum VILlarem	
Carges. (1)	ut CARCHESium foret	
Bonneuil.	in BONasum NULlum nata ;	
(Le) Tremblay.	TRIMma BLATiens	
Villepinte.	VILe quùm PINDere monuisset	
Sevrans.	SEVERum RANCidô	
Aulnay.	AULONE	(e = æ)
Blancmesnil.	nedùm BLANda foret in MANEntem in NILô nata.	

(1) *Carges* ou *Carches*, de *carchesium*, machine à élever des fardeaux, pris ici dans le même sens que *allevamentum*, soulagement ; rad. *allevare*, soulager.

LITTÉRAL.

Dùm camerariæ sarcirent celeriter villarem causantem vota lubrica, relentescentem rhoïti quam deruerant : Tandis que les suivantes restauraient avec zèle cette femme rustique déclamant avec emphase des hymnes scabreux, appesantie par la boisson d'un vin de Grenade, et qu'elles avaient tourmentée cruellement.

Pater monuit gaunacen bucculi caballi ut nata carchesium foret ad novan-

Pater monuit aspectum hinnæ vifentis, siccatæ marrâ villari, ut nata sanifer foret relisæ marrâ : Jupiter s'avise de prendre la vile forme d'une mule exténuée par le travail de la houe champêtre (charrue), afin que la jeune fille vienne redonner de la vigueur à cet animal cassé par le travail de la charrue.

Quùm nata belligerasset vili casso accantanti placita : Puisque la jeune fille avait châtié lui sous la forme d'un homme vil, mourant de faim et débitant à grands cris des plaidoyers; — nedùm æquans, pariter ac camerariæ uberarent villarem buxosam quam catenaverant, moneret fontaneum manentem in nilô uberari : bien loin d'agir pareillement en imitant la conduite des suivantes qui nourrissaient grassement la grossière chanteuse qu'elles avaient garrottée, et de nourrir ainsi ce fontainier se tenant au milieu de l'eau d'un canal.

dum bonasum nullum herniâ : Jupiter choisit la forme d'un mauvais petit bœuf, afin que la jeune fille vienne soulager, afin de le restaurer, ce bœuf exténué par la rupture (ou fourbure causée par l'excès du travail).

Quùm nata monuisset pindere trimma vile blatiens, severum aulone rancidô, nedùm blanda foret in manentem in nilô : Puisque la jeune fille avait frappé cruellement ce vil maître fourbe déblatérant à tort et à travers, appesanti par la boisson d'un mauvais vin d'Aulon, bien loin de se montrer propice envers cet homme fixé au milieu de l'eau d'un canal.

Groncelay.	CHRONISsantem dùm CELLAriæ essent
Nonneville.	in NONNam VILLarem
Drancy.	quam TRANSCIDere monuerant camerariæ;
(Le) Bourget.	BURioi SETam, (g = s)
Duigny.	ut TUItor foret nata, HINNI
St. Léger.	LEGERé monuit pater;
Baubigny.	BAUBantem nedùm PIGNEraret (e = æ ou i)
Auber-Villier.	UBERando VILLARem nata,
St. Lucien.	LUSITANtem (suppr. du T)
St. Denis en France.	DENatando NISû quùm FRANGEre monuisset.

LITTÉRAL.

Dùm camerariæ cellariæ essent in nonnam villarem chronissantem quam monuerant transcidere : Tandis que les suivantes pourvoyaient à la subsistance de cette grossière bacchante aux pas lents, qu'elles avaient tourmentée cruellement.

Pater monuit legere setam hinni burici ut nata tuitor foret : Jupiter s'avise de prendre la forme poileuse d'un mauvais âne, afin que la jeune fille veille à la conservation de cet animal.

Quùm nata monuisset frangere lusitantem denatando nisu, nedùm pigneraret uberando villarem baubantem : Puisque la jeune fille avait frappé à outrance lui sous la forme d'un bouffon nageant avec fureur, bien loin de s'attacher par des présents, afin de l'engraisser, cet homme hurlant des chants rustiques.

Bac.	BACChantem
La Planchette.	quam PLANGere CESTû monuerant
Courcelle.	dùm CURarent CELerè camerariæ;
Madrid.	MADentem quùm DERIDere monuisset
Longchamp.	nedùm LONGanimis foret in CANTatorem nata;
(Les) Bons Hommes.	BONasi SUMit,
(Le) Roule.	RULIâ
(Le) Monceau.	ut MONeret SAUCium
L'Eterne.	ÆTERNare nata,
(Les) Batignoles.	BATINi sub NUGULas (suppr. du g)
(Les) Porcherons.	PORGERe RHONChô pater.

LITTÉRAL.

Dùm camerariæ curarent celerè bacchantem quam monuerant plangere cestû : Tandis que les suivantes soignaient avec zèle la bacchante possédée d'une fureur poétique, qu'elles avaient tourmentée avec une écharpe.

Quùm nata deridere monuisset madentem nedùm longanimis foret in cantatorem : Puisque la jeune fille s'était moquée de lui se trempant dans l'eau, bien loin de se montrer douce à l'égard de ce chanteur.

Pater sumit rhonchô porgere sub nugulas bonasi batini, ut nata moneret æternare saucium rullâ : Jupiter, par plaisanterie, s'avise de se courber sous le faux déguisement d'un bœuf de paysan, afin que la jeune fille s'avise de réconforter cet animal blessé par le travail de la charrue.

Ste. Colombe.		COLOMBare
Genevilliers.	(1)	quam GENiculari monuerant VILLARem
Garenne.		CARINando
St. Ouen.		OVANtem
Clichy.		dùm CLISCI monerent camerariæ;
Asnière.	(2)	ASINi, NIGRum
Courbevoie.	(3)	ut CURaret nata, BIVIUm
Villers.		VILLARis monuit pater;
Neuilly.	(4)	quùm NULLi fecisset
Puteau.		dè PUTô
Surrène.		SCURRANte nata, (an = aïne)
Boulogne.	(5)	BOLONæum
St. Cloud.	(6)	nedùm CLUere moneret.

(1) *Gene-Villiers*, de GENiculare, nouer, radical *genu*, genou, courbure, coude d'un triangle. Cette expression est synonyme de *cuneare*, serrer comme avec un coin; de *angustare*, tenir à l'étroit, resserrer dans un angle (rad. *angulus*), d'où le mot français *gêner*, mettre à l'étroit; au figuré, *torturer*, incommoder.

(2) *Asnière*, de ASINi, qu'on prononça *âne*, et NIGER, qu'on prononça *nier*, par la suppression du G.

(3) *Courbevoie*, de CURare et BIVIUM ou *bivia*, qu'on prononça *bi-voie* ou *be-voie* (*via*, voie), employer un second moyen pour venir à bout d'un dessein.

(4) *Neuilly*, de NULLI facere, synonyme de NIHILI facere.

(5) *Boulogne* ou *Bologne*, (o = ou, u).

(6) *St. Cloud*, qu'on a écrit à tort avec un D, conformément à l'orthographe du mot français *clou*, qu'on écrivait autrefois *cloud* (clouti-er), de CLUere, estimer, nettoyer, priser quelqu'un.

LITTÉRAL.

Dùm camerariæ monerent villarem ovantem carinando clisci quam monuerant columbare geniculari: Tandis que les suivantes engraissaient (nourrissaient grassement) cette femme rustique débitant des facéties en trépignant de joie, et qu'elles avaient torturée avec un carcan (avec une écharpe en guise de carcan).

Pater monuit bivium asini villaris ut nata curaret nigrum : Jupiter, afin d'arriver à son but, s'avise de recourir à un second moyen en prenant la forme d'un âne de labour, afin que la jeune fille vienne guérir la langueur de cet animal.

Quùm nata nulli fecisset de putô scurrante, nedùm clueret bolonæum : Puisque la jeune fille avait méprisé lui sous la forme d'un vrai bouffon, bien loin faire de quelque cas de cet homme se tenant dans l'eau comme un pêcheur.

(La) Marche.	quam MARCere monuerant
L'Etang.	ad LÆTANdam
Villeneuve.	VILLicam dùm NOVarent
(La) Brosse.	PROCientem camerariæ;
Porcher-Fontaine	quùm PORSCERe monuisset FONTANeum
Dovesy.	DAVum nedùm VESCI moneret nata;
Moulineau.	MULINO
Vilbon.	VILLô usus fuit pater, ut BONa foret nata.

LITTÉRAL.

Dùm camerariæ novarent villicam procientem ad lætandam quam marcere monuerant : Tandis que les suivantes restauraient, afin de lui rendre sa gaîté, cette femme grossière qui déclamait avec emphase, et qu'elles avaient tourmentée cruellement.

Quùm nata monuisset porscere fontaneum nedùm moneret dayum vesci : Puisque la jeune fille avait chassé lui sous la forme d'un fontainier, bien loin de nourrir ce faux prophète.

Pater usus fuit villô mulinô ut nata bona foret : Jupiter se couvre de la peau d'un mulet, afin que la jeune fille se montre bonne envers cet animal.

Vocresson.		VOCantem ad CRESCendam quam SUNare monuerant
Garches.	(1)	dùm CARCHESium essent
Marne.	(2)	in MATRONam camerariæ;
Ville Davray.	(3)	VILLicâ TAUREA
Sèvres.	(4)	ut SEVaret nata, VERSione usus fuit pater;
Montreuil.		nedùm MONeret TRAULem (aul = euil)
Viroflay.	(5)	VIRere RAVientem FLATû nata,
Ursine.		quùm URSisset in SINû
Chaville.		CAVILlantem.

(1) *Garches* ou *Garges*, de CARCHESium, machine à soulever les fardeaux; au figuré, pris dans le même sens que *allevamentum*, radical *allevare*, soulagement, soulager.

(2) *Marne*, de MATRONa, qu'on prononça *marn*, par la suppression du T et de la voyelle O.

(3) *Ville Davray*, de VILLica et TAUREA, qu'on prononça *tavraie* ou *davraie*, en donnant à l'U le son du V.

(4) *Sevres*, de SEVo et VERSio, qu'on prononça *vres*, par l'inversion de l'R.

(5) *Viroflay*, de VIRere, employé activement; *reverdir*, redonner de la vigueur; RAVio, qu'on prononça RAU, en donnant au V le son de l'U, et *flatus*, qu'on prononça *flai*, a = æ ou ai, rad. *fla-re*.

Montmartre.   (1)   quam MONuerant MARcidam RETé TERere
Clignancourt.   CLANGentem GNÆAM dùm CURarent camerariæ;
Montfaucon.   quùm MONuisset FACUNdo
Belleville.   BELligerare VILi nata,
Ménil-Montant.   in MANentem in NILô nedùm MUNDANs foret;
(La) Vilette.   VILlicum ut LÆTaret nata,
(La) Chapelle.   CABalli PELlem monuit pater.

(1) *Montmartre*, RETé TERere, a fait *retro* par l'inversion de l'R.

LITTÉRAL.

Dùm camerariæ curarent cnæam marcidam claugentem quam monuerant terere reté : Tandis que les suivantes soignaient cette laide bacchante étourdissant les passants de ses cris aigüs, et qu'elles avaient rendue malade en la tourmentant, après l'avoir enveloppée comme dans un filet.

Quùm nata monuisset belligerare facundo vili, nedùm mundans foret in manentem in nilô : Puisque la jeune fille avait repoussé lui sous la forme d'un homme grossier parlant avec emphase, bien loin de nettoyer lui se tenant dans la boue d'un canal.

Pater monuit pellem caballi ut nata lætaret villicum : Jupiter s'avise de prendre la forme d'un mauvais cheval, afin que la jeune fille vienne réconforter cet animal rustique.

Pantin.   quam PINDere monuerant in TINnientem
Prés St. Gervais.   PRESsé dùm SERVÆ essent eamerariæ;
Romainville.   RUMINantis VILlici
Noisy (le Sec). NOXIam (SICcitatem) monuit pater,
Bondy.   BONasum ut DITuret nata;
Bagnolet.   quùm BANNire monuisset NULLATenùs
Montreuil.   nedùm MONeret TRAULem
Charonne.   CHARONeum
Pincourt.   PANGentem CURare
La Pissotte.   in PIScinâ SOThadea nata.

LITTÉRAL.

Dùm camerariæ servæ essent pressé in tinnientem quam monuerant pindere : Tandis que les suivantes servaient avec empressement cette babillarde, qu'elles avaient tourmentée cruellement.

Pater monuit noxiam ruminantis villici ut nata ditaret bonasum : Jupiter prend la forme d'un bœuf malade, afin que la jeune fille vienne combler de nourriture cet animal maigre.

Quùm nata monuisset bannire nedùm moneret nullatenùs curare traulem charoncum pangentem sothadea in piscinâ : Puisque la jeune fille avait chassé, bien loin de penser en aucune manière à secourir lui sous la forme d'un affreux nocher (charon), chantant en bégayant des vers obscènes au milieu d'un évier.

(La) Courtille.   dùm CURarent THYiam
(La) Folie Renaud FOLLitim quam RENODaverant;
St. Antoine. (1)   INDuit, ut DONaret NINnium
Rumilly.   RUMinantem ILLISum natu,
Picpusse.   PICTuram BUTientis pater;
Rambouillet.   REMigem BULLATa   (a = æ)
St. Mandé.   MANDAta   (a = æ)
Bercy.   PRÆCIentem   (invers. de l'r)
Rapée.   RABIÉ   (ia = æ)
Vincenne. (2)   quùm VINCere monuisset nedùm SANaret nata.

(1) *St. Antoine* ou *Antonin*, Antoninus; tonninn, qu'on prononça *toine* ou *toîne*.
(2) *Vincenne* ou *Vinsaine*, SANus, qu'on prononça *sain*, *saine*.

LITTÉRAL.

Dùm camerariæ curarent thyiam quam renodaverant follitim : Tandis que les suivantes comblaient de caresses la chanteuse, qu'elles avaient liée avec une écharpe en guise de coiffe.

Pater monuit picturam butientis ut nata donarent ninnium ruminantem illisum : Jupiter prend la forme d'un bœuf, afin que la jeune fille vienne combler de nourriture ce chétif animal ruminant brisé par le travail.

Quùm nata vincere monuisset nedùm sanaret remigem præcientem rabiê mandata bullata : Puisque la jeune fille avait repoussé, bien loin de le secourir, lui sous la forme d'un pilote proclamant avec fureur des ordonnances vides de sens.

Bailly.   quam PALLIare monuerant   (b = p)
Noisy.   NOXIosam   (nox = noi)
Rocancourt.   ROGANtem dùm CURarent camerariæ;
(Le) Chenay.   SCENAlis   (a = æ)
St Antoine (Antoni- INDuere, ut DONaret NINnii
nus).
Glatigny.   CLADem HINNI
Versailles. (1) VERSionem SALé
Choisy (aux Bœufs) QUÆSIvit pater;   (aut BOVis)
St. Cir.   quùm CIRe monuisset
Fontenay (le) Fleury. FONTANEum, FLORIdé
Boisdarcy.   POEtæ nedùm DARet RECITanti nata.

(1) *Versaille*, de VERSio, transformation, et SALé, par prudence; qu'on prononça *saille*, comme *salière* (rad. *sal*).

LITTÉRAL.

Dùm camerariæ curarent rogantem noxiosam quam palliare monuerant : Tandis que les suivantes guérissaient cette femme déclamant à grands cris, et qu'elles avaient rendue malade en la couvrant d'une écharpe.

Pater salé quæsivit induere versionem hinni aut bovis scenalis, ut nata donaret cladem ninnii : Jupiter choisit par prudence la forme postiche d'un âne ou d'un bœuf pour sa nouvelle métamorphose, afin que la jeune fille

LITTÉRAL.

Dùm camerariæ carchesium essent ad crescendam matronam vocantem quam monuerant sunare : Tandis que les suivantes portaient du soulagement, afin de la restaurer, à cette femme honorable (bacchante), déclamant à tue-tête, et qu'elles avaient tourmentée cruellement.

Pater usus fuit versione taureâ villicâ ut nata sevaret : Jupiter se métamorphose en bœuf de labour, afin que la jeune fille engraisse cet animal.

Quùm nata ursisset cavillantem in sinû, nedùm moneret virere traulem ravientem flatù : Puisque la jeune fille avait repoussé lui sous la forme d'un homme débitant des bouffonneries au milieu de l'eau (golphe, mer), bien loin de redonner de la vigueur à cet homme bégayant avec emphase des chants d'une voix enrouée.

Bilancour   BILINGnem dùm CURarent
Meudon   (1)   MODUM   (mod = meut)
Clamart.   CLAMantem MARcidam
Issy.   quam ICI monuerant camerariæ;
Vanvres.   (2) ut FAMularetur nata, VERSionem   (V = F)
Montrouge. (3) MONuit RUGientis
Vaugirard. (4) FUCosam CÆRARii pater;   (æ = i)
Auteuil.   nedùm ATTOLleret
Passy.   PASSIvitate   (rad. *pati*)
Chaillot. (5) ac GALEOTæ
Ville Evèque.   VILlicum EVAGantem   (a = æ)
Paris.   PARiter quùm RISisset nata.

(1) *Meudon*, de MODUM, chant, qu'on prononça *meutum* ou *meudon*, comme *meute*, ... mota-re.
(2) *Vanvres*, de FAMulor, favoriser, dont le radical est *fam-a*, cortège, suite; au figuré, accompagner, suivre, favoriser, et VERSio, qu'on prononça *vres*, par la transposition de l'R final, comme dans *Sévres*.
(3) *Montrouge*, de MONere, aviser, et RUGiens ou RUDens, qui brait, âne.
(4) *Vaugirard*, de FUCosus, faux, et CÆRARius ou *cæreus*, pris ici dans le même sens que *viscatus*, qui s'attache à quelqu'un comme la poix; au figuré parasite. Ce mot a suivi dans sa transformation la prononciation française de son radical *cær-a*, *cire*.
(5) *Chaillot*, qu'on devrait prononcer *Gaillot*, de GALEOTæ, interprètes de prodiges, prophètes qui tiraient leurs noms de Galéotes, fils d'Appollon.

LITTÉRAL.

Dùm camerariæ curarent bilinguem marcidam clamentem modum quam ici monuerant : Tandis que les suivantes soignaient la bacchante malade débitant à grands cris des vers à double sens, et qu'elles avaient frappée cruellement.

Pater monuit versionem fucosam rugientis cærarii ut nata famularetur : Jupiter s'avise de prendre la métamorphose d'un faux âne, afin que la jeune fille se montre favorable envers cet animal parasite.

Quùm nata risisset villicum evagantem passivitate pariter ac galeotæ nedùm attolleret : Puisque la jeune fille s'était moquée de lui sous la forme d'un homme grossier parlant à tort et à travers à la manière des interprètes de songes (des prophètes), bien loin de soulager sa douleur.

La Bièvre, rivière.

Guiancourt.   dùm QUIENtes essent ad CURandam
Buc.   BUCcinantem
(Les) Loges.   LOGios
Jouy.   (1) JUBIlando   (b = v)
Bièvre.   (2) quam PAVERe monuerant camerariæ;
Igny.   HINNI
Mascy.   MACIem
Antony.   INDuit pater ut DONIs
Verrière.   FERIARetur nata;   (v = f)
Wissous.   VITiantem quùm SAUCiasset,
Rongis.   iu RHONCHISonum
Montjean. (3)   nedùm JUVANs foret nata.

(1) *Jouy*, de JUBIlare, qu'on prononça *Joui* ou *Juvi*, selon l'orthographe du radical, ... Vandum BALare, crier au secours, demander du secours, faire des acclamations; au figuré, s'écrier de joie.
(2) *Bièvre*, de PAVERe, battre, qu'on prononça *bièvre*, en changeant le P en B, en donnant à l'A le son de *ni* ou *æ*, et par la transposition de l'R finale, PLÆVRE ou BLÆVRE.
(3) *Jean*, Joannes, JUVANs ou *jouan*. (u = v)

LITTÉRAL.

Dùm camerariæ quientes essent ad curandam buccinantem logios jubilandô quam monuerant pavere : Tandis que les suivantes faisaient ce qu'elles

vienne combler de nourriture ce mauvais bidet exténué par la fatigue.

Quùm nata monuisset cire fontaneum nedùm daret poëtæ recitanti floridè : Puisque la jeune fille avait repoussé lui sous la forme d'un fontainier, bien loin d'être libérale envers ce poète déclamant d'une manière fleurie.

Hameaux et maisons de campagne,
PRÈS LE COURS DE LA BIÈVRE.

Villegenis.	VILLicam quam GENIculaverant
Limon.	LIMata MONita
Reponties.	RESPONSITantem
Vallent.	dùm VALentes essent in LENTam camerariæ ;
Toreuse.	TOROSam
Orsigny.	ORCii HINNI
N.-D. de Villain.	ut nostra dama in VILENtem
Val-Enfer.	VALens foret INVERSionem pater monuit ;
St. Mars.	in MARCidum,
L'Hôpital.	nedùm SOSPITALis foret
Fontaine.	FONTANeum
Plessis.	PLACITa
(Le) Breuil.	PROLetaria
Laminière.	LAMIARum ritè
(Le) Trou.	quùm TRUSisset
St. Quentin.	CANTANtem.

LITTÉRAL.

Dùm camerariæ valentes essent in lentam villicam responcitantem monita limata quam monuerant geniculare : Tandis que les suivantes se montraient secourables envers cette femme grossière déclamant, en marchant à pas lents, des plaidoyers satyriques, et qu'elles avaient garrottée.

Pater monuit inversionem torosam hinni orcii ut nata valens foret in vilentem : Jupiter prend la grossière métamorphose d'un mulet (funèbre) ruiné, afin que la jeune fille se montre secourable envers cet animal abject.

Quùm nata trusisset fontaneum cantantem lamiarum ritè placita proletaria, nedùm sospitalis foret in marcidum : Puisque la jeune fille avait repoussé cruellement lui sous la forme d'un fontainier chantant des plaidoyers populaires à la manière des Lamines (sorcières), bien loin de se montrer secourable envers cet homme malade.

Hameaux et Fermes.

(Château)Gaillard	CATELlà quam CAIARe monuerant
La Folie.	FOLLItim
N.-D. des Mèches.	in DEMETientem
Mely.	MELica ($\mu\epsilon\lambda o\varsigma$)
L'Hôpital.	dùm SOSPITales essent camerariæ ;
(La) Tour.	ut TURgeret (rad. turris)
Brevane.	BREVem nata, VANitiè
Grosbois.	GROSsitudinem BOVIS (bovis = bouis, bois)
St. Léger.	LEGERe monuit pater ;
Boissy.	BUTientem
(Le) Piple.	PIPULos
Maison Sel.	MÆSONem SALè
Petit Val.	quùm PETIVisset nedùm VALens foret nata.

LITTÉRAL.

Dùm camerariæ sospitales essent in demetientem melica quam monuerant catellà caiare follitim : Tandis que les suivantes secouraient la bacchante chantant des vers, et qu'elles avaient tourmentée avec une coiffe (en enveloppant sa tête avec une écharpe en guise de coiffe).

Pater monuit legere vanitiè grossitudinem bovis ut nata turgeret brevem : Jupiter s'avise de choisir par plaisanterie, afin de tromper la jeune fille, la forme monstrueuse d'un bœuf, afin que celle-ci vienne gorger de nourriture cet animal exténué de maigreur.

Quùm nata petivisset nedùm valens foret in mæsonem butientem salè pipulos : Puisque la jeune fille s'était ruée sur lui sous la forme d'un matelot de comédie, beuglant par plaisanterie des chants satyriques, bien loin de se montrer secourable envers cet homme.

pouvaient pour guérir cette femme déclamant à tue-tête des niaiseries qu'elle accompagnait de cris de joie, et qu'elles avaient battue cruellement.

Pater induit maciem hinni ut nata feriaretur donis : Jupiter prend la forme d'un âne exténué de maigreur, afin que la jeune fille vienne fêter cet animal en le comblant de nourriture.

Quùm nata sauciasset vitiantem nedùm juvans foret in rhonchisonum : Puisque la jeune fille avait frappé cruellement lui se souillant dans la boue, bien loin de porter secours à ce méchant railleur.

Fresne.	FRENô
Chastenay.	.quam CATENAverant
Aulnay.	AULONE
Sceaux.	in SAUCiam
Berny.	dùm PERNices essent camerariæ ;
Chevilly.	ut SEVaret VILLICum nata ,
Lays.	LÆSi
Bourg (la) Reine.	BURici RHENonem monuit pater ;
(Le) Plessis.	PLACita
Fontenay (aux) Roses.	FONTANEum ROSatô
Chatillon.	CATILLONem
Bagneux.	PANNOSa (b = p)
Cachan.	CACHINnantem
Arcueil.	quùm ARCere monuisset nedùm COLeret
Gentilly.	GENTILIter nata.

LITTÉRAL.

Dùm camerariæ pernices essent in sauciam aulone quam catenaverant frenô : Tandis que les suivantes étaient empressées auprès de cette femme appesantie par la boisson du vin d'Aulon, et qu'elles avaient garrottée avec une écharpe en guise de mors de bride.

Pater monuit rhenonem burici læsi ut nata sevaret villicum : Jupiter s'affuble de la peau d'une mauvaise rosse malade, afin que la jeune fille vienne engraisser cet animal de labour.

Quùm nata monuisset arcere nedùm coleret gentiliter fontaneum catillonem rosatô, cachinnantem placita pannosa : Puisque la jeune fille avait repoussé, bien loin de le consoler avec fraternité, lui sous la forme d'un fontainier gourmand du vin dans lequel on a fait infuser des roses, et déclamant, en riant à gorge déployée, des lambeaux de plaidoyers.

Cours de la Seine depuis Villeneuve-St.-George à Ivry.

Crosne.	CHRONISsantem
Villeneuve-St.-George.	VILLicam dùm NOVarent GEORGICa
Limeil.	LIMAta (a = æ)
Valenton.	VALENTer TONantem
Ablon.	quam APPLUMBare monuerant camerariæ ;
Villeneuve-le-Roi. (1)	VILLicum ut NOVaret RUITurum nata
Orly.	URi RELISam
Choisy-le-Roi.	QUÆSivit RUITuri
Thiais.	THIASitatem pater ;
Saussaye (la).	quùm SAUCIASset
Villejuive. (2)	VILLicum nata, nedùm SUDIFica foret
Vitry. (3)	VITRI (vitreum)
Port Anglais.	in PORTû ANCLantem ad LÆTandum
Ivry. (4)	EBRIum nata.

(1) *Villeneuve-le-Roi*; Roi, de RUITurus, qu'on prononça ROI, en donnant à l'U le son de *ou*.

(2) *Villejuive*, de VILLicus et SUDIFicus, qu'on prononça *juif* (S = J), selon son radical JUDA, SUDAre (Judée), s'efforcer de travailler, suer, etc.

(3) *Vitri*, de VITRI, génitif de *vitrum*, verre, pour *vitreus*, de verre, transparent comme le verre ; au figuré, *ebrius vitreus*, homme de verre lorsqu'il est ivre, c'est-à-dire qui dit tout ce qui lui vient à la bouche sans déguisement.

(4) *Ivri*, de EBRIUs, traduit en français par IVRE.

LITTÉRAL.

Dùm camerariæ novarent villicam chronissantem tonantem valenter georgica limata quam applumbare monuerant : Tandis que les suivantes restauraient la femme rustique marchant à pas lents, en déclamant à tue-tête des satyres grossières, et qu'elles avaient étouffée avec une écharpe.

Pater quæsivit thiasitatem relisam uri ruituri, ut nata novaret urum ruiturum : Jupiter choisit la forme délabrée d'un bœuf, afin que la jeune fille vienne restaurer cet animal caduc.

Quùm nata sauciasset villicum nedùm sudifica foret ad lætandum ebrium vitri (vitreum) anclantem in portû : Puisque la jeune fille avait frappé cruellement lui sous la forme d'un rustre, bien loin de faire tous ses efforts afin de réjouir le cœur de cet homme parlant à tort et à travers comme un ivrogne, en se trempant dans l'eau d'un port.

Hameaux et Fermes.

(La) Charité.	dùm CARITATE essent (charites)
Gravele.	in GRAVem quam VELaverant
Bac.	BACchantem camerariæ ;
(Le) Pilier.	ut PIARet nata ,
(Le) Trou.	TRUCis
Champignot.	CAMBium HINni NOTat pater ;
(La) Grenouillère.	in RANETÓ (grenouillère)
(La) Haute Maison.	nedùm UTi moneret de MÆSONe
Poulangis.	BULlata quùm ANXISset
(Le) Tremblay.	TRIMma BLATiens nata. (a = æ)

LITTÉRAL.

Dùm camerariæ caritate essent in gravem bacchantem quam velaverant : Tandis que les suivantes traitaient avec bonté la bacchante, aux pas lents, chantant avec fureur, et qu'elles avaient enveloppée avec un voile.

Pater notat cambium hinni trucis ut nata piaret eum : Jupiter prend la forme d'un âne abject, afin que la jeune fille apaise cet animal délabré.

Quùm nata anxisset trimma blatiens bullata, nedùm uti moneret de mæsone : Puisque la jeune fille avait tourmenté cruellement lui sous la forme d'un maître fourbe chantant à tue-tête des satyres empoulés, bien loin de traiter convenablement ce matelot de comédie.

Berchere.	dùm PERCARæ essent
Combault.	quam COMPULTare monuerant
Emery.	EMERIturam
Malnoue.	MALam in LENOCinatorem camerariæ ;
Baubour.	BAUBantem BURras
Croissy.	quùm CRUCiasset nata ,
Collégien.	COLLIGENtem (rad. legens)
St. Germain (des) Noyers.	nedùm GERMana foret in MANiaticum NUGas ; (rad. nux)
Pontcarré.	in PONDus ut CARA foret nata
Chemin.	GEMINitudinem
Jossigny.	SAUCii HINNI monuit pater ,
Guermante.	quùm QUERi MANTen monuisset
Chanteloup.	nedùm CANTantem DELUeret nata.

LITTÉRAL.

Dùm camerariæ percaræ essent in malam lenocinatorem emerituram quam monuerant compultare : Tandis que les suivantes traitaient avec amitié, afin de l'attacher à elles par leurs bienfaits, cette mauvaise chanteuse, qu'elles avaient pourchassée.

Quùm nata cruciasset baubantem burras, nedùm germana foret in maniaticum colligentem nugas : Puisque la jeune fille avait frappé cruellement lui débitant à grands cris des bouffonneries, bien loin de traiter avec une amitié fraternelle cet insensé ramasseur de niaiseries.

Pater monuit geminitudinem hinni ut nata cara foret in pondus saucii, quùm nata monuisset manten queri nedùm delueret cantantem : Jupiter prend la ressemblance d'un mulet malade, afin que la jeune fille se montre compatissante envers la tristesse de cet animal, puisqu'elle s'était montrée sourde aux plaintes de lui sous la forme d'un prophète, bien loin de venir nettoyer ce chanteur souillé de boue.

Montereau.	quam MONuerant DERUere
Rosny.	RUSticantem SCENICè
Avron.	dùm AVERRUNCarent
Garène.	CARINantem camerariæ ;
Livry.	LIVedine FRIati
Clischy.	ut CLISCI
Montfermeil.	MONeret FERMÊ nata (é = æ , æ =aï)
Courberon.	CUBitoris (bovis) BERONem monuit pater ,
Vanjour.	VAGientem JURa
Courtery.	nedùm CURaret DERIDiculum ,
Villeneuve.	ac VILlicam NOVarent camerariæ
Pain.	PANgentem
Villevaude.	VILlica VOTa
Ville Parisis.	VILem PARiter quùm RISISset nata.

LITTÉRAL.

Dùm camerariæ averruncarent carinantem rusticantem scenicè quam deruere monuerant : Tandis que les suivantes préservaient de tout danger la bouffonne déclamant des grossièretés d'une manière théâtrale, et qu'elles avaient traitée cruellement.

Pater monuit beronem cubitoris bovis friati livedine ut nata moneret clisci fermé : Jupiter prend l'enveloppe d'un bœuf qui ne peut plus se tenir sur ses jambes, afin que la jeune fille vienne nourrir grassement cet animal criblé de blessures.

Quùm nata risisset vilem, nedùm curaret deridiculum vagientem jura pariter ac camerariæ novarent villarem pangentem vota villica : [Puisque la jeune fille s'était moquée de lui sous la forme d'un homme vil, bien loin de

La Marne, depuis Conflans à Anet.

Conflans.	in quam CONFLANtes fuerant
Charenton.	CARENTem TONantem
Alfort.	dùm ALerent ad FORTificandum camerariæ ;
St. Maurice.	MORum quùm RISisset
Charentonneau.	CARENTem TONÓ
(Le) Buisson. (1)	BUXantem SONacé ,
Maison.	MÆSONem
St. Hilaire-la-Garenne.	nedùm HILararet CARINantem nata ;
Creteil.	CRETÆi
Bonnœuil.	BONasi NULlificamen pater monuit ,
Suscy.	ut SUSCitaret nata.

(1) *Buisson*, de BUXans, pris dans le même sens que BUCCinans, selon l'expression du radical *buxum*, flûte, jouer de la flûte ; au figuré, crier d'une voix claire. (*Buxum*, en français *buis*).

LITTÉRAL.

Dùm camerariæ alerent ad fortificandam carentem tonantem in quam confluantes fuerant : Tandis que les suivantes nourrissaient, afin de la réconforter, cette femme indigente déclamant avec emphase, et sur laquelle elles s'étaient ruées toutes ensemble.

Quùm nata risisset morum carentem buxantem tonò sonacé nedùm hilararet carinantem mæsonem : Puisque la jeune fille s'était moquée de lui sous la forme d'un indigent insensé déclamant avec grand bruit, bien loin de réjouir le cœur de ce matelot railleur.

Pater monuit nullificamen bonasi cretæi ut nata suscitaret : Jupiter prend la forme d'un taureau de rebut (marqué avec de la craie), afin que la jeune fille vienne redonner de la vigueur à ce vil animal.

Le Malbras, rivière.

Noiseaux.	NOXIOSæ
Roicy.	RHOITI camerariæ
Pontaul.	PONDus dùm TOLlerent
Ormesson.	ORando MESen SONantis
« Chenevière (1)	CANNABó quam VIERE monuerant.
« Champigny.	CAMBium HINNI monuit pater
« Cueilly.	ut COLLIDeret (col = cueil)
« (La) Lande.	LENTum
Villiers.	VILLARem nata ;
« St. Maur.	MORè
« Nogent.	NUGANtem (a = æ)
« Fontenay.	in FONTANEum
« Brie. (2)	BRYâ (rad. βρυειν)
« Noisy le Grand.	NOXIùm nedùm GRANDis foret nata ,
« Neuilly.	quùm NULLI fecisset.

(1) *Chenevière*, de CANNABis, traduit en français par CHANVre, toile ; au figuré, corde faite de chanvre, (canb = chanv)

(2) *Brie*, de BRYa ou *bryona*, petite baie noire à grappes, que l'on récolte sur un arbrisseau grimpant comme la vigne, et avec lesquelles les anciens faisaient probablement une boisson de mauvaise qualité, ou qu'ils mettaient infuser dans leur vin.

LITTÉRAL.

Dùm camerariæ tollerent pondus noxiosæ rhoiti, sonantis mesen orando quam monuerant viere cannabò : Tandis que les suivantes soulageaient la douleur de la femme appesantie par la boisson d'un vin de Grenade, faisant résonner, en déclamant à grands cris, les cordes de son instrument de musique, et qu'elles avaient garrottée avec une corde de chanvre.

Pater monuit cambium hinni ut nata collideret villarem lentum : Jupiter prend la nouvelle forme d'un mulet, afin que la jeune fille vienne frotter fortement cet animal des champs fourbu.

Quùm nata nulli fecisset, nedùm grandis foret in fontaneum nugantem morè, noxium bryâ : Puisque la jeune fille avait méprisé, bien loin de se montrer magnanime envers lui sous la forme d'un fontainier insensé débitant des plaisanteries, et rendu malade par la boisson d'un vin dans lequel on avait fait infuser des baies de tamarin.

Villemonble.	VILlicam dùm MONerent PLEre
Gagny.	GANNIentem
Gourenay.	quam CORONAre monuerant camerariæ ;
Chelles.	CELetis , (rad. celes)
St. André.	ut INTRAria foret
Champ.	in CAMPensem nata ,
Noisielle	NOXIALIS
L'Ogne.	UNItatem monuit pater ;
Torcy.	quùm TORSISset
Ferrière.	pariter ac FERIARentur camerariæ
Bussy-St.-Georges.	BUTIentem GEORGica
Bussy-St.-Martin.	(BUTientem) MARcidam quam RETINuerant ,
Conge.	CONSCium
Fontenay.	FONTANEum
Gouverne.	nedùm GUBERNaret nata.

LITTÉRAL.

Dùm camerariæ monerent plere villicam gannientem quam monuerant coronare : Tandis que les suivantes gorgeaient de nourriture la femme grossière qui déclamait des bouffonneries, et qu'elles avaient enveloppée avec une écharpe.

Pater monuit unitatem celetis noxialis ut nata intraria foret in campensem : Jupiter prend la ressemblance d'un cheval de poste malade, afin que la jeune fille vienne traiter avec intimité cet animal rustique.

Quùm nata torsisset nedùm gubernaret fontaneum conscium pariter ac

soigner ce bouffon déclamant à tue-tête des plaidoyers, de la même manière que les suivantes soignaient la bacchante grossière qui chantait des hymnes rustiques.

feriarentur camerariæ marcidam butientem georgica quam retinuerant : Puisque la jeune fille avait frappé cruellement, bien loin de soigner lui sous la forme d'un fontainier sophistique, et de le fêter de la même manière que les suivantes fêtaient la bacchante malade beuglant des chants grossiers, et qu'elles avaient garrottée.

Ver.		dùm VERæ essent camerariæ
Pomponne.		in POMPantem BUNii
St. Thiébaut (des) Vignes.		TABidam quam PULT'are monuerant VINô;
Lagny.		LANicutem
Torigny.		TORridi HINNI pater monuit,
Domart.		ut TUMefaceret MARCidum nata;
St. Denis.		DENatantem NISû (rad. no)
Montevrin.		quùm MONuisset DEFRINgere
Chesy.		QUÆSIta
Califer.	(1)	nedùm CALEFACERe moneret
Carnetain.		CARNATione TINnientem
Anet.		in ANATariô nata.

(1) *Califer*, de CALE ou CALIFACERE, réchauffer, redonner de la vigueur, etc.; *facere*, qu'on prononça *fuire*, par la suppression du C.

LITTÉRAL.

Dùm camerariæ veræ essent in pompantem tabidam vinô bunii quam monuerant pultare : Tandis que les suivantes se montraient équitables envers la bacchante déclamant avec emphase, appesantie par la boisson d'un vin tiré du navet, et qu'elles avaient pourchassée.

Pater monuit lanicutem hinni torridi ut nata tumefaceret marcidum : Jupiter s'avise de prendre la forme poileuse d'un mulet desséché par la maigreur, afin que la jeune fille vienne gorger de nourriture cet animal languissant.

Quùm nata monuisset defringere denatantem nisû in anatariô tinniendo quæsita, nedùm calefaceret carnatione : Puisque la jeune fille avait frappé cruellement lui nageant avec feu dans un étang en déclamant à grands cris des plaidoyers, bien loin de le réconforter en lui donnant de l'embonpoint.

LIEUX SITUÉS SUR LES FLEUVES OU RIVIÈRES PRINCIPALES, ET LEURS CONFLUENTS.

COURS DU DOUBS. — Environs de Besançon et de Dole.

Comme les cartes ordinaires des pays que je parcours ne donnent pas exactement les noms de tous les petits hameaux et des fermes, et qu'il est impossible, par ce motif, de compléter les légendes, je me suis vu obligé de supprimer cette colonne destinée à recevoir ces sortes de lieux, ainsi que ceux isolés des rivières et des ruisseaux, n'ayant pu me procurer en communication les grandes cartes stratégiques publiées actuellement par le département de la guerre, et qui ne sont pas encore tombées dans le domaine public.

Bouclans.		BUCcinantem CLANgore
Vochamps.		VOCAMina
Champlive.		CAMPensem PLUVialî (pluvia = pluie)
Laisset.	(1)	quam LÆSerant dùm SEDarent camerariæ;
Roulans.		RULIâ LENTi
Deluze.		DELUSionem
Ver.		VERam
Courcelote.		ut CURaret nata CELOTii pater monuit;
Amagney.		HAMô MANIAticam
Novilliars.		pariter ac NOVarent VILLARem
Roche.		ROGitantem
Arcier.		quam ARCIRE monuerant camerariæ,
Chalèse.		CALantem quùm LÆSisset
Chaleseuil.		CALantem quùm LÆSisset nedùm SOLari
Montfaucon.		MONeret FACUNDiâ
Morre.		MORum
Bregille.		PRÆSILientem nata.

(1) *Laisset* ou *Laissey*. Cette terminaison en *sey* s'écrivait autrefois *set* ou *sed*, conformément à l'orthographe du radical SEDo.

LITTÉRAL.

Dùm camerariæ sedarent campensem buccinantem clangore vocamina quam læserant pluviali : Tandis que les suivantes apaisaient la femme rustique déclamant à grands cris des plaidoyers, et qu'elles avaient tourmentée avec une écharpe.

Pater monuit delusionem veram celotii lenti rullâ ut nata curaret : Jupiter prend par tromperie la véritable forme d'un cheval de traits exténué par le travail de la charrue, afin que la jeune fille vienne soigner cet animal.

Quùm nata læsisset calantem, nedùm moneret solari morum præsilientem facundiâ pariter ac camerariæ novarent villarem maniaticam rogitantem quam arcire monuerant hamô : Puisque la jeune fille avait frappé cruellement lui sous la forme d'un crieur public, bien loin de consoler cet homme insensé gambadant en parlant avec emphase, de la même manière que les suivantes restauraient la grossière prophétesse étourdissant les passants de ses cris désordonnés, et qu'elles avaient tourmentée avec une écharpe.

Besançon.	(1)	dùm PACificarent SANCtiones SONantem
Volote.		VOLutatim (u = ou et o)
Beure.	(2)	quam PAVERé monuerant camerariæ;

(1) *Besançon* ou *Besancson*, de PACificare, radical *pax*, qu'on prononça *paix* ou *pais*; SANCtiones, radical SANCio et SONo.

(2) *Beure* ou *Peur*, de *pavere*, battre; qu'on prononça *peur*, comme son homonyme *pavere*, radical *pavor*, peur.

Fontain.		FONTANeum (an = ain)
Arguele.		ARGUTULÉ (suppr. du T)
Avane.		ad APHANas quùm monuisset,
Avenay.	(3)	pariter ac in AVENAriam
Larnod.		LARes essent quam RENODaverant camerariæ,
Pugey.		PUSA (a = æ)
Rancenay.		RANCidum nedùm COENAre moneret
Busy.		BUTIentem;
Montferent.		ut moneret FERENTaria esse
Torèse.		in TORESCentem nata,
Torpe.		TORPorem
Bussière.		BUCERium pater monuit. (inves. de l'r)

(3) *Avenay*, de AVENArius, mot employé ici dans le sens de joueur de flûte (buccinator), selon son radical *avena*, flûte champêtre.

LITTÉRAL.

Dùm camerariæ pacificarent sonantem sanctiones volutatim quam monuerant pavere : Tandis que les suivantes apaisaient la bacchante déclamant à grands cris des édits, et qu'elles avaient battue cruellement.

Quùm pusa ad aphanas monuisset fontaneum butientem argutulé, nedùm cœnaret rancidum pariter ac camerariæ lares essent in avenariam quam renodaverant : Puisque la jeune fille avait méprisé lui sous la forme d'un fontainier déclamant à grands cris des plaisanteries, bien loin de donner à manger à cet homme malpropre, de la même manière que les femmes de chambre se montraient propices envers la chanteuse qu'elles avaient liée avec une écharpe.

Pater monuit torporem bucerium ut nata ferentaria foret in torrescentem : Jupiter prend la forme d'un bœuf engourdi, afin que la jeune fille vienne secourir cet animal exténué de maigreur.

Abans.		HABENâ (en = an)
Bians.		dùm PIANtes essent
Villers St. Georges.		in VILLARem GEORGica
Corne (de) Chaux.	(1)	quam CORONaverant CAUSantem, (rad. cornu)
Fuiant.		FUGIENtem
Roset.		ROSATô camerariæ;
Ocelle.		ut OCELlus foret,
Routelle.		ROTALis
Velème.		VELAMem
St. Wit.		VITuli
Antorpe.		INDuit TORPentis pater;

(1) *Corne de Chaux*. Ce dernier mot doit se prononcer CAUX ou CAUS (rad. causa).

Salans.		SALEM	
Evans.		EFFANTem	(F = V)
Dampierre.	(2)	sicuti TAMiacæ erant in PETRæiam	(PIERiam)
Fraisans.		FRACENtem camerariæ,	(a = æ)
Rans.		RANCidum	
Ranchaut.		RANCantem CAUTè	
Mercey (le petit).		MERSandô nedùm SEDare	
Montplain.		MONeret PLENè	
Labarre.		quùm LABARE monuisset nata.	

(2) *Dampierre*, de DAMiacus ou TAMiacus, femme qui a l'administration du ménage, d'où le mot français *dame* (radical TAMia, femme de charge); *pierre*, de PÉTRÆia, bacchante, que l'on prononça *pierre*, comme PETRus; ce dernier mot est synonyme de PIERiam, chanteuse, dont le radical est *piérides*.

LITTÉRAL.

Dùm camerariæ piantes essent in villarem fugientem rosatô, causantem georgica quam coronaverant habenâ : Tandis que les suivantes apaisaient la femme rustique affaiblie par la boisson d'un vin dans lequel on avait infuser des roses, déclamant avec emphase des chansons grossières, et qu'elles avaient enveloppée avec une écharpe.

Pater induit velamen vituli rotalis torpentis ut ocellus foret : Jupiter prend la forme d'un chétif bœuf de charroi engourdi, afin d'être traité en ami par la jeune fille.

Quùm nata labare monuisset, nedùm moneret sedare plenè rancidum rancantem cautè mersando, sicuti camerariæ tamiacæ erant in petræiam fracentem effantem salem : Puisque la jeune fille avait laissé languir lui sous une forme abjecte déclamant à grands cris des plaisanteries en se trempant dans l'eau, bien loin de penser à l'apaiser complètement, de la même manière que les suivantes pourvoyaient à la subsistance de la bacchante malade qui déclamait aussi des plaisanteries.

Plumont.	(1)	quam PLUMBare MONuerant	
Etrepigney.		dùm ADREPentes essent ut PIGNERarent	
Orchamps.		ORCANtem camerariæ :	
Bretenière.	(2)	ut PRÆDANs foret in NIGRum nata,	(niger = nier)
Our.		URI	
Montjeu.		MONuit JOCum pater ;	(joc-us = jeu)
Eclans.		ACCLAMatione,	(a = æ)
Eclangeot	(3)	ACCLAMatione quam ANGere monuerant sicuti JUVabant	
Nenon.		NÆNiantem NONNam camerariæ,	
Buisson (le gros).	(4)	BUXum SONantem	
Falletans.		quùm FALlere monuisset, nedùm LÆTANS foret nata.	

(1) *Plumont*, de PLUMBare, souder, au figuré étouffer, boucher le canal de la respiration, qu'on prononça par euphonie *Plum-mont*.

(2) *Bretenière*, de PRÆDANs, qu'on prononça *brædain*, et *niger* comme *nier*, par la suppression du G.

(3) *Eclangeot*, qu'on devrait écrire *eclan-anjou* (ou = o).

(4) *Buisson*, de BUXum, BUIS, flûte; *sonare buxum*, expression synonyme de *buccinare*, crier d'une voix aigüe.

LITTÉRAL.

Dùm camerariæ adrepentes essent ut pignerarent orcantem quam monuerant plumbare : Tandis que les suivantes étaient les très humbles servantes, afin de se l'attacher par leurs bienfaits, de la bacchante déclamant à tue-tête, et qu'elles avaient étouffée avec une écharpe.

Pater monuit jocum uri ut nata prædans foret in nigrum : Jupiter prend par plaisanterie la forme d'un bœuf, afin que la jeune fille aille chercher la pâture à cet animal malade.

Quùm nata monuisset fallere, nedùm lætans foret in sonantem buxum acclamatione, sicuti camerariæ juvabant nonnam næniantem acclamatione quam monuerant angere : Puisque la jeune fille avait trompé lui faisant grand bruit en déclamant, bien loin de lui réjouir le cœur, de la même manière que les suivantes secouraient la bacchante qui débitait aussi des niaiseries avec grand bruit.

Vasonge.	VATicinantem ANGentem	(VATem, t = s)
Gendrey.	quam SCINDERE monuerant	
Louvatange.	LUPATô	(ANGentem)
Auxange.	dùm AUXiliarent (ANGentem) camerariæ ;	
Serres (les) Moulières.	nedùm SARCiret MULIERarium	
Sermange.	SERMonibus quùm ANGere monuisset	
Abergement.	ASPERGentem GEMMAM	
Lavans.	LAVANdo nata ;	
Mal-ange.	MALô	(ANGentis)
Wri-ange.	FRIati	(ANGentis)
Romange.	RUMInantis, de ANGente	
Audelange.	ut UTI moneret nata, TELum (ANGentis monuit pater.	

LITTÉRAL.

Dùm camerariæ auxiliarent vatem angentem quam monuerant scindere lupatô : Tandis que les suivantes secouraient la prophétesse souffrante, qu'elles avaient tourmentée cruellement avec une écharpe en guise de muselière.

Quùm nata monuisset angere mulierarium aspergentem gemmam sermonibus nedùm sarciret : Puisque la jeune fille avait tourmenté lui sous la forme d'un courtisan mêlant des plaisanteries à ses discours empoulés, bien loin de le restaurer.

Pater monuit telum ruminantis angentis, friati malô, ut nata moneret uti benè de angente : Jupiter a recours à un nouveau moyen en prenant la forme d'un bœuf cassé par la maladie, afin que la jeune fille vienne traiter splendidement cet animal souffrant.

Amange.	dùm AMArent ANGentem	
Chatenois.	quam CATENaverant NOXias	
Gredisans.	GRATanter DICENtem camerariæ;	
Arcelange.	quùm ARCere monuisset SALè	(ANGentem)
Authume.	AUTUMantem,	
Rochefort.	ROGitantem nedùm FORTificaret nata ;	
Baverans.	in PAVitum ut VERENS foret nata,	
Brevans.	BREVis VANitiem	
Azans.	ASINi monuit pater.	(in = an)

LITTÉRAL.

Dùm camerariæ amarent angentem noxias dicentem gratanter quam catenaverant : Tandis que les suivantes témoignaient de l'amitié à la bacchante souffrante débitant des plaisanteries en trépignant de joie, et qu'elles avaient garrottée.

Quùm nata monuisset arcere angentem autumantem salè, nedùm fortificaret rogitantem : Puisque la jeune fille avait repoussé lui souffrant et débitant aussi des railleries, bien loin de réconforter cet homme implorant des secours.

Pater monuit vanitiem asini brevis ut nata verens foret in pavitum : Jupiter prend par supercherie la forme d'un âne chétif, afin que la jeune fille ait du respect pour cet animal roué de coups.

Dole.	(1)	DOLantem	
Crissey.	(2)	CHRIAS dùm SEDarent	(a = æ, ai)
Ste. Illye.	(3)	quam ILLIgaverant camerariæ;	
Choisey.		QUÆSivit, ut SEDaret nata,	
Bon-Repos.	(4)	BONasi REPOSiti	
Gevry.		SEVERItatem pater.	(S = g)
(La) Vieille Loye.	(5)	VIALes LOGIos	
(La) Loye.	(6)	LOQuentem	
Goux.		quùm CUDere monuisset	
Villette.		VILem nedùm LÆTaret nata.	

(1) *Dole*, de DOLare, couper avec la hache; synonyme d'*intalio*; au figuré, scander grossièrement.

(2) *Crissey*, de CHRIAS, oracles, ordonnances, qu'on prononça *chriis*, en changeant l'a en æ (æ = i), et SEDare, apaiser. Toutes ces finales en SEY s'écrivaient autrefois SET ou SED, conformément au radical SEDo.

(3) *Ste. Illye*, de ILLIGare, lier. Le G et le T, à la fin des mots, sont presque toujours élidés dans la prononciation.

(4) *Bon Repos*, village détruit, à la place duquel il ne reste qu'une croix.

(5) *Vieille Loye*, de VIALes, mot que par corruption on a prononcé *vieille*, et LOYe, de LOGI, qu'on prononça LOY, par la suppression du G (rad. λογος).

(6) *La Loye*, de LOQuor, qu'on prononça également *loy*, selon son radical λογος (logos).

LITTÉRAL.

Dùm camerariæ sedarent dolantem chrias quam illigaverant : Tandis que les suivantes apaisaient la bacchante débitant des prophéties grossièrement versifiées, et qu'elles avaient garrottée.

Pater quæsivit severitatem bonasi repositi, ut nata sedaret : Jupiter choisit la vraisemblance d'un bœuf de rebut, afin que la jeune fille vienne apaiser cet animal malade.

Quùm nata monuisset cudere vilem nedùm lætaret loquentem logios viales : Puisque la jeune fille avait frappé lui sous la forme d'un homme grossier, bien loin de réjouir le cœur de cet individu débitant des plaisanteries de grands chemins.

Cours de la Furieuse ; environs de Salins, Arbois et Dole.

Pontdéry.	PONDus DERIDentis	
Fonteney.	dùm FUNDerent quam TENEre monuerant	
Chaux.	CAUSantis camerariæ ;	
Le Charnay.	CARNATione,	
Chilly.	CILLI	
Moutaine.	MUTationem TENuis monuit pater,	
Aresche.	ARESCentis	
Boisset.	BOAS ut SEDaret nata;	
Thesy.	THESI	
Abergement.	ASPERGentem GEMMAM	
Cernans.	CERNENdo	
Gerèse.	quùm SEREScere monuisset,	
Chaux.	CAUSantem	
Le Tilleret.	nedùm TITILLARET nata,	(titil = til)
Champagny.	CAMPANIcam	
Ivory.	EBORIbùs	(ivoire, lyre)
Pretin.	pariter ac PRÆDarentur TINnientem	
Bracon.	PRÆCONem	
Salins.	SALINas camerariæ.	

LITTÉRAL.

Dùm camerariæ funderent pondus deridentis causantis quam monuerant tenere : Tandis que les suivantes dissipaient la tristesse de la bouffonne qui déclamait des plaidoyers, et qu'elles avaient garrottée.

Pater monuit mutationem cilli tenuis, ut nata sedaret carnatione boas arescentis : Jupiter prend la métamorphose d'un âne chétif, afin que la jeune fille guérisse, en lui donnant à manger, la fourbure de cet animal exténué de maigreur.

Quùm nata monuisset serescere aspergentem gemmam thesi cernendo, nedùm titillaret causantem pariter ac camerariæ prædarentur præconem campanicam tinnientem salinas eboribùs : Puisque la jeune fille avait fait sécher

de langueur lui mêlant d'une manière incohérente des plaisanteries à ses dis-cours ampoulés, bien loin de (nourrir) caresser ce plaideur de la même ma-nière que les suivantes nourrissaient la chanteuse grossière qui débitait également des plaisanteries en s'accompagnant sur sa lyre (instrument d'ivoire).

Aiglepierre.	ACULeum PIERiam
Pagnod.	PANGentem dùm GNOScerent
Marenod.	MARcidam quam RENODaverant
Aulnay.	AULONE camerariæ;
Chilley.	CILli, ut LÆTaret nata,
Chapelle.	CABalli PELLem monuit pater;
Ivrey.	EBRIEtate (ebrius = ivre)
Combelle.	COMPELlantem
St. Thiébault.	TABidum quùm PULTare monuisset
Srscenay.	nedùm SATiaret CŒNA nata.

LITTÉRAL.

Dùm camerariæ gnoscerent pieriam pangentem aculeum, marcidam aulone, quam renodaverant : Tandis que les suivantes se montraient intimes envers la chanteuse déclamant des railleries, appesantie par la boisson du vin d'Au-lon, et qu'elles avaient garrottée.

Pater monuit pellem cilli caballi ut nata lætaret : Jupiter prend la forme d'un âne, afin que la jeune fille vienne redonner de la vigueur à cet mauvaise rosse.

Quùm nata monuisset pultare compellentem tabidum ebrietate nedùm sa-tiaret cœnâ : Puisque la jeune fille avait repoussé lui débitant des railleries, appesanti par la boisson, bien loin de le gorger de nourriture.

Cours de la Loue; environs d'Arbois et de Dole.

La Grange (de) Vai-vre. (1)	quam LACERe ANGentem monuerant VAFRamenta	
Lainée (le port).	LÆNEa	
Buffard.	BOVinantem dùm FARCirent	
Champagne.	CAMPENSem camerariæ;	
Liele.	in LALlatorem	(a = æ)
Senans.	nedùm SANANS foret nata,	
Cramans	CRIMINantem	(in = an)
Arc.	quùm ARGuere monnisset;	
Villers Farlay.	VILLARis VARationem ut RELAXaret nata,	
Mouchard.	MUSCARii	
Certemery.	CERTam TEMERItatem	
Arsures (les)	ARSURi	
Montigny.	MONuit HINNI pater.	

(1) *La Grange*, de LACERe, qu'on a prononcé LACR, par la transposition de l'R, et ANGens. On a écrit ce mot *La Grange*, par similitude du son avec son homonyme français *La-Grange*.

LITTÉRAL.

Dùm camerariæ farcirent campensem angentem bovinantem vaframenta læ-nea quam lacere monuerant : Tandis que les suivantes gorgeaient de nourri-ture la grossière bacchante malade, chantant des plaisanteries bachiques, et qu'elles avaient dupée.

Nedùm nata sanans foret in lallantem quùm monuisset arguere criminan-tem : Puisque la jeune fille avait réprimandé lui débitant des satyres, bien loin de guérir ce criailleur.

Pater monuit certam temeritatem hinni muscarii, ut nata relaxaret varatio-nem villaris : Jupiter, afin d'arriver à son but, prend par étourderie la forme d'un mulet parasite exténué de maigreur, afin que la jeune fille vienne guérir la fourbure de cet animal des champs.

Ecleux.	ECLOGas
Villeneuve.	VILLicam dùm NOVarent
St. Cyr.	quam CIRe
Monimalin.	MONuerant MALIGNè
Chamblay.	CAMPestras BLATientem
Ounans.	UNANimiter camerariæ;
Chissey.	CISarium ut SEDaret nata,
Chatelay.	CATELLÆ
Germiguy.	GERManitatem HINNI pater monuit;
Sentans.	SENTENtias
Montbarrey.	quùm MONuisset BARRIenti
Belmont.	BELligerare, nedùm MONeret
Augerans.	AUGERe RANCidum nata.

LITTÉRAL.

Dùm camerariæ novarent unanimiter villicam blatientem eclogas campes-tras quam monuerant cire maligne : Tandis que les suivantes restauraient toutes ensemble la grossière bacchante débitant à tort et à travers des chan-sons champêtres, et qu'elles avaient pourchassée avec malice.

Pater monuit germanitatem hinni catellæ (catenati) ut nata sedaret cisa-rium : Jupiter prend la forme d'un mulet de chaîne (de charroi), afin que la jeune fille vienne apaiser cet animal de charroi.

Quùm nata monuisset belligerare barrienti sententias, nedùm moneret au-gere rancidum : Puisque la jeune fille avait repoussé lui déclamant à tue-tête des sentences, bien loin de vouloir secourir cet homme abject.

(La) Chatelaine,	CATELIà dùm LENirent	
(Les) Planches.	quam PLANGEre monuerant	
Menay.	MENAdem	(a = æ)
Pupillin.	PUPILLANtem camerariæ;	(an = ain)
Arbois.	ARtem BOVIS pater monuit,	
Villette.	VILlicum ut LÆTaret nata;	

Mathenay.	MADentem TENACitate
Vadans.	VATEM,
Molamboz.	in MOLIMen BOantis
(La) Ferté.	pariter ac FERTAtæ essent
Vaudrey.	quam FODERE monuerant camerariæ,
Mont-sous-Vau-drey.	quùm MONuisset SUFFODERE nata,
Bans.	BANnitum
Souvans.	nedùm SUBVENTaret
Nevy.	NAVIGatorem
Parcey.	PARCÈ.

LITTÉRAL.

Dùm camerariæ lenirent mænadem pupillantem quam monuerant plangere catellà : Tandis que les suivantes apaisaient la bacchante chantant d'une ma-nière inintelligible, et qu'elles avaient tourmentée en la garrottant.

Pater monuit artem bovis ut nata lætaret villicum : Jupiter prend par ruse la forme d'un bœuf, afin que la jeune fille vienne restaurer cet animal cham-pêtre.

Quùm nata monuisset suffodere vatem madentem tenacitate, nedùm sub-ventaret parcè navigatorem bannitum, pariter ac camerariæ fertatæ essent in molimen boantis quam monuerant fodere : Puisque la jeune fille avait tour-menté cruellement lui sous la forme d'un prophète se trempant dans l'eau avec opiniâtreté, bien loin de sustenter tant soit peu ce pauvre matelot sans feu ni lieu, et de le traiter splendidement de la même manière que les sui-vantes traitaient la bacchante malade qui déclamait à tue-tête, et qu'elles avaient tourmentée cruellement.

Environs de Poligny et de Dole; cours de la Glantine et du Doubs.

Chaussenans.	in CAUSantem dùm SANANtes essent
Chamole.	CHAMô quam MOLire monuerant camerariæ;
Vaux (Val).	ut VALens foret nata,
Poligny.	POLiam HINNI monuit pater;
Buvilly.	BOVinantem VILLIca
Tourmont.	TURMatîm pariter ac MONerent
Villers Serine.	VILLARem SERENare
Brainan.	PRÆNIMis camerariæ,
Viseney.	VICINIA
Colonne.	COLONicum
Biemorin.	PIÈ MORANtem
Grozon.	CROCitando SONô
Abergement.	ASPERGentem GEMMAM
Aumont.	HOMONcionem
Montollier.	nedùm MONeret in TULLIIS
Neuvilly.	ad NOVandum VILIter
Oussière.	de USU fore nata quùm CIERE monuisset
Villers.	VILLARem.

LITTÉRAL.

Dùm camerariæ sanantes essent in causantem quam monuerant molire cha-mô : Tandis que les suivantes soignaient la bacchante déclamant des prophé-ties, et qu'elles avaient tourmentée avec une écharpe en guise de mors de bride.

Pater monuit poliam hinni ut nata valens foret : Jupiter prend la forme d'un mulet blanchi par la vieillesse, afin que la jeune fille vienne donner ses soins à cet animal.

Quùm nata monuisset ciere villarem : Puisque la jeune fille avait repoussé lui sous la forme d'un homme grossier; -- nedùm moneret de usû fore ad no-vandum viliter homoncionem colonicum in tulliis, viciniâ morantem piè, as-pergentem crocitando gemmam sono, pariter ac camerariæ turmatîm monerent serenare prænimis villarem bovinantem villica : bien loin de s'employer à ré-conforter le moins du monde ce pauvre homme rustique étendu dans un ca-nal, qui pareillement contrefaisait parfaitement la folie en parsemant de traits malins ses discours qu'il déclamait à grands cris, de la même manière que les suivantes toutes ensemble s'employaient avec excès pour apaiser la douleur de la grossière bacchante débitant également des chants rustiques.

Bretenière.	dùm PRÆDANtes essent in NIGRam	
Tassenière.	ad TACENdam (NIGRam)	
Saligney.	SALe LINIS	
Villers-Robert.	VILLARem RYPARographam	(rad. ρυπαρος)
Deschaux.	quam DECOXerant	
Balaissaux.	BALlantem LESSOS camerariæ;	
Rahon.	RAVUM	
St. Barraing.	PARANGariæ	
Chaussin.	COSSEM	
Gatey.	CATÉ pater monuit,	
(Le) Asnans (Asc-nans).	in ASinum ut SANANS foret nata;	
Vornes.	FORNicis	
Beauvoisin.	BOVinando VICINiâ	(vicinus = voisin)
Neublans.	in NUBilantem BLANDidicum	
Fretterans.	nedùm FRETus foret quùm TERENS fuisset nata.	

LITTÉRAL.

Dùm camerariæ prædantes essent ad tacendam villarem ryparographam ba-lantem lessos quam salè decoxerant linis : Tandis que les suivantes allaient chercher de la nourriture pour apaiser cette grossière chanteuse qui débitait d'une manière absurde des hymnes funèbres, et que par plaisanterie elles avaient tourmentée avec une écharpe.

Pater monuit caté cossem ravum parangariæ ut nata sanans foret in asinum :

Jupiter prend par ruse la forme rousse (obscure) d'un âne à la peau ridée, afin que la jeune fille vienne soigner cette bête de somme.

Quùm nata nedùm fretus foret, terens fuisset in blandidicum nubilantem bovinando viciniâ fornicis : Puisque la jeune fille, bien loin de lui servir d'appui, avait frappé cruellement lui sous la forme d'un cajoleur obscur débitant des plaisanteries de la même manière que cette bacchante perdue de mœurs.

Doubs.

Molay.	quam MOLEStaverant	(rad. moles)
Aubert (le port). (1)	dùm UBERarent	
Champ-d'hyvers.	CANTantem DIVERSorem camerariæ ;	
l'eseux.	PESsimum ut SEVaret nata,	(V = U)
Longwy.	LUMam VITuli pater monuit ;	
Hostelans.	HOSTiliter quùm UELENS fuisset nata,	
(les) Louvers.	sicut LUPERCi	(P = V)
Noir.	nedùm NOVARet	(V = U)
(Le) Sauçois.	SALSè SUADentem.	

(1) *Le port Aubert*, village détruit par le Doubs.

LITTÉRAL.

Dùm camerariæ uberarent diversorem cantantem quam molestaverant : Tandis que les suivantes nourrissaient grassement cette bacchante, pilier de cabaret qui s'en allait chantant, et qu'elles avaient tourmentée cruellement.

Pater monuit lumam (sagum) vituli ut nata sevaret pessimum : Jupiter s'affuble de la peau d'un bœuf chétif, afin que la jeune fille vienne nourrir grassement cet animal ruiné.

Quùm nata delens fuisset hostiliter, nedùm novaret suadentem salsè sicut luperci : Puisque la jeune fille avait traité cruellement, bien loin de le reconforter, lui déclamant des plaisanteries à la manière des prêtres de Pan.

Cours de la Sablonne.

St. Loup.	LUPatò camerariæ
Villangrette.	VILlarem LINGuacem dùm GRATificarent
Rousselange.	BUTientem SALè quam ANGere monuerant ;
Chemin.	GEMINitudinem
Beauchemin.	BUCculi GEMINitudinem pater monuit
Annoire.	ut AN-NOVARet (an = ad)
Lays.	LÆSum nata ;
Authume.	in AUTUMantem
Pierre.	sicut PIERia
Terrans.	quùm TERENS fuisset nata,
Charette.	in CARentem nedùm RECTa foret.

LITTÉRAL.

Dùm camerariæ gratificarent villarem linguacem butientem salè quam angere monuerant lupatò : Tandis que les suivantes donnaient leurs soins à cette grossière babillarde déclamant à grands cris des plaisanteries , et qu'elles avaient tourmentée avec une écharpe en guise de mors de bride.

Pater monuit geminitudinem bucculi ut nata an-novaret læsum : Jupiter prend la forme d'un chétif bœuf, afin que la jeune fille vienne réconforter cet animal débile.

Quùm nata terens fuisset in autumantem sicut pieria, nedùm recta foret in carentem : Puisque la jeune fille avait frappé cruellement lui déclamant comme la bacchante, bien loin de se montrer équitable envers ce pauvre malheureux.

Longepierre.	LONGÉ PETRæiam	
Varenne. (1)	CARINantem	
Pourlans.	PURULENTam	
Navilly.	dùm NAVarent ad VILLICam camerariæ ;	
Frontenard.	FRONTem, ut TENeret nata, NARitate	
St. Bonnet.	BONASi monuit pater ;	(a = æ)
Dicone.	DICentem quam CUNeare monuerant	
(La) Racineuse.	RAUCINOSam camerariæ	
Dampierre.	pariter ac TAMiacæ essent in PETRæiam	
St. Germain.	nedùm GERMana foret in MANiaticum	
Cerley.	CÆRULEum	
Mervans.	MERè REVANescentem	
Deverouze.	quùm DEVERrere RUSticando	
Simard.	CYMARum monuisset nata.	

(1) *Varenne.* Ce mot est employé alternativement pour *Garenne.*

LITTÉRAL.

Dùm camerariæ navarent longè ad villicam petræiam carinantem purulentam : Tandis que les suivantes donnaient tous leurs soins à cette grossière bacchante débitant des railleries , et qu'elles avaient injuriée.

Pater monuit naritate frontem bonasi ut nata teneret eum : Jupiter prend par ruse la forme d'un bœuf , afin que la jeune fille vienne soigner cet animal.

Quùm nata monuisset deverrere cæruleum revanescentem rusticando merè cymarum : Puisque la jeune fille avait repoussé lui sous la forme d'un matelot débile débitant des grossièretés au beau milieu de l'eau ; -- nedùm germana foret in maniaticum pariter ac camerariæ tamiacæ essent in dicentem pieriam raucinosam quam monuerant cuneare : bien loin de soigner avec une amitié fraternelle ce fou, de la même manière que les suivantes soignaient la bacchante chantant des chansons d'une voix enrouée, et qu'elles avaient tourmentée cruellement.

Cours du Doubs.

Clux.	quam CLUSerant camerariæ	
La Villeneuve.	VILlicam dùm NOVarent	
Mont (les Scurres).	MONentem ;	
Pontoux.	PONDUS nedùm TUTaret	
Sermesse.	SERMOCinantis MÆSonis nata,	
Saunière.	quùm SUNare monuisset NIGRum ;	
Les Bordes.	LABem BURDi monuit pater	
Ciel.	ut COALeret	(rad. ςίαλω, engraisser)
Verdun.	VEREDUM nata.	

LITTÉRAL.

Dùm camerariæ novarent villicam monentem quam cluserant : Tandis que les suivantes restauraient la grossière bacchante déclamant des sentences, et qu'elles avaient étouffée.

Quùm nata monuisset sunare nigrum, nedùm tutaret pondus mæsonis sermocinantis : Puisque la jeune fille avait frappé cruellement lui sous la forme d'un homme malade, bien loin de soulager la douleur de ce matelot de comédie débitant des sermons.

Pater monuit labem burdi ut nata coaleret veredum : Jupiter prend la forme d'un mulet débile, afin que la jeune fille vienne gorger de nourriture cet animal de poste.

Cours de la Saône ; environs de Gray.

Guitteur.	GUTTURem camerariæ	
Verreux.	VERRUCosos	
Pierrejeu.	in PETRÆiam JOCularem	(jocus = jeu)
Beaujeu.	BOantem JOCos	(rad. bo-o)
St. Vallier.	dùm VALentes essent cujus LIGARe monuerant ;	
Montureux.	MONuit TOROSi	
Prantigny.	ut PRANDiret nata, HINNI	
Champ-Rigny.	CAMBium RHINIts pater ;	
Ecuelle.	ÆQUALiter	
Oyrière.	ODARIARium,	
Vars.	ac in VARiantem	
Auvet.	OVATus	
Sapelote.	SAPLUTæ essent camerariæ	
Churger.	quam CARCERare monuerant	
Arc.	ARGutantem,	
Maison.	MÆSONem	
Autrey.	UTRARium	
Bouhans.	BOANtem	
Feurg.	quùm FUGARe monuisset	(invers de l'R)
Nantilly.	NANTem nedùm DILIgeret nata.	

LITTÉRAL.

Dùm camerariæ valentes essent in petræiam jocularem boantem jocos verrucosos cujus monuerant ligare gutturem : Tandis que les suivantes se montraient empressées auprès de la bacchante bouffonne beuglant des plaisanteries raboteuses (grossières), et dont elles avaient garrottée la gorge avec une écharpe.

Pater monuit cambium hinni torosi rhintis, ut nata prandiret : Jupiter prend la nouvelle forme d'un mulet noueux par les durillons (dont la peau est hérissée de calus occasionnés par l'excès du travail ou des coups), afin que la jeune fille vienne nourrir cet animal.

Quùm nata monuisset fugare mæsonem utrarium boantem, nedùm diligeret nantem odariarium æqualiter ac camerariæ saplutæ essent in argutantem variantem ovatus quam monuerant carcerare : Puisque la jeune fille avait chassé lui sous la forme comique d'un matelot porteur d'eau déclamant à grands cris, bien loin de soigner ce marinier chanteur, de la même manière que les femmes de chambre le faisaient en se montrant très riches (bienveillantes) envers la bouffonne qui débitait aussi des plaisanteries sur des tons différents, et qu'elles avaient garrottée.

Cours de petites rivières se jetant dans la Saône, près Gray.

Bucey.	BUTientem	
Villefranche.	VILlicam quam FRANGEre monuerant	
Villefray.	VILlicam VERATricem	(a = æ)
Citey (Citer)	CITHARâ	
Gy.	GYPSatâ	
Sauvigner.	dùm SALVarent VINARiam camerariæ ;	
Augurey.	AUGURando	(a = æ)
St. Broim.	nedùm PROEMiatrix foret	
Nantuar.	in NANTem THYARum	(rad. θυω)
Corneux.	CORNU nata,	
Ansier.	quùm INSIDERe monuisset ;	(suppr. du D)
Batrans.	ut PATRANS foret nata,	
Echevanne.	EQUi VANitatem	
Gray.	GRACilis	(a = æ)
Gray (la) Ville.	GRACilis VILlici monuit pater.	

LITTÉRAL.

Dùm camerariæ salvarent veratricem vinariam villicam butientem citharâ gypsatâ quam monuerant frangere : Tandis que les suivantes veillaient au salut de cette grossière prophétesse prise de vin, beuglant des chants platrés (fardés), en s'accompagnant sur son instrument de musique, et qu'elles avaient tourmentée cruellement.

Quùm nata monuisset insidere nantem augurando cornù thyarum nedùm præmiatrix foret : Puisque la jeune fille s'était ruée sur lui nageant en débitant des prophéties qu'il accompaguait aussi sur un instrument de musique (guitare) à la manière des bacchantes, bien loin de se montrer bienveillante envers cet homme.

Pater monuit vanitatem equi villici gracilis ut nata patrans foret in gracilem : Jupiter prend par ruse la forme d'un cheval de labour grêle, afin que la jeune fille vienne donner des soins à cet animal chétif.

Velay.	quam VELAverant	(a = æ)
Mantoche.	MANTen TOGâ camerariæ	
Chantonay.	CANTantem dùm DONArent	(a = æ)
Cressancey.	CRASsa SENSA ;	(a = æ)
Noiron.	nedùm NOVARet RHONchô	
(Le) Tremblay.	TRIMma BLATiens	
Champvans.	in CYMâ VANescendo	
Esmoulin.	ÆMULANter	
Apremont.	quùm ASPERare MONuisset nata ;	
Poyant.	POLIAM	
Cecey.	SECESsi	
Essartenne.	Es-SARTé ut TENeret nata,	
Germigny.	GERManitatem HINNI	
Montsaugny.	MONuit SENIlem pater.	

LITTÉRAL.

Dùm camerariæ donarent manten cantantem sensa crassa quam velaverant togâ : Tandis que les suivantes comblaient de bienfaits la prophétesse chantant des poésies grossières, et qu'elles avaient garrottée avec une écharpe.

Quùm nata monuisset asperare trimma blatiens æmulanter vanescendo in cymâ rhonchô nedùm novaret : Puisque la jeune fille avait maltraité lui en maître fourbe, débitérant de la même manière des plaisanteries tout en s'évanouissant au milieu de l'eau, bien loin de le réconforter.

Pater monuit germanitatem senilem hinni, ut nata teneret es-sarté poliam secessi : Jupiter prend la forme d'un mulet cassé par l'âge, afin que la jeune fille vienne soigner complètement cet animal blanc de vieillesse et abandonné.

Cours de la Saône; environs d'Auxonne et de Dole.

Pontailler.	PONDus THALIÆ	
Vieleverge (les).	VIALis dùm LEVarent VERGentis	
Garennes.	CARINarum (ritû)	
(La) Marche.	quam MARCEre monuerant camerariæ ;	
Montarlot.	MONuit TARdantis RULLO	
Magny.	MANNI,	
Ponsey.	PONDus ut SEDaret nata,	
Athée.	ATHESiam pater ;	
Montmirey (le)	MONentem MIRÉ	
Château.	CASTELlanum	
Champagnilot.	CAMPANicum in NILO,	
Dammartin.	pariter ac TAMiacæ essent in MARcidam quam RETI-Nuerant	
Champagny.	CAMPANIcam	
Soisson.	SUASiones SONantem camerariæ,	
Flammerans.	quùm FLAMmare monuisset nedùm MERENS foret nata.	

LITTÉRAL.

Dùm camerariæ levarent pondus thaliæ vialis vergentis carinarum ritû quam marcere monuerant : Tandis que les suivantes soulageaient la douleur de cette muse de grands chemins faisant des libations aux dieux infernaux à la manière des pleureuses à gage (cariennes), et qu'elles avaient tourmentée jusqu'à extinction.

Pater monuit athesiam manni tardantis rullô, ut nata sedaret pondus : Jupiter s'avise de nouveau de prendre la forme d'un mauvais bidet exténué par le travail de la charrue, afin que la jeune fille vienne apaiser la douleur de cet animal.

Quùm nata monuisset flammare castellanum campanicum monentem miré in nilô, nedùm merens foret pariter ac camerariæ tamiacæ essent in campanicam marcidam sonantem suasiones quam retinuerant : Puisque la jeune fille avait traité cruellement lui sous la forme d'un fontainier grossier débitant d'une manière merveilleuse des sentences au milieu d'un canal, bien loin de se montrer propice envers cet homme de la même manière que les suivantes se montraient libérales envers cette grossière bacchante débitant également à grands cris des sentences, et qu'elles avaient rendue malade en la tourmentant avec une écharpe.

Villers (les) Pots.	VILLARem LEPOves	(rad. lepos)
Moissey.	MOEStam dùm SEDarent	
Frâne.	FRENô	
Montmirey (la) Ville.	MONentem MIRE VILlicos	
Pointre.	quam PUNGERe monuerant ;	(pungere = poindre)
Menotey.	MINUTÉ	
Chevigny.	ut SEVaret nata HINNI	
Peintre.	PICTURam monuit pater ;	(pingere = peindre)
Auxonne.	OXi-SONo	
Tillenay.	quùm DILANIAvisset	
Abergement.	ASPERGentem GEMMAM,	
Villers-Rotin.	cum VILLARi RUDENter	
Bilier.	quam BI-LIGARe	
Biarne.	BI-ARNacide monuerant	
Sampans.	CYMBâ PANgente	
St. Vivant.	pariter ac VIVANTes essent camerariæ,	
Rainans.	RENANtem	
Jouhe.	nedùm JUVare	
Monnière.	MONeret NIGRum	
Champvans.	in CYMâ VANescendo	
Flagey.	FLAGItatorem nata.	

LITTÉRAL.

Dùm camerariæ sedarent villarem mœstam monentem miré lepores villicos quam monuerant pungere frenô : Tandis que les suivantes apaisaient la grossière bacchante affligée, qui débitait d'une manière merveilleuse des railleries grossières, et qu'elles avaient tourmentée cruellement avec une écharpe en guise de mors de bride.

Pater monuit picturam hinni minuté, ut nata sevaret eum : Jupiter prend la forme d'un mulet chétif, afin que la jeune fille vienne nourrir grassement cet animal.

Quùm nata dilaniasset aspergentem gemmam oxi-sono, nedùm moneret juvare flagitorem nigrum renantem vanescendo in cymâ, pariter ac camerariæ vivantes essent cum villari pangente cymbâ quam monuerant bi-ligare bi-arnacide : Puisque la jeune fille avait frappé cruellement lui entremêlant de fleurs de rhétorique des chants railleurs, bien loin de secourir ce demandeur importun malade, surnageant sur les flots d'une manière languissante, de la même manière que les suivantes se montraient intimes envers la grossière bacchante qui déclamait aussi des chansons en s'accompagnant de son instrument de musique (cymbales), et qu'elles avaient rudement garrottée avec une écharpe à double lice.

St. Seine (en) Bache.	SCENicé BACchantem	
Mailly (la) Ville.	in quam MALItiosæ fuerant VILlarem	
(La) Perrière.	dùm PERIRE monerent camerariæ ;	(invers. de l'r)
Foucherans.	FUCum GERENS pater	
Parthey.	PARTA	(a = æ)
Bévoie.	BI-VIA	(via = voie)
Beauregard.	ut PURGARet nata,	
La Borde (Rousseaux).	BURDi RUStici SAUCii usus fuit ;	
St. François.	in quam FRANGere COEStû monerant camerariæ	
Damparis.	ac TAMiacæ essent PARiter, quùm RISisset	
Abergement (la) Ronce.	ASPERGentem GEMMAM RHONCho	
Tavaux (val)	in DAVum nedùm VALensfor et	
Aumur.	HUMentem MURmurando	
Samerey.	CYMâ MERA	
St. Simphorien.	CYMâ FURIENdo nata.	

LITTÉRAL.

Dùm camerariæ monerent perire villarem bacchantem scenicé in quam malitiosæ fuerant : Tandis que les suivantes témoignaient une vive amitié à cette grossière bacchante, qu'elles avaient tourmentée malicieusement.

Pater gerens fucum usus fuit bi-vià partâ burdi rustici saucii ut nata purgaret : Jupiter ayant recours à la ruse, s'avise de se servir d'un second moyen immanquable en prenant la forme d'un mauvais mulet de charrue malade, afin que la jeune vienne remédier à la maladie de cet animal.

Quùm nata risisset aspergentem gemmam rhoncho, nedùm valens foret in davum humentem furiendo in cymâ, murmurando cymâ merâ, pariter ac camerariæ tamiacæ essent in quam monerant frangere cœstû : Puisque la jeune fille s'était moquée de lui semant ses railleries de fleurs de rhétorique, bien loin de se montrer secourable envers cet homme insensé se trempant, en murmurant comme un furieux, au beau milieu de l'eau, de la même manière que les suivantes se montraient secourables envers la bacchante, qu'elles avaient garrottée avec une écharpe.

Cours de l'Ignon; environs de St. Seine.

St. Martin (du) Mont.	MARcidam quam RETINuerant MONita
St. Seine.	SCENicé
St. Fond.	FUNDentem
Vaux-Saule.	dùm VALentes essent ad SOLandam
Champagny.	in CAMPANicam camerariæ ;
Ponsey.	PONDus nedùm SEDaret,
Pellerey.	quùm PELLERE monuisset
La Margelle.	in LAMâ REGELando
Lery.	LERIIS
L'Abergement.	ASPERGentem GEMMAM nata,
Frenois.	FRENô NOXiosam
Moloy.	quam MOLUErant camerariæ
Curtiveron.	pariter ac CURarent DIVERticula RHONChissantem ;
Taresul.	TARdum RESULCantem
Ville-Comte.	VILlicum ut CONTueretur
Dienay.	DYANASta,
Is (sur Tille).	HIScentis
Marcilly.	MARCorem CILLI monuit pater.

LITTÉRAL.

Dùm camerariæ valentes essent ad solandam marcidam campanicam fundentem monita scenicé quam retinuerant : Tandis que les suivantes s'occupaient à consoler la grossière bacchante malade débitant d'une manière théâtrale des sentences, et qu'elles avaient garrottée.

Quùm nata monuisset pellere aspergentem gemmam lertis regelando in lamâ, nedùm pondus sedaret pariter ac camerariæ curarent noxiosam rhonchissantem diverticula quam moluerant frenô : Puisque la jeune fille avait chassé lui parsemant de fleurs de rhétorique ses plaisanteries en grelottant de froid dans la boue, bien loin de soulager la douleur de cet homme de la même manière que les suivantes soulageaient la bacchante malade débitant d'une manière incohérente des plaisanteries, et qu'elles avaient tourmentée cruellement en la garrottant.

Pater monuit marcorem cilli hiscentis ut dyanasta contueretur villicum resulcantem tardum : Jupiter prend la forme d'un âne exténué par la diète, afin que la princesse vienne secourir cet animal de charrue aux pas lents.

Sources des Tilles ; environs d'Auxonne, etc.

Montenaille.	MONita TENAculô	(a = œ, aï)
Bousserrotte.	BUTientem quam SERuerant ROTando	
Courlong.	dùm ad CURandam LONGè	
Crancey. (1)	in CRINISATam	
St. Germain.	dùm GERMANæ essent camerariæ ;	
Calmessin.	CALantem MÆSonem in SiNu	
Ville-Mervry.	VILlicum MARis REFRIgendo	
Ville-Moron.	VILlicum MORUM	
Cussey.	quùm CUDere monuisset nedùm SEDaret nata,	
Salive.	SALIVariô	
Montarmet.	quam MONuerant ARMAre	
Barjon. (2)	BARJONæ	
(Le) Meix.	MAXimè	
Veverotte.	pariter ac FAVERent ROTanti	
Avot.	ADVOcatori camerariæ ;	
Marey.	MARRA	(a = æ)
Cressey.	CRESsum ut SEDaret nata,	
Echevanne.	EQUi VANitatem monuit pater.	

(1) *Crancey*, de CRINISATus, surnom des Muses ou de Pégase (*Pegasides*).
(2) *Barjon*, *Barjonas*, surnom de St. Pierre, PIERia ; bacchante, muse.

LITTÉRAL.

Dùm camerariæ germanæ essent in crinisatam ad curandam longè, butientem rotando monita quam seruerant tenaculô : Tandis que les suivantes, en bonnes amies, soignaient longuement la chanteuse beuglant des sentences en tournoyant, et qu'elles avaient garrottée avec une écharpe.

Quùm nata monuisset cudere mæsouem villicum calantem refrigendo in sinû maris, nedùm sedaret morum villicum pariter ac camerariæ faverent maximè barjonæ advocatori rotanti quam monuerant armare salivariô : Puisque la jeune fille avait frappé cruellement lui sous la forme d'un vil matelot débitant des chansons en grelottant au milieu de l'eau, bien loin d'apaiser cet insensé de la même manière que les suivantes apaisaient de toutes leurs forces la grossière bacchante qui débitait aussi des chansons en tournoyant, et qu'elles avaient bridée avec une écharpe.

Pater monuit vanitatem equi ut nata sedaret cressum marrâ : Jupiter prend par ruse la forme d'un cheval, afin que la jeune fille vienne soigner cet animal blanchi par le travail de la charrue.

Source de la Venelle (une des Tilles).

Vaillant.	quam VALlare LIGAMine monuerant
Vesvre.	VAFRè
Chalancey.	CALANTem dùm SEDarent
Vernois.	VERNalitates NOXiosam camerariæ ;
Foncegrive.	ut FUNGi moneret nata, GRIPHum
Selongey.	SALè LONGÆvi
Orville.	URi VILlicum pater monuit ;
Veronne.	VERONem
Tille-Chatel.	THYÆ CASTELlanum
Lux.	LUXû
Spoy.	SPUTa (rad. spuo, spuis, spui)
Beir.	BARrientem
Arsaux.	ARSe quùm SAUCiasset,
Arc (sur Tille).	ARGutè
Remilly.	REMIGIS
Cessey.	CESsationem nedùm SEDaret
Abergement (Faugny).	ASPERGentis GEMMAM FAUNIS,
Beir (le) Fort.	BARritû ad FORTificandam
Collonge.	pariter ac COLerent LONGÈ
Longeau.	LONGè JOCulantem
Pluvault.	cujus PLUVialt VULTum
Pluvet.	PLUViali VETare monuerant camerariæ.

LITTÉRAL.

Dùm camerariæ sedarent noxiosam calantem vafrè vernalitates quam monuerant vallare ligamine : Tandis que les suivantes apaisaient la bacchante malade débitant des plaisanteries satyriques, et qu'elles avaient garrottée avec une écharpe.

Pater monuit salè griphum villicum uri ut nata fungi moneret : Jupiter prend par plaisanterie la métamorphose inattendue d'un bœuf des champs, afin que la jeune fille vienne s'occuper de cet animal.

Quùm nata sauciasset veronem castellanum arsè barrientem sputa luxû thyæ : Puisque la jeune fille avait maltraité lui sous la forme d'un fontainier infect débitant à grands cris des choses sales avec la même volubilité que la bacchante ; — nedùm sedaret cessationem remigis aspergentis argutè gemmam faunis pariter ac camerariæ ad fortificandam colerent longè baritû longè joculantem cujus monuerant vetare vultum pluvialt : bien loin de porter secours à la faiblesse de ce matelot parsemant avec finesse ses oracles de fleurs de rhétorique, de la même manière que les suivantes soignaient avec feu, afin de la réconforter, la bacchante qui débitait à grands cris des bouffonneries, et dont elles avaient garrotté la figure avec une écharpe.

Petites rivières dont le cours est parallèle à la Tille ; environs d'Auxonne.

Vaux (Val).	dùm VALentes essent	
Telessey.	in quam DELASSAverant	
Chambeire.	CHAMô BARrientem camerariæ ;	
Magny (St.-Médard).	MANNI METARe	
Belleneuve.	PELLem monuit pater, ut NOVaret	
Binges.	PINGuiter	
Arçon.	ARSUM	
Trochère.	TROCHÆô nata ; (pour trocho, rad. τροχος, char)	
Etvaux.	ADVOcantem	
Cirey.	quùm CIRE monuisset	
Longchamps.	nedùm LONGANimis foret in CANTatorem nata,	
Prenière.	PRÆGNARæ	
Soirans.	cujus SUERANT	
Treclun.	TRACHELUM	
Foufferans.	ut FOVERENT camerariæ	
Champdôtre.	CANTantis pariter ac DOTARe	(invers. de l'R)
Pont.	PONDus monerent.	

LITTÉRAL.

Dùm camerariæ valentes essent in quam delassaverant chamô : Tandis que les suivantes donnaient tous leurs soins à la bacchante, qu'elles avaient tourmentée avec une écharpe en guise de mors de bride.

Pater monuit metare pellem manni ut nata novaret pinguiter arsum trochô : Jupiter imagine de se couvrir de la peau d'un bidet chétif, afin que la jeune fille vienne réconforter grassement cet animal exténué par le tirage du chariot.

Quùm nata monuisset cire advocantem, nedùm longanimis foret in cantatorem, pariter ac camerariæ, ut foverent, monerent dotare pondus prægnaræ cantantis cujus suerant trachelum : Puisque la jeune fille avait repoussé lui l'implorant à grands cris, bien loin de se montrer bienveillante envers ce chanteur, de la même manière que les suivantes, afin de la favoriser, s'appliquaient à adoucir le chagrin de cette prophétesse qui débitait aussi des chansons, et dont elles avaient baillonné la bouche avec une écharpe.

Cours de la Norge, rivière se jetant dans la Tille ; environs de Dijon.

Brognon.	PRO-GNOMis	
Pressey.	PRESsè dùm SEDarent	
Izier.	HISCentem quam CIERe monuerant camerariæ ;	
Flacey.	quùm FLACERe monuisset	
Norège. (1)	NAV-REGentem	
Bretigny.	nedùm PRÆDaretur TINNItû	
Clenay.	CLINgentem NATando	(a = æ)
St. Julien.	JULIDEM	(suppres. du D)
Ogny.	UNItate nata,	
Orgeux.	ORSa JOCantem	(S = J)
Couternon.	quam CUDERe monuerant RENUNciantem	
Quietigny.	pariter ac QIETarent TINNItû	
St. Appollinaire.	APPOLLINARia camerariæ ;	
Ruffey.	RUFFI	
Equirey.	ACQUIRERe	
Varroy.	VARatione RUITurum	
Chevigny.	ut SEVaret nata, HINNI	
Neuilly.	NULLI ficamen	
Magny.	MANNI monuit pater.	

(1) *Norge*, mot composé de NAVem et REGEre, conduire un vaisseau, synonyme de *navigare* (navem-agere), conduire un vaisseau, pilote.

LITTÉRAL.

Dùm camerariæ sedarent pressè hiscentem pro-gnômis quam monuerant ciere : Tandis que les suivantes apaisaient d'une manière soignée la bacchante qui avait toujours la bouche ouverte pour déclamer des prophéties, et qu'elles avaient pourchassée.

Quùm nata monuisset flacere naviregentem, nedùm prædaretur julidem clingentem natando unitate tinnitû, pariter ac camerariæ quietarent jocantem renuntiantem tinnitû orsa appollinaria quam monuerant cudere : Puisque la jeune fille avait laissé languir lui sous la forme d'un pilote, bien loin de nourrir cet homme agitant son corps en nageant comme un poisson, tout en déblatérant à grands cris, de la même manière que les femmes de chambre nourrissaient cette bouffonne qui déclamait aussi à grands cris des discours versifiés, et qu'elles avaient tourmentée cruellement.

Pater monnit acquirere nullificamen hinni manni ruffi, ut nata sevaret ruiturum varatione : Jupiter se procure le vil déguisement d'un mauvais âne roux, afin que la jeune fille vienne nourrir grassement cet animal écloppé par la fourbure.

Cours du Suzon ; environs de Dijon.

Pangé.	quam PANGERe monuerant	
Lentenay.	LENTam TENAculô	
Pasques.	dùm PASCerent	
Prenois.	PRÆNOScentem	(nox = nois)
(La) Charme.	CHARMIdatam camerariæ ;	
Val Suzon.	ut VALens foret in SUSUM nata,	(rad. sús)
Ethôle.	ETHOLogiam	
Massigny.	MACiati HINNI pater monuit ;	
Ventoux.	VENTOSæ camerariæ	
Daroi.	pariter ac DARent in quam RUErant,	

Ahuy. (1)	quùm ALLUISset,
Hauteville.	nedùm UTi moneret de VILlicô,
Daix.	TAXantem
Fontaine.	in FONTe
Talent.	TALEM nata.

(1) *Ahui*, de ALLUI, prétérit de *alluo*, battre, qu'on prononça en mouillant les L, *allui*.

LITTÉRAL.

Dùm camerariæ pascerent charmidatam lentam prænoscentem quam monuerant pangere tenaculô : Tandis que les suivantes nourrissaient cette vieille bacchante aux pas lents, débitant gaiement des prophéties, et qu'elles avaient garrottée avec une écharpe.

Pater monuit ethologiam hinni maciati ut nata valens foret in susùm : Jupiter prend la forme d'un âne exténué de maigreur, afin que la jeune fille se montre bienveillante envers cet animal de peu d'importance.

Quùm nata alluisset talem taxantem in fonte, nedùm uti moneret de villicô, pariter ac camerariæ darent ventosæ in quam ruerant : Puisque la jeune fille avait frappé lui débitant pareillement des sottises en se tenant au milieu de l'eau d'une fontaine, bien loin de traiter cet homme grossier en le comblant de bienfaits, de la même manière que les femmes de chambre traitaient cette bacchante qui déclamait avec jactance, et sur laquelle elles s'étaient ruées.

Cours de l'Ouche; environs de Dijon.

Chaudenay.	CAUTè TENAculô	(a = æ)
Crugey.	quam CRUCIAverant	
Veuvey.	dùm VOVERet	
Auteuil.	dùm ATTOLlerent camerariæ;	
Buxière.	BUCERiam,	
St. Jean (de) bœuf.	ut JUVANS foret in BOVem nata,	
St. Victor.	FICTionem TAURi monuit pater;	
Vaux.	nedùm VALens foret	
Grenant.	in CRENâ NANTem nata,	
Barbirey.	BARBARE	(a = æ, œ = i)
Gisey.	GYPSAta	(a = æ)
Le Tremblay.	TRIMma BLATientem	
Remilly.	REMIGAtorem	
Agey.	quùm AGERe monuisset.	

LITTÉRAL.

Dùm camerariæ attollerent quam cruciaverant cautè tenaculô dùm voveret : Tandis que les suivantes soulageaient la bacchante que, par ruse, elles avaient tourmentée cruellement avec une écharpe, pendant qu'elle déclamait des hymnes.

Pater monuit fictionem buceriam tauri ut nata foret juvans in bovem : Jupiter prend la forme cornue d'un bœuf, afin que la jeune fille vienne secourir cet animal sans vigueur.

Quùm nata monuisset agere remigatorem trimma blatientem gypsata, nedùm valens foret in nantem in crenâ : Puisque la jeune fille avait repoussé lui, maître fourbe, sous la forme d'un pilote déclamant d'une manière barbare des choses fardées (à double sens), bien loin de se montrer propice envers cet homme nageant dans une fontaine.

Arcey.	ARSE,
St. Laurent.	LORAMentô camerariæ
Memmont.	MIMæ MONentis
Prélong.	quam PRÆLUMbare monuerant
Pont (de) Pani.	dùm PONDus BANNIre monerent;
Chevigny.	ut SEVaret nata HINNI
Mâlin.	MALIGNitatem monuit pater;
Beaune (la) Roche.	nedùm BONa foret in ROGitantem nata,
Ansey.	quùm INSEDisset,
Fleurey.	FLOREScentem camerariæ
Villars.	VILLARem
Plumbière.	quam PLUMBaverant pariter ac PIARent.

LITTÉRAL.

Dùm camerariæ monerent bannire pondus mimæ monentis arsè quam monuerant prælumbare loramentô : Tandis que les suivantes bannissaient le chagrin de la bacchante déclamant à grands cris des sentences d'une manière théâtrale, et qu'elles avaient éreintée en la liant avec une écharpe.

Pater monuit malignitatem hinni ut nata sevaret : Jupiter prend par ruse la forme d'un mulet, afin que la jeune fille vienne nourrir grassement cet animal malade.

Quùm nata insedisset nedùm bona foret in rogitantem pariter ac camerariæ piarent florescentem villarem quam plumbaverant : Puisque la jeune fille avait tourmenté cruellement lui le suppliant à grands cris, bien loin de se montrer propice envers cet homme, de la même manière que les femmes de chambre cherchaient à calmer cette femme grossière qui déclamait aussi d'un style fleuri, et qu'elles avaient étouffée avec une écharpe.

Dijon.	DIJUNgentem	
Longvic.	LUMâ VICanam	(sagum)
Senecey.	SCENICè	
Crimoloy.	CRIMinosè quam MOLUErant	
Fauvernay.	dùm FOVerent, VERNAlitates camerariæ;	
Rouvre.	RUBRi	
Varange.	VARatione ANGentis	
Genlis.	GINui LICentiam	
Echisey.	ACQUISivit pater, ut SEDaret	
Tart.	TARDum nata;	

Trouans.	quùm TRUDENS fuisset,	(élision du D)
Montot.	MONentem pariter ac DOTarent	
St. Usage.	cujus CINGere OS SAGEStri monuerant camerariæ;	(rad. sagum)
Echenon.	EGENum NUNtiantem	
St. Jean-de-Losne.	nedùm JUVANs foret in TELLONarium nata.	

LITTÉRAL.

Dùm camerariæ foverent vicanam dijungentem scenicè vernalitates quam moluerant lumâ criminosè : Tandis que les suivantes se montraient bienveillantes envers la bacchante rustique déclamant d'une manière théâtrale des plaisanteries incohérentes, et qu'à tort elles avaient tourmentée cruellement avec une écharpe.

Pater acquisivit licentiam ginni rubri angentis varatione ut nata sedaret tardum : Jupiter prend par plaisanterie la forme d'un mulet roux, malade de la fourbure, afin que la jeune fille vienne soigner cet animal aux pas lents.

Quùm nata trudens fuisset iu egenum nuntiantem nedùm juvans foret in tellonarium, pariter ac camerariæ dotarent monentem cujus monuerant cingere os sagestri : Puisque la jeune fille avait frappé cruellement lui sous la forme d'un prophète nécessiteux, bien loin de secourir cet homme abject (maltotier), et d'imiter la conduite des suivantes qui comblaient de bienfaits la bacchante qui déclamait aussi des sentences, et dont elles avaient bâillonné la bouche avec une écharpe.

Environs de St. Jean-de-Losne. — Rivière. . . . .

Mareliens.	MARcidam RELIGAMine	(ligamen = lien)
Longecour.	LONGE dùm CURarent	
Aiserey.	quam ACERE monuerant	
Potanger.	POTu ANGentis	(rad. angere)
Brasey.	PRAXÊ	
Chaugey.	CAUSIficantem camerariæ;	(rad. causa)
St. Aubin.	ALBINei	
Grosbois.	GROSsitudinem BOVIS pater monuit,	
Tichey.	ut DICAret nata;	(a = æ)
Montagny.	MONentem TINNItû	
Franxault.	quùm FRANGere monuisset nedùm CULTrix foret	(cc = x)
Champenôtre.	in CAMPENsem NAUTRium nata.	

LITTÉRAL.

Dùm camerariæ longè curarent marcidam causificantem praxè angentis potû quam monuerant acere religamine : Tandis que les suivantes guérissaient d'une manière soignée la bacchante malade déclamant à la manière d'une personne prise de vin, et qu'elles avaient tourmentée cruellement avec une écharpe.

Pater monuit grossitudinem hinni albinei ut nata dicaret : Jupiter prend la forme énorme d'un mulet blanc de vieillesse, afin que la jeune fille se dévoue au service de cet animal.

Quùm nata monuisset frangere monentem tinnitû, nedùm cultrix foret in campensem nautrium : Puisque la jeune fille avait frappé cruellement lui déclamant à grands cris des sentences, bien loin de témoigner la moindre amitié à ce matelot grossier.

Petites rivières parallèles à l'Ouche.

Ouge.	AUGurantem	
Bretenière.	dùm PRÆDANtes essent in NIGRam	
Epoisse.	APOSIOpese	
Layère.	quam LIGARE monuerant	
Thorey.	TORIS camerariæ;	
Chevigny.	ut SEVaret, HINNI,	
Fenay.	FENEratô	
Saulon la Chapelle.	SOLUM nata CABalli PELlem monuit Pater;	
Noiron.	pariter ac NOVARent RHONChô	
Sav-ouge.	SAVè AUGurantem camerariæ	
St. Philibert.	quam VILIPender PARTurierant,	(rad. pario)
Broindon.	nedùm PRÆMiatrix foret in TONantem	
Iscure.	quùm ICere SOROriantem	(soror = sœur)
(La) Mairie.	in MARI monuisset nata.	

LITTÉRAL.

Dùm camerariæ prædantes essent in nigram augurantem aposiopese quam monuerant ligare toris : Tandis que les suivantes cherchaient de quoi nourrir la bacchante malade débitant des prophéties à double sens, et qu'elles avaient garrottée avec une écharpe.

Pater monuit pellem caballi hinui, ut nata sevaret solum feneratô : Jupiter se couvre de la peau d'un mauvais âne, afin que la jeune fille vienne nourrir avec usure cet animal abandonné.

Quùm nata monuisset icere sororiantem in mari, nedùm præmiatrix foret in tonantem pariter ac camerariæ novarent augurantem savè rhonchô quam parturierant vilipendere : Puisque la jeune fille avait frappé lui se rengorgeant au milieu de l'eau, bien loin de se montrer propice envers cet homme déclamant à grands cris, de la même manière que les suivantes restauraient cette prophétesse débitant en plein vent des prophéties satyriques, et qu'elles s'étaient avisées de maltraiter.

Morey.	MORÈ	
Chambole.	SYMBOLas	
Vougeot.	quam FUGaverant JOCantem	
Gilly.	JACTItantem	(rad. JACIo)
Bretigny.	dùm PRÆDarentur TINNItû camerariæ;	

Vône.	FAUNas	
Flacey.	quùm FLACERe monuisset	
Villebichot.	VILlicum BI-CAUTum	
Citaux.	CITantem TOTidem	
Courcelle.	nedùm CURaret CELerè nata ;	
Bessey.	ut PASCERe moneret nata ,	
Aubigny.	ALBINEI	
Ebarres.	ABARTiam	
Magny.	MANNI	
Charrey.	SARRAci pater monuit,	
Bonencontre.	BONasum ECONTRà.	

LITTÉRAL.

Dùm camerariæ prædarentur jocantem morè jactitantem tinnitû symbolas quam monuerant fugare : Tandis que les suivantes cherchaient de quoi nourrir la bouffonne insensée débitant à grands cris des allégories, et qu'elles avaient pourchassée.

Quùm nata monuisset flacere villicum bi-cautum citantem totidem faunas, nedùm curaret celerè : Puisque la jeune fille avait laissé languir lui sous la forme d'un grossier personnage doublement rasé chantant de la même manière des prophéties, bien loin de le soigner avec zèle.

Pater monuit abartiam manni albinei sarraci ut nata econtrà moneret pascere bonasum : Jupiter prend la forme d'un bœuf chétif de charroi blanchi par la vieillesse, afin que cette fois-ci la jeune fille vienne nourrir cet animal affamé.

Cours de la Saône ; environs de Seurre et de Verdun.

Pagny-la-Ville.	quam BANNIre monuerant VILlicam	
(Le) Chatelet.	CATELLA	(a = æ)
Glanon.	in CLANgentem NONnam	
(La) Bruyère.	dùm PRÆReses essent camerariæ ;	
Pouilly.	PULLI	
Pagny (le Château).	BANNIti	(CATELlà)
Chamblanc.	CAMBium pater monuit ut BLANDiretur nata ;	
Seurre.	SORoriantem,	
Lenthes.	in LENTam	
Jalange.	GALeà quam ANGere monuerant	
Tregny.	THRENIS	
Grandchamp.	ac GRANDes essent in CANTantem camerariæ,	
Abergement (le) Duc.	ASPERGentem GEMMAM DUCendo	
Chivres.	CIViles VERSus	(invers. de l'R)
Moléze.	quùm MOLEStare monuisset nata ,	(rad. moles)
Charnay.	CARNAtione	(a = æ)
Eruelle.	ÆQUALiter	(a = æ)
Bragny.	nedùm PRÆGNAS foret.	(a = æ)

LITTÉRAL.

Dùm camerariæ præreses essent in nonnam villicam clangentem quam monuerant bannire catellà : Tandis que les suivantes montraient de la déférence envers cette grossière bacchante déclamant à grands cris, et qu'elles avaient pourchassée avec une écharpe.

Pater monuit cambium pulli banniti catellà ut nata blandiretur : Jupiter prend la métamorphose d'un animal chétif (banni du joug), mis au rebut, afin que la jeune fille se montre bienveillante envers cet animal.

Quùm nata monuisset molestare sororiantem aspergentem gemmam ducendo versus civiles, nedùm prægnas foret carnatione æqualiter ac camerariæ grandes essent in lentam cantantem threnis quam monuerant angere galeà : Puisque la jeune fille avait maltraité lui se rengorgeant en parsemant de fleurs de rhétorique les vers populaires qu'il déclamait, bien loin de le nourrir grassement de la même manière que les suivantes nourrissaient largement la bacchante aux pas lents chantant des airs plaintifs, et qu'elles avaient tourmentée en enveloppant sa tête dans une écharpe en guise de casque.

Environs de Châlons.

Alercy.	ALEARÉ	
Gergy.	SARCientem	
Verjux.	VERSUS	
St. Dizier.	DITYRambicos	
Senecey.	SCENICÈ	
Ville-Gaudin.	VILlarem GAUDENdo	
Toutenans.	ut TUTarent TENUEM	
Serigny.	dùm SERENare NITerentur	
St. Martin.	MARcidam quam RETINuerant camerariæ ;	
St. Maurice (en) rivière.	MORum quùm RISisset RIPA	(rivus)
Damerey.	nedùm TAMiaca foret MERA	
Guervans.	QUERendo REVANescentem ,	
Bey.	pariter ac BEarent	(rad. beo)
Montcoy.	MONentem COITa	
Alcriot.	ALEARIO	
Chatenoy.	quam CATENaverant NOXiosam	
Olon.	AULONe ;	
Sascenay.	ut SATiaret nata , SCENA	
Châlons.	CALONis	
St. Marcel.	MARCidi CELetis pater usus fuit.	

LITTÉRAL.

Dùm camerariæ, ut tutarent, niterentur serenare villarem tenuem, marcidam, alearè sarcientem gaudendo scenicè versus dityrambicos quam retinuerant : Tandis que les suivantes, afin de la secourir, s'efforçaient de dissiper le chagrin de cette grossière bacchante affaiblie par la maladie, et qui, à tout hasard, rapiécetait, en affectant dans son allure joyeuse des airs de théâtre, des chansons bachiques, et qu'elles avaient garrottée avec une écharpe.

Quùm nata risisset morum revanescentem querendo merâ ripâ (rivus), nedùm tamiaca foret pariter ac camerariæ bearent monentem alcriô cohita, noxiosam aulone, quam catenaverant : Puisque la jeune fille s'était moquée de lui sous la forme d'un insensé étendu sans forces en poussant des cris plaintifs au milieu de l'eau d'une rivière, bien loin de se montrer propice envers cet homme de la même manière que les suivantes comblaient de bienfaits cette femme qui chantait à tout hasard un ramas de vers, incommodée par la boisson d'un vin d'Aulon, et qu'elles avaient garrottée.

Pater usus fuit scenâ celetis calonis marcidi ut nata satiaret : Jupiter, par ruse, prend la forme comique d'un cheval de poste exténué par la maladie, afin que la jeune fille vienne gorger de nourriture cet animal.

..... Rivières.

Perey.	in PEREDiam camerariæ	
Crissey.	CHRIAS ad SEDandam	(a = æ)
St. Martin (des) Champs.	MARcidæ quam RETINuerant CANTantis	
St. Jean (des) Vignes.	dùm JUVANtes essent VINosæ ;	
L'Essard.	ut ESSARCiret nata ,	
Virey.	VEREDi	
Fragnes.	FRENigeri NASum monuit pater ;	
Ruilly.	RUVIDum	
Fontaine.	FONTANeum	
(La) Loyère.	quùm LUERE monuisset nata ,	
Farges.	nedùm FARCiret	
Champforgeux.	SYMPHoniacum FORIà JOCantem ,	
Chatenoy.	quam CATENaverant NOXiosam	
(Le) Roy-al.	RHOITi	
St. Comes.	COMà	
St. Remy.	pariter ac REMITterent camerariæ.	

LITTÉRAL.

Dùm camerariæ juvantes essent in perediam vinosæ marcidæ cantantis chrias ad sedandam quam retinuerant : Tandis que les suivantes se montraient secourables, afin d'apaiser la faim insatiable de cette femme malade, prise de vin, qui s'en allait chantant des prophéties, et qu'elles avaient garrottée avec une écharpe.

Pater monuit nasum veredi frenigeri ut essarciret nata : Jupiter se sert par ruse de la forme d'un cheval de poste, afin que la jeune fille vienne gorger de nourriture cet animal soumis au frein.

Quùm nata monuisset luere fontaneum ruvidum, nedùm farciret jocantem symphoniacum furiâ pariter ac camerariæ remitterent noxiosam rhoiti quam catenaverant comâ : Puisque la jeune fille avait châtié lui sous la forme d'un fontainier grossier, bien loin de gorger de nourriture ce bouffon semblable à un musicien furieux, de la même manière que les suivantes apaisaient la bacchante malade d'avoir bu un vin de Grenade, et qu'elles avaient garrottée avec une écharpe en guise de coiffe.

Cours de petites rivières se jetant dans la Saône aux environs de Châlons.

St. Mars de Vaux.	MARCidam DEVOTantem	
St. Jean de Vaux.	dùm JUVANtes essent	
St. Martin de Vaux.	in MARcidam quam RETINuerant	
Melecey.	MELLACEô camerariæ ;	
Charecey.	CHARRUCARii	
Alluze.	ALLUSione,	
Mercurey.	MERCenarium CURA	
Bourgneuf.	BURicum ut NOVaret nata,	
Touche.	TOGam	
Dracy.	TRAGIcam pater monuit;	
Barrisey.	BARrientem RISU,	(risus = risée)
St. Denis de Vaux.	DENatantem NISû DEVOTando	
Jambles.	nedùm IMPLEret,	
Corsiamble.	CHOROStaten nedùm IMPLEret	
Gyvry.	CIVilem quùm FRIasset nata.	

LITTÉRAL.

Dùm camerariæ juvantes essent in devotantem marcidam mellaceô quam retinuerant : Tandis que les suivantes donnaient des secours à cette femme déclamant dés hymnes, appesantie par la boisson d'un vin cuit, et qu'elles avaient garrottée.

Pater allusione monuit togam trajicam carrucarii ut nata novaret curâ buricum mercenarium : Jupiter, par tromperie, prend la forme tragique d'un cheval de chariot, afin que la jeune fille vienne réconforter avec soin cette mauvaise rosse destinée à un travail mercénaire.

Quùm nata friasset barrientem nisû, nedùm impleret chorostaten civilem denatantem nisû devotando : Puisque la jeune fille avait frappé cruellement lui déclamant à grands cris des plaisanteries, bien loin de gorger de nourriture ce chanteur populaire qui nageait avec fureur, tout en débitant des hymnes.

St. Désert.	DESERTam	
La Grange.	quam LACERe ANGentem	(invers. de l'R)
Rosey.	ROSATô monuerant	
Bissey.	BIS-dùm SEDarent	
Buxy.	BUTIentem	
Montigny.	MONita TINNItû camerariæ ;	
Chenove.	quùm GENiculare monuisset, nedùm NOVaret	
St. Valerin.	PHALERANtem	(an = ain)
St. Julien.	JULIDEM ,	(suppr. du D)
St. Germain.	pariter ac GERMANæ essent	
(La) Charmée.	in CHARMIdiatam	
Sienne.	SCÆNÆ	
Lux.	LUXù ,	
Lans.	quam LANCinare monuerant	
Sevrey.	SEVERÉ	
St. Loup.	LUPatô ,	
Varenne (ou Ga-renne).	CARINantem camerariæ ;	
Ambreuil.	in IMPROLum	
La Ferté.	ut FERTAta	
Messey.	MESSE foret nata ,	
St. Boil.	BOVILe	(v = u)
Saule.	SOLerter	
Cule.	CULeum pater monuit.	

LITTÉRAL.

Dùm camerariæ bis sedarent desertam angentem rosatô , butientem monita tinnitû, quam lacere monuerant : Tandis que les suivantes secouraient doublement (de toutes manières) cette femme débontée , incommodée par la boisson d'un vin de rosat, déclamant à grands cris des sentences , et qu'elles avaient toutmentée cruellement.

Quùm nata monuisset geniculare julidem phalerantem nedùm novaret cum pariter ac camerariæ germanæ essent in charmidiatam carinantem luxû scænæ quam monuerant lancinare severè lupatô : Puisque la jeune fille avait gêné (avait maltraité) lui nageant comme un poisson en débitant des paroles ampoulées , bien loin de le restaurer avec la même bonté d'ame que les femmes de chambre restauraient cette vieille bacchante déclamant des plaisanteries avec un luxe théâtral , et qu'elles avaient tourmentée cruellement avec une écharpe en guise de mors de bride.

Pater monuit solerter culeum bovile , ut nata fertata foret messe in improlum : Jupiter prend par ruse la forme d'un bœuf, afin que la jeune fille vienne combler de nourriture cet animal impropre à la génération (châtré).

Cours de la Brenne , affluent de la Saône ; environs de Dole.

Miery (Milleris)	MILle LERIIS	
St. Louthain.	LUDENdo	
Darbonay.	cùm TRABeà BONÆ-deæ	(invers. de l'r)
Passenans.	ad PACificandam dùm SANANtes essent	
St. Lamin.	in LAMENtantem	
Toulouse.	DOLOSæ	
Sellières.	SALè quam LIGARE monuerant ;	
Mantry.	MANDRITæ	
Chavane.	pariter ac CAVerent quam VANaverant	
Vers.	VERSificanti	
La Charme.	CHARMidiatæ camerariæ ,	
Le Villey.	quùm VILEre monuisset	
Francheville.	FRINGultientem VILlicum	
Chaumergy.	nedùm CAVeret MERSItanti nata ;	
Bersailliens.	PER-SALIENS ,	(per = salsé)
(Le) Bouchot.	in PAUCum ut CAUTor foret nata ,	
Chalelet.	CATELLA	
Champ-Rougier.	CAMPensis RUGIentis	(rad. rugire)
Gemenot.	GEMINitudinem NOTati monuit pater.	

LITTÉRAL.

Dùm dolosæ sanantes essent ad pacificandam lamentantem ludendo mille lertis cum trabeâ bonæ-deæ (fatua) quam salé monuerant ligare : Tandis que les espiègles soignaient, afin de l'apaiser , cette femme revêtue d'une robe d'augure (de la bonne déesse) , faisant entendre des cris lamentables entremêlés de mille plaisanteries (bagatelles) , et que par manière de rire elles avaient garrottée.

Quùm nata monuisset vilere villicum fringultientem nedùm caveret mersitanti pariter ac camerariæ caverent charmidiatæ mandritæ versificanti quam vanaverant : Puisque la jeune fille avait accablé de mépris lui sous la forme d'un grossier villageois déblatérant à tort et à travers, bien loin de porter secours à cet homme se trempant dans l'eau, de la même manière que les femmes de chambre secouraient cette religieuse réjouie qui débitait aussi des sentences versifiées, et qu'elles avaient prise pour dupe.

Pater per-saliens monuit germanitatem rugientis campensis notati catellâ ut nata cautor foret in paucum : Jupiter par manière de rire prend la forme d'un âne de campagne dont la peau porte la marque du harnais, afin que la jeune fille vienne soigner cet animal misérable.

Foulnay.	quam VULNERaverant	
Chassagne.	CASse SANnionem camerariæ	
Champignot	CAMPensem dùm PINGuefacerent NOTantem	
Fay.	FATa ;	(a = æ)
Chêne-Bernard.	SENilem ut VERNARet nata ,	(V = B)
Chainée(des)Coupis	SENEScentis CUPIvit	
Pleure.	PLEURam	
Sergenon.	SARCINarii NUMellâ	
Sergenaud.	SARCINarii NOTati pater ;	

(Les) Essards.	nedùm ES-SARCiret	(ad. sarci)
Abergement.	ASPERGentem GEMMAM	
(Les) Hays.	Aientiis nata ,	(rad. ai-o)
Taignevaux.	TANGentem GNEPHOSum	
Rye.	quùm RISisset.	

LITTÉRAL.

Dùm camerariæ pinguefacerent sannionem campensem notantem fata quam vulnaverant casse : Tandis que les suivantes nourrissaient grassement cette grossière bouffonne chantant des oracles , et qu'elles avaient tourmentée cruellement en la prenant comme dans un filet.

Pater cupivit pleuram sarcinarii senescentis notati numellâ ut nata vernaret senilem : Jupiter s'avise de se couvrir de la peau d'une bête de somme blanchie par la vieillesse et portant la marque du harnais , afin que la jeune fille vienne redonner de la vigueur à cet animal cassé par la vieillesse.

Quùm natà risisset tangentem gnephosum nedùm es-sarciret aspergentem gemmam aientiis : Puisque la jeune fille s'était moquée de lui sous la forme d'un individu obscur se trempant dans l'eau, bien loin de gorger de nourriture lui parsemant ses discours de fleurs de rhétorique.

Vincent.	in quam VINCENTes fuerant	
Machelin.	MASsaliter, dùm SEVANtes essent	(an = ain)
Froideville.	in FRIGescentem VILlicam	(frigus = froid)
Reccanoz.	RACcantem CANOSas	
Bois-de-Gand.	POETicas DECANTatione	
Chaux.	CAUSas camerariæ ;	
Commenaille.	pariter ac COMites essent MÆNALides	
Beauvernais.	in BOVinantem VERNAlitates ·	
Chainesse.	SENEScentes	
Hiège.	quam EGFrant camerariæ ,	
Mutier.	MUTIentem	
Outrey.	UTRArium	
Bissey.	BIS-nedùm SEDaret nata ,	
Bellevaivre.	quùm BELligerasset VAFRo ;	
Torpes.	TORPeutis	
Chapelle-St.-Sauveur.	CABalli PELLem monuit pater ut SALVATOR foret nata.	

LITTÉRAL.

Dùm camerariæ sevantes essent massaliter in villicam frigescentem , raccantem decantatione causas poeticas canosas in quam vincentes fuerant : Tandis que les suivantes nourrissaient grassement toutes ensemble cette grossière bacchante malade , hurlant avec volubilité des vieilles sentences versifiées, et qu'elles avaient tourmentée cruellement.

Quùm nata belligerasset vafro , nedùm bis-sedaret utrarium mutientem pariter ac camerariæ comites essent in bovinantem vernalitates mænalides senescentes quam egerant : Puisque la jeune fille avait frappé cruellement lui sous la forme d'un porteur d'eau marmottant entre ses dents des plaisanteries, bien loin de traiter cet homme avec la même amitié que les suivantes témoignaient à cette femme marmottant également des vieilles plaisanteries de bacchantes, et qu'elles avaient pourchassée.

Pater monuit pellem caballi torpentis ut nata salvator foret : Jupiter prend la forme d'une mauvaise rosse engourdie , afin que la jeune fille vienne guérir cet animal.

Chaux.	in CAUSantem	
Moissenans.	MOEStam dùm SANANtes essent	
Montjay.	quam MONuerant JACere camerariæ ;	
Chapelle-Volant.	CABalli PELLem VOLENS	
(Le) Planois.	PLANus NOXiosi	
Bouhans.	BOANtis ,	
Bosjean.	in BOVem ut JUVANS foret nata ,	
Sens.	SANCivit pater ;	
(Le) Tartre.	TARTAReum	
Sotessard.	SOTADicas nedùm SARCiret	(D = S)
Coge.	COGItationes	
Nance.	NANdo	(ial. nans)
Bletterans.	BLATTERANtem nata ,	
Relans.	RELENTescentis	
Denes.	quùm DENSavisset	
Lombard.	LUMBos BARDi.	

LITTÉRAL.

Dùm camerariæ sanantes essent in mœstam causantem quam monuerant jacere : Tandis que les suivantes donnaient des secours à la bacchante affligée déclamant des sentences , et qu'elles avaient pourchassée.

Pater planus volens sancivit pellem boantis caballi noxiosi ut nata juvans foret in bovem : Jupiter en maître fourbe désire se procurer la peau d'un mauvais bœuf malade , afin que la jeune fille vienne donner des secours à cet animal sans forces.

Quùm nata densavisset lumbos bardi relentescentis nedùm sarciret tartareum blatterantem nando cogitationes sotadicas : Puisque la jeune fille avait frappé cruellement le dos de lui marchant lentement comme un homme stupide , bien loin de gorger de nourriture cet individu grelottant de froid (frissonnant de froid) , en débitant dans l'eau des paroles obscènes.

Cours de la Seille; environs de Dole et Lons-le-Saunier.

Doie.	dùm TUEri monerent
Blois.	BLÆSiam camerariæ
La Grange.	quam LACERe ANGentem monuerant (invers. de l'r)
Beaume.	BOMbitantem
Sermye.	SERMones MYThologicos ;
Neuvy.	NOVIT
Voiteure.	VECTURarii ,
Château-Châlons.	CATELlâ CALONi
Menétru.	ut MINATor TRUSo
Domblans.	DOMina BLANDiretur ,
Frontenay.	FRONTem TENaculô (a = æ)
Brery.	PÆRARIdi pater ; (invers. de l'r)
Pannessière.	PÆANES quùm CIERE monuisset
(Le) Pain.	PANgentem
Lavigny.	LAVando VINI potu
(Le) Vernois.	VERNam NOXiosum nata ,
Montin.	MONita in TINnientem
Louverot.	pariter ac LUPERci ROTando
St. Germain.	nedùm GERMANa foret.

LITTÉRAL.

Dùm camerariæ tueri monerent blæsiam angentem bombitantem sermones mythologicos quam monuerant lacere : Tandis que les suivantes veillaient au salut de cette bacchante malade déclamant en bégayant des discours fabuleux, et qu'elles avaient tourmentée cruellement.

Pater novit frontem vecturarii peraridi tenaculô ut domina minator blandiretur caloni truso catellâ : Jupiter s'avise de prendre la forme d'une bête de somme abjecte ruinée par le travail, afin que la jeune fille, telle qu'un palefrenier, vienne adoucir la douleur de ce vil animal usé par le harnais.

Quùm nata monuisset ciere vernam noxiosum vini potu, pangentem lavando pæanes, nedùm germana foret in tinnientem monita rotando pariter ac luperci : Puisque la jeune fille avait repoussé lui sous la forme d'un débauché incommodé par la boisson, et chantant en se trempant dans l'eau des hymnes sacrés, bien loin de se montrer bienveillante envers cet homme qui débitait ainsi des sentences, tout en tournant à la manière des prêtres de Cybèle.

Harlay.	HARLIOLAtorem (rad. hariola)
Vincent.	in quam VINCENTes fuerant
Ruffey.	RUFFEam
Villevieux.	in VILLicam dùm LEVIUSculæ essent camerariæ ;
Etoile.	STELLionem (stella = étoile)
Plainoisaux.	PLANè NOXIOSum
Quintigny.	QUANTùmcumque TINNITû
Fechaux.	FÆCatos CAUSantem
St. Didier.	DITYRambos
Villeneuve.	VILLicum nedùm NOVaret nata ,
Larnaud.	pariter ac LARes essent in quam RENODaverant
Saillenard.	SALINARias (rad. saline)
Frangy.	FRINGultientem GYPSatas camerariæ ,
Montcogny.	in MONentem COGNita
Montagny.	MONita TINNITû
Louans.	quùm LUENS fuisset nata ;
Juif.	ut SUDIFica foret nata ,
St. Usuge.	USus fuit SUGgestô
Vincelle.	VANitate CELetis pater.

LITTÉRAL.

Dùm camerariæ leviusculæ essent in hariolam ruffeam in quam vincentes fuerant : Tandis que les suivantes se montraient compatisantes envers cette grossière prophétesse aux cheveux roux, qu'elles avaient pourchassée.

Quùm luens fuisset in monentem monita cognita foret, nedùm novaret planè stellionem villicum noxiosum causantem quantùmcumque tinnitû dityrambos fœcatos, pariter ac camerariæ lares essent in fringultientem salinarias gypsatas quam monuerant renodare : Puisque la jeune fille avait châtié lui déclamant avec grand bruit des sentences surannées, bien loin de restaurer pleinement ce grossier bouffon malade déclamant avec bruit des chansons bachiques obsènes, de la même manière que les suivantes accordaient leur protection à la bacchante qui déclamait aussi des railleries à double sens, et qu'elles avaient garrottée.

Pater vanitate usus fuit suggestô celetis, ut nata sudifica foret : Jupiter, par ruse, prend la forme comique d'un mauvais cheval de poste, afin que la jeune fille vienne secourir cet animal.

Cours de la Vallière; environs de Lons-le-Saunier.

Publi.	in PUBLicantem
Revigny.	RAViendo VINI potricem (a = æ)
Conliège. (1)	quam CONLIGAverant
Montaigu.	MONita ACUTè
Priod.	PRÆAUDita
Vevy.	dùm FAVItores essent (a = æ)
Perigny.	PERINIquæ camerariæ ;
Lons (le) Saunier (2)	quùm LUSisset SALINARium , (rad. saline)
Chille.	pariter ac CILlonem
Montmorot.	MONentem MOROSè camerariæ
Courlans.	CURarent quam LANCinare monuerant ,

(1) *Conliège*, de CUM-LIGare (côl-ligare), qu'on prononça *liage* ou *lidge*, par la transposition du G, comme *alliage* (alligatio).

(2) *Lons*, de LUSi, parfait de *ludere*, qu'on prononça LOUS, puis LONS, en donnant à la voyelle sourde u (ou) le son de *un* ; comme *udo*, dont le radical est ύδωρ, eau, on fit *undo* et *unda*, eau.

Courlaou.	nedùm CURaret in LAVatione (V = ou)
Nilly.	NILI
Condamine.	CONTAMINantem nata ;
Savigny.	SAVitatem HINNI , (sav. = suav.)
(En) Revereremont.	ut REVEReretur nata, MONuit pater.

LITTÉRAL.

Dùm iniquæ favitores essent in vini potricem publicantem raviendo monita præaudita quam acutè colligaverant : Tandis que les espiègles se montraient favorables envers cette femme prise de vin, déclamant d'une voix enrouée des vieilles sentences, et que toutes ensemble elles avaient garrottée par plaisanterie.

Quùm nata lusisset salinarium nedùm curaret contaminantem in lavatione nili, pariter ac camerariæ curarent cillonem monentem quam lancinaverant morosè : Puisque la jeune fille s'était moquée de lui sous la forme d'un bouffon, bien loin de secourir cet homme se trempant salement dans l'eau d'un canal, de la même manière que les suivantes soignaient cette bacchante qui déclamait aussi des sentences, et que, par caprice, elles avaient tourmentée cruellement.

Pater monuit suavitatem hinni ut nata moneret revereri : Jupiter prend la forme d'un mulet adouci par le travail, afin que la jeune fille ait des égards pour cet animal.

Vernantois,	in VERNAM dùm TUITores essent
Moiron.	quam MOERare monuerant RHONChissantem ;
Macornay.	MACORem RENATando
Courbouzon.	nedùm CURaret BUTientis nata, quam SUNare monuisset ;
Messia.	MACiem HIATantis
Chilly.	CILLI ,
Bonnaud.	ut BONè NUTantem
Trenal.	TRIONALem (rad. trion)
Chevingey.	SEVaret nata, FINGEre monuit pater.

LITTÉRAL.

Dùm camerariæ tuitores essent in vernam rhonchissantem quam monuerant mœrare : Tandis que les suivantes se montraient propices envers cette femme débauchée débitant des railleries, et qu'elles avaient tourmentée.

Quùm nata monuisset sunare nedùm curaret macorem butientis renatando : Puisque la jeune fille avait frappé cruellement, bien loin de soigner cet homme exténué de maigreur, qui déclamait à grands cris en se débattant dans l'eau.

Pater monuit fingere maciem cilli hiatantis ut nata sevaret bonitate trionalem nutantem : Jupiter prend la forme d'un mulet affamé et extenué de maigreur, afin que la jeune fille vienne avec bonté nourrir grassement cet animal de charrue chancelant sur ses jambes.

Borney (Borner).	BURras RENARrantem
Courbette.	dùm CURarent BETizantem camerariæ
St. Laurent.	LAURAMentô
Grusse.	quam CRUCiaverant
Aliéze.	ALIAS
Essia.	ASCIA
Arthena.	ADTENUAtas ; (ar = ad)
Gerruge.	GERris RUGientis
Vincelle.	VANitate CELetis
Ste. Agnés.	AGNATionem pater monuit ,
Cesancey.	ut CESSANTem SEDaret nata ;
Rothalier.	ROTando THALIÆ
Augyssey.	nedùm AUGeret GYPSAta
Versiat.	VERSificantem HIATû nata ,
Orbagnat.	URBANum HIATantem
Flaccey.	quùm FLACERe monuisset.

LITTÉRAL.

Dùm camerariæ curarent bétizantem renarrantem burras aliàs attenuatas asciâ quam cruciaverant lauramentô : Tandis que les suivantes soignaient cette femme languissante redisant des plaisanteries qui, d'ailleurs, étaient amoindries avec la hache (débitées d'une manière incohérente), et qu'elles avaient tourmentée cruellement en la garrottant avec une écharpe.

Gerris, pater monuit vanitate agnationem celetis rugientis ut nata sedaret cessantem : Par plaisanterie, Jupiter prend la forme trompeuse d'un cheval de selle, afin que la jeune fille vienne soigner la maladie de cet animal engourdi.

Quùm nata monuisset flacere urbanum hiatantem, nedùm augeret versificantem gypsata rotando hiatû thaliæ : Puisque la jeune fille avait laissé sécher de douleur lui sous la forme d'un bouffon mourant de faim, bien loin de gorger de nourriture cet homme déclamant des choses plâtrées (fardées), en tournant avec rapidité à la manière de cette chanteuse (Thalie).

Meynal.	MÆNALides
Beaufort.	BOVinando dùm FORTificarent
Augiat.	ad AUGendam HIATantem
Sagy.	SAGAtiones camerariæ (a = æ, æ = i)
St. Martin du Mont.	MARcidam quam RETINuerant MONentem ;
Marcilly.	MARCorem CILLI monuit pater
Courcelle.	ut CURaret CELerè nata ;
(Les) Repos.	REPOSCentem
Beaurepaire.	BURris pariter ac REPARarent
Château-Renaud.	CATELlâ quam RENODaverant camerariæ
Ratte.	nedùm RATa foret nata
(Le) Fay.	in FATuantem (a = æ)
Villeron.	quùm VILERe monuisset RHONChô nata.

LITTÉRAL.

Dùm camerariæ fortificarent ad augendam marcidam hiatantem monentem bovinando sagationes mænalides quam retinuerant : Tandis que les suivantes restauraient, afin de la secourir, cette femme languissante qui avait toujours la bouche ouverte pour déclamer des plaisanteries bachiques à double sens, et qu'elles avaient garrottée.

Pater monuit marcorem cilli ut nata curaret celerè : Jupiter prend la forme d'un âne malade, afin que la jeune fille vienne guérir au plus tôt cet animal.

Quùm nata monuisset vilere fatuantem rhonchô, nedùm rata foret in eum, pariter ac camerariæ reparent reposcentem burris quam monuerant renodare catellà : Puisque la jeune fille avait méprisé lui sous la forme d'un prophète railleur, bien loin de se montrer constante envers cet homme, en le restaurant de la même manière que les suivantes restauraient cette femme mêlant des plaisanteries à ses demandes importunes, et qu'elles avaient garrottée avec une écharpe.

Cours du Solnan; environs de St.-Amour.

Cuissiat.	quam QUASserant HIATantem	(a = æ, æ = i)
Pressiat.	PRÆSciendo HIATantem	
Courmangoux.	dùm CURarent MANGOnem camerariæ ;	
St. Remy.	nedùm REMITteret	
Salavre.	SALem dùm LAVARet	(invers. de l'R)
Villemoutier.	quùm VILere monuisset, MUTIentem nata,	
Verjon.	pariter ac VERGentem quam JUNgere monuerant	
Pirajoux.	PIRACiô JUVarent camerariæ ;	
Coligny.	ut COLeret nata HINNI	
Chazel.	CASALis	(rad. casa)
Donsure.	TONSURam pater monuit.	

LITTÉRAL.

Dùm camerariæ curarent mangonem hiatantem præsciendo quam quasserant : Tandis que les suivantes soignaient cette femme débauchée qui avait toujours la bouche ouverte pour déclamer des prophéties, et qu'elles avaient tourmentée cruellement.

Quùm nata monuisset vilere mutientem salem dùm lavaret nedùm remitteret, pariter ac camerariæ juvarent vergentem piraciô quam monuerant jungere : Puisque la jeune fille avait méprisé lui bégayant des railleries en se trompant dans l'eau, bien loin de le secourir de la même manière que les suivantes secouraient la femme qui faisait des libations aux dieux infernaux avec du poiré, et qu'elles avaient garrottée.

Pater monuit tonsuram hinni casalis ut nata coleret : Jupiter prend la forme d'un mulet de ferme coupé, afin que la jeune fille se montre propice envers cet animal.

Montagnat.	MONita TINnitû (HIATantem)	
Balanod.	BALANtem quam NODaverant	
Nanc.	NINGulam	
Villette.	VILlicam dùm LÆTarent	
St.-Amour.	AMORe camerariæ ;	
St.-Sulpice.	quùm SCULPsisset in PISCinâ	(scul = sul)
Condal.	CONDALiô,	(rad. χονδυλος)
Damartin.	pariter ac TAMiacæ essent in MARcidam quam RETINerant	
La Garenne.	CARINantem,	
Cormeau.	CHORos nedùm REMOVeret	
Beaupont.	BAUBantis PONDus nata ;	
Marbos.	MARcorem BOVIS,	
Beny.	ut BENIgnè	
St.-Étienne.	ATTINEre moneret	
Meillonas.	MALLONem nata, NASutè	
Trefort.	TRIFUR monuit pater.	

LITTÉRAL.

Dùm camerariæ lætarent amore villicam ningulam hiatantem balantem monita tinnitû quam nodaverant : Tandis que les suivantes apaisaient avec amitié cette pauvre bacchante qui avait toujours la bouche ouverte pour déclamer à grands cris des sentences grossières, et qu'elles avaient garrottée avec une écharpe.

Quùm nata sculpsisset condaliô, nedùm removeret pondus baubantis choros in piscinâ, pariter ac camerariæ tamiacæ essent in carinantem marcidam quam retinuerant : Puisque la jeune fille avait taillardé à coups de poings, bien loin de soulager la douleur de lui déclamant à grands cris des chants comiques au milieu de l'eau, de la même manière que les femmes de chambre soulageaient cette bouffonne malade, qu'elles avaient garrottée.

Trifur pater monuit marcorem bovis nasutè ut nata attineret benignè mallonem : Jupiter, en maître fourbe, prend par raillerie la forme d'un bœuf débile, afin que la jeune fille vienne avec bonté guérir la fourbure de cet animal.

Cressiat.	dùm CREScerent HIATantem	
Rosay.	ROSATô camerariæ	
Gyssiat.	GYPSatos HIATû	
Cousance.	COAXantem SANCitus	
Le Chatelet.	CATELLA	(a = æ)
Cuissiat.	quam QUASserant HIATantem ;	(a = æ)
Graveleuse.	GRAVEOLentem LUSorem	
Chevreaux.	nedùm SEVARet RUSticantem	
Dignat.	DIGNAtione	
Cuiseaux.	quùm QUASsisset SAUCium nata ;	
(Le) Miroir.	MIRare URI	(invers. de l'R)
Frontenaut.	FRONTEM DENUDati monuit pater,	
Jude.	ut JUDicaret	
Champagnat.	in CAMPENSem HIATû	
Ste. Croix.	CRUCiatum	
Brouaille. (1)	PROVALens esse nata.	

(1) *Brouaille*, de PRO et VALere. Ce dernier mot a suivi, dans ce cas-ci, la prononciation affectée à son radical, lors de son passage dans la langue française ; *valeo*, que je vaille, que tu vailles, etc.

LITTÉRAL.

Dùm camerariæ crescerent hiatantem rosatô, coaxantem hiatû sancitus gypsatos quam quasserant catallâ : Tandis que les suivantes gorgeaient de nourriture cette femme qui avait toujours la bouche ouverte pour boire du vin de rosat, qui avait toujours la bouche ouverte pour déclamer d'une voix criarde des sentences fardées (à double sens), et qu'elles avaient garrottée avec une écharpe.

Quùm nata quassisset lusorem saucium graveolentem, nedùm sevaret dignatione rusticantem : Puisque la jeune fille avait frappé cruellement lui sous la forme d'un bouffon malade et répandant une mauvaise odeur, bien loin de nourrir grassement cet homme qui déclamait d'une manière grossière.

Pater monuit mirare frontem uri denudati ut nata judicaret provalens esse iu campensem cruciatum hiatû : Jupiter prend la résolution de simuler la forme d'un bœuf exténué, afin que la jeune fille juge à propos de se montrer propice envers cet animal mourant de faim.

COURS DU DOUBS, DEPUIS SA SOURCE JUSQU'A SON CONFLUENT AVEC LA SAONE.

Principaux affluents du Doubs, depuis sa source jusqu'à sa jonction avec la Loue.

Doubs (le)	DUBitantem		Savoureuse.	SAPORe RUSticô,	(sapor = savoureux)
Drujon.	TRYGINô	(rad. τρυγος)	Issel.	quam ICerant, SALé	
Soubre.	in SCUBRam	(scu = su)	Cousantain.	COAXANTEM	(rad. Κρωξω)
Glom.	GLOMeratim camerariæ		Creuse.	CRUSma	(rad. Κρωξεος)
Cauval.	ad CAVendam dùm VALentes essent,		Tanche.	TANGendo	
Laine.	LÆNâ		Close.	GLOSsas.	

LITTÉRAL.

Dùm camerariæ glomeratim valentes essent in scubram ad cavendam, dubitantem tryginô (vino), coaxantem salé glossas tangendo crusma quam sapore rusticô icerant lænâ : Tandis que les suivantes toutes ensemble faisaient leurs efforts pour guérir la bouffonne que la boisson avait rendu chancelante, déclamant d'une voix aigre des thèses parsemées de railleries qu'elle accompagnait sur son instrument de musique, et que, par plaisanterie, elles avaient tourmentée cruellement avec une écharpe.

Principaux affluents de la Loue, depuis sa source jusqu'à sa jonction avec le Doubs.

Vaux.	nedùm VALens foret		Reviron.	pariter ac REVIRescere monerent RHONChissantem camerariæ,	
Brenne.	PERENné				
Lison.	in LÆSUM,		Glanum.	GLANUM	
Mel.	MELlinâ		Vieille.	VIALibùs	
Furieuse.	FURIOSam		Cuisance.	quùm QUASsisset SANCitibùs	
Larine.	cujus LARINgem		Loue.	LAUDantem nata.	(laud-are = lou-er)
Deffoy.	DÉFODerant	(rad. defodi-o)			

LITTÉRAL.

Quùm nata quassisset glanum laudantem sancitibùs vialibùs, nedùm valeret perennè in læsum pariter ac camerariæ monerent revirescere rhonchissantem, furiosam mellinâ cujus defoderant laringem : Puisque la jeune fille avait frappé lui nageant comme un poisson en déclamant des sentences de ruelles (communes), bien loin de se montrer propice envers cet homme malade, et de le réconforter avec la même assiduité que les femmes de chambre réconfortaient cette bacchante railleuse animée par la boisson de l'hydromel, et dont elles avaient garrottée la bouche.

Principaux affluents du Doubs, depuis l'embouchure de la Loue jusqu'à la Saône.

Treux.	TOROSi		Malaquaim.	ut MALACIAM
Glantine.	GLANDINibùs,		Sablonne.	SABULLONE
Grosanne.	GROSsitudinem SANnâ		Guyette.	QUIETaret nata.
Veuge. (Veulge).	VOLGioli	(vol = veu)		
Daurin.	TAURINam pater monuit,			

LITTÉRAL.

Pater monuit sanuâ grossitudinem taurinam *volgioli*, ut nata quietaret sabullone malaciam torosi glandinibùs : Jupiter s'avise par plaisanterie de prendre la forme énorme d'un taureau de charrue ; afin que la jeune fille vienne adoucir, en le gorgeant de nourriture, la défaillance de cet animal dont le corps est couvert de contusions.

PASSAGE DES HYÉROGLIPHES AUX LETTRES ALPHABÉTIQUES.
FORMATION DES MOTS.

L'obligation pour le traducteur de décomposer les mots afin d'en extraire les radicaux formant en grande partie les noms que je viens de traduire, m'a démontré d'une manière irréfragable que dans son origine la langue latine, tant qu'elle est demeurée dans le domaine du sanctuaire, n'était formée que d'un certain nombre de mots *monosyllabiques* redisant soit l'harmonie imitative des sons naturels, soit l'expression *idéo-graphique* attachée à certains signes hiéroglyphiques en vigueur depuis un temps immémorial. De la combinaison de ces radicaux monosyllabiques furent formés d'autres mots composés de deux ou plusieurs syllabes, selon le besoin, destinés à rendre certaines idées complexes ou servant à désigner telle science, ou telle invention nouvelle, etc., jusqu'alors inconnues. Lorsque le secret de cet idiôme fut trahi, et que son usage devint universel, il s'enrichit, comme cela arrive toujours, d'une foule de mots nouveaux tirés des langues étrangères, et consacrés par l'usage.

Afin de donner une idée plus nette de la création de cette *langue mère*, il est nécessaire de remonter aux temps primitifs et d'assister, pour ainsi dire, au moment où les signes hiéroglyphiques tracés par le prêtre sur les parois du temple, furent décomposés *un à un*, et transportés dans le langage à l'aide des *signes alphabétiques correspondants* inventés par lui.

Le système du ciel, comme nous l'avons déjà dit au commencement de cet ouvrage, fut la base de la théogonie des anciens ; les images des corps célestes furent donc les premières dessinées sur les monuments de l'homme civilisé ; d'abord informes, puis poétisées, ces figures prirent des aspects différemment combinés, mais conservant toujours dans leur ensemble le type primitif attaché à chacune d'elles. Ainsi, dans le langage métaphorique, *sol* (le soleil), l'astre principal, fut regardé comme source de toute lumière, le père de la nature, etc.; *luna* (la lune), devint la mère nourricière, la conservatrice des animaux et des plantes terrestres ; une mauvaise influence fut attachée aux étoiles (*stellæ*) qui trouvaient dans les quatre éléments des agents actifs et soumis, etc.; mais comme les anciens ignoraient l'attraction des mondes, et ne pouvaient se rendre raisonnablement compte de la marche des astres qu'ils voyaient graviter, c'est-à-dire *voler* dans l'espace, ils eurent recours à l'allégorie, et procédant par analogie, ils donnèrent par la pensée des *ailes* à tous ces globes lumineux, en prenant pour point de comparaison l'oiseau qui, parmi tous les animaux, peut seul, à l'aide de ce moteur léger, s'élever dans l'air et s'y soutenir.

On remarquera donc que l'L (*el*, *al-a*, aile (1), est une lettre alphabétique qui entre dans la composition de tous les mots latins primitifs exprimant une idée prise dans le système céleste.

Ainsi SOL (soleil), mot composé de *trois* lettres, met de cette manière sous les yeux l'image de cet astre accompagné de son symbole :

1° S, Σ, *sigma* (2), lettre grecque formée dans le principe de quatre traits en zig-zag, figure un rayon de lumière (image de la foudre lancée précipitamment vers la terre); plus tard, cette figure angulaire fut adoucie et remplacée par l'S de l'alphabet romain, représentant elle-même un rayon de lumière traversant le centre d'une circonférence *ignée* douée d'un mouvement de rotation rapide.

2° O, *omicron* (3), image de l'orbite du soleil.

3° L ou ailes, *al-æ*, qui dans cette image allégorique étaient censées soutenir ce globe de feu, et que les prêtres plaçaient de chaque côté de la figure, comme on le fait encore aujourd'hui en représentant les têtes ailées de petits anges autour d'une *gloire* ; allégorie calquée sur celle des Egyptiens et complétée par le dessin, au milieu du disque, d'une figure d'enfant.

Le centre de l'orbite du soleil était donc traversé par une série d'S ou de rayons lumineux recourbés et soutenus par une paire d'ailes ; plus tard, la figure d'un épervier ou d'un aigle, ces *rois* des animaux *volatils*, remplacèrent le symbole compliqué que nous venons de décrire.

Cette figure, décomposée et transportée dans le langage alphabétique à l'aide des lettres et du son affecté à chacune d'elles, donne pour résultat : S, rayon lumineux ; O, orbite du soleil ; L, l'aile emblématique ; SOL, ce mot lu à rebours donne LUS, LUCere, luire, un des attributs du soleil.

Le mot LUNa, décomposé, a la même origine et s'explique de la même manière ; mais comme cette planète ne montre pas une surface constamment ronde, et que la plûpart du temps son disque est obscurci et n'offre aux regards que la forme d'un croissant, les prêtres ont tiré parti de cette singularité et ont représenté la lune sous ce dernier aspect. Ainsi nous aurons :

1° Les deux L (ailes) placées de chaque côté du croissant ;

2° Le croissant représenté sous la forme d'un U ou V (*upsilon*) (1), symbole de la fertilité ;

3° N (*nu*) (2) ; allusion faite à la marche chancelante de la lune *incertaine*, pour ainsi dire, de la route qu'elle doit suivre.

Cette figure, décomposée et transportée dans le langage à l'aide des lettres alphabétiques et du son affecté à chacune d'elles, donne: L, aile ; U, le croissant de la lune ; N, fraction de la ligne en zig-zag, par laquelle les Egyptiens représentaient le mouvement incertain, la surface ridée de l'eau, le cours d'un fleuve, etc., qui se trouvait placée au-dessus du croissant dont les pointes étaient tournées vers le ciel. LUN-a ; mais comme la lune n'a pas de lumière qui lui soit propre, l'S, symbole des rayons lumineux, n'entre pas dans la composition de ce mot, qui, lu à rebours, donne NUL, *nullus*, nul, sans lumière, sans chaleur; allusion faite au temps de la nouvelle lune, invisible alors pour nous.

STEL-la ou STL (3). 1° Les deux L (ailes), accompagnement obligé ;

2° S, emblème des rayons lumineux ; T, (*tau*) (4), radical *tud-o*, frapper de mauvaise influence ; d'où le mot latin *siderari*, être frappé de quelque mauvaise influence, être gelé, grêlé, niellé, etc., les anciens attribuant à la mauvaise influence des étoiles une partie des calamités qui désolent la terre. (Radical *sid-us* et *terere*).

On a remplacé, dans le dessin de cette figure, le T par le Δ delta, doublé et entrelacé de manière à offrir ses deux bases opposées ; image au moyen de laquelle nous rendons encore aujourd'hui la forme d'une étoile.

Ce dessin, représentant une étoile entourée d'S ou de rayons lumineux, soutenue par une paire d'ailes, donnera donc, dans le langage alphabétique: S, rayon lumineux ; T, emblème de la mauvaise influence des astres en général, et L, les ailes (l'E muet intercallé par euphonie, n'entre pas dans la composition de ce mot). Ce mot lu à rebours donne *letheus* (leds), mortel, ou *læsio* (læds), nuire, incommoder ; allusion à la mauvaise influence des étoiles.

COELum, ciel, voûte sous laquelle les astres se meuvent :

1° C remplaçant le Γ gamma grec (5), emblème d'une voûte, d'un abri, symbolisant la surface courbe, en apparence, du ciel étoilé ;

2° O et E (*éta*), réunis, indiquant, le premier, le disque de tous les astres pris en général, et le second E (6) ou *éta*, dont le radical est αθαω, vaincre, mettre sous le joug, symbolise la main puissante du Créateur qui maintient tous les mondes dans un ordre constant et admirable.

3° l'L (ailes), accompagnement obligé:

LUX ou LOUCS, lumière (x = cs). Ce mot symbolise la réunion des deux astres principaux du jour et de la nuit, le soleil et la lune errant sous la voûte du ciel :

1° L, les ailes obligées ;

2° O, le disque du Soleil ;

---

(1) *Voir article* alphabet, *page* 20. A, *lamda*, de *lambo*, lécher, *effleurer légèrement* ; le symbole de la légéreté et de la vitesse a été rendu ici par une aile d'oiseau ; ALa, ou L, el.

(2) Σ, *sigma*, S, significare, *faire des signaux* ; allusion à la marche tortueuse de la foudre lancée vers la terre, à l'éclat du feu et au scintillement des étoiles pendant la nuit.

(3) *Omicron*, symbole des corps ronds, orbite de l'œil.

(1) Ψ, upsilon ; *uber*, fertile, fertilité représentée par la rondeur d'une mammelle symbolisant la lune, mère nourricière des hommes.

(2) N, *nut* ; *nutare*, chanceler, être incertain, symbolisant les différentes positions de la lune par rapport à la terre.

(3) STL ; l'e muet (*epsilon*, dont le radical est *heb-es*, sans force), a été intercallé par euphonie, et ne faisait pas, dans le principe, partie de ce mot.

(4) T, tau, *tud-o*, frapper.

(5) Γ, gamma ; *camera*, voûte.

(6) H, *éta* ; radical *ata*, déesse du mal.

3° U, le croissant de la lune ;

4° C, la surface courbe du ciel ;

5° S, un rayon lumineux.

Ce mot lu à rebours donne *soulc*, *sulcatim*, par rayons, traînée de flammes ; (*sulcus*), réunion de tous les corps lumineux.

TERra, terre. D'après le système des anciens, la terre occupait le centre du monde, dont elle était l'axe ou l'appui, en même temps qu'elle servait de réceptacle aux eaux du ciel qui tendaient à l'envahir de toute part. Cette idée est rendue à l'aide de ces trois lettres TER : 1° T, *tau* (dont le radical est *tud-o*, fouler, presser, etc.), parce qu'elle remplissait la fonction d'un axe ou essieu sur lequel reposait le monde, qui l'écrasait, pour ainsi dire, de son propre poids ; 2° E ou *éta*, symbolisant la victoire, la force, etc. ; 3° R (*ro* (1)), emblème de l'eau ou de la rosée, formant les pluies, aliment des rivières et des fleuves, dont les cours intarrissables augmentaient insensiblement la masse des mers sans limites, qui de plus en plus étendaient leur domaine sur la terre qu'elles étreignaient de toute part. Ce mot lu à rebours donne *hert-us*, signifiant également terre (Ηρτ), ARTo, fouler, presser.

AER, air, un des quatre éléments. A (*alpha*), radical *allevare*, élever en haut ; E (*éta*), vaincre, dessécher ; R (*ro*), emblème de l'eau, de la rosée ; fluide qui tend à s'élever en haut, qui dessèche l'eau, chasse les nuages, les dissout, etc.

MAR ou MAER, mer ; M (*mut*) (2), emblème de la mutation, de la transformation ou métamorphose de l'air (AER) refroidi ou condensé en pluie qui formait les mers, toujours suivant le système physique des anciens, qui regardaient l'air comme une autre mer ou fluide plus léger, enveloppant également la terre de toute part.

ROs, eau ; le P ou *ro* grec représentant une goutte d'eau dans sa forme ronde, rendue par l'O, suspendue à l'extrémité d'une tige.

IGNis ou ICNis (ICNS), feu, astre, lumière, foudre, chaleur ; le premier des éléments, que les anciens plaçaient immédiatement sous la voûte du ciel, errant parmi les astres qui lui devaient leur éclat :

1° I (*iota*)(3), symbole de la force, d'un appui sur lequel le ciel repose comme sur une base ; matière qui *aide*, *favorise* le développement des êtres ; 2° G ou C (*gamma*), emblème de la voûte du ciel, que la matière ignée touche immédiatement ; 3° N (*nut*), caractérisant la marche inégale des astres, source de la lumière ; S, rayon lumineux.

TEMPus, TEMPORis au génitif déterminant le radical, le temps. Le nom de ce personnage allégorique qui dévore ses enfants, décomposé et traduit dans le langage alphabétique, est conforme à cette fiction ingénieuse des anciens :

1° T (*tau*), emblème de la destruction ; 2° E, lettre muette intercalée par euphonie, nulle ; 3° M (*mut*), emblème de la métamorphose successive des êtres qui ne périssent jamais, mais subissent des modifications nouvelles ; 4° P (*pi*)(4), symbole de la végétation ou de la vie des plantes et des animaux soumis à ces différentes modifications ; 5° O, disque du soleil, source de la chaleur et de la lumière indispensables à la création ; 6° R (*ros*), radical de l'humidité ; eau, rosée, qui vient aider au développement de cette même création. Ainsi, à l'aide de la lumière, la chaleur et l'eau, la matière s'anime, végète, croît et meurt, pour subir d'autres modifications éternelles.

NOX (νυξ), NOCTis, génitif déterminant le radical, nuit ; 1° N (*nut*) ; marche incertaine ; 2° U, croissant de la lune ; 3° C, voûte du ciel ; 4° T, mauvaise influence des astres ; mot symbolisant la marche incertaine du flambeau des nuits sous la voûte du ciel et la mauvaise influence des astres, d'où le mot *noc-eo*, nuire ; *nux*, noyer, arbre dont l'ombrage est nuisible, etc.

MOS, MORis au génitif déterminant le radical, organisation, naturel, règle, manière d'être, etc. ; mot composé 1° : M (*mut*), mutation, transformation successive des êtres ; 2° O, disque du soleil, lumière, chaleur ; 3° R (*ro*), radical de l'humidité, eau, ou conformation de tous les êtres due à la lumière, la chaleur et l'humidité. Ce mot fut le radical du mot MORs, au génitif MORTis, mort, par l'addition du T (*tau*), symbole de la destruction, c'est-à-dire manière d'être détruite ; ce même mot MOR, radical d'un autre mot, MOR-Bus, maladie, par l'addition d'un B (*béta*), *betizo*, être mou, sans vigueur ; organisation sans vigueur, troublée dans sa manière d'être ; MORDere, mordre, par l'addition du D (*delta*), marquant division, séparation opérée à l'aide du coin Δ ; organisation divisée, séparée par la dent ou coin.

D-us ou DE-us, Dieu ; expression purement idéo-graphique rendue au moyen du Δ, delta grec, symbole de la force représenté par un *coin*, le plus puissant de tous les instruments employés par les anciens ; DEITas, déité, mot composé, formé de D, IDea, forme, idée ; forme du Δ, qu'ils entouraient de rayons lumineux en forme de soleil ; le maître de la nature ; vint ensuite le mot D-IU, jour, formé du Δ symbolique, et IO ou IU, exclamation de joie et d'admiration ; puis DIV-INITas, divinité, composé de DIU, jour, et NITere, briller, brillant comme le jour, le soleil. DI-URNus, diurne, du Δ symbolisant le soleil, et URINor (urnor), plonger, immerger de toute part ; tant que la nature est immergée des rayons du soleil, jour.

On retrouve encore un très grand nombre de mots latins radicaux formés de cette manière ; mais comme les bornes du langage eussent été trop restreintes en suivant toujours cette méthode compliquée, les inventeurs prirent le parti d'allier aux lettres figuratives des mots syllabiques, dont l'emploi était déjà établi et reconnu par l'usage, afin d'exprimer ainsi d'autres mots complexes, dont les radicaux présentassent à l'esprit des points de comparaison tirés d'objets différents.

Ainsi **nu-bil-o**, obscurcir (faire la nuit), fut un composé de la syllabe NU,

---

(1) P, *ro*, radical *ros*, rosée.

(2) M, *mut*, radical *mutare*, métamorphoser, changer.

(3) I, *iota*, radical *jutare*, aider, secourir, etc.

(4) Π, *pi*, radical *pilare*, se couvrir de poil ou de plumes, et de feuilles.

exprimant la nuit, ou la partie du jour où la lune règne en souveraine (νυξ)(1), et PILo, se couvrir de poil ou de plume, emblème de la végétation des êtres ; radical de toutes les espèces de couvertures, tente, etc., qui mettent à l'abri des rayons du soleil et forment l'ombre de la nuit.

R-iv-us, ruisseau, rivière, composé de R (*ro*), radical de l'eau, et IVit, prétérit de *eo*, aller ; s'écouler.

Rip-a, ripar-ius, bords d'une rivière ; R, radical de l'eau ; UBer, mouillé, rendu fertile par l'humidité (u = i).

Dæmon, Dieu, le bon ou le mauvais génie ; Δ delta, radical de *lumière et soleil*, et MUNio, fortifier, emblème de la force.

Diabol-us, mauvais génie, diable ; Δ delta, radical de *lumière*, *soleil*, et ABULià, privation. Ce dernier mot, *abulia*, a été pris au figuré à cause de son homophonie avec *bullio*, signifiant *bouillir*, et *a*, augmentatif, bouillir très fort ; de là la description des supplices de l'enfer (séjour du diable), dans lequel sont des chaudières d'huile *bouillante*, etc.

E-qu-us, cheval, formé de Eo, voyager, et Q (κυ, *cappa*), radical des bêtes de somme ; la bête de somme par excellence.

Bos, bœuf ; B (*béta*), radical des animaux domestiques à cornes, et OCCo, labourer (occ = ox ou os), l'animal de labour par excellence.

Vol-o, voler avec des ailes ; VO, contraction de VEHO, être transporté d'un lieu dans un autre, voyager ; et L (*ala*), *lamda*, radical de *aile*.

Pater, père, P (*pi*), emblème de la végétation, de la vie ; ADHÆRere, s'attacher, s'unir avec, etc. ; symbole de la *copulation*, coïtion, accouplement.

Mater, mère ; M (*mut*), emblème de la métamorphose, du changement de la matière dans le corps de la femelle ; ADHÆRere . copulation.

Frater, (fe rater), frère ; mot composé de FERo, engendrer, d'où *fétus*, portée, et ADHÆRere, être attaché, qui a la même mère.

Fili-us, fils ; mot composé de FIo, être fait, et ILLia, entrailles, flancs ; fruit des entrailles.

A-rbor (a-robor) ; A (*alpha*), s'élever en haut, et ROBUR, chêne (cœur de chêne), l'arbre par excellence, à cause de la durée de son bois, supérieur à tous les autres.

Herb-a (ærba), ÆR, *ærimus*, couleur de bleu céleste, et REPo, ramper ; plante d'un vert foncé, rampante, sans tige.

Opac-o, ombrager, obscurcir ; O, orbite du soleil, lumière ; PACo, calmer, dompter.

Or-gan-um, toutes sortes d'instruments de musique à vent, orgue ; AURà, vent, et CANo, chanter ; chanter par le moyen du vent.

Or-iens, orient, le soleil levant ; de URo, brûler, à cause de la ressemblance du soleil levant à l'éclat du feu.

Tonitr-u, tonnerre ; de TONus, ton, bruit, son prolongé tiré de l'harmonie imitative ; UDOR, eau, dont les Grecs ont fait τουθρυξω, imiter le bruit de l'eau qui bout et réduite à l'état de vapeur, qui brise les parois du vase clos qui la contient.

Fulgur, éclair, foudre ; FULGeo, briller, URo, brûler.

Pluv-ia, pluie (peluvia), PEL-LUo, arroser, tremper beaucoup (u = v).

Grand-o, grandin-is, génitif déterminant le radical ; GRANum, grain, TINnio, faire du bruit, grêle.

Nivis, neige ; NITeo, être blanc, brillant ; FÆX, brouillard, eau condensée, épaissie (æ = i).

Algor, gelée, A, privatif ; LIQUOR (rad. *liquo*), couler, eau durcie.

Tempest-as, tempête ; TEMPus, temps ; ÆSTuo, bouillonner, être agité.

Ver, printemps, VARiare, briller de plusieurs couleurs. Le mot français *printemps* a la même origine PRÆNITENS, orné de la plus belle parure ; saison de la verdure et des fleurs.

Æst-as, été ; EDo, ES, manger ; STATio, moment ; saison des fruits, des récoltes.

Automn-us, automne ; UDus OMNis, toujours humide, saison des pluies.

Hiems, A privatif (a = æ, æ = i), et AMIS, moisson. Le mot français *hiver* a la même origine ; A privatif, et VER, verdure, printemps, morte saison.

{ **Calor**, chaleur ; CHALo, caler, comprimer ; AURa, air, vent, air comprimé qui dégage de la chaleur.

{ **Ardor**, ardeur, chaleur ; ARTo, comprimer, faire entrer de force ; AURa, air, vent.

{ **Fervor**, ferveur, chaleur (ferbere *ou* fervere, b = v) ; VERBerare, frapper, comprimer ; AURa, air.

Aur-um, or ; URo, brûler, couleur du feu.

Æs, *ær-is*, génitif déterminant le radical ; cuivre, bronze ; ÆR, air, couleur de l'air, bleu foncé, vert de gris.

Argent-um, argent ; A augmentatif, et RECANDeo, devenir blanc (c = g) ; couleur très blanche.

Plumb-um (pleumb) ; PALLens, pâle ; LIMPitudo, éclat, blancheur, couleur d'un blanc pâle (i = u).

Fer-um, fer ; FERalis, funèbre, sombre, noir ; couleur sombre, de rouille.

Stan-num, étain ; TINnio, rendre un son clair.

Crypt-um, caverne ; G (*gamma*), lettre symbolisant une voûte, et RUP-Tum, creusé (u = y).

Asin-us, âne ; de ACCINo, chanter avec, par imitation du cri de cet animal qui brait lorsqu'il entend braire son voisin.

Ginn-us, GENerare, engendrer ; NULlus, nul, impropre à la génération, mulet.

Mul-us, mot désignant toute espèce d'animaux de traits, à l'exception du bœuf ; MOLio, mouvoir, agir avec effort, etc.

Can-is, chien ; de GANnio, murmurer, gronder.

---

(5) Les caractères de l'alphabet grec furent pendant longtemps en usage dans l'écriture latine.

Fel-is, chat; de FALlo, tromper; traître.

Alb-us (alebus), blanc; A privatif, LABes, tache, sans tache.

Niger, noir; NITor, blancheur, et CAReo, manquer; opposé au blanc. (c = g)

Cærul-eus, bleu; CÆRULa, mer, couleur de l'eau de mer.

Rubor, rouge; ROBUR, cœur de chêne, rouvre, dont la couleur est rouge.

Labr-um, lèvre, de LABARe, tomber en rebords. (invers. de l'R)

Planet-a, planète, de PLANus, vagabond, AD, autour; errer autour.

Urin-a, urine; URo, brûler, REN, rein; liqueur âcre et mordante, secrétée par les reins.

Scapul-a, épaule; SCAPi, du tronc, POLlens, grande force; siège de la plus grande force du corps.

Unguis, ongle; UNCus, crochet, VICes, fonctions, qui fait l'office de crochets (V = U).

Sanit-as, santé; SIN, rouge, et NITere, briller, avoir l'éclat; qui a un teint coloré, vermeil.

Saliv-a, salive; SAL, sel, LIBo, répandre une liqueur; liqueur salée de la bouche.

Lacrim-a, larme; LAC, suc, eau, RIMa, fente; suc qui découle d'une plante ou d'un arbre, auquel on a fait une blessure, une incision, et, par extension, eau qui sort des yeux d'une personne affligée.

Hom-o, **homin-is**, génitif déterminant le radical, qu'on écrivait autrefois hosmo, à cause des radicaux; USus, qui se sert, MANus, main, qui se sert des mains.

Mulier, femme; de MULGERe, alaiter (g = i); radical MULCERe, être doux, miellé; qualité du lait de femme.

Os, **or-is**, génitif déterminant le radical, bouche; OR·o, parler, d'où OSCul-o, baiser sur la bouche; OS, bouche, et COL-o, honorer, respecter; oracul-um, oracle, ORis, de la bouche; ACULeum, saillie, pointe, manière de bien dire.

Na-s, **nar-is**, génitif, nez; de NO, NAS, NARe, couler; écoulement du cerveau, de la tête.

Aur-is, oreille; de ORa, bord, rebord; oreille de marmite, etc.

Ocul-us, œil; O symbolisant la circonférence de l'œil, COLLUCere, pour voir clair, s'éclairer.

Brach-ium, bras; PER-AGo, pour agir (invers. de l'r).

Man-us, main; MINuo, s'amoindrir, se terminer en pointe à la façon des doigts de la main; d'où *minax*, *minac-is*, menaçant; MANu AGere, avancer la main sur quelqu'un.

Digit-us, doigt; DICIDium (rad. *discendo*, diviser), division, découpure. Ce terme est encore employé pour désigner une division, une mesure, etc.

Pes, **ped-is** au génitif, pied; PETo, marcher, atteindre un but, d'où BITo, marcher.

Caput, **capit-is** au génitif, tête; CAPere, contenir, IDeas, les idées; siège des sensations.

Frons, **front-is** au génitif, front; de FRUNITus, prudent, avisé (rad. *fruniscor*), siège de la pensée.

Dors-um, dos; de TOROSus, noueux, plein de nœuds, de jointures.

Venter, ventre; de FINDicæ, entrailles, HERo, sac, poche, qui renferme les entrailles.

Dens, dent; d'où DENSo, broyer, piler (rad. D ou Δ delta grec); ENS, épée, pointe en forme de coin ou Δ.

Gingiv-a, gencive; GENarum, des mâchoires, et GIBba, bosse, saillie. (b = v)

Ling-ua, langue; LANGuidus, mou, partie molle du corps.

Jugul-um, gosier; JUGum, extrémité, GULæ, de la bouche.

Umbilic-us, nombril; UMBo, bosse, pli, ALLIGatio, ligature; pli ou bosse formée par la ligature au milieu du ventre.

Ment-um, menton; MANDo, mâcher, mâchoire, TUMere, saillir, avancer en dehors; saillie de la mâchoire.

Sin-us, sein; SINuosus, contourné.

Pectus, **pector-is** au génitif, poitrine; PACTum (rad. *pango*), appui, base, ORis, de la bouche (rad. *oro*), parler; siège de la voix.

Cubit-us, coude; CUBo, se coucher, se plier.

Gen-u, genou; SINUo, se courber.

Sanguis, **sanguin-is** au génitif déterminant le radical, *sang*; de SIN ou SAN, expression radicale perdue signifiant *rouge*, et qu'on ne retrouve que dans ses composés *cin*-abre, *san*-daraque, *cyno*-rhodum, rose, rouge, etc., et QUINo (inquino), teindre; teint en rouge, liqueur rouge.

Vesic-a, vessie; VAS, vase; SIC, de même que; qui fait les fonctions d'un vase.

Arteria, artère; ARTo, chasser, presser, AER, l'air (système des anciens).

Mal-a, joue, par similitude avec la rotondité et la couleur rose d'une pomme, MALum.

Col-lum, col, cou; CAULis, tuyau, tige; fût d'une colonne.

Calx, talon; CALCo, fouler, battre la terre, d'où *calceamen*, sandale, soulier; CALCE, sous le talon, le pied, et AMENTum, lien, lié sous le pied, d'où soulier, SOLea, sandale, LIGARe, lier; semelle liée sous le pied.

Avis, oiseau; *a* privatif, VIS, poids, pesanteur.

Pisc-is, poisson; PAX, pacsis *ou* pacis, paix, silence, animal muet. Le mot français *poisson* a la même origine: *pec* son, qu'on prononça *pois* son (paicser *ou* pêcher); PAX, silence, SONus, son, qui ne rend aucun son.

Animal, πνευμα, vent, souffle, et ALo, se nourrir; tout ce qui respire.

Areo, être sec, sans humidité; *a* privatif, *er* ou R, radical de l'eau, privé d'eau.

Element-um, élément; A privatif, LIMen, principe, INTus, dedans; qui n'est pas composé, corps simples.

Vent-us, vent, ouragan; FENDo, diviser, renverser, abattre.

Sylva, **sylvan-us**, forêt; SILere, se taire, VENTus, vent, à l'abri du vent.

Nemus, **nemoris**, forêt; NEMo pour *nullus*, point; AURa, vent, à l'abri du vent.

Career, prison; CAReo, être privé, SERo, fermer à clé; être sous les verroux, privé de la liberté.

Libertas, liberté; LIBER (rad. *libet*, à sa volonté); DATio, don, donner à quelqu'un le droit d'agir à sa volonté.

Dextra, **dexter**, la main droite; TAXo ou TAGo, toucher, manier, et STARe, être là; être propre, destiné à travailler.

Lævis, gauche; LÆVIS, faible, sans vigueur; main gauche moins forte que la droite.

Scrib-o, écrire; de SCROBis, fossé, sillon; tracer des sillons avec une pointe sur la cire ou la pierre, avant l'invention du papier.

Lego, lire; de LIGo, lier, rassembler les signes afin d'en former les mots.

Ping-o, peindre; PANGo, tracer en enfonçant une pointe.

Cor, cœur; de CURro, marcher précipitamment, courir; allusion faite au mouvement du cœur.

Dom-us, maison; de TUMeo, s'élever en bosse, d'où dôme. Les premières maisons, à l'instar de celles des peuples du nord, n'étaient que des huttes.

Domin-us, seigneur, maître de la maison; de DOMus et MINare, conduire la maison, la dominer; d'où *dom-o*, apprivoiser; habituer un animal à vivre à la maison avec le maître.

Domestic-us, domestique; se consacrer au soin de la maison; DOMui SE DICare.

Dormio, **dormito**, dormir; TORi, muscles, MITis, calme; action de laisser reposer les muscles du corps.

Somn-us, sommeil; SUMere, agir, Non, négation; ne point agir, se reposer, repos.

Vigil-o, veiller; VISus, vue, œil; ILLò, là, à, avoir l'œil à.

Ir-a, colère; HIRrio, gronder entre ses dents comme un chien qui va aboyer.

Patientia, patience; PATi, supporter, souffrir, SCIENTIA, savoir.

Longanim-is, patient; LONGé, longuement, ANIMare, exciter; long à se fâcher.

Anas, **anat-is**, canard; A augmentatif, NATare, nager; radical des oiseaux aquatiques.

Anser, oie; INSERo, fermer à clé; oiseau domestique.

Passer, moineau; PASsus, qui peut souffrir, SERo, enfermer; oiseau facile à apprivoiser, à vivre en cage.

Pan-is, pain; PENus, provision de bouche par excellence. (en = an)

Vin-um, vin; FANo, parler à tort et à travers; effet du vin (fan = faïn ou vin), ou VENia, liberté de faire, qui donne de la hardiesse.

Frument-um, blé; FRUX, production de la terre, MANDo, manger; toute sorte de plantes céréales.

Avena, avoine; A augmentatif, VENA, filet, veine, tige; plante dont le tuyau principal se divise en plusieurs tiges plus petites.

Horde-um, orge; HORreo, être hérissé, RETE, filet; plante dont l'épi est hérissé de pointes ou barbes en forme de scie.

Secale, seigle; SEGes, toute sorte de blé sur pied; ALere, croître, élever; la plus grande espèce de céréales.

Tous les mots latins proprement dits se forment et se décomposent de cette manière; j'ai pris au hasard cette série de noms, afin qu'on ne pût croire que j'ai choisi exprès quelques mots qui se seraient prêtés à mon assertion, qui vient contredire l'idée reçue jusqu'à présent que la langue latine doit naissance à celle des Grecs, qui ne lui prêtèrent seulement que les caractères de leur alphabet, que peut-être ils avaient empruntés eux-mêmes et appropriés à leur dialecte, calqué, pour ainsi dire, en entier sur les radicaux latins. On verra donc, par le peu que j'en ai pu dire, que l'idiôme latin eut, comme tous les autres, son premier âge, époque à laquelle le langage, ainsi que celui de l'enfant qui commence à parler, était, pour ainsi dire, vague, incertain, dépourvu de tours de phrases, et basé seulement sur des radicaux, qui n'étaient pas plus arrêtés que les genres, ni dans leur manière d'être prononcés, ni dans celle d'être écrits; de là cette diversité de mots partant d'une source commune, mais que le temps, le retranchement, l'addition ou le changement de quelques lettres, suivant la manière de prononcer des différents pays, ont altéré et rendu quelquefois tellement méconnaissables, qu'ils exigent de l'étymologiste une attention scrupuleuse, afin de reconnaitre la souche à laquelle ils appartiennent lorsqu'elle n'est pas tout-à fait inconnue ou tombée en désuétude.

J'ai déjà dit que la manière de transmettre le même *son radical* subit une modification adhérente au mode du langage primitif des peuples avant l'acceptation par eux d'un autre langage étranger; de là les différentes prononciations entre les Français, les Italiens, les Anglais, etc. Notre dialecte, par exemple, basé presque entièrement sur celui des Latins, s'est sensiblement éloigné de la diction de ces derniers, en traduisant les mots selon l'exigence de l'idiôme autrefois propre au pays, avant son envahissement par les Romains. Cette singularité est due tant au changement mutuel des consonnes doubles, dont nous avons donné un tableau en tête de cet ouvrage, qu'à celui des cinq voyelles réduites à deux dans la prononciation, puisque A se change alternativement en *aï* ou *æ*, *é* et *i*, et O en *au*, *eau*, *u*, *ou*, et *y*; ajoutez à cela le retranchement à volonté des deux lettres doubles C G, D T, et des voyelles sourdes, puis l'interversion fréquente des R et des L, vous possédez alors la clé du mécanisme de la langue latine ainsi que de celles qu'elle a formées, le reste dépendant de l'habitude et de l'aptitude au travail.

Je vais donc, à l'aide de ce court préambule, extraire les étymologies des trente ou quarante premiers mots de chaque lettre de l'alphabet, pris dans le plus récent des dictionnaires étymologiques français, celui de M. Napoléon Landais; alors le lecteur sera à même de juger par la comparaison des deux radicaux que je mettrai en regard, qu'elle est l'origine la plus rationnelle. Je ne parle pas ici des mots français entièrement calqués sur le latin, comme *rosa*, la rose, *templum*, le temple, *amare*, aimer, mais bien de ceux formés de plusieurs radicaux qu'avant cette découverte on était dans l'impossibilité de décomposer d'une manière satisfaisante; on sera donc dispensé désormais de faire revivre des locutions tirées d'un latin barbare, dit de la basse latinité, extrait de vieilles chartes écrites la plûpart du temps par des hommes ignorants, dont l'autorité n'a jamais été d'aucun poids dans la république des lettres, et qui n'auraient pu imposer ainsi aux masses éclairées des locutions bâtardes inventées à plaisir; il faut être bien convaincu, au contraire, que les personnes chargées de composer les mots de la langue française, et dans des temps plus modernes, que celles qui réformaient les abus qui s'y étaient glissés, possédaient parfaitement la connaissance des radicaux et du mécanisme dont je viens de parler. Je ne puis encore comprendre comment il s'est fait que la moindre notion ne soit restée de cet ouvrage immense qui, pour rester ainsi dans l'ombre, ne pouvait s'étayer des mêmes motifs pour lesquels un voile épais fut jeté sur les origines des noms des divinités, villes, villages, etc., etc.

ÉTYMOLOGIES
D'APRÈS LE DICTIONNAIRE de Napoléon Landais.

A. (1)

Entrée	Étymologie
Abaissement, radical *bas*; de PASsus, pas, PES, pied; *abaisser*, A, ad PES, mettre à ses pieds. (b = p)	du latin barbare *bassus*.
Abaque, table sur laquelle on traçait des lettres pour apprendre à lire, etc.; de Alpha, Bèta, Gamma, lettres initiales de l'alphabet grec A B G, *abac*, au lieu de dire comme nous *alphabet* (alpha, bèta).	du grec *abax*, table.
Abdiquer, AB, de, DICARE, se dévouer, ne vouloir plus se charger de quelque chose.	*ab*, de, *dicere*, dire.
Abdomen, ABDO, je cache, OMENtum, coiffe qui enveloppe les intestins, ventre.	*abdo*, je cache.
Abois, être aux abois, ne pouvoir plus marcher, etc. A augmentatif, et BOA, enflure des jambes pour avoir trop marché (ad boas).	du vieux mot *boise*, signifiant *ruse*.
Abolir, de *abolere*, formé de AB privatif, et ULlus, quelque chose, annuler.	de *abolere*, formé de *ab*, hors, et *olere*, exhaler une odeur.
Abonder, de *abundare*, formé de A augmentatif, et PONDERare, avoir du poids; quantité, grand nombre.	de *abundare*, formé de *ab*, de, et *undo*, je noule.
Abonner, AB-Pour, PONERE, composer pour quelque chose, pour un temps donné.	d'un vieux mot français *bonne*, signifiant *borne*.
Abord, AD-PORTus, arriver au port (rad. *porta*), aborder.	ad-ORa, vers le bord, en préposant un B.
Abreuver, A augmentatif, PER-UVERE ou *uvescere*, rendre bien mouillé. (invers. de l'R)	de *ad*, à, *bibere*, boire.
Abri, A privatif, PARIo, être ouvert; d'où *oper-io*, couvrir (aberi).	de *apricatus*, être exposé au soleil.
Abroger, *abrogare*, formé de A privatif et PROCARE, être soumis; loi abrogée à laquelle on ne doit plus obéissance, soumission.	*abrogare*, formé de *ab*, hors, contre, et *rogare*, demander.
Absurde, *absurd-us*, formé de ABS, sans, ORDo, ordre, raison.	*absurdus*, formé de *ab*, de, *surdus*, sourd.
Abîme, AB privatif, IMUS, fond, sans fond.	a privatif, et *byssus*, fond.
Acabit, AC, de même que, comme, CAPIT, la chose se comporte, se trouve; qualité bonne ou mauvaise d'une chose.	du latin barbare *acapitum*, achat.
Acagnarder, AC, de même que, INERS, INERTis, fainéant (rad. *in priv.*, et *ars*, *artis*, métier, travail) AC-IN-ARTe. (in = agn)	de *cagnard*, vieux mot français signifiant exposé au soleil.
Acariâtre, AC, de même que, ARRIDere (arrisor), complaire, plaisant; ATER, triste, bourru, mauvais plaisant (ACARIDATER, suppres. du D, invers. de l'R).	*acer*, vif.
Accaparer, A augmentatif, CAPTARE, acheter; acheter pour gagner. (suppres. du T)	*ad*, pour, *parare*, acquérir.
Accolade, AC, comme, COLLATus, lié ensemble.	ad collum, vers le cou.
Accompagner, AC, comme, COMPINGo, joindre ensemble; IRE, aller, aller côte à côte avec quelqu'un.	*ad*, à, *compages*, union.
Accoucher, AGo, agir, travailler; COXa, haut de la cuisse, hanche, etc.; expression semblable à celle des latins; *utero laborare*, être en travail d'enfant. (cox = couch)	de *accubare*, être couché.
Accoutrer, AC, de même que, CAUDam TRAHERE, traîner la queue; expression latine signifiant servir de risée, habillement ridicule.	*ad*, augmentatif, et *cultura*, culture.
Accueil, AC pour *ad* augmentatif, et COLere, honorer quelqu'un. (col = cueil)	ad augmentatif, *colligere*, cueillir.
Acier-er, acier; AC, de même que, CÆR-uleum, bleu de ciel; couleur que prend le fer chauffé et trempé dans l'eau, lorsqu'on le recuit pour lui donner la dureté voulue. (cær = cier)	*acies*, pointe.
Achalander, racine *chalant*; AC, de même que, CALANS, homme qui rassemble la foule autour de lui.	du latin barbare *chalandum*. bateau.

(1) Les voyelles placées au commencement des mots sont presque toujours employées comme augmentatives ou diminutives du sens exprimé par ce même mot; elles forment les prépositions par le redoublement de la première lettre du mot placé immédiatement après elles.

ÉTYMOLOGIES
D'APRÈS LE DICTIONNAIRE de Napoléon Landais.

Entrée	Étymologie
Acheter, **achat**; AC pour *ad*, APTus pour *adept-us*, acquisition. (rad. *adipiscor*)	ad-*captare*, tâcher d'avoir.
Achever, AC pour *ad*, CAVias IRE, aller vers la queue. (rad. *cevere*)	*ad*, vers, *caput*, la tête, chef.
Achoppement, racine *choper*; AC pour *ad*, SCOPus, *scopulus*, rocher, écueil, caillou; se heurter contre un écueil, etc.	de χοπτεώ, heurter.
S'Acoquiner, AC pour *ad*, CO-INQUINARE, se souiller de débauches, se déshonorer. (rad. *quin-o*, *co-quin-o*)	de *coquina*, cuisine.
Acquit, A privatif, COITus, contrat, obligation; (acqouit) (rad. *coeo*).	*quietus*, tranquille.
Adieu, ADEO, je m'en vais; adieu ma bouteille, ma bouteille s'en va, est vidée.	Dieu vous garde.
Adolescence, *adolescentia*, formé de ATTOLere ESSENTia, faculté de grandir, de s'élever en hauteur, d'où adulte; ATTOLUTum, ancien supin inusité de *attollere*, qui grandit; âge qui tient le milieu entre la puberté et la virilité; époque à laquelle le corps se forme.	*adolescentia*, adolescence, formé de *ad* augmentatif, et *olere*, avoir de l'odeur.
Adouber, boucher; AD-STUPa, étoupe; mettre des étoupes à, boucher.	du latin barbare *adobare*, armer.
Adresse, adresser; AD-RES, AD-REGERE, (rad. *res gerere*), envoyer une chose à quelqu'un, atteindre un but.	du latin barbare *ad-directiare*.
Affranchir, A privatif, FRANGERe, humilier.	du latin barbare *francus*, franc.
Agacer, AC, de même que, ACERE, piquer, aigrir, exciter. (rad. *acer*)	αχαξεώ, piquer.
Age, AGo, *agere*, passer sa vie.	*ævum*, âge.
Agneau, *agnus*, formé de A privatif, GNOScere, connaître; animal stupide, sans malice. (Voyez *vervex*).	agnus, de αγνος, chaste.
Agrafer, agripper, agriffer; A augmentatif, et CARPERe, saisir. (invers. de l'R; A changé en i, P en F ou V)	de l'allemand *krappen*, saisir.
Aimant, HAMANS, qui s'accroche, s'attache au fer; d'où le verbe *am-o*, s'attacher à quelqu'un, aimer, aimant.	du grec *adamas*, indomptable.
Ajuster, AD-JUSTus, juste à, égal à, rendre juste.	du latin barbare *ajustare*; *ad*, à, *juxtà*, près.
Alambic, AL pour *ad*, AMBIGuus, très tortueux; vase tortueux qui finit en serpentant, forme de l'alambic.	de l'arabe *al*, le, et du grec *ambix*, vase, le vase.
Alarme, AL pour *ad*, ARMA, armes, aux armes.	de l'italien *all'arme*.
Alcali, AL pour *ad*, CALIDus, vif, subtil, chaud, brûlant, etc.; minéral caustique ou brûlant, volatil, etc.	de l'arabe *al*, le, *kali*, soude.

B.

Entrée	Étymologie
Babil, BABÆCALus, parler à tort et à travers. (suppres. du C)	de la tour de Babel.
Babine, PAPPANS (an = aïn), sucer avec les lèvres, lèvres qui sucent.	*labia*, lèvre.
Bac, PAGo, ficher, planter; grand bateau soutenu par un cable *planté*, *fixé* sur les deux bords d'une rivière.	de l'allemand *bach*, ruisseau.
Baccalauréat, PAGo, promesse, grade; AL pour *ad*, à cause de, ORATio, manière de bien dire; grade obtenu, aggrégation à cause de la manière de bien dire. (a = æ, aï)	*bacca*, baie, *lauri*, de laurier.
Bachelier, PACo, promesse, grade; AL pour *ad*, à cause de, AIARe, manière de parler; PAG (page ou bache); AL ou ÆL, AIARe ou ÆIÆR.	*baculus*, bâton.
Badaud, BEAT, par contraction BAT, TOT, être charmé par toute chose; d'où l'interjection *bat*, paix, écoutez, etc.	du latin barbare *badare*, regarder avec attention.
Badin, BAT, contraction de BEAT, charmer, TINNio, parler à tort et à travers; homme qui débite des plaisanteries agréables.	de παίς, jeune garçon.

Bafouer, PASsus, pied, pas, FOEDARe, déshonorer, mépriser; mépriser quelqu'un, le rabaisser. — *de l'italien beffare, railler.*

Bagage, PAGo, lier, AGere, pour voyager; équipage de voyageurs. — *de l'allemand pack, sac.*

Bagatelle, PAGo, lier, CATELla, petite chaîne; même sens que *baguenauder*, nouer des bagues; s'amuser à la bagatelle, perdre son temps, etc. — *racine bague, anneau.*

Bagne, BANnire, bannir; lieu où sont enfermés les hommes exilés, bannis de la société. — *de l'italien bagno, bain.*

Bague, PAGo, lier autour, enchaîner; anneau de chaîne. — *bacca, baie, anneau.*

Baguette, PAGo, lier autour, *ad*, pour; petite branche souple, propre à faire un lien. — *du latin barbare baculetta, diminutif de baculus, bâton.*

Bai, BADIus, bai. (suppres. du D) — *du latin barbare baius.*

Baie, BACCA, baie. (suppres. du C; A = Æ, ai) — *bacca.*

Bail (baÿ), PACIo, faire un accord, un traité. (suppres. du C) — *de 'Βαλλειν, envoyer, ou du latin barbare baila, garde.*

Bailler, PALàm HIARe, ouvrir la bouche toute grande. — *du latin barbare badare ou balare, bêler.*

Baillon, PALàm HIare ONus, chose incommode qui force à ouvrir la bouche toute grande. — *baculus, bâton.*

Bain-marie, BALNeum, bain, MERGo, plonger (G = J ou I); être plongé dans le bain; bain meri ou mari, le radical de *merg-o* étant *mar-e*. — *par corruption de bain de mer, balneum maris.*

Baisser, radical *bas*; PASsus, PES, pied; aller du côté des pieds, à bas. — *du latin barbare bassus.*

Baladin, PALATim, çà et là; TINnire, parler avec volubilité, farceur. — *du latin barbare ballare, frapper.*

Balai, PALea, paille, LEGere, rassembler; balai fait de paille de riz ou autres, liée en fagot. — *de betula, bouleau, ou de l'allemand Welle, fagot.*

Balcon, PALàm, en dehors, CUNeus, saillie, avancée. — *de l'italien balcone.*

Baldaquin, BALTeum, ceinture, couverture, écharpe; A privatif, QUINo, souiller; dais sous lequel on place le St.-Sacrement dans les processions, afin de le préserver de toute souillure. — *de balduco, ville de la Babylonie, dans laquelle on fabriquait, dit-on, des draps de diverses couleurs.*

Baliveau, PALI (*palus*, pieu); VALere, être conservé (val = vau); jeunes arbres conservés dans les coupes de bois. — *par corruption de bois viaux, bois vieux.*

Balise, PALATio, pieu enfoncé dans le sable, indiquant un écueil. (a = æ, æ = i) — *du latin barbare palitius, pieu.*

Ballade, BALare, chanter, LATè, d'une manière étendue; chanson avec refrain. — *Βαλλειν, envoyer.*

Balle, PALatim; courant çà et là. — *Βαλλειν, envoyer.*

Baller, PALATim; IRE, aller çà et là, les bras ballants. — *Βαλλειν, frapper.*

Ballet, PALATim; courir çà et là, danser. — *Id.*

Ballot, ballotter; PALatim, de tous côtés; LUDERe, tromper, se jouer de quelqu'un. — *Id.*

Balustrade, PALus, pieu, STRATura, arrangement par carreaux, compartiments; pieux arrangés par carreaux, par compartiments. — *balastrum, calice de la fleur du grenadier.*

Banc, PANGo, ficher, planter; planche ou pierre attachée, fixée à l'aide de pieux. — *du latin barbare bancus.*

Banlieue, BINo, joindre, LOCus, lieu; circonscription d'un pays qui dépend, qui est joint à une ville. (bin = ban, locus = lieu) — *du latin barbare banluga, lieue dans l'étendue de laquelle se publie un ban.*

Bannière, PANnus, drap, étoffe, NITERe, briller; étoffe qui attire les regards par sa blancheur ou par ses ornements. (suppres. du T) — *ban, édit du prince pour entrer en campagne.*

Banque, inversion de la première et de la dernière lettre radicale de CAMBium, troc, échange, banque, BAMC. — *de l'italien banco, banc.*

Banqueroute, BAMC (camb-ium) RUTum, échange, commerce ruiné, détruit. — *de l'italien banco-ruto, banc rompu.*

Banquet, PINGuiter, abondamment; EDo, manger, grand repas. (ping = banq) — *banco, banc.*

Baragouin, PARAGOGEN, style tiré, embrouillé (g = J ou i); manière de parler embrouillée. — *du bas-breton bara, pain, guin, vin.*

Baraque, PARare, parer, AQua, eau; cabane pour se mettre à l'abri de la pluie. — *de l'espagnol baraca, baraque de pêcheur sur le bord de la mer.*

Barbouiller, PER-POLLUERe, salir tout-à-fait. (per = par, pollu = pouil) — *du latin barbare barbula, diminutif de barbula, petite barbe; salir la barbe.*

Barguiner, PER-COCIONARi, marchander sou à sou. (suppres. du 2e C) — *du latin barbare barcadiare, rad. barca, barque.*

Baril, PARILema ou *palmum*; le quart d'une mesure servant d'unité, le quart du tonneau. — *du gaulois barr, barrière.*

Baroque, PER-RUGosus, très-épais, très-grossier, très-rude, inégal. — *verruca, verrue.*

Bas, PASsus, pied; à bas, aux pieds. — *du latin barbare bassus.*

Bas, chaussure des pieds; PASsus, pied.

Bassate, PASsivus, actif, propre à; ALUTatio, manière de reconnaître ou séparer l'or des autres minéraux, pierre de touche. (suppres. de la voyelle *ou*, sourde dans *alut-atio*) — *du persan basal, foi.*

Bascule, VACCILo, pencher d'un côté et d'autre; radical *baccillum*, baguette, diminutif de BACULus, imiter les mouvements de va-et-vient d'une baguette flexible agitée par le vent. (V = B, BAC ou BAS-CULus) — *du français bas et du suédois kull, tête.*

Bassin, VADi, SINus, réservoir d'eau. (V=B, D=S) — *du latin barbare bacinus.*

C.

Caban, cabane, CAPut, tête, PANnus, toile; toile pour se garantir la tête pour se mettre à couvert. — *χαπανη, coche.*

Cabaret, CABallus, cheval; AR pour *ad*, REStare, s'arrêter; lieu où on loge à cheval. — *de χαθη, crèche, ratelier.*

Cabas, CAPAX, qui peut contenir quelque chose, panier. — *du grec χαβος, mesure.*

Cabestan, CAPere, prendre, saisir; EXTENTare, tendre avec effort; treuil qui sert à lever les ancres et autres fardeaux. — *du saxon captein, lunier.*

Cabinet, CAPere, demeurer, PENITùs, tout au fond; petit logement au bout d'un corridor, lieu retiré, etc. (invers. de l'*i* et de l'*e*); d'où *pénates*, lieu de retraite pour étudier. — *du latin barbare cavinetum, petite cave.*

Cable, **Cabler**, CAPILosus, formé de plusieurs filaments; grosse corde formée de plusieurs autres petites. (suppres. de l'I) — *du hollandais cabel.*

Caboche, CAPut, tête, AUGeo, augmenter; grosse tête. — *caput, tête.*

Cabotage, CAPUT, tête, cap, AGere, aller; aller de cap en cap, le long des côtes. — *de l'espagnol cabo, cap.*

Cabotin, CAPUT, tête, maxime, etc.; TINnio, parler à tort et à travers; mauvais comédiens qui débitent mal leurs rôles. — *de cabo, cap.*

Cabriole, CAPut RUere, jeter à terre; ULs, au-delà; faire la cabriole, tourner sur sa tête. (u = i) — *du latin barbare capreola, petite chèvre.*

Cacher, CACESCERe, disparaître de la vue. (rad. *carco, cassus*, être absent) — *de saccus, sac.*

Cadastre, CADo, échoir, ASTRuere, définir, régler, borner; donner à chacun ce qui lui revient en bornant les terres. — *du latin barbare capitastrum, caput, tête.*

Cadavre, CADere, tomber, TABERe, se putréfier, tomber en putréfaction. — *cadere, tomber.*

Cadeau, CADO, offrir, offre. — *catella, petite chaîne.*

Cadence, CADere, tomber, DENSare, frapper souvent, suivre la mesure. — *cadere, tomber.*

Cadet, CADere, tomber, venir au monde; AD, après. — *du latin barbare capitetum, diminutif de caput, petit chef.*

Cafard, CAPut, visage, VARium, divers; homme à double face. (P = V ou F) — *de cape, capuchon, habillement des porteurs de reliques.*

Café, **Cafet-ier**; { CAVAtus, creusé en forme de rigole; *cavea*, creusé; forme du grain du café. (a = æ, V = F) — *de l'arabe qahouah, force.*

Cage, CAS-sis, filet. (s = g) — *cavea, cave.*

Cagot, χαχος, méchant, CAUTus, rusé, homme hypocrite; comme *bigot*, BIS, double, CAUTus, rusé; d'où les Latins ont fait *cacoethes*, homme méchant. — *d'un vieux mot allemand got, Dieu.*

Cahier, CHARta, papier. (a = æ, aï, suppres. du T) — *du latin barbare scaparium ou codex.*

Cahot, CAVea, trou, ALTum, hauteur; série de trous et de bosses. (alt-us = haut) — *de l'italien caduta, chûte.*

Caillou, CÆLare, frapper avec le burin; LUCere, briller; pierre dure qui donne des étincelles lorsqu'on la frappe avec l'acier. — *calculus, caillou.*

Calamité, CALIM pour *clàm*, à l'improviste; ATE, mal, dommage; malheur que l'on ne peut prévoir, irréparable. — *calamus, tuyau de blé.*

Calciner, CALor, chaleur, CINER, cendre; réduire en cendre par le moyen de la chaleur. — *calx, chaux.*

Calèche, COLIX (χαλυξ), bourse de peau; voiture couverte en forme de bourse, de voûte. — *currus, char.*

Calembourg, CALIM pour *clàm*, imprévues, BURiæ, fadaises, bagatelles; mots auxquels on trouve un sens imprévu. — *de l'italien calamajoburlare.*

Calabredaine, CALIM, à l'improviste, PRÆTINnio, parler à tort et à travers, vains propos.

Calibrer, QUALis, tel que, LIBRARe, mesurer; faire des pièces de même mesure. — *de l'arabe calib, moule.*

Calin, QUALis, tel que, LENitas, humeur douce; homme indolent, d'humeur facile. — *de χαλάω, lâcher.*

Calme, CLEMens, inversion de l'L, comme *calim* pour *clàm*; calme, paix, etc. — *de malacia, mollesse.*

Calomnier, *calumniare*, formé de QUALibet OMNia NEGARE, nier tout ce que l'on voudra, quoique ce soit. — *calumniare.*

Calotte, GALea, coiffure, UTi, comme; espèce de coiffure. — *calantica, habillement de tête.*

Camail, CAMisa, chemise, surplis; ALIas, outre cela, par-dessus; manteau que les ecclésiastiques portent par-dessus le surplis. — *du latin barbare camalaucium, de camelus, chameau.*

Camarade, SCAMMa, arène, lieu où s'exerçaient les athlètes; ARATio, travail; individus qui travaillent ensemble, dans le même lieu, au même ouvrage; il se dit surtout entre soldats, écoliers, valets, etc., compagnons de profession. — *de camera, voûte, chambre, parce que les camarades logent dans la même chambre.*

Cambage, CAMum, bière, PAGo, faire un traité; droit sur la bière. — *de l'allemand camba, lieu où l'on fait la bière.*

Cambouis, de PINGUIS, graisse. (interversion du G et du P; gin = gan)

Camée (camer), CAMERa, voûte, bosse; pierre taillée en relief, en bosse. — *χαμαί, à terre.*

Canaille, GANEarius, coureur de mauvais lieux, homme perdu de mœurs, sans foi ni loi, etc. (rad. *ganea*, cabaret; E = æ, æ = aï ou aille) — *de canis, race de chien, ou canicolæ, habitant sur le bord d'un canal.*

Canapé, GANGABÆ (suppres. du G), porte-fardeau; chaise sur laquelle on peut se coucher. — *canopeum, pavillon.*

Canard, QUA augmentatif, NARe, nager, radical des oiseaux d'eau; en latin *anas, anat-is*; à augmentatif, *natare*, nager. — *du latin anas, auquel on a préposé un C, (canas).*

Cancan, GANire GANnitionibûs; criailler en poussant des plaintes aiguës. — *de quanquam, quoique.*

Candi, CANDIdus, brillant, luisant, etc.; sucre candi, sucre épuré et cristallisé. — *de l'île de Candie.*

D.

Da, ITA, certes, interjection; oui-ita (oui-da), oui certes. — *de δία, Jupiter.*

Dague, TAGo, toucher, frapper; épée, hache de charetier, etc. — *de l'allemand dagen.*

Dais, DECere, être convenable, honorer; d'où *decus*, honneur; poêle que l'on tend dans l'appartement d'un prince. — *de dossum pour dorsum, dos.*

Dame, TAMia, *tam-iaca*, femme de charge qui a la conduite d'une maison, maîtresse du logis. (*Voyez* ταμία). — *de domina, maîtresse.*

Dandiner, TINTINire, aller de côté et d'autre comme une cloche en branle. — *de din, din, dan, ain, son des cloches.*

Danger, DE, de, ANGERe, souffrir; avoir de la perte, du mal, etc.; ce qui peut occasionner du dommage. — *du latin barbare damjarium, dommage.*

Danser, DENSARe, donner au corps des mouvements de rapidité, redoubler les gestes. — *de l'italien danza.*

Dard, TRADo, jeter (invers. de l'r); trait propre à être lancé. — *de ἀρδίς, pointe.*

Dauber, TUBERo, occasionner des bosses, des tumeurs en frappant. — *du teutonique dubba, frapper.*

Davier, DE ou DA augmentatif, VIERe, lier; instrument pour arracher les dents, pour relier les tonneaux. — *de l'allemand taube, pigeon.*

Débaucher, DEBACCHARi, se livrer à la débauche. (rad. Bacchus, suppres. des C) — *de bauche, boutique.*

Déblayer, DE privatif, BLATtea, crotte; ôter la crotte, la malpropreté, etc. (suppres. du T) — *du latin barbare deblatare, ôter le blé.*

Débonnaire, DE augmentatif, BONus, bon, ERe pour *esse*, être, etc.; homme d'une excessive patience on bonté. — *d'un bon aire, d'un bon nid.*

Debout, DE, sur, PODos, pied (o = ou; sur pied. (rad. πους, pied). — *les deux bouts de l'homme, la tête et les pieds.*

Débrailler, DE privatif, BRACCA, culotte, vêtement (suppres. du C); se découvrir avec quelque indécence. — *du latin barbare disbraculatus.*

Débusquer, DE privatif, BUCCA, creux, cavité; faire sortir de son repaire; d'où *embûche*; IN, dans, BUCca, trou; faire tomber dans un trou, dans un piège; embusquer; IN, dans, BUCCA, creux; se cacher dans un terrain creux. — *du latin barbare deboscare, faire sortir du bois.*

Début, DE, BITo, aller, marcher. (i = u; rad. πους, pied). — *but.*

Déchiqueter, DE augmentatif, SÆCTum, coupure. (rad. *sæcare*, couper, couper menu; æ = i). — *du languedocien chic, petit.*

Déchirer, DE augmentatif, CÆDERe, couper. (suppres. du D; æ = i, inversion de l'R) — *dilacerare, dilacérer.*

Décocher, rad. *coche*, arrêt; COGere, arrêter par violence; de privatif, COGere, arrêt; lancer une flèche, etc. — *de l'italien cocca, arrêt, entaille.*

Décombrer, DE privatif, CUMPRESSio, obstruction, platras, etc.; qui obstrue le passage. — *du latin barbare de privatif, combûri, arbres abattus.*

Déconfire, DE-CONFICERe, ruiner entièrement. (suppres. du C) — *de l'italien sconfigere.*

Décrépit, DE privatif, CREPIDo, base, appui; qui ne peut se soutenir, vieillard décrépit. — *decrepitare, faire son dernier pétillement.*

Défricher, DE privatif, FRUTex, broussailles, ronces; ôter les broussailles. (u = i, t = s) — *du latin barbare defriscum.*

Défroquer, rad. *froc*; de FERRUGo, couleur noire, sombre, rouille de fer, couleur de l'habit monacal; DE privatif, FERRUGo, habit de couleur sombre. — *rad. froc, de floccus, floccon de laine.*

Dégager, DE privatif, CASsis, filet, tirer quelqu'un d'embarras. — *de, de, vas, caution.*

Dégaîner, DE, hors, CANna, canne creusée, étui; tirer une épée du fourreau. — *de, de, vagina, gaine.*

Dégarnir, DE privatif, CARNea pour *cardea*, enceinte, fortification. — *du latin barbare varnire.*

Dégât, DE augmentatif, CADere (*casus*), ruine; ruine totale. — *devastare, dévaster.*

Dégobiller, De privatif, COPIÆ, vivres, aliments; rendre ce que l'on a mangé. — *de, de, gober, avaler avec avidité.*

Déguerpir, DE privatif, CARPERe, prendre possession. (a = æ) — *de l'allemand Werpen.*

Déguiser, DE privatif, QUIS, quelqu'un, manière d'être; se déguiser, cacher sa personne, son caractère, etc. — *de l'allemand, Weise.*

Dehors, DE privatif, FORIS, porte; mettre à la porte. — *du latin barbare deforis.*

Délabrer, DE augmentatif, LABARe, tomber en ruine. (intervers. de l'r) — *du latin barbare delambrare, déchirer.*

Délier, DE privatif, LIGARe, lier. (suppres. du G)

Demander, DE, de MANTARe, attendre; attendre quelque chose de quelqu'un, *demander* la charité, etc. — *du latin barbare demandare, ordonner.*

Démanger, DE MENtigine ANGere, souffrir de la grattelle, envie de se gratter (rad. *mantig-o, manu tago*, porter la main à); deman-anger, par contraction *démanger*. — *manger, parce que les vers mangent quelquefois, de notre vivant, certaines parties de notre corps.*

Démarcation, MARGo, frontière. — *du latin barbare marca, frontière.*

Démarquer, ôter la marque; DE privatif, MARCulus, marteau à empreinte (rad. *marca*, terre grasse avec laquelle on prend les empreintes). — *de l'allemand marken.*

Denrée, DENTe, pour la dent, RES, chose; tout ce qui peut servir à la nourriture de l'homme et des animaux. — *du latin barbare denariata, avoir pour un denier.*

Dépêcher, DE privatif, PACARE, rester tranquille (rad. *pax*, paix); faire diligence. — *du latin barbare depediscare.*

Dépêtrer, DE PEDibûs TRAHERe, ôter quelque chose des pieds. — *de, privatif, petra, pierre; ôter les pierres.*

E.

Eau, AQUa (suppres. du Q).

Ébahir, HEBes, stupidement, HIARe, ouvrir la bouche. — *de l'hébreu schebasch.*

S'Ébattre, E privatif, PATRo, faire quelque chose; ne rien faire, prendre ses plaisirs. — *de spatiari, se promener.*

Ébaucher, E, de, PAUCus, peu; esquisse faite de quelque peu de traits, etc. — *du latin barbare bosc, bois; ôter du bois.*

Éblouir, AB, de, LUCERe, luire. — *de l'italien abbagliare.*

Écaille, SQUALens, couvert d'écailles. — *de l'allemand schale.*

Écarlate, SQUARrosus, écailleux, écaille, LATens, se cacher; couleur rouge pourprée que l'on trouve dans l'écaille d'un poisson. (S se prononce comme ES) — *du latin barbare scarleta.*

Écart, E privatif, CARDo, gond, pivot; faire un écart, sortir de son point d'appui, etc. — *ex-parte, ex-partere, sortir de sa part.*

Échafaud, SCAPus, tige, branche d'arbre, FODio, creuser; pièces de bois fixées dans des trous de murs, ou enfoncées dans des trous faits dans la terre. (rad. σχηπτω, s'appuyer sur). — *de l'allemand schouhaus.*

Échancrure, E privatif; CINCTURa, ceinture, rond; échancrer, tailler en arc, portion de cercle. (suppres. du T, invers. de l'R; e-cincrura). — *cancer; cancer, maladie qui ronge la chair en forme d'arc.*

Échanson, ACINa, raisin, SUNare, exprimer, presser. — *du latin barbare scantio.*

Échantillon, EX, de, CENTILLON, diminutif de *centon*; petits morceaux d'étoffes de toutes couleurs. — *du latin barbare cantillo, diminutif de canthus, le coin de l'œil.*

Échapper, E privatif, CAPERe, prendre, saisir, tenir, laisser tomber. — *de scapha, barque.*

Echarpe, EX, avec, HARPagare, entortiller, ceindre autour (arpaginetulus). — de l'italien *ciarpa*.

Echarper, EX augmentatif, HARPE, couteau, cimetère, sabre *recourbé*; tailler en pièces, couper. — *carpere*, saisir.

Echasse, EX augmentatif, AXis, soliveau, bâton; deux bâtons à chacun desquels est une espèce d'étrier dans lequel on met les pieds, et dont on se sert pour marcher. — de *scala*, échelle.

Echanguette, EX ALTis QUÆSTor, surveillant établi dans un lieu élevé; sentinelle ou guérite placée au haut d'une place forte. (alt-us = haut) — du latin barbare *eschargaita*.

Echec, SCHACus, jeu. (a = æ) — du persan *schah*, empereur.

Echeniller (rad. chenille), de GENICULatus (suppres. du C), courbure, plein de nœuds; même sens que *campa*, courbure, chenille; tout insecte qui, pour marcher, élève son dos en arc. — de *canis*, chien, à cause de la ressemblance de la chenille avec des petits chiens.

Echoppe, EX, pour, OPus, le travail; boutique, etc. — de l'allemand *schopf*.

Echouer, ACUERe, donner sur une pointe. — du latin barbare *scopulare*.

Eclater, E augmentatif, CLADes, rupture; (rad. χλαω, briser. — de *elatum*, supin de *efferre*, ôter de.

Ecloppé, E augmentatif, CLODus PES, pied boiteux, boiter. (suppres. du D) — du latin barbare *clopare*.

Ecluse, AQuam CLUDere, clus-um; fermer le passage de l'eau. — du teutonique *schluze*.

Ecot, E-QUOT, combien chacun; ce que chacun paie par tête. — de l'anglais *scot*, tribut.

Ecoutille, E privatif, GUTTA, goutte d'eau (a=æ); trappe posée sur l'ouverture du tillac, qui empêche l'eau de pénétrer dans l'intérieur du vaisseau. — de *scutella*, bouclier.

Ecran, E privatif, CREMo, brûler; meuble dont on se sert pour se garantir de la trop grande ardeur du feu. — de *crotes*, claie.

Ecrevisse, AGERe, marcher, VITiosè, d'une manière défectueuse. (invers. de l'R) — *carabus*, crabe.

Ecrou, AGFRe ROTando, marcher en tournant; trou dans lequel tourne une vis. (invers. de l'R; a=æ, ÆCR-ROUT) — de l'allemand *schrauben*, tourner.

Ecume, E, de, CYMà ou CUMà, flot. — *spuma*, écume.

Ecureuil, E augmentatif, CURRULis, course; animal léger à la course. (rul = reuil) — σκίουρος, qui se met à l'ombre de sa queue.

Ecurie, EQus, cheval, CURA, soin; lieu où logent les chevaux. — du latin barbare *scuria*.

Ecuyer, EQUITARe, aller à cheval. (suppres. du T) — de *scutum*, écu; celui qui portait l'écu.

Effacer, E privatif, FACERe, faire; ôter ce que l'on a fait. — du latin barbare *ex faciare*.

Egard, ÆQUARe, être juste envers quelqu'un; les égards sont l'effet de la *justice*; à l'égard, par comparaison, par proportion, etc.; *aquare*. — du teutonique *Warten*, considérer.

Egarer, E augmentatif, CARERe, manquer; être privé de, etc. — de *ex-varare*; *ex*, dehors, *varare*, courber.

Egoiste, EGO, moi, ASTo, être présent.

Egratigner, E diminutif, CRATes, épine, pointes de herse; TINGere, toucher; déchirer légèrement la peau avec des épines, des griffes, etc. — du latin barbare *ingratinare*.

Elaguer, E-LACERo, démembrer, dépouiller, couper. (rad. λαχις, coupure; c = k) — *collucare*, émonder.

Electricité, ELECTRum, ambre jaune, CITare, frotter, mouvoir, etc. Cette substance frottée attire les corps légers. — ελεχτρον, ambre.

Eléphant, ELEVANS, s'élever en hauteur; le plus grand des animaux. — *elephantus*.

Emailler, AMELia, marguerite des prés; LIGARe, lier, rassembler; orner d'une grande quantité de fleurs; allusion à la grande abondance et aux couleurs diversifiées de cette fleur champêtre. — de *maltha*, espèce de ciment.

F.

Fâcher, FACESCERe, faire de la peine à quelqu'un, exciter, etc. — *fascis*, fardeau.

Fagot, FÆCUTinæ, brindilles, minuties. (rad. *facula*, éclats de bois à brûler). — de *fagus*, hêtre, parce que les premiers fagots ont été faits de bois de hêtre.

Faiblir, FAScis, fardeau, PLICARe, plier; plier sous le *faix*. (suppres. du C) — *flebilis*, déplorable.

Fanatique, FANA, oracles, DICere, dire; individus possédés d'une fureur divine, et qui prétendaient tirer leurs inspirations du ciel. — *fanum*, temple.

Fanfaron, FAMà, de sa renommée, FARi, parler, UNà, toujours, uniquement; homme vain qui vante sa renommée en parlant au-delà de la bienséance. — de *fanfare*.

Fanfare, FANo, parler, chanter, VARiè, différemment; espèce d'air varié, accompagné avec toutes sortes d'instruments. — de *fare*, fête des pêcheurs.

Fanfreluche, VENTus, contre le vent, FRAGILis, frêle, LUCTare, lutter; choses légères balayées par le vent. (suppres. du T) — de l'italien *fanfreluca*, feuilles sèches qui voltigent au gré du vent.

Fantassin, VENTum, supin de *venio*, aller à pied; ACCENSus, soldat; infanterie, INVENTURI, hommes qui doivent aller à pied, marcher. (V = F) — de l'italien *fante*, valet de pied.

Faquin, FACINorosus (C = Q); homme débordé, dissolu, etc. (rad. facin-us) — de *fascis*, fardeau.

Farder (fareder), VARium REDDERe, rendre quelque chose différent, déguiser, dissimuler. — de l'allemand *farbe*, couleur.

Fardeau, FARTUS, accumulation, poids. — de *fero*, porter.

Farfadet, VARiè VADERe, aller de tous côtés; esprit follet; homme frivole. — du latin barbare *fadus*.

Faribole, FARI, parler, POLò (paulò), de peu de valeur; discours vains, frivoles. — du latin barbare *faria*.

Faubourg, FAUX BURGi, avenue, entrée de la ville. — *foris burgus*, bourg, dehors.

Fauteuil, FASTigium, rang élevé (rad. φαω, fau, paraître), TOLio, porter, supporter, siège (tol = teuil); siège destiné dans le principe aux personnes d'un rang élevé, au père de la famille, au prince, etc. — du latin barbare *fadistorium*, fait de l'allemand *falte*, pli, et *sthul*, siège; siège pliant.

Féler, FEL ou VELlus, poil, radical de *fil-um*, fil. On dit en terme d'art: cette glaie a un poil, pour une félure. — du latin barbare *fissiculare*.

Félon, FEL, fiel, colère, UNà, entièrement; homme colère, méchant, cruel. — du latin barbare *fello*.

Felouque, VELum, voile, LUCTo, faire des efforts avec la rame; petit bâtiment qui va à voiles et à rames. — de l'arabe *foulq*, navire.

Fesse, FEX, lie, excrément; passage des excréments. — *fissus*, fendu.

Feudataire, VOTò ADHÆRere, être attaché par la parole donnée, être dévoué au service de quelqu'un. (vot-um = vœu) — du latin barbare *feudaterius*.

Feutre, FULTum, supin de *fulcio*, pour se soutenir; TERere, fouler, presser; espèce d'étoffe non tissue qui se fait en foulant le poil ou la laine dont elle est composée. (invers. de l'R) — du latin barbare *feltrum*.

Ficelle, FIXum, supin de *figo*, attaché, lié; AL pour *ad*, propre à; petite corde propre à lier les paquets, etc. — du latin barbare *fidicella*, diminutif de *fides*; cordes d'instruments.

Fiéfer, fief; FIo, devenir, ÆVum, perpétuel; terre donnée à fief ou à rente perpétuelle; fieffé; un ivrogne fieffé, qui sera *toujours* buveur. — du latin barbare *feudum*.

Fiente, FETENS, FETENTis, avoir une mauvaise odeur. (suppres. du T) — *fimum*, fumier.

Fil, en latin *filum*, fait de VILlus, toison des animaux, composée de fils. — de *filum*, fait de *hilum*, peu de chose.

Filou, VI, avec adresse, de tout son pouvoir; LUSor, trompeur; filouter, VI-LUDERe, voler adroitement. — φηλητης, voleur.

Filtrer, FILum, fil, TRAHERe, tirer; matière spongieuse ou poreuse que l'eau ne peut traverser qu'en formant de petits fils, de petits filets d'eau. — du latin barbare *filtrum*, feutre.

Fin, menu; FINITio, division. (rad. *findo*, diviser) — du teuton *fein*.

Financier, FENus, intérêt de l'argent, argent, INCIERe, être mu, excité; celui qui est mu par l'appas, par l'intérêt de l'argent, qui spécule sur l'argent. — du vieux mot français *finer*, finir, parce qu'avec de l'argent on fait les choses les plus difficiles.

Flacon, VELatus, couvert, ACONIti, privé de poussière (rad. *a* privatif, χονις, poussière); sorte de bouteille qui se ferme avec un bouchon, et le plus souvent à vis, afin d'empêcher la poussière d'y pénétrer et les odeurs d'en sortir. — du latin barbare *asca*, ou de l'allemand *flasche*.

Flairer, FLARE, souffler sur; approcher son nez d'une chose pour en sentir l'odeur. — de *fragrare*, brûler.

Flanc, VELò ANGo, resserré par la ceinture; partie du corps humain où s'arrêtait et s'attachait la ceinture avant l'invention des bretelles. (*Voyez* hanche). — λαγων.

Flaque, VELut, comme, LACus, lac, marre d'eau. — du latin barbare *flacco*.

Flatter, VELA-DARe ou ADDERe, flatter quelqu'un, le favoriser, etc.; expression synonymique de *volificare*, *velis obtendere alicui*, déguiser une chose, la pallier. — de *flare*, souffler sur.

Flatuosité, FLATU-OSCITARe, ouvrir, bailler en lâchant du vent. — *flatus*, vent.

Flétrir, FLATù ARERe, devenir sec, être desséché par le vent. — par corruption de l'ancien mot *flatrer*, marquer d'un fer chaud.

Flûte, PLOTA (p = B, b = F), roseau; flûte de Pan faite avec des roseaux. — *flare*, souffler.

Fois, FUo, FUIS, être, combien de fois, c'est-à-dire quel nombre fut ou est; — de *vices*.

Foison, foisonner, être un grand nombre de fois; FUISse, être, ONus, charge, accumulation; accumulation de fois. — *fusio*, épanchement.

G.

Gachis, CACATus, souillé, sale. (a = æ, æ = i) — de l'allemand *Wasser*, eau.

Gager, gage; CASum GERere, se porter garant d'un fait qui doit arriver. — du latin barbare *vadium*, fait de *vas*, caution.

Gagner, gain; GENERe, GENus, GENimen, production, rapport, fruit du travail. (E=A, A=Æ, gaïn) — de l'allemand *Winnen*.

Gai, gaîté, GESTio, sauter de joie. (E=A, A=Æ) — de *gaium*, vieux mot latin signifiant forêt épaisse, parce que c'était un lieu *gai*, où l'on prenait le plaisir de la chasse, de la promenade.

Gaillard, CAIARe, faire le maître. (rad. caius) — de *gallus*, gaulois, à cause de la hardiesse de ce peuple.

Gaine, CANna, être creux; étui, roseau creux. — de *vagina*, ou du latin barbare *gaina*.

Galant, CALENS, ardent; s'agiter, être en mouvement, enflammé d'amour. — *valens*, avoir du prix.

Gale, CALca, avoir des durillons, devenir calleux; synonyme de *scaber*, âpre au toucher. — de *galla*, noix de Galle, à laquelle ressemblent les boutons de gale.

Galère, CÆLER, agile, d'où CÆLES, chaloupe; galliotte, CÆLOTium. — de γαλεα, nom d'un poisson long, nommé *espadon*.

Galerie, CÆLARI, être à couvert; lieu où l'on se met à l'abri. — de l'allemand *Wellen*, marcher.

Galet, CÆLATus, taillé au ciseau; cailloux polis et plats qui paraissent taillés au ciseau. — de *calculus*, caillou.

Galetas, CASa ALTA, demeure élevée; mauvaise chambre dans les combles d'une maison. — de l'hébreu *galifath*, chambre haute.

Galimathias, CALIM pour CLAM; CLAMare, déclamer, parler, ADHÆSé, d'une manière incohérente; mélange confus de paroles incohérentes. — des mots latins *galli mathias*, que prononça, en s'embrouillant, au lieu de *gallus mathiæ*, l'avocat d'une cause où il s'agissait d'un coq appartenant à un nommé *Mathias*. *galla.*

Galle, CALLosus, calleux, plein de durillons; tubérosités qui se forment sur différentes parties des plantes.

Galoche, CALICa (i = u), galoche; sorte de chaussure garnie de clous (radical CALx, talon, AUGere, hausser; chaussure à talons hauts). — de *gallica*, gauloise, parce que ces peuples portaient des galoches.

Galoper, CALOPOdium, CALOPus (rad. χαλος), impétueux, vif; ποδος ou *pes*, pied. — χαλπη, trot.

Gant, CANalitius, fait en forme de tuyau (rad. CANna, roseau creux); forme du gant dans lequel chaque doigt a son tuyau. — de l'allemand *Wante*.

Garance, **Garancière**, CARINARIUS, qui teint en jaune, de couleur de cire. — du latin barbare *varantia*, dit par corruption de *verantia*, fait de *verus*, vrai, parce que cette couleur est vraie et de bon teint.

Garant, CARENS, caution; qui répond d'un absent ou d'un individu qui viendrait à *manquer*. — du latin barbare *Warantus*, fait de l'allemand *Ware*, voir.

Garçon, GRAXere SONô, faire du bruit, du tapage (invers. de l'R); naturel des jeunes gens. GRACSON ou GARÇON, x = cs) — de l'espagnol *varo*, homme.

Garder, CO-ARTARe, resserrer, retenir, ne point se désaisir; au figuré, veiller à la conservation, etc. — du latin barbare *Warda*.

Gargote, CARere, manquer, GUSTus, goût, mets; petit cabaret où l'on donne à manger de mauvais mets *sans goût* et à bas prix. — de *gargustium* (Cicéron).

Gargouiller, **Gargouillement**, GARrio, coasser, GULa, gosier; bruit de l'eau dans la gorge. — γαργυρα, canal.

Garnement, CARINari, railler, invectiver; MENDicus, de peu de valeur, vicieux, etc.; libertin vaurien qui débite des paroles obscènes. — de *garnir*, parce que les gens de cette espèce ne servent que pour garnir, faire nombre.

Garnir, CARINARe, calfater, orner, former un ajustage, etc. — du latin barbare *Warnire*, fait de l'allemand *Warnen*, avertir.

Gaspiller, CASus, ruine, PALARi, à tort et à travers, courir de tous côtés; dissiper son bien sans prévoyance, se ruiner en dépenses inutiles. (a = æ, æ = i) — de l'allemand *Werspielen*, perdre au jeu.

Gâteau, CATUS ou CATILLUS, petit plat; morceau de pâte cuite, aplatie, sur laquelle on servait autrefois les mets à chaque convive avant l'usage des assiettes; d'où les latins ont fait *catillo*, celui qui court après les bons morceaux, parce que ces sortes de plats s'imbibaient du suc de chaque mets et devenaient de cette manière un morceau délicat. L'habitude de manger le gâteau à la fin d'un repas, est encore aujourd'hui un reste de cette habitude. — du latin barbare *pastellum*, pâte, ou *vastus*, large, spacieux.

Gâter, CADERe, passer, mettre en mauvais état, etc. — de *vastare*, dévaster.

Gauche, **Gaucher**, **Gauchir**, CUBare, qu'on a prononcé COUCHER, rester tranquille, oisif, parce que la main gauche est moins employée que la droite. Ce même mot CUBare forme CUBItus, coude, courbure, expression passée également en français *gauchir*, être courbe. Le mot *sinister*, la main gauche, a également la même origine, SINè-STARe, rester sans rien faire, oisif; on a écrit *gauche*, afin de distinguer ce mot de *couche*. — du vieux mot français *guencher*, se détourner, éviter; ce qui arrive quand on tourne à gauche.

Gaze, CASsis, rets, filets, panneaux; tissus fabriqués à *petits jours* avec de la soie. — de *Gaza*, ville de Syrie.

Gazouiller, COAXATIO, COAXARe, même sens que *garrire*; gazouiller comme les oiseaux, babiller, etc. — de *garrire*.

Geindre, GANNIRE, criailler, pousser des gémissements. — *gemere*, gémir.

Gêner, GENiculare, nouer (rad. *genu*), genou, coin, angle; même sens que *angustare*, mettre à la gène, à l'étroit.

Géole, CATULus, entraves pour les esclaves, collier pour tenir à l'attache, prison. (suppres. du T; a = æ) — du latin barbare *gabia*, fait de *cavea*, cave.

Gerbe, CARPo, saisir à plein-poing; poignée de blé que le moissonneur saisit et coupe, et, par extension, réunion de ces poignées en bottes, afin d'en former une *brassée*. (C = G, A = Æ, P = B) — de *garivon*, signifiant *javelle*.

Gibecière, CIBus, nourriture, gibier; ACCIERE, contenir. — du latin barbare *gibbiciaria*, de *gibba*, bosse, parce que la gibecière devient bossue à mesure qu'on la remplit.

Gibet, CIPpus, entrave, corde, colonne; PATi, souffrir; étranglement au moyen d'une corde; même sens que *patibul-um*, gibet; PATI, souffrir, BOLus, coup de filet, lacet. — de l'arabe *gibel*, montagne.

Gigue, gigot, CICcus, sauterelle; allusion aux longues jambes de cet insecte; grandes gigues, longues jambes. — de *coxa*, cuisse.

Glaire (guelere), in GULâ HÆREre, s'attacher au gosier; humeur visqueuse qui s'attache principalement au gosier et cause la suffocation. — de *clarum ovis*, le clair de l'œuf.

Glas, CALATio, convocation; son de la cloche avertissant d'un enterrement. — de *classicum*, son de la trompette.

H.

Hâbler, A augmentatif, BALARe, dire des absurdités, des mensonges. — de l'espagnol *hablar*, fait de *fabulari*.

Hagard, ACHARes, privé de douceur, de bonté; farouche, insociable, méchant. (rad. *a* privatif, *chares*, douceur.) — de l'allemand *hag*, clôture; *homme hagard*, que la forteresse où il se trouve rend hardi.

Hale, HÆSum (supin de *hæreo*), être joint ensemble, entrelacé pour former une clôture servant à arrêter.

Haïe ou hi, cri des charretiers pour faire marcher leurs chevaux; I, impératif de *eo*, marche.

Haillon, A augmentatif, LICIUM, bande de drap, drap déchiré. (suppres. du C) — du vieux mot *habillon*, pour habit.

Hâle, **Halle**, αλεα, chaleur du soleil, abri, refuge; d'où le mot *halitus*, souffle, vent chaud qui brunit la peau. — de l'allemand *halle*, fait de *aula*, portique.

Hameau, AMOTio, éloignement, écartement; petit nombre de maisons champêtres écartées, éloignées les unes des autres; *amotæ domus*, maisons écartées les unes des autres, hameau. — de αμα, ensemble, parce que ce sont plusieurs maisons ensemble.

Hanche, ANGustus (rad. *ango*), resserrer; partie du corps humain où s'arrête la ceinture. (*Voyez* flanc). — du latin barbare *anca*, fait de αγχων, pli.

Hanneton, ANATONus, qui s'élève dans l'air en ourdonnant. (rad. ανατεινω) — par corruption d'*alleton*, fait de *ala*, aile, *tonus*, bruit.

Hanter, INTERior, *intimus*, être ami avec quelqu'un (rad. *instare*, se tenir auprès de quelqu'un). — de l'allemand *hentieren*, manier.

Happer, AP-PETERe, prendre avec avidité. (supprres. du T) — corruption de *capere*.

Harangue, AR pour *ad*, LINGUA, parole; paroles, discours adressés à quelqu'un. Au lieu de dire *al-langue*, on a dit *harrangue*; l'L de *lingua* a pris le son de l'R. (r = l) — de *ara*, autel, parce que les harangues se faisaient devant les autels.

Haras, A privatif, RASus, coupé; animal qui n'est pas coupé, châtré. — du latin barbare *haracium*, fait de *hara*, étable.

Harasser, AR pour *ad* augmentatif, LASSARE, fatiguer. (l'L a pris le son de l'R) — βραχνεω, frapper.

Hardes, ARTuo, *artuatim*, pièce par pièce; toutes les pièces concernant l'habillement. — du mot *fardeau*, parce que les hardes composent tout le fardeau d'une personne.

Hargneux, AR pour *ad* augmentatif, NOXIUS, nuisible, méchant. (noxius = nieux) — de *hernie*, homme impatient comme s'il était affligé d'une *hernie*.

Harnais, ARNACis, toute espèce d'ornements faits de peaux. — de l'italien *arneze*.

Haro, ARRUO, se précipiter sur quelqu'un. — de *ha!* et *Raoul*, duc de Normandie.

Hasard, AS pour *ad* augmentatif, SARTago, fatras, mélange confus; tirer un billet au hasard, au milieu d'un mélange confus d'autres billets. — du mot *as*, point unique au jeu de dez. Comme en jouant on court risque d'amener ce point, on a dit *hasarder* pour *risquer*, etc.

Hâter, ADDERe, ajouter à; *addere gradum*, doubler le pas, se hâter. — de l'allemand *hasten*.

Hautbois, *haut*; BUXum, flûte, flageolet; instrument à l'unisson du flageolet. (bux = buis ou bois) — instrument dont le ton est plus *haut* que celui des violons.

Havre, AVERruncare (rad. *avertere*), être préservé, garanti des tempêtes; port de mer. — du vieux mot gaulois *aber*, confluent.

Havresac, AVERta, valise, portemanteau; SACcus, en forme de sac. — de l'allemand *aber*, avoine, et *sac*, sac à avoine.

Héraut, ERis, dispute, contestation, guerre; AUDire, répandre le bruit; officier dont la charge était de faire les défis publics, de déclarer la guerre, etc. — du latin barbare *heraldus*, formé de l'allemand *herald*, gendarme.

Hère, HERus, maître de maison. — de l'allemand *herr*, seigneur.

Herser, ARCIRe, ARCERe, ficher, enfoncer; empêcher d'approcher. — de ερχιον, barrière.

Hêtre, EDERe, manger (invers. de l'R); en latin *phagus*, de φαγω, manger; arbre qui rapporte une espèce d'amande nommé *faine*, bonne à manger.

Heure, de *hora*, formé de *ora*, bord, marque (rad. *orior*, s'élever, naître). Les premières horloges n'étaient que des bouteilles ou pots dans lesquels tombait goutte à goutte une certaine quantité d'eau, sur laquelle surnageait un morceau de liége ou de bois léger, qui *s'élevait* au fur et à mesure, et indiquait, au moyen d'une tige, les degrés d'une division diurne. — ωρα (rad. ωρος), naître.

Heurter, ERUTum (supin de *eruo*), se jeter sur quelqu'un avec violence, choquer. — du flammand *hurten*, blesser.

Hideux, IDea, forme, OSus, pour *odiosus*, repoussant, insupportable, etc.; horrible à voir. — *hispidus*, couvert de poil.

Hie, } ICere, frapper (supprres. du C); instrument pour *battre* le pavé ou pour enfoncer les pilotis (même sens que *pavire*) frapper. — *hiare*, bailler, pousser son haleine avec effort, ce qu'on fait lorsqu'on se sert de la *hie*.
Hier,

Hiver, A privatif, VER, printemps, verdure. — *hibernus*.

Hocher, OC augmentatif, CÆDERe, frapper, secouer, maltraiter. (supprres. du D) — de l'anglais *schoke*.

Hommage, HUMilitas, humilité (rad. *humus*), in MAJorem, envers un plus grand que soi; respect dû à un homme d'un rang élevé. — du latin barbare *homagium*, fait de *homo*, homme, serviteur.

Hongrer, UNGUERe, engraisser; castration pratiquée afin d'*engraisser* les animaux. — parce qu'on tirait beaucoup de chevaux hongres de la Hongrie.

Honnir, } HONos, honneur, NUDARe, dépouiller; déshonorer quelqu'un (*hon-nud*, qu'on prononça *honte*, par la suppression de la voyelle *ou*, sourde). — de l'allemand *honen*.
Honte,

Hoquet, OC, pour *ob* augmentatif, QUATere, secouer, agiter, ébranler; mouvement convulsif du diaphragme. — du flammand *hik*.

Horde, HORRIDus, barbare, sauvage; peuples errants. (supprres. de l'*i* ou *u*, voyelle sourde) — du tartare *orda*, famille.

Hôtellerie, } HOSTes ALERe, nourrir les étrangers; auberge.
Hôtel,

Hotte, UTI, se servir; panier que les vignerons portent derrière le dos avec des bretelles, et qui sert à porter leurs *outils*, *utilis*. — de l'allemand *uten*, couvrir.

Houer, OCCARe, labourer la terre, OCCA, charrue, herse, pioche; instruments de labourage. (supprres. des C) / **Houe,** — de *hupupa*, huppe, à cause de la ressemblance de cet instrument avec la tête d'une huppe.

Houlette, OLITa, *olitorius*, bêche de jardinier; bâton de berger terminé par une plaque de fer en forme de gouttière, pour jeter des mottes de terre aux moutons qui s'écartent. — de *agolum*.

Houppelande, OBire, aller autour, environner; LINTeum, drap, voile; grand manteau qui recouvre les habits. — de la province d'*Uplande*, en Suède.

I.

Imbécille, *imbecillus*, fait de *in* augmentatif, et VACILLans, qui n'est pas ferme sur ses jambes, chanceler; lâche faible, sans force, et, par extension, faible d'esprit. (V = B) — *imbecillus*, fait de *in* privatif, et *bacillus*, bâton, qui est sans bâton.

Isolé, I augmentatif, SOLus, seul; être tout seul. — de l'italien *isola*, etc.

NOTA. Cette lettre initiale n'est généralement employée que comme augmentative ou diminutive du sens donné par d'autres mots simples, et se confond avec la voyelle A et E.

J.

Jachère, JACens ARea, champ inculte. — de *jacere*, se reposer, être couché.

Jaillir, SALIRe, sauter. — de *jaculari*, lancer un trait.

Jamais, JAM, EX (*ex* privatif), pour *jam non*, plus du tout; pas encore, point. — *jam magis*, pas davantage.

Jaque, } SAGum, petite casaque de guerre. — de l'allemand *jack*.
Jaquette,

Jardin, SARrire, cultiver, sarcler, DENSè, souvent; lieu où l'on cultive *sans cesse* des légumes, etc. — de l'allemand *garten*.

Jargon, GARrire, causer, CONDere, cacher; langue factice dont quelques personnes conviennent pour se parler en public, afin de n'être pas comprises. — de l'espagnol *gerigonza*, langue des Bohémiens.

Jarret, HIARe, s'ouvrir, RETrò, en arrière; partie postérieure du genou. — du bas-breton *garr*, jambe.

Jaser, SCATERe *verbis*, parler à tort et à travers. (T = S) — de *gazza*, pie, le plus jaseur des oiseaux.

Jauger, } JUDICARe, juger, estimer, apprécier; chercher à connaître une quantité de vin renfermée dans un vase, etc. / **Jauge,** — du latin barbare *golba*, gros, gras, parce que la jauge est la mesure d'un vaisseau par l'endroit le plus gros.

Javelle, JACere, être étendu, VELlere, arracher, couper; poignées de blé *arrachées* ou *sciées*, qui demeurent *couchées* sur le sillon. — par corruption de *garbelle* ou *garivon*, diminutif de *garbe*, gerbe.

Javelot, JACere, jeter, VELOCiter, avec promptitude, flèche. — de *jaculum*, trait.

Joie, } JOVius, *jovia*; *jovialis* ou *dialis*, jour de fête, grand repas. (rad. *juvo*, faire plaisir) / **Jovial,** — *jocus*, jeu.

Joli, SOLLICitè, fait avec soin; quelque chose de beau, de soigné. — du bas-breton *jolis*.

Joncher, JUNGERe, joindre, assembler; *junctim*, sans discontinuation, sans intervalle, couvrir entièrement; joncher la terre de morts, la couvrir entièrement, touche à touche. — de *juncus*, jonc, parce qu'autrefois on couvrait de joncs les salles destinées aux cérémonies.

Jongler, } JUNGere LERia, composer des jeux futils, dire des bagatelles, etc. / **Jonglerie,** — *joculator*, joueur, rieur, bouffon.

Joue, JUGum, éminence, bosse, etc; d'où *jugere*, jouer d'un instrument à vent en *gonflant* ses *joues*. (supprres. du G) — de *gena*, joue, ou de l'italien *gota*.

Jouter, SUDARe, travailler avec effort, lutter contre. — de *juxtà*, parce que les combattans se joignaient de près.

Jupe, SUBeo, se mettre dessous; jupon de dessous. — de l'allemand *giupp*.

K.

. . . .

L.

Laisse, LICium, cordon. (i = m) — du latin barbare *lexa* pour *laxa*, sous-entendu *restis*, corde lâche, parce que la laisse n'est jamais tendue.

Laisser, LICTum, supin de *linquere*, laisser. (i = æ, T = S) — de *laxare*, lâcher.

Laiton, LUTUM, jaune clair. — de l'anglais *latten*.

Lambin, LAMBENs, qui lèche, qui polit par trop ses ouvrages et n'avance pas sa besogne. — du nom de Denis *Lambin*, professeur de langue grecque; très lent, etc.

Lambrisser, LIMBus, bord, bordure; BRACTea, tablette de bois fort mince, latte, placage, etc.; revêtir, border les murailles d'un appartement en marbre, plâtre, bois, etc. (suppres. du C; T = S) — de λαμπρος, brillant, parce que dans les maisons des grands les lambris sont ordinairement décorés de peintures.

Lange, LINIum pour *licium*, bandelettes de toile, drap, drapeau; tout ce qui sert à envelopper un enfant. — laneum, de laine, parce que les langes sont de laine.

Lanière, LANIARe, mettre en pièces, diviser en morceaux; courroie longue et étroite. — de *lanaria*, fait de *lana*, laine, parce que les lanières autrefois étaient de laine.

Lapin, LABENS (rad. LABes, gouffre, trou; Ineo, aller dans); animal qui se loge dans des trous creusés dans la terre. — de *lepus*, lièvre, ou du latin barbare *lapinus*.

Laquais, à LATere QUÆStuarius, domestique, assistant de quelqu'un pour de l'argent. — du vieux mot *naquet*, signifiant autrefois valet de pied.

Larme, LACRYMa (suppres. du C et de la voyelle y ou ou, sourde).

Lazaret, LAXARe, demeurer au large, être écarté; lieu où l'on fait la quarantaine sans avoir de communication avec les gens de la côte. — du *Lazare* souffrant à la porte du mauvais riche.

Lésine, LAXus, large, largesse, SINÈ, sans; sans largesse, avarice. — de *lazarrina*, ladrerie.

Leste, LASCIVITum (supin de *lascivio*), bondir, sauter, être vif. (suppres. de l'*i* et du *v*) — du bas-breton *laste*.

Leurrer, LUDERe, tromper. (suppres. du D) — de *lorum*, courroie.

Lézarde, / **Lézarder**, } LAXARe, s'ouvrir, se fendre; crevasse qui se fait dans les murs. (rad. LAXatione ARDere, tendre à s'élargir). — des *lézards*, reptiles auxquels les murs ouvrent un passage.

Lice, LICium, cordon, bord, bordure, barrière, etc. — du latin barbare *liciæ*, dérivé du latin barbare *palitium*, clôture en bois.

Lie, LICtum (supin de *linquere*), ce qui reste (suppres. du C et du T); résidu d'une liqueur. — du latin barbare *lia*, ou de *limus*, fumier.

Liége, LIGARe, lier, assujettir, contenir, boucher, qu'on prononça *liage* ou *liège*, comme *al-liage* fait de *ad-ligatio*, par l'interversion du G; écorce d'arbre dont on fait des bouchons. — de *brevis*, léger.

Lierre, LIGARe, lier, s'attacher à; même sens que le mot latin *hedera*, fait de AD-HÆRERe, s'attacher à; plante qui s'attache aux murailles. — *hedera*, qu'on prononça *hière*, puis *lierre*, en préposant une L.

Lige, LIGatus (rad. *lig-o*), assujetti à; homme lige, esclave. — du latin barbare *ligius*, ou de *lendis*, vassal.

Lignage, LINea, lignée, race; AGere former, faire; famille. — du latin barbare *lineajium*.

Ligneul, LINum, fil, OLea, huile; fil enduit d'une matière grasse, huileuse, qui sert aux cordonniers. — *linum*, lin, fil.

Lingot, de LIQUATio, fonte (rad. LINQUO, *is, liqui*, se désunir); état de la fusion pendant laquelle les molécules sont désunies; fusion brute d'un métal. — de *lingua*, langue, à cause de sa forme avec une langue.

Linotte, LENé NOTare, chanter agréablement. — de *lin*, dont cet oiseau fait sa nourriture.

Lippe, LABeo, lippu, qui a de grosses lèvres. (a = æ, æ = i) — de l'allemand *lipp*.

Liserer, / **Lisière**, } LICium, bordure, cordon; SUERe, coudre. — du mot *lisière*, de *liciara*, latin barbare.

Liste, LECTio, choix, recueil, qu'on prononça *liste*, comme *lego*, je *lis* (licete). — du latin barbare *lista*, fait de l'allemand *leist*, bande, parce qu'on écrivait autrefois les listes sur des bandes de parchemin.

Livrée, LABARum, enseigne, drapeau, armoiries (prononcez comme *liber*, livre; a = æ, æ = i); habits de couleur dont les nobles, suivant leurs différentes armoiries, habillaient leurs pages, leurs domestiques; au figuré, enseigne, marque distinctive, les livrées de la misère, etc. — capes uniformes que les rois, dans les assemblées solennelles, livraient aux seigneurs qui s'y rendaient.

Loisir, LUSITARe, aimer à jouer, LUSORium, récréation; temps du repos. (suppres. du T) — de *otium*, dont on a fait *oisir* et *loisir*, en préposant une L.

Loriot, LURIDATus, de couleur jaune pâle; oiseau. — de *aureolus*, de couleur d'or, à cause de son plumage jaune.

Losange, LOCus, *locellus*, loculus, etc.; carrés, compartiments; ANGere, resserrer, rendre étroit; figure de géométrie ayant deux angles *aigus* et deux obtus. — du latin barbare *laurengia*, fait de *laurus*, laurier; parce que cette figure ressemble à celle du laurier.

Lot, } **Loterie**, } LUDus, jeu, hasard, sort, partage; tirage au sort. — du flammand *lot*.

Lourd, du grec LORTos (λορτος), lourd, lourdeau, imbécille. — du latin barbare *lurdus*.

Louvre, en latin *lupara*, fait de LUBERe, agir selon son bon plaisir; habitation du Souverain, dont la volonté était autrefois toute puissante. — *lupara*, parce que c'était autrefois une ménagerie où l'on gardait les loups (*lupus*), à cause de leur ressemblance par leur figure ronde à une petite lune.

Lunette, LUCere, éclairer, NET, de *nitidus*, d'une manière éclatante (suppres. du C de *lucere*); verre taillé de telle sorte, qu'il rend la *vision* plus nette.

Lutin, LUDere TINniendo, jouer, folâtrer en faisant du bruit; esprit follet, enfant qui fait du bruit, etc. — par corruption de *nuiton* ou *luiton*, parce que les lutins n'apparaissent que la nuit.

Lutrin, LAUDes TERENs, chanter des louanges, des hymnes; au figuré, pupitre sur lequel on met les livres de *chant* dans une église. — du latin barbare *lectrinum*, fait de *legere*, lire.

M.

Macaron, } **Macaroni**, } MACER, mince, RUNCare, raboter, amenuiser; sorte de petite pâtisserie. — du grec *makar*, heureux; mets des heureux.

Mâcher, MASSARe, mâcher. — μασσαςται.

Mâchoire, MASsa, gros morceau; SUERe, joindre ensemble, triturer. — maxilla, mâchoire.

Maçon, } **Maçonner**, } MASsa, masse, gros morceau, blocs de pierres, UNIre, joindre ensemble; d'où *maceries*, murailles de ville; massarum SERIes, série, suite non interrompue de blocs de pierre. — du latin barbare *machio*, ou de maison, faiseur de maisons.

Madré, MA augmentatif, TREBax, qui a de l'expérience; homme fin, rusé. — par corruption de *marbré*.

Magasin, MAGis, beaucoup, ACCENSere, accumuler, entasser; amas de diverses choses. — de l'arabe *maghasin*, lieu où l'on renferme les choses précieuses.

Magot, MAGis, beaucoup, ODium, aversion, laideur; homme laid, singe. — *imago*, image.

Maint, MAGNITas, quantité, multitude; mainte fois, plusieurs fois. — de *multus*, beaucoup, ou du bas-breton *mant*.

Maison, MAGIS, beaucoup, plusieurs; UNIre, joindre ensemble, unir; toutes les personnes qui sont d'une même famille, y compris les domestiques, etc.; la maison de Bourbon, etc.; par extension, bâtiment qui renferme ordinairement toutes ces personnes. (suppres. du G dans magis, mais) — de *mansio*, demeure.

Maître, magister. (suppres. du g)

Malade, MALum, mal, AD, sur quelqu'un; qui souffre. — du latin barbare *malatus*, ou μαλαχος.

Malandre, MALum, mal, ANTERior, par-devant; fente aux genoux d'un cheval; fentes, défectuosités dans les pièces de bois. — μελας, noir, δρυς, chêne, qu'on a pu étendre par métaphore aux chevaux et aux bois gâtés.

Malheur, } **Malheureux**, } MALa, mauvais, AURa, souffle du zéphir; éclat, faveur, réputation, brillant, d'où *heureux*; AUREUS, beau, brillant, tout ce qui excelle dans son genre, et non pas de *hora*, heure. — *mala hora*, mauvaise heure.

Malingre, MALÒ LANGUOR, débilité, abattement causé par la maladie. (invers. de l'R) — *malè æger*, mal malade.

Malotru, MALO TRUSus, maltraité par le mal; homme mal fait. — *malè instructus*, mal instruit.

Manège, MANu AGo, obéir à la main, agir avec la main; gouverner, dresser un cheval. — de l'italien *manegio*, gouverner, manier.

Manière, MANI-(manus)-HÆRere, adhérant à la façon d'agir, à la main; chacun à sa manière, un peintre à sa manière, c'est-à-dire fait de telle façon, de telle sorte, etc. — du latin barbare *maniera*.

Manigancer, MENTICINans, duper, filouter. (suppres. du T) — du latin barbare *maniculare*.

Manivelle, manibula, manivelle (rad. *manu pulsare* ou *manu vellere*, pousser, tirer avec la main). — de *manulea*, manche d'habit.

Manne, MANTica, sac, besace, panier. (suppres. du T et du C) — *du saxon* mand.

Manquer, MANù CADERe, échapper de la main, laisser échapper. (suppres. du D) — *du latin barbare* mancare, *fait de* mancus, manchot.

Maquereau, MACULOSus (L=R); celui qui vit aux dépens des filles publiques, et fait un commerce infâme. — *de l'hébreu* makar, il a vendu.

Maquignon, MACTare HINNUM, préconiser les qualités d'un mauvais cheval, en parler avec éloge. (suppres. du T) — *de* mango, marchand d'esclaves.

Marais, MARe RESes, eau stagnante. — *de* mariscum, jonc marin, *ou de l'allemand* morast.

Marâtre, MATER ATRa, mauvaise mère. (suppres. du T dans *mater*) — *du latin barbare* maraistra.

Marauder, MA augmentatif, ROTARe, tourner à l'entour, rôder; soldats qui vont rôder dans les campagnes pour piller. — μιαρος.

Marc, MERGo, aller au fond de l'eau (rad. MARe, MARGo); ce qui reste au fond du vase du café que l'on a fait bouillir. — *par corruption de* amurca, presser les olives.

Marc, poids, de MERCor, acheter (rad. *merx* ou *marx*, marchandise). — *du verbe* marquer.

Marchand, MERCANS (mercor), faire le trafic. — mercator.

Marcher, MA augmentatif, REGERe, conduire, aller; comme *pergere*, fait de *per* augmentatif, et REgere, aller, marcher. — *du celtique* mark, cheval, aller à cheval; et ensuite, par extension, aller à pied.

Maréchal, MEReri EQUALià, être au service des chevaux entiers, palefrenier; au plurier *maréchaux*; MEReri ad EQUOS. — *du latin barbare* mareschallus, *fait du teutonique* mark, cheval, *et* schalk, serviteur.

Maréchaussée, MEReri EQUITatù, servir dans la cavalerie; compagnie de gens à cheval. (rad. μαίρω)

Mariage, MATRIs ACTio, même sens que *matrimonium*, fait de *matris munia*, devoirs, fonctions de mère. (rad. AGere, faire) — *du latin barbare* maritagium.

Marionnette, MIRIO, MIRIONis, petites figures contrefaites, et NETe, ficelle, corde; petites figures qu'on fait remuer avec des ressorts ou des ficelles. — *de* marion, petite Marie, dont marionnette est un diminutif.

Marjolaine, MARum (rad. *myr-us*), odoriférant, SOLANum, plante annuelle. Les Latins nommaient cette plante *marum*. — *du latin barbare* marjorana, *fait de* major, plus grand.

Marmelade, MARCens, pourri, gâté, flétri; MALum, fruit, AD, comme, semblable à un fruit gâté; sorte de confitures de *fruits réduits en bouillie*. (suppres. du C dans *marcens*) — *du portugais* mermelada, *fait de* mermello, coing.

Marmite, MARe, eau, MITigare, mûrir, rendre moins cru, adoucir, etc. (rad. *mit-is*); vaisseau de métal dans lequel on fait cuire l'eau, les légumes, etc. — *de* marmor, marbre, parce que les premières marmites étaient de marbre.

Marmot, **Marmoter**, MATURé, promptement, MUTire, marmoter; espèce de gros singes qui semblent parler confusément, et, par extension, petits enfants. (suppres. du T dans *maturé*) — *de* μορμω, marque, ou *de* marmor, marbre.

Marne, MATRONa (rad. *mater*, mère nourricière, parce que cette terre est propre à engraisser les terres et les rend fertiles. (suppres. du T) — *de* marca.

Marotte, MA augmentatif, ROTare, tourner, pirouetter; emblème de la folie. — *de* marion, petite Marie.

N.

Nabot, NATus, enfant, PUTus, petit. (rad. *nepos*, *nepot-is*, petit fils). — *de* napus, navet, lequel est gros et court comme un nabot.

Nacre, NARICa, espèce de poisson renfermé dans une coquille, dont l'intérieur est d'une couleur brillante mêlée d'argent et d'un rouge tendre. (invers. de l'R) — *de l'espagnol* nacar.

Nadir, opposé à zénith. — *de l'arabe* nadhara, regarder.

Nager, NATARe, nager. (T=S) — *de* navigare, naviguer. ναος, petit.

Nain, NANus, nain.

Narquois, NARitate QUÆSitor, homme qui examine d'un air rusé, qui ne recherche que ruse et finesse. — *du vieux mot* narquin, mendiant contrefaisant le soldat détroussé.

Navrer, NAVè, tout-à-fait, FERIRE, blesser (rad. *fero*); blesser, faire une plaie, affliger. — *de* naufragare, naufrager.

Néant, NE, négation, ENS, *ent-is*, être; ne pas être. — *de l'italien* niente, rien.

Niche, **Nicher**, NIDUS, nid (D=S); trou, compartiment, vase, etc. — *de l'italien* nicchio, coquille, à cause de la ressemblance d'une niche à une coquille.

Nid,

Nipper, **Nippe**, NUBERe, se voiler, se vêtir (u=i); habillements. — *de l'espagnol* naypes, cartes à jouer.

Nique, NUGari, se jouer, se moquer (u=i); faire la nique à quelqu'un, se jouer de lui. — *de l'allemand* niken, cligner des yeux.

Niveler, **Niveau**, NI, négation, VALLis, vallée, creux; terrain en pente; combler les creux, ne pas laisser pencher d'on côté ni d'un autre. — *de* libellum, fléau d'une balance.

Noël, NOVELlus, nouveau, recommencer de nouveau, autrefois le premier jour de l'année. On chantait *Noël* à l'avènement d'un prince au trône, etc. — *par contraction de* natale, nativité.

Noyer, NO (rad. ναω, couler, eau); HÆReo, être fixé, demeurer; être au fond de l'eau, submergé. — *de* necare, tuer.

Nuance, NOVANS, changeant (nouans). — *mutatio*, changement ou *nuage*.

Nuque, NUere QUA, par où se fait le mouvement de la tête; la dernière vertèbre du cou. — *de* nux, noix.

O.

Obéir, *obedire*. (suppres. du D)

Obérer, *ob* privatif, æs, ÆRis, argent, endetté; sans argent. — *de* obæratus, formé de *obrutus*, accablé, *ære*, par l'argent.

Obèse, **Obésité**, *obesus*, fait de OB, à cause de, ESUm (edere), manger; excès d'embonpoint pour avoir trop mangé. — *de* obesitas, *fait de* obedere, manger autour.

Octroyer, AUCTORABe, dans le sens d'autoriser (auctoritas); accorder, concéder. (invers. de l'R) — *du latin barbare* octorgare.

Œillet, fleur; OLET, 3e personne de l'indicatif de Oleo, avoir une bonne odeur, flairer, sentir. (ol=oil) — à cause de sa ressemblance avec l'œil.

Ogre, ORCus, farouche; dieu des enfers. (invers. de l'R) — *de* αγρίος, sauvage.

Oie, AVIS, *avitium*, oiseau de basse-cour, volaille. (V=ou) — *du latin barbare* auca, *fait de* avica.

Onanisme, UNus, seul, ANIMANS, exciter; masturbation. — Vice d'Onan.

Opium, *opium*, fait de OBIUM, mort, mortel; poison. — *de* οπίον, suc.

Orage, AURæ RABies, rage de vent; tempête. — *du latin barbare* auragium.

Orange, AURum, or, couleur jaune, ENS, étant; qui est de couleur jaune dorée. — *du latin barbare* aurantia.

Organe, AURà, vent, CANere, chanter; chanter par le moyen du vent; la voix, les instruments à vent; orgue. — organum.

Orgueil, AURà, vent, in GULà, dans la gorge; se rengorger, s'enfler, se gonfler. (gul=gueil) — οργηλος, sujet à la colère.

Oriflamme, AURI VELAMen, étendard orné de broderie dorée. — *aurum*, or, *flamma*, flamme.

Oripeau, AURI-PUTamen, façon d'or; feuilles de cuivre battu, etc. — *auri pellis*, peau d'or.

Orteil, ορθία, disposés en file comme les doigts du pied; qui sert pour se tenir *droit*, debout, ορθοπους. — *par contraction de* articulatus, articulé.

Ortie, URo, brûler, TAGere, toucher (rad. de *urtica*); plante qui occasionne, lorsqu'on la touche, de petites vessies semblables à la brûlure. — urtica.

Otage, HAUD, nullement, non, TAGere, tromper; personnes qu'on remet à ceux avec qui l'on traite, et qui sont garants de la bonne foi d'un traité. — *du latin barbare* hosptagium, *fait de* hospes, hôte.

Oter, *ob* privatif, et STARe, être présent; enlever de la vue, etc. — *obstare*, s'opposer au passage de quelqu'un.

Oublie, OBELIÆ, petite pâtisserie consacrée à Bacchus. — *de* oblata res, chose offerte.

Oui, UTI, UTIquè, certes, certainement, etc. (suppres. du T; V=ou); ità. Cet adverbe forma le *ia*, oui, des Allemands, par la suppression du T. — *de hoc est*, c'est cela.

Ouragan, AURA, vent, GANnio, crier; faire du bruit. — *de l'américain* uracan.

Ourler, ORa, bord, LEGERe, plier, rassembler. (suppres. du G) — *du latin barbare* orletum, fait de *ora*, bord.

Outrager, UTi (de aliquò), RABiè, traiter quelqu'un avec emportement, avec cruauté. (rabies=rage) — *ultrà agere*, agir au-delà.

Outrer, UTi (de aliquò) IRà, traiter quelqu'un avec excès; accabler. (invers. de l'R) — *ultrà*, outre.

P.

Paganisme, PAGo, être attaché au culte, chanter, adorer; ANIMUS, tout ce qui a vie, les animaux, etc.; culte des anciens. — *de* paganus, paysan.

Page, παίς, enfant. — *pædagogium*, lieu où l'on élève les enfants.

Pagnotte, PANNOSITas, guenille molle; mou comme une guenille, lâche, poltron. — *de l'italien* pagota, petit pain.

Païen, PAGo, adorer, chanter, ENS, tout ce qui est, ce qui a vie. (*Voyez* paganisme). (suppres. du G; a=æ) — *paganus*, paysan.

Paillard, PALlacâ ARDere, aimer passionnément les concubines. (a = æ) — du mot français *paille*.

Pair, PARo, arrêter, résoudre. On appelait autrefois pairs les principaux vassaux d'un seigneur, qui avaient droit de juger, de résoudre les différents avec lui. — de par, égal, parce que leurs privilèges sont essentiellement les mêmes.

Palefrenier, PELlere (rad. παλλω, pousser, conduire devant soi; FRENIGERum, cheval, conducteur de chevaux, celui qui les soigne, etc. — des trois mots par le *frein*.

Panier, PENARia, garde-manger (*benna*, corbeille).

Pantalon, PENDere, pendre, ad TALUM, jusque sur le talon. — de St. Pantaléon, patron de Venise.

Parage, PERAGere, aller jusqu'au bout, à la sommité, parcourir entièrement; dame de haut parage; femme de la *plus haute noblesse*; les parages de Terre-Neuve, ce pays et *tous ses environs*. — du latin barbare *paragium*, de *par*, *pair*, qui a des pairs distingués.

Paraphe, / **Parapher**, \ PARa (παρα), auprès de, AFFERre, mettre, placer; sorte de marque qu'on met après sa signature. — par corruption de paragraphe.

Parc, PERGo (περι, autour), aller autour, entourer, clore; clôture. (per = par) — du celtique *pferch*.

Pardonner, / **Pardon**, \ PARTem DONARe, redonner l'estime, le rang à quelqu'un qui a fait une faute. — du latin barbare *perdonare*; *per* et *donare*, accorder l'entière rémission d'une faute.

Parler, PER-LOQUITARi, ou LOQUOR, LOQUERis, etc. (suppres. du Q et du T); parler. — du latin barbare *parabolare*, fait de *parabola*, parabole, puis *parole*. *parabola*, comparaison.

Parole, PER-ORare (L = R), parole, pérorer; péroraison, *peroratio*.

Parpaing, PER-PANGere, lier, assujettir tout ensemble; pierre de taille qui fait toute l'épaisseur de la muraille, et sert à lier la maçonnerie. — *per-pannus*, à travers le pan.

Parquet, PER-QUÆSTio, pour l'enquête judiciaire; espace renfermé par les siéges des juges, le barreau où l'on plaide, et le banc des accusés. — du mot *parc*, entourer.

Parqueter, PER-QUÆSTio (rad. *quœro*), rechercher avec soin, amasser, réunir; assemblage de plusieurs morceaux de bois ajustés avec soin, et renfermés dans un cadre. — *idem*.

Parrain, PATER (père ou par), IN, pour; pour le père, qui le remplace. — du latin barbare *patrinus*.

Partir, ex PARTe IRe, s'en aller d'un endroit. — de *partiri*, partager, séparer.

Pasquin, / **Pasquinade**, \ PASsus, qui se prête à, QUINo (inquino), déshonorer quelqu'un, ternir sa réputation, railler, etc.; raillerie satyrique. — du nom d'un cordonnier de Rome, fameux par ses satyres, etc.

Passereau, PASsus, propre à, SERO, fermer à clé; oiseau facile à vivre en cage, à apprivoiser. Moineau, MOENIO, entourer de murailles; cage, prison. — de *passer*. de *moine*, à cause de la couleur grise de son plumage.

Pastel, PASsus, qui est passible de, DELeo, effacer, rayer; crayon formé de couleurs pulvérisées qui s'effacent au moindre frottement. — du mot *pâte*.

Pastiche, PASsus, passible, qui se compose de, DIS, différentes choses; composition faite par différentes personnes ou de différentes choses. — de l'italien *pasticcio*, pâté.

Patelin, de patte (pes), LENis, douce; faire la *patte douce*, homme flatteur. — de l'avocat Patelin.

Patin, patte (pes, pied; rad. *bad-izo*, marcher), IN, pour; chaussure. — du grec πατεῖν, fouler aux pieds.

Patois, BATTO-LOGia, répétition vicieuse des mêmes choses en d'autres mots. (rad. *batuere*) — de *patrius sermo*, langage paternel du pays. *patria*.

Patriote, PATRIa, patrie, UTi, servir.

Patrouille, / **Patrouiller**, \ BADizo, marcher, RUGando, en rôdant, en allant de côté et d'autre. (G = J, rubigo = rouille) — parce que, dans les courses de nuit, on *patrouille* dans la boue.

Patte, BADizo, marcher (rad. pes, ped-is).

Paie (pè), PECus (suppres. du C), radical de pec-unia, argent monnoyé. Le radical de pecunia est PECudis UNitas, ressemblance d'une bête de somme, parce que les premières pièces de monnaie portaient l'effigie d'un de ces animaux. — du latin barbare *paga*.

Pays, PAGUS (Y = U), contrée, région, pays. (G = J) — de πηγη, fontaine.

Pécore, PECus, PECORis, bête, animal. — du grec πηχυς, coude, et αγρα, prise.

Pèlerin, PALatim ERRANs, aller à l'avanture, celui qui va en pélerinage; manière de voyager sans argent, à la garde de Dieu. — *peregrinus*, étranger, voyageur.

Peloter, PLAUDERe in aliquem, insulter quelqu'un.

Pelotte, petite balle en *paume*, qu'on lance avec la main; PLAUDere, frapper avec la main (*palma*, paume de la main). — de *pila*, paume, balle à jouer.

Pelouse, VELLUS (V = P), feuille, herbe. — pilus, poil.

Pepie, PAPILia, bouton qui vient au bout de la langue des oiseaux et les empêchent de boire. (rad. *papula*) — par corruption de *pituita*, pituite.

Pepin, PAPpas, père, semence, IN, dans l'intérieur; semence qui se trouve au centre de certains fruits. — de *pappus*, coton que poussent certaines plantes quand la fleur est passée.

Perle, PER-LUCere (suppres. du C), être très brillant. — du latin barbare *pirula*, petite poire.

Perroquet, PER-ROCATor ou PER-LOQUAX, grand parleur, babillard. (l'L a pris le son de l'R qui précède). — par corruption de *pierrot*.

Q.

Quai, QUÆSTus, négoce, commerce; rivage sur lequel on charge et décharge les marchandises. (suppres. du T) — de *caiare*, fouetter.

Quenouille, CANnabis, chanvre, NOCLEo, nouer en forme de paquet (suppres. du C, nul = nouil) — de l'allemand *kunkel*.

Quille, COILia (χοιλια), ventre, travaillé en forme de vase; morceaux de bois tourné, menu par le haut et par le bas, et dont le milieu forme une espèce de ventre. — par corruption d'*esquilles*, parce que ce sont des éclats de bois.

Quitter, QUI-ITARe, s'en aller de vers quelqu'un, le quitter. — *quietare*, rester tranquille.

Quitus, QUITus, qui a pu remplir son engagement; acquit.

R.

Rable, RADULa, racloir. (D = B) — du latin barbare *rabum*, queue.

Rade, RADere littus, côtoyer le rivage; côte. — de l'allemand *rand*, rivage.

Race, RADIX, racine, souche. (suppres. du D)

Radoter, RATio, raison, OBSTARe, ôter; tenir des discours denués de sens. — de l'anglais *to-dote*.

Rafale, RE-FLATus, augmentation du vent. (re augm. = ra) — de l'italien *refolo*.

Rafler, RE-VELLERe, prendre, enlever, arracher (re = ra) — du latin barbare *rapulare*.

Railler, RE-JOCARi, ra-ier (suppres. du C et de la voyelle ou, sourde; j = i); plaisanter. — du latin barbare *ridiculare*, ridiculiser.

Ramager, RUMor, bruit (rad. ρεω), AGere, faire; faire du bruit, chant des oiseaux. — du latin barbare *ramagium*, fait de *ramus*, branche d'arbre.

Rang, RHAGMa, rupture, solution de continuité; disposition de plusieurs personnes ou de plusieurs choses sur la même ligne, sans qu'elles soient attachées ensemble, prises une à une. (invers. du G) — de l'allemand *ring*, anneau, cercle.

Raper, RAPERe, enlever en grattant; ôter, enlever. — de l'allemand *raspeln*.

Rapetasser, RAPTa, choses rapées, ASSUERe, rapiécer; mettre des pièces à de vieilles hardes. — de ραπτειν, coudre.

Raquette, RE-QUATire, relancer, rejeter, etc.; instrument dont on se sert pour chasser un volant, une paume. — de *reticulum*, filet.

Rat, RADere, ronger, racler; animal rongeur. **Se ratatiner**, RATo-ATTINUERe, s'amoindrir, resserrer. — de l'allemand *ratz*. allusion aux rats qui, lorsqu'ils sont pris, se ramassent.

Ravager, RABie AGERe, agir avec furie, rage; dégat causé par les bêtes féroces, les orages, etc. (b = v) — du latin barbare *rapagiare*.

Ravauder, RE-FODERe, inquiéter, chagriner, maltraiter; fouiller partout, etc. — *re-validare*, remettre en bon état, rendre valide.

Ravine, / **Ravin**, \ RAPINa (rad. *rapio*), être entraîné, enlevé; lieu creusé par les pluies qui *ont enlevé le terrain*. (p = v) — de *labi*, tomber, parce que le ravin est l'effet de la chûte des eaux.

Rebours, RE-VORSùm (revertere, V = B), retourner de l'autre côté. (à l'*envers*, in-versùs, retourné) — du latin barbare *reburrus*, velu, parce que les étoffes sont plus velues à l'envers.

Rebrousser, RE-PROCEDERe (suppres. du D), aller en arrière. — de *rebours*, contre poil.

Rebuffade, / **Rebuter**, \ Rebut, FACTum, fait de RE-PULTARe, repousser en arrière, rejeter. — de ré et *buffe*, signifiant *soufflet*.

Rechigner, RINGARe, rechigner. (rad. ρῖν, nez, froncer le nez) — de ré et *canis*, chien, fait comme un chien.

Refrain, RE-FRICANs, se renouveler, revenir de nouveau (suppres. du C); vers qui se répètent à chaque couplet d'une chanson. — de l'espagnol *refran*, proverbe.

Regain, REGENeratio (rad. *regign-o*), repousser de nouveau; second foin. (G = K) — de ré et *gain*, 2e gain.

Régal, / **Régaler**, \ RECTé, bien, comme il faut, ALere, nourrir. (suppres. du T) — de l'espagnol *régalar*.

Regarder, RE-CAVere ARDere, être attentif, à prendre gardre (regouarder, CAV = Cau); prendre garde, regarder. — *de l'allemand warten, garder, ou de l'italien riguardare.*

Régule, partie métallique pure d'un demi métal, ce qui reste au culot; REs in CULô, *ce qui reste dans le fond* du creuset après la fusion et l'évaporation. — *de regulus, roitelet.*

Regret, RE privatif (retrò), GRATus, plaisir; le contraire du plaisir; déplaisir, peine. — *de regressus, retourner en arrière.*

Reitre, RE augmentatif, ITARe, voyager; *vieux reitre*, homme qui a beaucoup voyagé. (invers. de l'R) — *de l'allemand reiter, cavalier.*

Remparer, **Rempart**, RAMis PARARe, parer avec des branches d'arbres, se mettre à l'abri derrière des palissades, et, par extension, derrière des murailles, etc. — *de l'italien amparo, protection.*

Renard, RE augmentatif, NARitas, finesse; fin comme un renard. — *de renald ou renaud, nom propre du renard.*

Rente, RE-INDere, redonner; ce qu'on redonne annuellement pour intérêt d'un fond aliéné, de l'argent prêté, etc. — *redditus, rendre.*

Repaire, **Reperre**, RE-PARio (rad. *par*), s'accoupler, se réunir par couple; lieu où se retirent les animaux (espèce de nid). REPERire, retrouver; marque que l'on fait à différentes pièces d'assemblage pour *retrouver* la place qu'elles doivent occuper. — *de repatria, parce que c'est comme la patrie de ces animaux.*

Répit, RE augmentatif, BITere, aller, prolonger; accorder une prolongation. — *respirare, respirer.*

Représaille, RE-PRESSARe, re-vengeance; fouler à son tour. (a = aï, aille) — *de l'italien represaglia, de represia, reprise.*

Reprocher, RE privatif (retrò), PROCARe, flatter, demander, gourmander quelqu'un, le renvoyer. — *reprobare, improuver.*

Rétif, **Se retirer**, REDIVitum, pour *reditum* (rad. retro-ire), aller en arrière, revenir sur ses pas. REDIRE, s'en retourner. — *restare, rester.*

Réussir, **Réussite**, RE augmentatif, UTI (USUs), être favorable. RE-USITatus. — *re-succedere, avoir une issue.*

Rêver, RE privatif, VERum, vérité, chimère, vision. — *du grec ρεμβη, égarement de l'esprit.*

Revêche, Re privatif, VESCus, bon à manger; âpre au goût, qui n'est pas bon à manger. — *du grec ρηχωδης, raboteux.*

Rhétorique, RHETRæ (rad. ρεω), de bien dire (oracle); ORIGo, principe, où l'on enseigne l'art de bien dire. — *rhetorica.*

Ricaner, RICtu GANnire, injurier en riant; se moquer de quelqu'un en plaisantant. (suppres. du t) — *ridere cum cachinno, rire aux éclats.*

Riche, RIGuus, arrosé d'eau de source; au figuré, abondance, fertilité, richesse. — *de l'allemand reich, empire, royaume.*

Rien, RUENS (u = i; rad. *ruo*, neutre), perte de biens, mort, etc., d'où les Latins ont fait *ruentia*, fortune tombée; homme qui n'a rien, qui n'a plus de fortune, etc. — *non habeo rem, je n'ai rien.*

Rigaudon, RUere, se précipiter avec impétuosité (u = i); GAUDIUM, joyeusement; espèce de danse d'une allure fort gaie. — *de Rigaud, son inventeur.*

Rime, RE marquant redoublement, répétition; IMus, bout, fin du vers; répétition de son à la terminaison des vers. — *rhythmus, rhythme.*

S.

Sabot, SCABo, creuser, fouir (sca = sa), ποδ-ος, pied; morceau de bois creusé pour y mettre le pied et servir de chaussure. — *de sapa, lame de bois.*

Sabre, SCABER, *bri*, SCALPRum, tout instrument tranchant recourbé, serpe, tranchet, sabre, etc. — *de l'allemand sabel, couteau.*

Saccader, SA (çà) augmentatif, QUATERe, secouer, ébranler. — *succussus, secousse.*

Sacré, sacer, composé de SA (çà, beaucoup), augmentatif, SERo, fermer à clé; mystères, choses secrètes inconnues au vulgaire, et, par extension, vénérables, respectables, saintes (rad. CINCTus, couvertes, cachées); — *sacer.*

Sacrum, l'os sacrum, la dernière des vertèbres du dos; sacer, cra, crum (rad. sero, series), série); le dernier de la série. — *parce que les anciens offraient, dit-on, cet os en sacrifice aux dieux.*

Saisir, SA augmentatif, SISTERe, retenir, arrêter; arrêter brusquement. (suppres. du T) — *du latin barbare sacire.*

Saison, CÆSIO, ONIs, division; les quatre saisons, les quatre divisions de l'année. — *statio, position.*

Sale, SQUALidus, sale, mal-propre. (squa = sa) — *de l'allemand sal, ordure.*

Salique, SA augmentatif, LIGere, élire (*seligere*); loi qui exclut les femmes de la couronne de France, et *élit* les hommes par préférence. — *à cause d'un impôt établi sur le sel.*

Salle, SELlaria, salle d'assemblée. — *de l'allemand saal.*

Salpêtre, SAL, sel, PEDERe, petiller, faire du bruit lorsqu'on le jette sur le feu. — *sal-petra, sel de pierre.*

Saltimbanque, SAL-em TINnit PINGuiter, débiter à tort et à travers des railleries grossières, des bouffonneries; bouffon. — *saltare in bancô, sauter sur un banc.*

Sanctuaire, CINCTum, lieu retiré, caché, entouré de grilles, de murailles, etc.

Sanglier, SINGULTIRe (suppres. du T), pousser des sanglots, grogner; allusion aux cris de cet animal qui, semblable au porc, pousse des *cris aigus* lorsqu'on le tourmente. — *de singularis, solitaire, parce que cet animal vit seul.*

Sarbacane, SCABERe, creuser, CANna, canne (invers. de l'R); canne creusée, percée dans toute sa longueur. — *de l'espagnol cerbatana.*

Sas, SCATio, jaillir, sourdre (scat = sas), être abondant, couler, etc.; écluse. — *saxum, pierre.*

Sasser, SACCARe, passer par la chausse, le tamis. (cc = x ou ss) — *seta, poil.*

Satan, SCATINus, corrupteur, d'où les Latins ont fait *scatinia lex*, loi contre les corrupteurs des jeunes gens. (sca = sa) — *de l'hébreu satan.*

Satin, SA augmentatif, TENuis, fin, doux, uni, etc.; étoffe. — *de seta, soie.*

Sauce, SUCCUS, jus. (cc = x ou ss) — *salsus, salé.*

Sauvage, -SOLus, seul, VAGari, errer, qu'on prononça *sovage* ou *sauvage*, comme *salvare*, sauver. — *sylvaticus, habitant des forêts.*

Savatte, SA augmentatif, FATIScere, tomber en lambeaux, se lasser de porter, user, etc. (rad. *fat-im*) — *du latin barbare sapata, lame.*

Scorbut, SCORodium, ail, PUTere, puer, avoir l'haleine forte; maladie qui attaque les gencives et rend l'haleine puante. — *du danois crobath, ventre rompu.*

Secrétaire, SECRETum TACERe, garder un secret. (tacere = taire, suppres. du C) — *à secretis, confident des secrets d'un autre.*

Séide, CÆDo, tuer; assassin. (æ = aï) — *par allusion au personnage de séide dans le Mahomet de Voltaire.*

Séjour, **Séjourner**, SEDere, s'arrêter, DIURnus, pour quelques jours. (suppres. du D dans *sedere*; rad. *diù*) — *de subdiurnare, vivre longtemps sous le même ciel.*

Sélénite, SAL, sel, ENITere, briller; sel formé par l'union d'une terre calcaire et de l'acide vitriolique, et dont les lames sont fort brillantes. — *de σεληνη, lune, parce que ses lames brillantes réfléchissent facilement l'image de la lune.*

Semelle, SCAMELlum, chose sur laquelle on marche, marchepied, etc.; le dessous du soulier. — *du latin barbare sappella, lame de bois.*

Semonce, SA augmentatif, MONITio, réprimande, avertissement. — *sub monitio, avertir en dessous.*

Sénéchal, **Sénéchaux**, SANare, guérir, EQUALia ou EQUARia, cheval entier. Ce mot, dans son acception primitive, signifiant simplement *vétérinaire*, est devenu, ainsi que celui de *maréchal*, un titre d'honneur. (Senekos), SANare EQUOS. — *du latin barbare senis calcus, formé du latin senior, le plus vieux, et de l'allemand scalck, serviteur.*

Sentinelle, SENTire, voir, écouter, ANHELanter, en retenant son souffle; voir et écouter attentivement. — *du latin barbare sentinella, fait de sentire.*

Sérail, SERA (a = æ, aï), serrure, fermé à clé; lieux où sont *renfermées* les femmes des Turcs. — *du persan seraï, palais.*

Sergent, SERos REGENs, faire marcher les retardataires; huissier, etc. — *de serviens, servant.*

Serin, SERENs, SERere IN, propre à être mis sous clé, en cage; oiseau passereau. (*Voyez ce dernier mot*). — *de sirène, à cause de son chant.*

Sermenter, **Serment**, SERMonem INDERe, donner sa parole la plus intime, la plus sacrée. — *de sacramentum, sacrement.*

Sevrer, SEVEHERe (inversion de l'R), transporter dehors, ôter, frustrer, priver. — *separare, séparer.*

Silphe, SUFFLo, souffler, vent; génie de l'air. (inversion de l'L, u = i) — *σιλφη, sorte d'insecte qui ne vieillit jamais.*

Siphilis, du grec ZA augmentatif, beaucoup, trop; PHILeo, aimer, être amoureux; maladie provenant de l'excès de la *copulation*. — *de σιφλος, contraction.*

Sirop, SIRæum, vin cuit, UBer, gras, onctueux; vin rendu doux, onctueux par la cuisson. — *de l'arabe scharab, sorbet.*

Sobriquet, SUBROGATus, substitué; sorte de surnom *substitué* à la place du nom propre. (o = ou, ou = i) — *sub ridiculum, un peu ridicule.*

Socle, SUCCOLlo, porter sur ses épaules (invers. de l'L); base des statues, etc. — *soccus, brodequin.*

Soin, inversion de NAVUS, soigneux; SUVAN ou souan. — *de senium, ennui, ou de somnium, songe.*

Solécisme, SOLere, selon l'habitude, selon la convenance, SCHISMa, ôter, enlever, séparer, schisme ; ne pas écrire ou prononcer un mot selon qu'on est convenu, selon la règle. — *de la ville de Soles, d'où vinrent les locutions vicieuses.*

T.

Tabouret, TABula, assemblage de planches, plancher, siége ; BURRA, bourre, *rembourré*, garni de crins (rad. Βως, bœuf, ωρα, queue, crin, ce qui forme la queue) ; siége en forme d'escabelle et rembourré. — *de tambour, à cause de de la ressemblance d'un tabouret à un petit tambour.*

Tache, Tâche, Tacheter, TAXatio, injure, blâme, souillure, taxe, imposition, etc. (rad. taxo, fréquentatif de tago, tactum). — *du bas-breton tache, ou du latin satagere.*

Taffetas, TAPes, tissu, tapisserie, SETA, soie ; tap-seta, qu'on prononça *taffetas* (p = B, B = f) ; tissu de soie. — *de tif, taf, à cause du bruit que fait cette étoffe.*

Talisman, STELLIS MANDare, avoir de la confiance dans les astres ; figures faites sous certaines *constellations*, auxquelles les astronomes attribuaient des vertus imaginaires. — *du grec τελεσμαν, conservation.*

Tambourin, Tambour, TYMPanum URINum (rad. τυπτω, frapper, θρος, le vent) ; tambour de basque redoublé et creux. — *de l'espagnol tambor.*

Tamponer, Tampon, STAMen, linge, fil, etc. ; PONERe, mettre ; boucher quelque chose avec du linge, du papier, etc. — *du celtique tampon, pièce.*

Tan, Tannin, TENens, conserver, soutenir ; principe conservateur tiré de l'écorce du chêne, qui donne de la nourriture aux cuirs, etc. — *du latin barbare tannum.*

Tanière, TENEBRæ, trou ; habitation misérable et sombre. (rad. TENere, habiter, NIGER, obscur) — *du latin barbare tanna.*

Tantôt, DEINDO pour *deindè*, après, ensuite, puis, soit, dans peu de temps, etc. — *de l'italien tosto.*

Tape, Taper, du grec TUPa (τυπη), coup, frapper. — *de l'espagnol tapa.*

Tapinois, Se tapir, du grec TAPEINOS (ταπεινος), bas, humble, rampant, etc. ; en tapinois, en calinant. — *du latin talpa, taupe, à la manière des taupes.*

Taquer, TAGERe, toucher, frapper. (G = R) — *formé par onomatopée.*

Taquin, TAGENs (tagax), vouloir tromper, duper, railler, piquer, contrarier. (G = K) — *fait du vieux mot tasque, bourse ; homme qui ne pense qu'à remplir sa bourse.*

Tarand, TERere ROTando, creuser en tournant ; pièce d'acier qui sert à faire les pas de vis d'un écrou. (TE = TA) — *du grec ταρανδων, petit insecte qui perce le bois.*

Tare, Tarer, DERuere, diminuer, rabattre ; diminution, déchet. (DE = DA ; suppres. de la voyelle *ou*, sourde) — *de l'arabe tharahh, rebuter.*

Se targuer, DE, de, ARGUERe, arguer, se prévaloir de quelque chose. — *du mot targe, parce que le bouclier servait à se couvrir.*

Tarifier, Tarif, DARe, donner, AFFIGERe, fixer ; *rôle qui fixe le prix de certaines denrées ou de ce qu'on doit donner* pour droit d'entrée, etc. (suppres. du G) — *de l'arabe arefa, connaître.*

Tarir, DE ou DA augmentatif, ARERe sécher ; priver d'humidité. — *de arere, en préposant un t.*

Tartufe, DE ou DA augmentatif, ARTIFex, artificieux, rusé (i = u) ; titre emprunté par Molière d'une comédie de Térence. — *de ce que Molière avait vu un béat manger des truffes, etc.* — *de τασσειν, arranger.*

Tas, DIS, abondance, accumulation (rad. di-vis, formé de DA augmentatif, VIS, abondance, richesse, etc. ; DAS pour DIS).

Tasse, TESta ou TASta, vase de terre suite. (suppress. du T) — *de l'espagnol taza.*

Taure, TAURa, vache stérile. — *du chaldéen tor, taureau.*

Tertre, par corruption de THEATRum, lieu élevé, exposé à la vue ; éminence de terre au milieu d'une plaine. — *du bas-breton tertr.*

Tillac, STEGA, tillac d'un navire. (invers. du G) — *de tegula, couverture.*

Timbale, TYMPanum, tambour, ALVenm, chaudron, toute sorte de vaisseau creux et rond ; tambour rond par-dessous en forme de chaudron. (suppres. du V ou voyelle *ou*, sourde) — *τυμπανον, tambour.*

Timbre, TINnire, rendre un son aigu comme celui des métaux qu'on fait sonner ; PER augmentatif ; cloche qui n'a pas de battant et rend un son très perçant. — *de tambour.*

Timbrer, mettre le sceau du timbre, ou du gouvernement ; DE IMPERiò, de par le Roi ou le gouvernement. (rad. imper-o) — *idem.*

Tintamarre, TINNITum (tinnit = tint), bruit, AMARum, désagréable, choquant ; bruit éclatant accompagné de confusion, etc. — *de marre, houe à fosser la vigne, à cause du bruit que font les vignerons en tintant sur leurs marres.*

Titrer, DITARe, enrichir ou honorer quelqu'un, lui donner une qualité honorable. (invers. de l'R) — *du grec τιλλας, dérivé, dit-on, de τιω, j'honore.*

Tost, Toast, TOSTa ou TESTa, vase de terre cuite, coupe, gobelet, etc. ; proposition de vuider une *coupe* à la santé de quelqu'un. (rad. tostus, cuit) — *de l'anglais toast, rôti. Ce mot et cet usage viennent de ce que la maîtresse d'un roi d'Angleterre se baignant, un courtisan, et, à son exemple, tous les autres avalèrent, par galanterie, une tasse d'eau de son bain, etc.*

Toiser, TESSERa, division par carrés ; chercher à connaître la surface d'un terrain en le divisant par carrés ; un de ces carrés s'est appelé *toise* ou mesure carrée. — *du latin barbare tesa, fait de tensus, tendu.*

Tôle, TEGULa, tout ce qui sert à couvrir les maisons ; table de plomb, de cuivre, de fer, etc. (suppres. du G) — *de tela, toile.*

Tonne, TINA, sorte de vase à mettre du vin. (i = u, toune ou tonne) — *de l'allemand tonne.*

Tope, Toper, TOPer, de suite, je consens. — *de l'hébreu thoud, bon.*

Toquer, TAGERe, toucher, frapper. (G = K) — *de l'espagnol toccare.*

Torche, Torche, Torcher, flambeau, TORESCere, brûler (rad. torris, tison allumé) ; linge tortillé que l'on place sur la tête ; TORTus, tortillé ; essuyer en frottant, dessécher ; TORESCERe, rendre sec, essuyer, dont le radical est le même ; E privatif, SUDARe, suer, être humide. (rad. torrus, aride, sec) — *de torquere, tordre, parce que l'on fait les torches avec du fil tors, ou que les premiers torchons ont été faits avec des bottes de paille ou de foin tordu.*

Tortue, TESTUDo, animal dont le corps est couvert d'une grande écaille dure, qu'on prononça *tortue* à cause de son radical *testa* ; vase de terre cuite, venant de TORreo, brûler, cuire. — *de tortus, tordu, à cause de la marche de cet animal.*

Tôt, TOTo opere, tout de suite, promptement, dont les Latins firent par contraction *toper*. — *de l'italien tosto.*

Toucher, Le toucher, TUSum, supin de TUDERe (D = S), toucher, frapper ; ou de TAGERe, le toucher, le tact, tactum. — *du gothique tekan, dont les Italiens ont fait toccare.*

Touffe, Touffu, Toupet, DIVes, abondant en quelque chose que ce soit (D = T, I = U ou OU, V=F) ; ou STIPATus (I = U), amas, touffe ; réunion de cheveux, de crins, etc. (rad. στυποε). — *du latin barbare tufa, qui était, dit-on, une espèce d'étendard romain composé de plusieurs plumes liées ensemble.*

V.

Valet, VALET, 3e personne de l'indicatif de *valeo*, servir quelqu'un, lui être utile ; homme de service. — *du latin barbare valetus, fait de vas, caution.*

Vanne, VENa, veine, ouverture. Ce mot signifie proprement l'ouverture par où l'eau passe, et la *valve*, la porte qui bouche cette ouverture. — *du latin barbare vinna, clôture.*

Vassal, VASCELlus (rad. vas), meuble, mobilier ; habitants des campagnes regardés, dans ces temps-là, comme meubles meublant la propriété du seigneur. — *du latin barbare vassalus, fait de vas, caution.*

Vau de ville, VOTum VILLicum, chanson rustique, champêtre. — *par corruption de vaux de vire, chanson à boire, etc.*

Velours, Velouté, VELlus URSi, poil d'ours ; VELlus UTI, semblable à du poil (à cause de la fourrure épaisse de l'ours). — *villosus, poileux.*

Vernis, VERNATio (rad. verno), redonner une nouvelle couleur ; faire reverdir, revivre les couleurs embues. — *du latin barbare vernix venant de βερνιχη, ambre jaune.*

Vérole, VIRULentus, vénimeux ; maladie qui se communique. (rad. virus) — *de varius, bigarré.*

Verve, FERVeo, être échauffé ; certain feu d'esprit qui échauffe l'imagination.

Veuf, VIDUVium. (suppres. du D)

Vielle, Viole, Violon, FIDICULa, petit instrument de musique à corde. (suppres. du D et du C) — *de l'espagnol vihuela.*

vilebrequin ou virebrequin, de VIRer, tourner, PRÆQUAM augmentatif, plus que; outil qui sert à *percer le bois plus promptement* qu'avec la vrille. — de *virer*, tourner, et de *brequin*, nom de la mèche de l'outil. de *gyrus*, tour.

vis, VIS, force, puissance; allusion à la puissance de la vis.

visage, VISAGire, qui a la propriété de sentir; siège des émotions, de la sagacité, etc.; même sens que *facie-s*, la face, dont le radical est FAx, émotion, passion; CIEo, émouvoir, exciter, qui réfléchit les passions, les émotions; même sens encore que *figura*, figure; FIGo, tracer, marquer l'empreinte, CURa, souci, inquiétude, passion, etc.; qui réfléchit les passions bonnes ou mauvaises. — du latin barbare *visagium*, fait de *visus*, vue.

vite, VI, avec force, impétuosité, ITare, marcher, courir avec célérité. — par corruption de *vegetus*, actif.

voguer, FUGARe, aller vite, être léger à la course. (rad. *fugax*, d'où *vogue*, usage passager, qui passe vite). — de l'allemand *wogen*, bouger.

Volcan, FULGENs, éclairer, lancer des éclairs, des flammes. (G = K) — de *vulcanus*, Vulcain.

Volet, VELATò, qui rend obscur, sombre, qu'on prononça *volet* au lieu de *voilet* (velum = voile); ais qui bouche une fenêtre et rend l'appartement obscur. — de *valvula*, petite porte.

Voyager, VIam AGERe, faire son chemin, aller sur la route, la voie. — du latin barbare *viagium*, fait de *via*, voie.

Vrille, VERICULum, diminutif de *veru*, broche (rad. *verto*, tourner); outil de fer propre à percer, et qu'on tourne avec la main. (suppres. du C et de l'U) — de *terebra*, tarrière.

Z.

Zéro, SERO, continuer, d'où *series*, suite, lien; qui sert à lier, à former la chaîne ou la série des chiffres. — de l'hébreu *ezoa*, ceinture.

Zeste, CESTus, ceinture, enveloppe; ce qui enveloppe le dedans de la noix, l'écorce d'orange, de citron, etc. — de *ciccus*.

Si le lecteur s'est donné la peine de vérifier, à vue du dictionnaire français, les étymologies que je viens de traduire, il aura dû remarquer que je n'ai rectifié que celles que M. Landais a cru devoir copier dans les ouvrages d'hommes dont l'autorité a fait jusqu'ici force de loi, et qui lui ont paru les meilleures; mais il a jugé à propos de garder le silence sur un nombre considérable d'autres mots dont les origines lui sont inconnues, ou qu'il n'a pas voulu rapporter, probablement parce qu'elles étaient trop peu rationnelles. En cette matière la tâche de l'étymologiste, à première vue, paraît extrêmement pénible, mais elle se trouve singulièrement réduite d'après un examen attentif, car les trente mille mots français, si l'on en retranche les locutions appliquées aux sciences, aux arts, etc., tirées du grec, et quelques-unes acceptées des idiômes étrangers, se trouvent réduits à douze cents et quelques *radicaux* latins, dont les différentes combinaisons, variées encore par la prononciation, forment la base entière du langage. Notre système orthographique, tel qu'il est aujourd'hui reçu, n'a été établi que pour éviter d'abord la confusion de différents mots partant d'une source commune et offrant à l'esprit des idées différentes en apparence, mais réunies par l'analyse, ou dans le but de les ramener à la manière d'être écrits, selon le radical qui les a formés; mais comme le caprice et l'habitude sont entrés pour beaucoup dans ce mode de procéder, il s'ensuit qu'il a été impossible de fixer à cet égard des règles logiques.

Peut-être un homme se rencontrera par hasard assez dévoué au culte de l'étymologie pour lire, étudier consciencieusement et comprendre cet ouvrage, tout fastidieux qu'il paraît d'abord; car loin d'avoir l'attrait d'un roman, ce livre réclame, au contraire, un travail assidu et un jugement exempt de toute espèce de prévention. Si quelques erreurs involontaires se sont glissées, soit dans la traduction, soit dans l'impression, malgré l'attention que j'y ai apportée et le zèle de mon intelligent imprimeur, qu'il me soit permis de demander, pour lui et pour moi, une part bien méritée d'indulgence, que ne refusera certes pas celui qui pourra apprécier toutes les difficultés d'un ouvrage aussi compliqué et qui a exigé, par sa distribution, son arrangement et les sujets qu'il traite, l'attention soutenue de tous les instants.

FIN.